Nomocracy Forum

法治论坛

广州市法学会 / 编

中国法制出版社
CHINA LEGAL PUBLISHING HOUSE

目录 CONTENTS

法治与社会治理

实务研究

案例分析

法谈法议

法治与社会治理

以《民法典》为社会治理现代化的遵循和指导

——基于广东的对策研究

周林彬　吴劲文　何子君*

【内容提要】在“弱社会”图景延续和社会法发展不足的背景下，社会治理现代化的法律依据主要为行政法和刑法，这导致我国社会治理仍主要依赖公法手段，公权力机关仍居于核心地位。作为“社会生活的百科全书”，《民法典》供给了社会治理规则，可充当现阶段的社会治理基本法，助推社会治理活动，提供社会治理工具。广东在推进社会治理现代化过程中，需要识别、应用和适应《民法典》的社会治理要求，在地方立法、行政执法、司法审判、社会共治等方面以《民法典》为社会治理现代化的遵循和指导，培育和引导社会治理的多元主体参与氛围，将《民法典》提供的私法手段作为保障社会治理现代化有效落实的“第一”工具。

【关键词】民法典　社会治理　基本法　私法手段

引言

社会治理现代化是“国家治理体系和治理能力现代化”命题的重要构成，旨在打造共建共治共享的治理格局，构建党委领导、政府负责、民主协商、社

---

* 周林彬——中山大学法学院教授、博士生导师；吴劲文——中山大学法学院博士研究生；何子君——中山大学法学院硕士研究生。感谢课题组成员董淳锷、王睿、陈尔博对课题研究和调研的重要贡献。本文的写作基础是广东省委依法治省办公室2020年度重大研究课题《民法典实施与社会治理现代化：基于法治广东实践的对策研究》。该课题已结项，在《民法典》实施的新形势下，作者在该课题研究报告的基础上进行必要修改成文。

会协同、公众参与、法治保障、科技支撑的治理体系。但我国社会治理的发展始于社会秩序受制于政府、社会空间取决于政府的“弱社会”阶段，[1]现代化进程较为滞缓，而社会治理活动本应主要遵循的社会法部门的发展也较为欠缺，一般由行政法、刑法“代行”其法律依据，这也使得社会治理活动中公权力机关身影常现、强制性色彩浓厚，社会自身的“成长”困难。《民法典》的编纂虽未意在直接解决社会治理的症结，[2]但民法规范了民事主体的社会生活，同时为国家治理体系和治理能力现代化贡献了重要法治手段，在社会治理需重视系统治理的当下，《民法典》为社会治理体制机制供给了社会自我组织所需的基础规则，为社会治理活动确立了基本秩序，为社会治理“失灵”的自我调整准备了私法手段。因此，需要识别、应用和适应《民法典》社会治理相关规则，并实现其对社会治理现代化发展的指引和规范作用。

一、社会治理现代化的内涵发展

社会治理旨在规范和维持社会秩序、预防和化解社会矛盾、增进社会和谐、激发社会活力、推动社会进步的活动。相较于传统的社会管控、管理而言，社会治理强调了多元主体协同参与，体现了相关活动的系统性、复杂性、整体性和协作性。[3]而现代化的社会治理则对社会治理体系和治理能力的社会化、法治化、专业化、智能化等提出了更高要求，[4]社会治理现代化表现为社会治理体系不断优化、治理能力不断提升以适应社会更新发展、治理理念创新进步的过程，在治理目标、治理主体、治理手段、治理依据等方面皆有更高层次的要求。

我国社会治理内涵的正确理解，需回溯至早期以政府严防、严控、严守为标志的社会管控时期：中华人民共和国成立初期，为应对国内外复杂局势，稳固新生政权，当时我国实行带有行政化和指令性色彩的社会管控，由政府对社会实行严密管理和全面控制；改革开放后，因应经济体制与政治体制的重大变革、社会结构的深刻变动，传统的社会管控方式亟须转变，1993年《中共中央关于建立社会主义市场经济体制若干问题的决定》提出“政府的社会管理职

1　郑永年著：《中国模式：经验与挑战》，中信出版社2016年版，第44－45页。

2　参见王晨：《关于〈中华人民共和国民法典（草案）〉的说明——2020年5月22日在第十三届全国人民代表大会第三次会议上》，载《全国人民代表大会常务委员会公报》2020年第1号，第178－181页。

3　参见范如国：《复杂网络结构范型下的社会治理协同创新》，载《中国社会科学》2014年第4期。

4　参见习近平：《决胜全面建成小康社会　夺取新时代中国特色社会主义伟大胜利——在中国共产党第十九次全国代表大会上的报告》，人民出版社2017年版，第49页。

能”，以此“保证国民经济正常运行和良好的社会秩序”，而这一时期的社会管理仍然是以行政手段为主，强调自上而下的管理；进入新世纪，推进政府职能转变、创新社会管理格局成为执政基调，2004 年《中共中央关于加强党的执政能力建设的决定》提出“建立健全党委领导、政府负责、社会协同、公众参与的社会管理格局”，由多方主体参与社会治理的协同机制呼之欲出，“社会治理”表述在地方性法规政策中也陆续出现；[5] 2013 年“社会治理”首次记载于党中央的正式文件；[6] 2016 年通过的《国民经济和社会发展第十三个五年规划纲要》专设第十七篇“加强和创新社会治理”，阐释了国家关于社会治理的部署和政策；2017 年党的十九大确立了“打造共建共治共享现代社会治理格局”[7] 的发展方向，社会治理现代化作为时代任务的内涵也逐渐清晰。[8] 作为改革开放的排头兵、先行地、实验区，居于粤港澳大湾区的核心地带，广东肩负起了习近平总书记关于“营造共建共治共享社会治理格局上走在全国前列”的重要使命，出台了相关法规政策和规范性文件等以落实要求。[9]

进入“十四五”规划新时期，社会治理现代化迎来了更高的要求：首先，“以人民为中心”是社会治理现代化的核心理念和价值根基，应当坚持社会治理为了人民、依靠人民、着眼于解决人民最盼最急最忧最怨的突出问题；[10] 其次，社会化是社会治理现代化的基本方略，过去由单一主体垂直管控的统治管理模式，已被多元主体平等参与的治理模式所取代，治理主体的多元性、治理机制的协作性是现代社会治理的根本特征，也是政府深化“放管服”改革的内在要

5　广东及辖内各地区的地方性法规和政策可见《中共深圳市委、深圳市人民政府关于进一步解放思想学习追赶世界先进城市的决定》《广州市南沙新区条例》《深圳经济特区质量条例》《广东省人民代表大会常务委员会关于深化平安广东建设的决定》等。

6　参见《中共中央关于全面深化改革若干重大问题的决定》。

7　参见习近平：《决胜全面建成小康社会　夺取新时代中国特色社会主义伟大胜利——在中国共产党第十九次全国代表大会上的报告》，人民出版社 2017 年版，第 49 页。

8　参见《中共中央、国务院关于加强基层治理体系和治理能力现代化建设的意见》《中共中央、国务院关于加快推进社会治理现代化开创平安中国建设新局面的意见》。

9　适用于广东全省的地方性法规政策和规范性文件可见《中共广东省委关于制定广东省国民经济和社会发展第十四个五年规划和二〇三五年远景目标的建议》《广东省法治社会建设实施纲要（2021—2025 年）》《广东省推进民政领域基层社会治理体系和治理能力现代化的若干措施》等，适用于广东辖内地区的地方性法规、政策、规范性文件可见《深圳经济特区前海深港现代服务业合作区条例》《中共广东省委、广东省人民政府关于支持汕头建设新时代中国特色社会主义现代化活力经济特区的意见》《中共广东省委、广东省人民政府关于支持珠海建设新时代中国特色社会主义现代化国际化经济特区的意见》《佛山市人民政府关于以高水平规划引领城市现代化推动城市升级向城市升值转变的若干意见》等。

10　参见张文显：《新时代中国社会治理的理论、制度和实践创新》，载《法商研究》2020 年第 2 期。

求；再次，法治化是社会治理现代化的根本保障，法治的遵循将保障社会治理在正确的轨道上运行，保证了治理系统的内在协调，防范了治理“失灵”的风险；[11] 复次，智能化是社会治理现代化的时代特征，社会治理智能化依托于人工智能等新时代技术的高速发展，[12] 体现为应用“互联网 +”、大数据、人工智能等信息技术管理社会公共事务、化解社会矛盾、保障公共安全；最后，专业化是社会治理现代化的价值向度，专业化是指利用专业组织，通过建设专业化人才队伍和采用专业化工作方法提升社会治理的效率和水平，并通过政府购买服务等方式，倡导专业化职业化社会工作人员提供公共服务。综上，社会治理现代化应坚定“以人民为中心”的基本遵循，切实提升社会治理的社会化、法治化、智能化、专业化水平。

二、《民法典》与社会治理现代化的基本关系

《民法典》作为我国的民事基本法，涉及社会和经济生活的方方面面，被誉为“社会生活的百科全书”。[13] 目前，规范社会治理活动的主要法律依据为零散的行政法规规章，存在基本法缺失、体系性不强、规范层级不高、权威性不够等问题。在此背景下，《民法典》既可充当现阶段的社会治理基本法，还能发挥助推社会治理活动的作用，更是社会治理的万能工具箱。

（一）《民法典》是现阶段的社会治理基本法

现代化社会治理以多元主体协同治理为主要特征，这一崭新的治理模式以多元主体治理与协作治理为立足点，探寻社会治理各参与主体之间的协调与合作路径。在过去的社会管控、管理时期，政府是核心甚至唯一的公共事务管理者，但社会治理的现代化发展则要求作为民事主体的个人、社会组织等积极参与治理，鼓励广泛且多元的主体充分发挥各自的治理作用，形成“权责统一、风险共担、成果共享的命运共同体”。[14] 当前，常态下社会治理的主基调已逐渐从公权管制秩序转向私权自治秩序，社会治理法治化应重视私法规范的供给与遵循。

---

11 参见江必新、王红霞：《社会治理的法治依赖及法治的回应》，载《法制与社会发展》2014 年第 4 期。

12 参见周汉华、刘灿华：《社会治理智能化的法治路径》，载《法学杂志》2020 年第 9 期。

13 参见王晨：《关于〈中华人民共和国民法典（草案）〉的说明——2020 年 5 月 22 日在第十三届全国人民代表大会第三次会议上》，载《全国人民代表大会常务委员会公报》2020 年第 1 号，第 178－181 页。

14 参见黄文艺：《新时代政法改革论纲》，载《中国法学》2019 年第 4 期。

现代化社会治理要求公权与私权合作治理，如何协调公权与私权合作治理机制是社会治理现代化亟待解决的问题。[15]《民法典》既有部分条文明确了私主体在社会治理活动中的地位及其承担的任务，也有部分条文从民法的视角规范了公权力参与社会治理，体现了公法与私法融合性治理的特征。[16] 例如，根据《民法典》第 27 条、第 28 条规定的监护制度，无民事行为能力人和限制民事行为能力人的监护人由特定的亲属或其他个人、组织担任，第 31 条、第 32 条、第 34 条则规定在特定情形下，民政部门分别承担指定监护人、担任临时监护人、直接担任监护人、安排临时生活照料措施等义务。《民法典》借由民事主体履行原则性的监护义务，作为公权机关的民政部门补充承担特定职责，便可在公私共治的层面上解决未成年人保护、智力障碍人士保护的重要社会治理问题。

社会治理现代化强调从公权管制向私权自治过渡，作为规范私权秩序基本法的《民法典》是推进社会治理现代化的重要法律依据。考虑到现阶段社会治理基本法“缺位”，而《民法典》的规则涵盖了监护、住房、婚姻家庭、环保、安保等重要治理领域，既规范了民事主体参与治理的秩序，也对公权力机关的职责及权力边界予以明确，因此实际上是“代行”了社会治理基本法之实责。

（二）《民法典》是社会治理助推器

《民法典》的立法目的体现了社会治理的基本任务。《民法典》第 1 条规定，《民法典》通过保护单个民事主体的合法权益，调整错综复杂的民事关系，从而确立并维护整个社会的民事生活秩序。[17]《民法典》各项规则的设计、理解与适用的最终依归皆为保障有条不紊的社会运行，而这恰恰是社会治理的基本任务。

《民法典》部分具体规则的设计符合社会治理的内在要求。社会治理现代化以社会化为基本方略，除政府外的其他参与主体的地位备受重视，如何调动其参与社会治理的能动性显得至关重要。对此，《民法典》在总则编规定了社会团体、基金会、社会服务机构组织形式下社会组织作为非营利法人的内部运作方式和基本行为要求等；[18] 第 99 条至第 101 条分别赋予了农村集体经济组织、城镇农村的合作组织、居民委员会及村民委员会法人资格，为此类社会治理主体明确身份。此外，《民法典》在各分编中还分别确定了上述主体对乡村集体事务或社区（小区）事务的管理权限和流程，有助于健全基层群众自治制度，夯实

15　参见唐清利：《公权与私权共治的法律机制》，载《中国社会科学》2016 年第 11 期。

16　参见张国敏、郝培轩：《公法与私法的融合性社会治理——以民法典中行政主体义务性规范为视角》，载《河北法学》2021 年第 6 期。

17　黄薇主编：《中华人民共和国民法典总则编解读》，中国法制出版社 2020 年版，第 3 页。

18　参见《民法典》总则编第三章第三节。

国家治理根基。综上，《民法典》在推进社会治理现代化有所作为，部分具体规则的设计或基于社会治理要求，或兼顾社会治理价值，因此《民法典》的颁布实施将大大丰富社会治理现代化的内容，并推动其发展进程。

（三）《民法典》是社会治理工具箱

现代化社会治理强调以私法自治为主，以公法管制为辅，进而导致在社会治理事务中公权力机关退位，私主体进位；限制公民权利、规范公权行使的公法被弱化，构建私权运作秩序的私法被强化。当前的社会治理尚未彻底摆脱以公权管制手段为主导，表现出依赖刑事追责和行政惩戒等公法手段开展治理的倾向，社会治理手段依然表现出明显的强制力和威慑力，引发了对“过度刑法化”的担忧。[19]考虑到在社会治理领域中有关公法的实施效果不佳，说明现代化社会治理有必要引入形式新、机制活、实效强的实施手段——侧重于柔性自治的私法手段。

《民法典》以民事权利、民事义务、民事责任构造规范体系，开创性地将习惯列为法律渊源，[20]并将规范调整范围覆盖社会治理的方方面面——下至家庭家教家风建设，上至法治化营商环境营造。正如习近平总书记指出，《民法典》是新时代我国社会主义法治建设的重大成果，是全面依法治国的重要制度载体。[21]《民法典》可谓是社会治理法治化的“源头活水”。

《民法典》以平等主体间的各类人身关系和财产关系作为调整对象，[22]构建了市民生活的基本秩序，其中不乏关于引导民事主体参与社会治理的具体规范。例如，《民法典》第1198条规定了经营场所、公共场所的经营者、管理者或群众性活动的组织者的安全保障义务，第1245条至第1249条规定了动物饲养人或管理人对动物采取安全措施并防止动物致人损害的义务，第1253条规定了建筑物所有人、管理人或使用人防止高空抛物、坠物致人损害的义务。在社会治理的视野下，上述规范分别为特定的私主体配置了相应的安全管理职责，是调动民事主体共同守护社会安全所不可或缺的指引。基于此，应当弱化或非常态化在社会治理领域内适用刑法、行政法中的公法手段，而转向以《民法典》为核心的私法体系所提供的私法手段，将后者作为保障社会治理现代化有效落实的“第一”工具。

19　参见何荣功：《社会治理“过度刑法化”的法哲学批判》，载《中外法学》2015年第2期。

20　参见《民法典》第10条。

21　参见习近平：《充分认识颁布实施民法典重大意义　依法更好保障人民合法权益》，载《求是》2020年第12期。

22　参见《民法典》第2条。

三、《民法典》对广东推进社会治理现代化的重要作用

党和国家已明确了社会治理现代化建设和发展的顶层设计和战略布局，[23] 广东应将相关要求在省域范围内狠抓落实、精准对接，而《民法典》的颁布实施对广东推进社会治理现代化也提出了新要求。随着社会治理现代化的内涵丰富和要求扩充，如何实现社会治理领域内党和国家政策的宏观指导，《民法典》作为基本法的根本遵循，以及行政法规规章、地方立法、规范性文件中具体操作规程三者之间的互相协调，实现法治体系内的互相衔接，是广东在推进社会治理现代化过程中发挥"广东智慧"的重大考验。

（一）《民法典》是促进地方立法权在社会治理方面规范行使的重要依据

社会治理的具体活动一般属于地方性事务，因此公权力机关及其他社会治理参与主体在开展社会治理活动时，主要依据地方立法行事。《民法典》不仅为社会治理中各参与主体的交往活动提供了民事法律依据，还通过设置人格权利以维护人的尊严，设置财产权利以增进人的财富，构建了权利本位型的社会治理模式。[24] 社会治理方面的地方立法需适应这一新模式，在《立法法》划定的立法管辖范围和《民法典》界定的立法实质内容"双重限制"下，充分体现地方特色、适应地方实践、服务地方人民。

1. 广东应妥善运用地方立法权在社会治理方面推进改革创新

在地方立法权限内，[25] 广东省及辖内各设区的市可发挥地方立法的引领和规范作用，针对性地解决各地管辖范围内的社会治理问题。各地可运用地方立法权加强社会治理的规则供给，以《民法典》社会治理相关规则为依据，细化操作规程、界定权利边界、明确责任要求，保障社会治理各参与主体的人格权、财产权以及个人的人身权。

然而社会治理方面的地方立法需避免与上位法的冲突，不得减损各参与主

---

23 自党的十九大提出了"打造共建共治共享现代社会治理格局"发展方向以来，党中央、国务院已陆续印发《中共中央关于坚持和完善中国特色社会主义制度、推进国家治理体系和治理能力现代化若干重大问题的决定》《中共中央、国务院关于加快推进社会治理现代化开创平安中国建设新局面的意见》《法治社会建设实施纲要（2020—2025 年）》《中共中央、国务院关于加强基层治理体系和治理能力现代化建设的意见》等政策性文件用以指导社会治理现代化的具体建设和发展。

24 参见黄文艺：《民法典与社会治理现代化》，载《法制与社会发展》2020 年第 5 期。

25 例如，市域社会治理方面主要关注的是《立法法》所规定设区的市人大及其常委会就"城乡建设与管理、环境保护、历史文化保护"等方面事项制定的地方性法规。参见魏治勋：《市域社会治理视阈下设区的市城市管理权限界定》，载《法律科学（西北政法大学学报）》2021 年第 5 期。

体受《民法典》保护的合法权益或增加其义务，尤其应重视公权力机关在开展社会治理时不越《民法典》“红线”。此外，地方立法还需注意《民法典》中的立法限制条款，如《民法典》第 136 条规定仅在“法律另有规定或者当事人另有约定”的情况下才能额外设置民事法律行为生效条件，地方立法不得在法律未规定的情况下，向当事人施加承诺、备案、审批、付费等要求作为民事法律行为的生效条件，不得以此类地方立法为依据妨碍甚至阻碍相关参与主体行使社会治理的当然权利。

2. 广东应发挥习惯和自治规范的规范作用并借此加速粤港澳大湾区法律协同发展

地方立法权受《立法法》规范，须遵循相对严苛和烦琐的立法程序，因此在规范社会治理的新实践和新问题方面呈现一定程度的滞后性。而习惯和自治规范与社会实践“同频共振”，在调节社会生活方面与成文法相比具有一定的比较优势。[26]然而长期以来，习惯和自治规范的规范效力一般在法律上并不被直接承认，与之相反的是国家法和高层级政府所制定的政策或规范性文件的规范效力获得了普遍的重视。对此，2014 年《中共中央关于全面推进依法治国若干重大问题的决定》指出社会治理需“发挥市民公约、乡规民约、行业规章、团体章程等社会规范在社会治理中的积极作用”。[27]

《民法典》强调社会自我治理、自主调节的机制和能力，明确了习惯、村规民约、居民公约、行业标准的规范效力：第 10 条首次规定了习惯具备法律渊源地位，对成文法有补充适用作用；第 264 条规定农村集体经济组织或者村民委员会、村民小组的集体财产公开行为应当遵守村规民约；第 278 条、第 280 条规定业主大会制定的居民公约、管理规约等自治规范在社区（小区）自治活动中具有法律约束力；第 511 条规定合同内容对质量约定不明且无国家标准的按照行业标准履行。广东需重视《民法典》所要求的立法主体多元化、社会化发展方向，加强地方立法与习惯、自治规范的互促互动，为社会治理的实践创新提供制度保障。此外，面对粤港澳大湾区存在法律相对闭锁、立法权相分离的现实，民商事领域的习惯和自治规范是基于认同感而形成，属于“地方性知识”，在实施效果上具有“法域穿透力”，可以作为实现粤港澳大湾区社会治理方面法制连接和融合的突破口。

---

26 参见刘作翔：《当代中国的规范体系：理论与制度结构》，载《中国社会科学》2019 年第 7 期。

27 参见习近平：《充分认识颁布实施民法典重大意义 依法更好保障人民合法权益》，载《求是》2020 年第 12 期。

（二）《民法典》规范政府社会管理行为、促进政府职能转变的重要依据

政府长期以来都是社会治理的主要发力者。但从传统社会管控、社会管理模式转变为现代社会治理模式过程中，政府的功能逐步从统领社会生活转变至服务社会生活，[28] 这是因为政府从社会管理的规制主体转变为社会治理的规制主体兼客体，同时政府通过做“减法”已将部分社会治理职能向其他参与主体传递，[29] 此时需要通过服务于其他参与主体以“间接”实现社会治理目标。但政府的服务型功能转变与社会治理体系中政府主导的定位并不矛盾，政府通过财政资金补助等激励手段仍能深刻影响社会治理体系的资源配置，并保持着对社会治理秩序实施行政和刑事法律干预的“最后”手段。

1. 广东应推进政府职能对接《民法典》以发挥政府主导作用

政府的良政善治是实现社会治理现代化的必要条件，法治政府与法治社会需一体推进、互相配合。《民法典》的主体内容虽为私法，但也存在适用于公权力机关的义务性规则，以确保民事法律秩序的稳定运行。[30] 习近平总书记强调：“各级政府要以保证民法典有效实施为重要抓手推进法治政府建设，把民法典作为行政决策、行政管理、行政监督的重要标尺，不得违背法律法规随意作出减损公民、法人和其他组织合法权益或增加其义务的决定。”[31] 因此，政府在管理权限内参与社会治理活动时，应厘清其与《民法典》所授权的其他参与主体的职能内容，牵头制定权责清单，并注意维护《民法典》所保护的民事主体的权益。

《民法典》在社会治理方面规范了政府履职的合法界限，如第 1039 条规定了政府及其工作人员对履职过程中收集的个人信息和隐私应当保密。《民法典》在社会治理方面还新增了政府的管理职责，如第 277 条规定地方政府有关部门、居民委员会应当指导和协助业主大会的设立及业主委员会的选举，监督和协助社区（小区）自治；第 1234 条、第 1235 条规定相关政府机关在生态环境侵权案件中可要求侵权人自行修复或支付修复费用，或向侵权人提起民事公益诉讼索赔相应损失和费用；第 1254 条规定高空抛物事件中政府有关部门应及时调查等。上述规定或为政府的既有社会治理实践提供了民事法律依据，或对政府作

---

28 参见张清、武艳：《包容性法治社会建设论要》，载《比较法研究》2018 年第 4 期。

29 参见陈传法：《法治与“减法”型管理创新》，载《政治与法律》2012 年第 4 期。

30 参见张国敏、郝培轩：《公法与私法的融合性社会治理——以民法典中行政主体义务性规范为视角》，载《河北法学》2021 年第 6 期。

31 参见习近平：《充分认识颁布实施民法典重大意义 依法更好保障人民合法权益》，载《求是》2020 年第 12 期。

出更高的社会治理参与职责要求，政府应予以重视和落实。

2. 广东应助力社会力量承接政府公共管理和公共服务职能

现代化社会治理强调政府不应包揽所有公共管理和公共服务事务，而是应以社会治理的中间层组织（如群团组织、基层群众自治组织，以及当下最不发达的社会组织）为抓手。政府通过将部分公共管理和公共服务职能委托给社会组织等承担，有助于提升政府管理效率、公共服务专业能力以及社会组织发展活力，“充分发掘社会自身实现内生治理规则和内生秩序的潜能和力量”。[32]

《民法典》完成了对社会组织在社会治理方面的赋职赋权，政府应积极响应。例如，第 24 条规定相关社会组织有权向法院申请认定不能辨认或不能完全辨认自己行为的成年人为无民事行为能力人或限制民事行为能力人，也有权向法院申请恢复认定；第 27 条、第 28 条规定相关社会组织可以在有关政府部门或基层群众性自治组织同意后，担任无民事行为能力或限制民事行为能力人的监护人；第 33 条规定的意定监护范围和第 1158 条规定的遗赠扶养协议范围可扩展至集体经济组织以外的其他组织，扩大了社会组织的服务空间；第 1235 条规定相关社会组织有权就生态环境损害提起民事公益诉讼。培育发达的社会组织集群、调动社会组织的积极性是社会治理现代化的关键一步，[33] 然而社会组织不发达的现状无法在短时间内逆转，需政府主动移权移职，并通过合法方式向承接社会治理职能的社会组织提供资金补助或与其建立社会治理服务购买关系。

（三）《民法典》是司法机关主动参与社会治理的重要依据

实现工具理性是司法裁判活动的基本要求，但追求价值理性是司法机关在社会治理格局中的更高层次要求。[34] 作为法治化手段化解基层社会纠纷的“桥头堡”，人民法院除了提供后端用于定分止争的诉讼解决机制，还通过颁布一系列司法便民、利民、护民的举措为社会稳定排忧解难，[35] 并落实前端用于疏导矛盾的司法调解机制，其在社会治理中的贡献不容轻视。《民法典》作为人民法院化解基层社会纠纷的民事基础性法律依据，其明示和隐含的社会治理价值也需要人民法院在释法用法过程中予以关注和体现。

32　参见钱锦宇：《从法治走向善治的中国特色社会主义治理模式》，载《法学论坛》2020 年第 1 期。

33　参见江必新、王红霞：《论现代社会治理格局——共建共治共享的意蕴、基础与关键》，载《法学杂志》2019 年第 2 期。

34　参见施新洲：《司法权的属性及其社会治理功能》，载《法律适用》2014 年第 1 期。

35　参见江国华：《转型中国的司法价值观》，载《法学研究》2014 年第 1 期。

1. 广东应提倡法院运用法治化手段实现德治和自治

自治、法治、德治是现代化基层社会治理的三条路径。[36] 德治有利于引领和改造民风社风，实现源头治理；社会自治则有利于纾缓社会治理基层中产生的利益冲突和摩擦，而且习惯和自治规范还有填补法律空白的作用。人民法院作为司法机关参与社会治理活动时，法治仍是其需遵循的基本路径，要求其根据法律条文调节社会关系；实现德治和自治是对其提出的更高标准，要求其贯彻包括道德规范、习惯和自治规范在内的一整套社会规范的精神，以实现法律正义和社会正义的统一。

对于德治，《民法典》总则编规定民事主体法律地位、民事权利一律平等，享有公平的权利和义务，从事民事活动遵循诚信原则等，将社会主义核心价值观和德治理念融入了法律条文。另如，《民法典》第 183 条明确在没有侵权人、侵权人逃逸或无力承担民事责任时，因见义勇为使自己受到损害的，受益人应当给予适当补偿；第 184 条规定因实施紧急救助行为导致被救助者损害的一律免责，鼓励见义勇为的良好社会风尚；此外，《民法典》还对侵害英雄烈士姓名、肖像、名誉、荣誉的行为作出规制，规定家庭应树立优良家风、夫妻应互相忠实、互相尊重、互相关爱，家庭成员应当敬老爱幼、互相帮助；明确“好意搭载”但造成乘车人损害原则上减轻机动车搭载人的责任等。对于自治，《民法典》以尊重当事人约定为原则设计合同编，增加习惯为法律渊源，提升村规民约、居民公约、行业标准等自治规范的法律地位，并规范社区（小区）自治中的业主大会和业主委员会以及农村自治中的农村集体经济组织或者村民委员会、村民小组的内部组织和外部活动。在适用涉及德治、自治的《民法典》规则处理个案时，人民法院应正视自身的社会治理职能，正确回应人民群众对公平正义的需求。

2. 广东应推进以法院为中心的多元化纠纷解决机制的构建

《中共中央关于全面推进依法治国若干重大问题的决定》明确法治社会建设应当“完善多元化纠纷解决机制”，以期为当事人提供高效、便捷、低成本的纠纷解决方式选择。《民法典》也考虑了多元化纠纷解决机制的设计，在第 233 条的物权侵权纠纷中，规定当事人可通过和解、调解、仲裁等途径解决；在第 147 条的重大误解纠纷、第 148 条的相对人欺诈纠纷、第 149 条的第三人欺诈纠纷、第 150 条的胁迫纠纷、第 151 条的显失公平纠纷、第 533 条的合同情势变更纠纷、第 565 条的合同解除纠纷、第 580 条的合同履行不能纠纷、第 585 条的合同

36 参见《中共中央关于坚持和完善中国特色社会主义制度、推进国家治理体系和治理能力现代化若干重大问题的决定》。

违约金纠纷、第 944 条的物业服务合同纠纷中，都规定了当事人除诉至法院外，可以申请仲裁解决。需注意的是，《民法典》并非穷尽列举可通过调解或仲裁解决的纠纷情形，而是强调多元化纠纷解决思路的重要性，并赋予仲裁机构或调解组织在相关纠纷中的自由裁量权，[37] 而未明文规定可选择调解或仲裁解决的请求权基础条款仍可根据法律规定，将纠纷引入多元化纠纷解决机制。

（四）《民法典》是推进社会公共安全建设的重要依据

社会公共安全的法治保障体系和能力建设与“建设平安中国，加强和创新社会治理，维护社会和谐稳定，确保国家长治久安、人民安居乐业”[38] 紧密联系，与此同时，社会能否保持繁荣稳定是人民群众对社会治理现代化水平的最直观感受，因此完善社会公共安全体制机制是社会治理的重点工程。然而随着社会各个领域风险日渐复杂多变，[39] 这要求社会治理活动既要疏浚社会宏观层面的系统风险，也要关切个体微观层面的日常风险。

1. 广东应构建政府、社会、个人三方参与的社会风险防控网络

在社会治理的责任共同体框架下，每个人都是承担社会治理的“第一”责任人。[40]《民法典》对人民群众的日常衣食住行等方面实施风险治理，有助于其预防风险、排除风险以及寻求风险损害救济，引导政府、社会、个人三方共同构建社会安全风险防控体系，如《民法典》第 818 条规定旅客携带危险物品或违禁物品的，承运人可将其卸下、销毁或送交有关部门，与公安机关携手打击运输中的违法违规行为；第 1198 条规定经营场所、公共场所的经营者、管理者或群众性活动的组织者应当保障消费者、潜在消费者或其他进入者的人身、财产安全，让企业及其经营人员自发重视排除宾馆、商场、银行、车站、机场、体育场馆、娱乐场所等地方的安全隐患；此外，《民法典》侵权责任编还完善了产品生产销售、机动车交通事故、医疗、环境污染和生态环境破坏、高度危险、

37　例如，《民法典》第 585 条将违约金调整从原《合同法》中守约方的权利（请求权）改变为人民法院或仲裁机构的自由裁量权，参见黄薇主编：《中华人民共和国民法典合同编释义》，法律出版社 2020 年版，第 290 页。

38　《习近平就加强和创新社会治理作出重要指示强调　完善中国特色社会主义治理体系　努力建设更高水平的平安中国》，载《人民日报》2016 年 10 月 13 日，第 1 版。

39　例如，国家和社会宏观层面面临着制度安全、领土安全、政治安全、政权安全、经济安全、资源安全等领域的风险，个体微观层面面临着人身安全、人格安全、财产安全、信息安全、住宅安全、私域生活安全、公共生活安全、国家生活安全、生产安全、交通安全、食药安全等领域的风险，参见张文显：《新时代中国社会治理的理论、制度和实践创新》，载《法商研究》2020 年第 2 期。

40　参见龚廷泰：《“整体性法治”视域下市域社会治理的功能定位和实践机制》，载《法学》2020 年第 11 期。

饲养动物、建筑物等领域的规则，扩展了社会公共安全的覆盖面和着力点，为人民群众安居乐业编织了立体化的安全保障网。

2. 广东社会公共安全建设应重视将社会风险扼制在萌芽阶段

作为社会治理的宝贵经验，“枫桥经验”中的“四先四早”工作机制注重将风险控制在萌芽状态。[41] 很多危害社会公共安全的事件都是由于普通的民事纠纷没能及时化解、民事权利没能获得及时保护，从而激化成暴力抗法事件、群体性事件；民事纠纷得不到及时解决，可能上升为行政案件、刑事案件。《民法典》则充分鼓励民事主体协商共赢，防止社会矛盾“螺旋上升”，如第 180 条规定当事人因不能避免且不能克服的客观情况无法履行民事义务的，不承担民事责任；第 533 条规定合同的基础条件发生无法预见的重大变化时，当事人可以重新协商合同或请求人民法院或仲裁机构根据公平原则变更或解除合同，这两条规定让当事人在特殊情况下能调和彼此利益，避免矛盾激化；此外，《民法典》第 580 条规定双方出现合同僵局时，违约方可以请求解除合同并作出赔偿，避免双方被合同绑缚而加剧对抗。政府和人民法院在《民法典》相关规定的指导下，可及时关注并介入影响范围广、累积风险高、经济损失重大的民事经济纠纷，引导双方通过法治途径化解或缓解纠纷。

（五）《民法典》是引导城乡单元化共治，规范基层社会自治的重要依据

自改革开放以来，我国城市和农村地区的社会生活发生了路径迥然的巨大变迁，[42] 因此还需就城市和农村地区社会结构和治理基础的特点，有针对性地设计基层社会治理方案，差异化地组织基层社会自治秩序，前者应以社区（小区）为社会治理单元，联通居民—业主大会—业主委员会—居民委员会的社会治理链条；而后者应以乡村为社会治理单元，联通村民—村民小组—农村集体经济组织—村民委员会的社会治理链条。

1. 广东应规范社区（小区）自治和物业管理的参与和协商模式

现代城市社区（小区）一般是“陌生人社会”，需要业主、租户、物业服务企业之间通过平等对话的方式实现内部治理，利用业主大会、业主委员会作为平台协以成事、商以求同，共同处理公共事务。2017 年《中共中央、国务院关于加强和完善城乡社区治理的意见》勾勒出了城市社区治理体制，提出有序组织居民参与社区治理的重要思路。作为常住人口城镇化率最高、流动人口众

41　参见谌洪果：《“枫桥经验”与中国特色的法治生成模式》，载《法律科学（西北政法大学学报）》2009 年第 1 期。

42　我国城市和农村地区基层社会结构和治理基础的变迁梳理，参见吴英姿：《风险时代的秩序重建与法治信念——以“能动司法”为对象的讨论》，载《法学论坛》2011 年第 1 期。

多的省份，广东应推进辖内各社区（小区）根据《民法典》的规定形成以参与和协商为核心的社会自治模式。例如，《民法典》第 278 条针对业主共同决定事项，明确业主参与表决的最低出席人数要求以及表决通过的专有部分面积和人数占比；第 285 条规定物业服务企业配合政府管理小区的义务；第 286 条规定物业服务企业的小区管理权和业主的配合义务，使其开展防疫等工作于法有据；此外，《民法典》还规定物业服务企业负有保养维护义务、管理义务、定期报告义务、通知义务、交接义务、交接空档期继续管理义务等，并规定物业服务企业等建筑物管理人应当采取必要措施防止高空抛物等。

2. 广东应完善村务监督和村民自治制度并扩充村民委员会职能

农村社会治理是确保农村社会稳定和保障农民切身权益的重大工程。2018 年《中共中央、国务院关于实施乡村振兴战略的意见》提出建设现代乡村社会治理体制的目标，旨在夯实农村振兴的社会根基、满足农民的美好生活需要。《民法典》对农村社会治理提供了一些创新方案：如第 264 条规定集体成员有权查阅、复制集体财产的状况，让集体财产在“阳光”下运作；第 31 条规定在监护人的确定有争议时，被监护人住所地的村民委员会有权指定监护；第 31 条、第 34 条、第 36 条规定村民委员会在特殊情况下应担任无民事行为能力人或限制民事行为能力人的临时监护人，为其提供临时生活照料措施，并为维护被监护人身心健康申请撤销其监护人资格。广东应更新农村集体财产（资产）管理制度，细化集体成员的查阅、复制程序，并推进村民委员会新职能“进”村规民约的方式，规范和指引村民委员会积极履职。

四、《民法典》实施背景下广东推进社会治理现代化的问题与对策

课题组通过调研发现，广东有些地方对社会治理的体制机制改革进行了积极探索，效果显著，但一些地方仍存在“经济建设一手硬、社会治理一手软”的问题，因此需要总结经验、弥补不足，从整体上提升广东社会治理现代化水平。

通过调研课题组认为，广东社会治理的现代化水平较高：在社会治理体制机制方面，广东全面推广了以村党组为核心的“民主商议，一事一议”村民协商自治模式、推进村民小组“五有”规范化建设等试点经验，推动了非户籍常住人口参与基层群众自治组织选举，实施了《城乡社区协商工作规范》《村（居）民委员会工作职责事项指引》省级地方标准等；在多元化纠纷解决方面，广东制定了《关于加强人民调解员队伍建设的实施意见》，建立了数量众多的各类行业性专业性调解组织，发展了名人调解、社会自治调解、律师参与调解等模式，人民法院系统也与行政机关及事业单位建立了诉调对接中心等；在社会

组织工作开展方面，建立了社会组织培育基地，以社会组织促进会、社会组织服务中心、社会组织联合会、社区基金会为主要主体编制基层社会治理的网络。整体而言，近年来广东推进社会治理现代化的制度建设和运行方面已取得较为良好的工作效果。但各级党委政府及有关部门应保持清醒头脑和改革精神，充分重视《民法典》诸多新规则给广东的社会治理带来的挑战、问题和机遇。

（一）广东推进社会治理现代化的现存问题

1. 地方立法方面

第一，地方立法对社会治理问题回应不足。广东在社会治理方面的地方立法覆盖面相对有限，社会组织管理、道德建设（文明建设）、个人信息和隐私保护、社会信用维护等方面的治理仍以政策和规范性文件为依据。有关商会行业协会管理、法治宣传、社区（小区）自治和物业管理方面的立法主要强调政府管理，尚未充分激励社会组织、个人参与社会治理活动。此外，不同地区的地方立法发展不平衡现象较为突出。

第二，立法机关对习惯和自治规范关注不足。目前，在社会治理方面主要依赖国家和地方层面的立法、国家和地方层面的政策文件进行规范，商会行业协会制定并有效实施行业标准、行业自治规范的典范很少，实践中居民公约、村规民约的实用性也较为有限。此外，广东城乡地区存在的民俗习惯和商事惯例缺乏整理、汇编，影响行政机关、司法机关对习惯的查明和适用。

第三，对粤港澳大湾区社会治理联动协调推动不足。粤港澳大湾区的企业、基层群众自治组织、社会组织在社会治理方面目前仅开展零星的合作交流，广东尚未就企业、基层群众自治组织、社会组织等非政府主体参与粤港澳大湾区的社会治理联动协调发展及法律协同提出具体规划或指导。[43]

2. 行政管理方面

第一，社会治理中仍存在政府“越权”。社会治理过程中民事责任、行政责任与刑事责任相混淆，政府公权力轻易介入民事纠纷，如基层公安机关轻易启动刑事司法程序介入民事纠纷尤其是民事经济纠纷的情况仍有发生。

第二，社会治理中仍存在政府“懒政”。社会治理过程中政府懒政卸责，未按法定职责维护个人、企业合法权益的现象仍有发生，如有的政府部门对个人、企业的合理诉求相互推诿，对社会公共安全不重视事前常态化预防制度构建，

43　广东省推进粤港澳大湾区建设领导小组印发的《广东省推进粤港澳大湾区建设三年行动计划（2018—2020年）》主要针对粤港澳大湾区政府之间的社会综合服务、社会治安治理、突发事件应急处置的联动和协调。

而更注重事后救济。在社会治理过程中政府管理常不注意便民利民，如疫情中政府采集个人信息时收集口径不一、数据共享不足，公众需要重复提供，数据保护也不到位。

第三，社会治理中仍存在政府“独唱”。目前仍由政府、事业单位、群团组织、政府背景的社会组织承担绝大部分的社会治理职能，由民间社会组织提供公共管理或公共服务的情况较少（尤其是在经济欠发达的粤东西北地区），重要性不足，民间社会组织没动力、没资金、不发达，社会工作人员参与不广泛、专业性不强。

3. 司法审判方面

第一，人民法院对德治、自治的依据关注不足。《民法典》是一部以法治引领德治、促进全社会“崇法向善”的法律。目前，广东部分法院在司法审判工作中未能充分发挥审判的德治效果，主要体现为：在家事审判对婚姻家庭关系的诊断修复和治疗作用不够明显，对家庭暴力案件的预防、介入和惩治不足；通过案件审判对见义勇为、乐善好施、尊重英烈等美德的鼓励弘扬效果不够；法官未充分通过法治化手段适用习惯和自治规范，对歧视“外嫁女”权益、变相剥夺女儿财产继承权等不良风俗未能起到遏制和导正效果。

第二，纠纷解决机制间衔接不畅和调解、仲裁机制发展受限。诉讼与调解、仲裁等非诉讼机制之间未形成高效、便捷、统一的衔接模式。在调解方面，珠三角地区人民调解组织的专业性仍有不足，无法有效解决涉及商业交易、土地利益等的复杂经济纠纷案件，粤东西北地区人民调解组织的人员、经费紧张，基层纠纷案件解决效果不佳。在仲裁方面，法院对网络仲裁存在过度限制。[44]

4. 社会共治方面

第一，共治缺位问题。整体而言，广东在多元主体参与社会共治方面的工作仍待加强，如商会行业协会等主体在社会共治中的作用仍不明显，某些商会行业协会对行业内、地区内成员企业合法合规经营、竞争的引导不足，内部纠纷化解机制不完善。此外，广东大部分地区的社区（小区）自治效果不佳，业主大会、业主委员会的组织建设和自治工作未实现社区（小区）“全覆盖”，大多数业主参与和配合业主大会、业主委员会决策的积极性也不高，同时部分物业服务企业较为强势，阻挠业主大会、业主委员会建立，对抗业主集体作出的

44 例如，广州仲裁委员会制定并发布了《互联网仲裁推荐标准》，得到多家境内以及境外仲裁机构的认可和推广，但广东省高级人民法院发布的《关于规范网络借贷仲裁裁决执行的通知》对网络借贷仲裁裁决提出了严格的司法实质审查要求，作出了一定的限制。

决策和行动。[45]

第二，自治错位问题。某些社会治理中间层组织（尤其是农村集体经济组织、村民委员会、村民小组）及其领导的法治意识淡薄，在社会治理过程中信奉权力而不尊重权利，导致自治功能异化为“管制”手段，如广东个别基层群众自治组织被黑恶势力把持，其领导滥用公章签订合同损害村民权利，或拒绝公开基层自治组织财务状况。此外，农村人口流出但户口未迁出的“空心村”问题使得村民大会难以召开和表决，村民自治秩序存在“空转”可能。

（二）广东推进社会治理现代化的对策建议

1. 以《民法典》为依据清理现有地方立法和政策性文件，发挥地方立法的社会治理规范作用

一是以《民法典》中社会治理相关规则为依据，全面清理现有地方立法、政策和规范性文件。删改地方立法中超越权限减损自然人、法人和非法人组织合法权益或增加其义务，违法设定行政职权、变相增设行政程序的内容。及时修改社会治理方面过度强调政府管制的地方立法，明确相关领域政府、社会、个人三者在社会治理中的角色和地位。

二是重视商会行业协会的自治规范对行业治理、市场治理的重要作用。政府应当加强与商会行业协会的业务联系和指导，鼓励其制定合法合理的自治规范，逐步推进商会行业协会建立内部纠纷解决机制，建立自治规范备案制度，提高自治规范的权威性和公信力。

三是结合各地经济水平和文化习俗、生活习惯，由政府制定居民公约、村规民约的示范文本，由基层群众自治组织对辖区内的居民公约、村规民约设计进行具体指导，实现个性化、实效强的居民公约进入每个社区（小区）、村规民约进入每个村居。

四是研究港澳地区社会治理体制机制，借鉴港澳地区社会治理经验，推动通过自治规范来实现粤港澳大湾区社会治理的实践合作和制度对接。

2. 以《民法典》实施为契机规范政府管理权力，落实社会治理体系中的政府职能转变

一是各级政府应当以《民法典》为依据厘清政府、基层群众自治组织、社

45　例如，广东省东莞市莞城区东方华府小区于2020年5月针对是否续聘现物业服务企业问题举行了业主大会，结果显示绝大部分业主不同意续聘，但现物业服务企业拒绝撤出，也有业主反映称现物业服务企业为阻挠换届选举，故意作出了影响业主正常居住的行为。东莞市住房和城乡建设局责令物业服务企业限期退出未果后，最终对其处以10万元行政处罚，参见《东莞市家盛物业服务有限公司拒不退出东方华府小区管理》［东建罚（莞城）字〔2020〕第1号］。

会组织等在社会治理方面的权责边界，对政府实行负面清单式管理，对其他社会治理参与主体实施正面清单式指引。

二是各级政府应当切实履行《民法典》在社会治理方面规定的行政职责，并指导、监督其他法定主体按照《民法典》中社会治理相关规则行使权利并履行义务。推广互联网等信息技术在社会治理工作中的应用，同时加强政府对个人信息收集、处理和应用过程中的个人信息和隐私保护，制定政府对个人信息的采集、存储、共享、应用、公开等关键流程的指引规范，制定政府部门之间数据共享的标准。

三是通过政府购买服务、设置扶持基金、提供资金补助等方式为基层群众自治组织、社会组织参与社会治理提供财务支持。加强对口政府部门或群团组织对社会组织的业务和活动提供专业指导和帮助，同时引导社会组织实现独立运行。对于社会组织的筹备设立，政府提供便利化帮助，但要加强事中监督，尤其是需要改“年检”的被动式管理为基于社会信用“实时评估”的主动式管理。

3. 司法机关需重视《民法典》中的能动要求，推进多元化纠纷解决机制发展

一是在德治方面，建议各级法院在审理家事和涉及见义勇为、乐善好施、尊重英烈等美德的案件中，加强裁判文书中的道德说理，对法律适用准确同时道德说理充分、社会效果良好的裁判文书和案例汇编进行宣传。

二是在自治方面，建议各级法院、仲裁机构、调解组织对广东省内纠纷突出地区的民俗习惯和重要经济行业的商事惯例进行调查、梳理、汇编，制定习惯的识别和适用的司法指导文件。建议各级法院、仲裁机构、调解组织积极适用已备案的自治规范。

三是制定并推广标准化的警民联调、诉仲合作、调解结果与司法确认衔接等“一站式”多元化纠纷化解机制。将行业性专业性调解组织的工作范围覆盖至全部重要经济行业，推动商会行业协会内部设置多元化纠纷解决机制（如行业调解、行业仲裁），推动人民调解与乡村评理台等机制的配合，提升专职调解员通过“以案定补”方式取得的补贴和奖励至达到当地平均工资水平。参考《联合国关于调解所产生的国际和解协议公约》，探索广东先行试验建立商事调解制度的可行性。此外，需取消人民法院对网络仲裁的不公平限制。

4. 落实《民法典》中自治组织的自我管理功能，保障人民参与自治和共治的通道畅通

一是以居民委员会、村民委员会、业主委员会为载体，完善人民群众参与社会治理的机制。以居民委员会为抓手，在财务和事务上协助城市社区（小区）

建立业主委员会，指导业主大会、业主委员会和物业服务企业的重大事务和彼此之间发生纠纷的解决。探索建立示范性社区（小区）业主委员会的主要成员选举成为人大代表的机制。

二是以村民委员会为抓手，落实农村基层自治组织财务情况和财产（资产）状况等信息的公开制度，细化信息公开的具体内容以及具体程序。针对“空心村”问题，制定非在村村民通过电子数据交换、电子邮件等方式参与和表决、委托表决等规则。

结语

实现社会治理现代化不可能一蹴而就，这是一项需要党政机关、群团组织、基层群众自治组织、社会组织、人民群众等合力推动的重大工程。社会治理的最终目的是调动起人民群众参与社会生活的积极性，构建“强社会”以减轻政府治理负担并提升国家治理能力。但在实现这一目标之前，需要各级党委政府及有关部门有所作为、主动担责，以包括《民法典》相关规定在内的社会治理规则为依据，培育和引导社会治理的多元主体参与氛围。

中国公共卫生立法路径研究

——党领导立法的制度优势与法治保障

任 颖　　常廷彬*

【内容提要】 公共卫生立法路径选择是系统弥补公共卫生短板和不足的重要支撑。习近平法治思想是领航中国公共卫生立法路径选择的根本指导思想，坚持党领导立法的制度优势是中国公共卫生立法路径选择的根本保证，构建起强大的公共卫生体系是公共卫生立法路径选择的根本遵循；坚持人民安全是国家安全的基石，构成了公共卫生立法路径选择的根本指南。在具体的立法实践中，针对错综复杂的公共卫生立法问题，以前瞻型立法为路径，推动体系化的公共卫生立法、修法、释法的引导机制建设；以“包裹立法”技术推动公共卫生预警标准等技术性规范的健全和完善；以多部门协同立法为路径，促进严防疫情反弹的公共卫生管理及人员物资保障机制建设，成为公共健康法治保障的重要任务。

【关键词】 公共卫生　立法路径　制度优势

公共卫生立法路径选择所涉及的内容十分广泛，并且面临地域范围广、人口基数大等诸多问题。只有从公共卫生立法路径选择出发，破解立法困境，才能够为构建强大的公共卫生体系提供有力支撑。公共卫生立法路径选择所面临

---

* 任颖——广东外语外贸大学法学院副教授，主要研究领域：卫生法学、法理学；常廷彬——广东外语外贸大学法学院教授，华南国际知识产权研究院研究员，主要研究领域：知识产权法、民事诉讼法。本文系广东省哲学社会科学规划“制度理论研究”专项课题“党的领导根本制度优势转化为治理效能的规范保障与路径创新研究”（GD20ZD06）、广州市哲学社科规划 2021 年度课题“广州健康医疗大数据发展的法律保障研究”（2021GZGJ231）、广东法治研究院和广东省地方立法研究评估与咨询服务基地招标课题的阶段性成果。

的问题具有高度复杂性，地域范围广导致公共卫生事件预警标准的统一规定难度较大，人口基数大导致基层社区公共卫生管理及资源调配面临挑战。习近平总书记指出，要“坚持党对全面依法治国的领导”，[1] 以人民健康至上为目标，“抓紧补短板”，[2]“强化公共卫生法治保障”，“构建起强大的公共卫生体系”。[3] 解决公共卫生立法路径选择难题，成为构建强大的公共卫生立法体系的重要议题。

一、公共卫生立法路径选择面临的现实困境

公共卫生立法路径选择是公共卫生法治建设的重要支撑。在推进公共卫生立法的过程中，系统解决公共卫生立法路径选择面临的一系列现实问题，化解公共卫生立法过程中的矛盾和冲突，推动公共卫生法律体系的建立、发展和完善，是从根本上弥补公共卫生立法的短板与不足的重要前提。

（一）公共卫生立法路径选择所面临的问题具有高度复杂性

公共卫生立法路径选择所涉及的内容十分广泛，公共卫生立法路径选择所面临问题具有高度的复杂性，从而给体系化的公共立法实践带来困难。作为公共卫生立法的重要目标，公共健康维护过程所涉及的因素十分复杂。可能影响公共健康的因素既存在于公共场所、食品、玩具等与人们生活息息相关的各个方面，也包含职业健康与安全，以及疾病救治、应急管理等各个领域。公共卫生立法路径选择需要综合考量这些因素，为强化公共卫生法治建设提供支持和保障。在推进公共卫生立法的过程中，最为迅速而有效的方式即单行立法，也即在发现公共卫生应急管理中暴露出的问题和不足时，快速进行问题定位和分析，及时跟进立法诉求，对突发公共卫生事件应急预案、医疗救治方案、国际领域的检验检疫与防疫措施的采取等进行规定，从而形成诸多公共卫生有关的单行法律规定，对公共卫生法律实践进行指引与规范。与此同时，在具体推进公共卫生法治实施的过程中，还有公共卫生领域的行政法规与地方性法规，以及打击疫情违法的专项规定，对公共卫生管理机关的职责作出规定。但单行立法之间的内在冲突，随着公共卫生立法的深入推进而逐步显现，公共卫生立法

1　《党的领导是推进全面依法治国的根本保证》，载《人民日报》2020 年 11 月 21 日，第 1 版。

2　《整体谋划系统重塑全面提升　织牢织密公共卫生防护网》，载《人民日报》2020 年 5 月 25 日，第1 版。

3　《构建起强大的公共卫生体系　为维护人民健康提供有力保障》，载《人民日报》2020 年 6 月 3 日，第 1 版。

之间的内在协调亟待实现，公共卫生管理机构、志愿者组织、医疗机构等主体之间的法律关系有待厘清。

如何有效应对公共卫生立法路径选择所面临的挑战，促进公共卫生立法的体系化，成为公共卫生立法路径研究的主要任务。针对公共卫生立法中暴露出的短板和不足，需要加强公共卫生危机管理，健全和完善公共卫生服务与公共卫生法律体系，[4]集中解决公共卫生立法中的风险调查、评估及防控规则的细化问题，提升突发公共卫生事件应急管理水平，在法治路径上科学推动公共卫生立法进程，实现传染病防治领域的强制措施适用的规范化。[5]坚持人民健康至上，[6]推动公共卫生立法的体系化，促进国家和地方公共卫生立法体系的不断完善，全面提升突发公共卫生事件应急管理能力，将健康意识融入发展的全过程。只有统筹协调公共卫生法律规范体系建设，对公共卫生立法所面临的一系列现实问题进行系统回应，才能够从根本上形成公共卫生立法的总体效应，强化公共卫生法治保障，推动公共卫生法律规范体系的发展和完善。

（二）地域范围广导致公共卫生预警标准的统一规定难度较大

地域范围广是公共卫生立法面临的现实困境。在地域范围广的背景下，公共卫生事件预警标准的统一规定难度较大。公共卫生预警标准等技术性规范，既是公共卫生立法的重点，也是立法的难点所在。突发公共卫生事件预警是应急管理的启动程序，突发公共卫生事件预警需要有明确并且统一的法律依据，为公共卫生管理机构的执行行为提供指引。完善和细化发出公共卫生预警的法定标准，构成公共卫生实践的合法性基础。面对地域范围广的客观实际，如何协调公共卫生预警标准等技术性规范的统一规定，成为公共卫生立法路径选择的难点所在。如果突发公共卫生事件预警缺乏统一的标准，在公共卫生法律实践过程中，可能由于内在的规范冲突、标准的不一致而给公共卫生管理机构具体实施疫情防控措施带来困难。公共卫生事件预警标准等技术性规范的协调和统一，客观上构成了公共卫生立法总体效应提升的基本前提。

公共卫生预警标准等技术性规范的统一规定的难点在于有效协调地域范围广背景下复合性的公共卫生法律关系。公共卫生法律关系涉及的内容众多，其中既有公共卫生管理机关与相对人之间的关系，也包含了医疗法律关系等多个

---

4 陈云良、寻健：《构建公共服务法律体系的理论逻辑及现实展开》，载《法学研究》2019年第3期。

5 高秦伟：《传染病防控中的隔离措施》，载《中外法学》2020年第5期。

6 习近平：《要把人民群众生命安全和身体健康放在第一位　坚决遏制疫情蔓延势头》，载《人民日报》2020年1月21日，第1版。

方面的内容。从方法上看，公共卫生立法路径选择需要对公共卫生法律关系进行综合考量，化解公共卫生领域的矛盾和冲突。从内容上看，公共卫生立法应当涵盖一切参与到公共卫生法律关系当中、享有公共卫生权利和承担公共卫生义务的公民、法人和其他组织。针对覆盖面如此广泛的法律关系进行预警标准等技术性规范创制，需要在制定程序、审议及主体性要求方面，遵循疫情防控与公共卫生技术性规范创制的基本规律，形成统领疫情防控实践的统一规定。从公共卫生涵盖领域的广泛性出发，在传染病防治、突发公共卫生事件应急响应、特殊群体健康维护等多个领域，确立统一的技术性规范，对复杂的公共卫生立法状况进行清晰的梳理，并以此为基础，推进公共卫生立法体系化的整体进程。

（三）人口基数大导致基层社区公共卫生管理及资源调配面临挑战

面对人口基数大、人口流动性强的客观实际，基层社区的公共卫生管理及资源调配承受较大压力。在这一背景下，公共卫生立法的体系化，不仅需要国家立法层面不同单行法之间的衔接协调，还须有效推进地方立法层面公共卫生地方性法规的制定，以及公共卫生立法的部门协同，以公共健康利益为核心，促进利益冲突的法律平衡，促进公共卫生领域的权责配置优化，并立足公共健康保障要求，以法治为路径协调化解不同利益主体之间的冲突。对于不同的公共卫生法律关系主体来说，通过公共卫生立法，充分反映和保护相关利益，清晰界定主管部门公共健康保障职责，实现多主体协同推进公共卫生立法，促进利益冲突的法律平衡，有效应对基层社区公共卫生管理及资源调配面临的压力，是运用法治思维有效化解公共卫生领域的矛盾和纠纷的基本前提，是公共卫生立法及时有效开展的关键因素，更是有效防范健康风险，将公共健康保障贯穿到公共卫生立法体系化的全过程，从源头上阻断疫情扩散与蔓延的坚强保障。

在具体的公共卫生法律制度建设过程中，有效应对基层社区公共卫生管理及资源调配所面临的压力需要解决两个方面的问题。一方面，公共卫生立法路径选择要立足不同地区、不同行业在基层一线疫情防控领域的资源调配诉求，明确传染病疫情防治中的资源配置与应急响应启动权限，分层次推进卫健委、疾控机构、医疗机构或社区的应急管理，在地方范围内及时启动紧急措施，为基层疫情防控一线的人员物资迅速到位，有效遏制传染病疫情蔓延奠定规范基础；另一方面，公共卫生立法路径选择要以居委会或村委会为单位，系统推进错综复杂的公共卫生法律关系的调整，形成全面排查与落实防控责任的严密链条，夯实基层一线疫情防控的人员物资保障基础，并立足不同单行法的起草、征求意见、审议的程序相对独立的客观实际，通过立法清理推动专项立法之间的协调发展，提升公共卫生领域具体法律条款设置的科学性，促进制度优势向公共卫生立法效能的转化和发展，为全面形成公共卫生立法的总体效应提供制度支持。

二、中国公共卫生立法路径选择的基本规律

习近平法治思想是“全面依法治国的根本遵循”，[7]是领航中国公共卫生立法路径选择的行动指南。坚持党对全面依法治国的领导，坚持党领导立法的制度优势是系统弥补公共卫生短板的根本保证，构建起强大的公共卫生体系是公共卫生立法路径选择的根本遵循，坚持人民安全是国家安全的基石构成了公共卫生立法路径选择的根本指南。中国公共卫生立法路径选择的基本规律，在深层次的法理基础上促进公共卫生立法原理与法律实践的有机统一。

（一）坚持党领导立法的制度优势是系统弥补公共卫生短板的根本保证

习近平法治思想以“十一个坚持”为核心要义，从战略部署与思想引领方面对“为什么实行全面依法治国、怎样实行全面依法治国”重大问题进行了深刻概括。[8]“坚持党对全面依法治国的领导”，[9]“坚持党领导立法”的制度优势，[10]是“加强和完善公共卫生领域立法修法工作”，[11]系统弥补公共卫生短板与不足，解决公共卫生立法问题的根本保证。坚持党对全面依法治国的领导，推动健康保护核心价值目标在公共卫生法治建设各个环节的贯彻落实。第一，党领导公共卫生法律制定，为公共卫生法律制度的创制指明方向。公共卫生立法状况直接关系到公共健康维护的实际效果；以公共健康为价值目标统领公共卫生法律制定，是推动公共卫生治理法治化的关键所在。第二，党领导公共卫生法律修改，强化公共卫生服务体系建设，确保公共卫生法律修改及时回应疫情防控需要，促进人民意志上升为法律意志，为人民生命安全与公共健康维护提供规范支持。第三，党领导公共卫生法律解释，将群众反映的问题体现在立法解释、司法解释、行政解释过程中，对公共卫生立法全局形成整体预判，为形成疫情防控制度合力提供支持，为公共卫生立法的整体优化提供有力保障。

党领导立法的制度优势从方向保证、组织保障、思想引领三个方面出发，

---

7 《全面依法治国的根本遵循和行动指南》，载《人民日报》2020年11月19日，第2版。

8 《坚持习近平法治思想》，载《人民日报》2020年11月20日，第1版。

9 习近平：《加强党对全面依法治国的领导》，载《人民日报》2019年2月16日，第1版。

10 周佑勇：《不断巩固和增强法治优势》，载《人民日报》2020年2月28日，第9版。

11 《认真学习贯彻习近平总书记关于强化公共卫生法治保障重要指示精神　为保障人民生命安全和身体健康筑牢法治防线》，载《人民日报》2020年3月27日，第3版。

为系统弥补公共卫生短板提供根本保证。第一，党的领导是公共卫生立法的重要方向保证，推动制度优势向公共卫生立法效能转化，遵循公共卫生立法基本规律，以人民生命健康至上理念为指引，推动公共卫生立法体系的健全和完善。第二，党的领导是公共卫生立法的重要组织保障，从宏观上引领相关法律主体之间的关系协调，以公共健康保障为目标，优化相关组织机构、人员配置及运行机制建设，为公共卫生立法的健全和完善提供有力的支持和保障。第三，党的领导是公共卫生立法的重要思想引领，确立前瞻性地预防公共健康损害的思想观念，推动疫情防控措施创新，立足国家社会发展重大问题、公共卫生立法中的争议焦点、群众关切的重要问题、法律制度创新发展的难点，形成改革和完善现有公共卫生法律制度的整体安排，提升公共卫生立法的前瞻性，为人民生命健康提供坚强的法治保障。

（二）构建起强大的公共卫生体系是公共卫生立法路径选择的根本遵循

“构建起强大的公共卫生体系”，“提升疫情监测预警和应急响应能力”，[12] 是公共卫生立法路径选择的根本遵循。构建强大的公共卫生体系是“坚持中国特色社会主义法治道路”，坚持建设和完善中国特色社会主义法治体系的重要任务。作为“十一个坚持”的重要组成部分，坚持中国特色社会主义法治道路，在根本上遵循坚持依宪治国的要求，坚持运用法治思维推动国家公共卫生治理现代化，“坚持法治国家、法治政府、法治社会一体建设”，并在依法治国、依法执政、依法行政的有机统一层面，“坚持全面推进科学立法、严格执法、公正司法、全民守法”，[13] 为构建强大的公共卫生体系奠定法治基础与制度基石。强大的公共卫生体系需要健全的公共卫生立法的支持，更须不同立法及法律制度设计之间的有机协调，形成内在协调、规范完备、运行顺利的完整体系。这就要求打破一例一议的局限，将公共卫生领域的相关立法纳入统一进程，形成公共卫生立法的总体效应。以“十一个坚持”为指引，公共卫生立法路径选择需要遵循公共卫生体系建设与法治建设的基本规律，在传染病疫情防控与公共健康保障共同价值目标层面，实现公共卫生立法体系的全面升级。

公共卫生预警标准等技术性规范的制定，[14] 是构建强大的公共卫生体系的重要前提。公共卫生体系由公共卫生法律规范体系、公共卫生法治实施体系、

---

12 《构建起强大的公共卫生体系》，载《人民日报》2020 年 6 月 4 日，第 1 版。

13 马怀德：《在法治建设中贯彻落实好“十一个坚持”》，载《光明日报》2020 年 12 月 9 日，第 11 版。

14 解志勇：《公共卫生预警原则和机制建构研究》，载《中国法学》2021 第 5 期。

公共卫生法治监督体系、公共卫生法治保障体系及党内法规体系构成；[15] 公共卫生法律规范体系又可以分为以立改废释实体内容为核心的公共卫生规则性规范，以及以标准化等程序要求为核心的公共卫生技术性规范。在立法实践中，公共卫生规则性规范是弥补公共卫生立法短板与不足的重心所在，技术性规范往往被视为医疗行为与医事立法的重要内容，用于诊疗标准、技术常规、医疗器械操作指南等领域，[16] 公共卫生立法层面预警标准等技术性规范的细化规定相对薄弱。《突发事件应对法》第 42 条规定，预警标准由国务院或其确定的部门负责制定；《突发公共卫生事件应急条例》中涉及公共卫生预警的条款有 4 处，第 7 条对监测预警方面的国际合作作出引导性规定，第 11 条规定应急预案中必须包括预警内容，第 14 条规定县级以上政府负责预警系统的建立和维护，第 15 条规定预警应当分类做出；《国家突发公共卫生事件应急预案》将及时预警作为基本工作原则，但公共卫生预警标准等技术性规范的立法路径与规范结构尚不明晰。

（三）坚持人民安全是国家安全的基石，构成公共卫生立法路径选择的根本指南

坚持“人民安全是国家安全的基石”，是“坚持以人民为中心”理念的集中体现。[17] 将人民生命健康安全作为国家安全的基石，成为公共卫生立法路径选择的根本指南，也是有效应对基层社区公共卫生管理及资源调配所面临挑战的重要指引。从客观实际来看，公共卫生立法路径选择需要有效应对人口基数大背景下的防疫物资保障压力，并为传染病排查、核酸检测、集中隔离、疾病救治配备充足的防疫人员与医疗资源。这对于任何一个国家或地区而言都不易实现，尤其是对于流动人口近 4 亿的人口大国而言更是极大的挑战。中国新冠肺炎疫情防控取得的巨大胜利，是“坚持基本医疗卫生事业的公益性”，“将健康融入所有政策”，为人民“提供全生命周期的卫生与健康服务”的重要体现。[18] 围绕人民生命健康安全保障要求，确立“应收尽收、应治尽治”基本原则，以“集中专家、集中资源”为方法，[19] 调动一切资源全力保障患者救治，不仅提升

15　张文显：《统筹推进中国特色社会主义法治体系建设》，载《人民日报》2017 年 8 月 14 日，第 7 版。

16　杨支才著：《医事法学》，西南交通大学出版社 2017 年版，第 8 页。

17　《坚持人民安全是国家安全的基石》，载《人民日报》2020 年 6 月 4 日，第 2 版。

18　习近平：《让全体人民公平获得医疗卫生服务》，载《人民日报海外版》2020 年 1 月 2 日，第 5 版。

19　任平：《应收尽收　应治尽治》，载《人民日报》2020 年 2 月 26 日，第 4 版。

了轻症患者与重症患者分类救治的效率，而且实现了对于不同群体、不同地区、不同行业、不同患者诉求的及时回应，全力提高治愈率，降低感染率，防范群体感染事件的发生。

公共卫生管理及疫情防控人员物资保障是人民生命健康安全的重要基础，高效有力、科学有序的人员物资保障体系建设是提升疫情防控与医疗救治效果的重要支撑。由于公共卫生立法路径选择所涉及的法律关系主体众多、法律关系内容复杂而凌乱，在对多层次多领域的公共卫生法律关系进行调整的过程中，公共卫生管理及疫情防控人员物资保障面临着巨大的压力。公共卫生立法路径选择不仅要确保立法内容的合理性、科学性、规范化，而且要保障突发公共卫生事件应急管理中人员物资配备的高效性、公平性、制度化，真正发挥公共卫生立法对于疫情防控、应急管理等实践的引导、规范、保障作用。在这一过程中，需要同时实现疫情防控中两个方面的公平正义，一是防疫物资保障的实质公正，在全面保障防疫物资供给与人员均衡配置的基础上，高度关注重点地区、重点人群的疾病救治需要，确保健康社会权利的公平实现；二是防疫物资保障的信息公开，在快速定位物资缺口，及时引导防疫物资流向的同时，接受社会监督，防范挪用捐赠物资等现象的出现，公共卫生立法路径选择需要在供需链群与信息平台两个方面，推动公共健康立法的体系化进程。

三、公共卫生立法的中国路径与保障机制

公共卫生立法的中国路径以习近平法治思想为根本指导思想，针对公共卫生立法问题的高度复杂性与地域范围广等诸多问题，在前瞻性立法、“包裹立法”、多部门协同路径上，推动体系化的公共卫生立法、修法、释法的引导机制建设，细化公共卫生预警标准等技术性规范，促进严防疫情反弹的公共卫生管理及人员物资保障机制建设。

（一）前瞻性立法：体系化的公共卫生立法、修法、释法的引导机制建设

公共卫生立法的任务不仅是补漏洞，更要防患于未然，推动前瞻性立法。常态化疫情防控下的公共卫生立法面临传染病防治与公共健康保障重要任务。有效解决公共卫生立法理论和实践领域的问题，需要具备前瞻性思维，不断完善公共健康危险防卫的法律规范体系，解决公共卫生立法路径选择中的问题与困境，以及公共卫生法律法规之间的矛盾和冲突，形成公共卫生立法的总体效应。针对多达百余部的公共卫生法律规范，应当首先解决分散的公共卫生法律规范之间的协调性问题，并通过立法修改与法律解释，化解不同公共卫生法律规定之间的冲突。在此基础上，可探索统一的公共卫生立法，通过一体化的起

草、审议、征求意见、表决、公布、实施程序，提高公共卫生立法的科学性。通过体系化的公共卫生立法、修法、释法的引导机制建设，为人民生命安全与公共健康维护提供有力的法律保障，确保公共健康维护目标贯彻落实到公共卫生法律法规体系建设的各个环节。

体系化的公共卫生立法、修法、释法的引导机制建设，是强化公共卫生法治建设的必由之路。以公共卫生重点领域立法为关键环节，形成相应的公共卫生立改废释审核程序，厘清公共卫生管理机构、志愿者组织、医疗机构等主体之间的法律关系，强化公共卫生管理与疫情防控的立法保障与引导机制建设，是构建强大公共卫生体系的重要内容。公共卫生立法“体系性不强”是当前亟待解决的重要问题。[20]公共卫生立法不能“头痛医头”，碎片化地提出对策，而应抓住常态化疫情防控立法的体系化这一根本问题，从宏观布局出发，对公共卫生立法层级、立法技术、立法条款、修法方式、法律解释问题进行系统研判。从公共卫生立法、修法、释法三个方面入手，统领公共卫生立法问题的解决，促进公共卫生立法协调、系统修法、及时释法，实现对公共卫生立法现实需求的快速反应，推动公共卫生立法从事后救济向事前预防的转变，加强特殊群体与特定场所的公共卫生保障，推动公共卫生事件后相关涉法问题的评估与处置，实现公共卫生实体法与程序法规定的优化，为人民的生命安全健康提供有力的法律保障。

（二）“包裹立法”：公共卫生预警标准等技术性规范的“包裹立法”路径

针对地域范围广背景下公共卫生预警标准等技术性规范的统一规定难度大的问题，建议从“包裹立法”出发，推动公共卫生预警标准等技术性规范的体系化制定和修改。解决地域范围广背景下的公共卫生立法困境，其关键在于以公共健康维护价值目标为指引，促进公共卫生技术性规范制定和修改的系统化。公共卫生技术性规范制定和修改系统化的重心是“全方位全周期保障人民健康”，[21]将保障人民健康这一价值目标贯彻落实到不同的公共卫生阶段、不同地域的应急措施及公共卫生管理活动中。公共卫生技术性规范制定和修改需要立足“全方位全周期保障人民健康”的要求，推动突发公共卫生事件的及时有效地处置，针对突发公共卫生事件预警与应急管理的特殊性，以有效协调公共卫生相关管理部门参与应急管理活动为路径，推动公共卫生全过程管理与全方位

20　冯玉军：《中国法律规范体系与立法效果评估》，载《中国社会科学》2017 年第 12 期。

21　习近平：《在教育文化卫生体育领域专家代表座谈会上的讲话》，载《光明日报》2020 年 9 月 23 日，第 2 版。

全周期公共健康保障，提升公共卫生预警标准等技术性规范制定和修改的协调性与系统性。

公共卫生技术性规范制定和修改的系统化，以“包裹立法”路径的确立为前提，从突发公共卫生事件预防与应急准备、预警与预测、应急响应、恢复重建四个阶段出发，推动公共卫生技术性规范制定和修改的系统化，形成公共卫生立法的总体效应。由于公共卫生领域的立法数量众多，关于同一事项的规定散见于不同的单行法中，通过一例一议的方式进行公共卫生技术性规范制定和修改无法有效避免单行法之间的矛盾和冲突。“包裹立法”则针对多个法律规定统一作出修改，系统推动公共健康保护立法目的的全面实现，有效提升公共卫生立法的效率与协调性，对于公共卫生法治体系建设具有重要意义。运用“包裹立法”技术推动公共卫生预警标准等技术性规范的制定和修改，能够推进公共健康维护价值目标在规则性规范与技术性规范中的全面贯彻落实，同时关注专项立法之间的条款对照，通过公共卫生相关法律法规的系统修改，解决公共卫生单行法之间的矛盾和冲突，提升公共卫生立法的协调性。公共卫生预警标准等技术性规范的体系化制定和修改，是应对地域范围广背景下公共卫生立法难题，健全和完善公共卫生法律体系的重要路径。

（三）多部门协同：严防疫情反弹的公共卫生管理及人员物资保障机制建设

以多部门协同立法为路径，通过跨部门协同制定公共卫生法律规范，以及公共卫生规则的有效对接，应对人口基数大背景下公共卫生物资保障所面临的压力和挑战，为公共卫生管理及疫情防控人员物资供给提供充分的法治保障，为疫情防控与公共健康维护提供有力的规范支持。公共卫生领域的部门协同立法是公共卫生法律实践的重要内容，基层一线是公共卫生管理最为关键的环节，国家公共卫生立法最终要在基层公共卫生实践中得到贯彻落实。以形成公共卫生领域的多部门协同立法成果为目标，多地相继推进公共卫生部门协同立法工作。立足疫情防控的特殊性，明确公共卫生立法路径，完善公共卫生立法机制，推动公共卫生立法结构与规范内容的发展和完善，是公共卫生法治建设的重要任务。多部门协同制定公共卫生法律规范，需要与地方立法的清理和修改相结合，以体系化的思维，准确定位公共卫生立法的短板和漏洞，推动公共卫生领域多部门协同立法机制的发展和完善，建设公共卫生人员物资协同保障与支持机制，为补齐公共卫生短板提供有力支持。

科学的公共卫生人员物资保障与支持机制建设，成为推动疾病救治与预防有效协同，提升公共卫生立法总体效应的重要支持，也构成了调动各方力量，集中统一调配疫情防控资源的实践基础。科学的公共卫生人员物资保障与支持机制建设，既包括组织保障、人员保障与支持，也包括物资保障与制度保障。在组织保障、人员保障方面，公共卫生人员物资保障主要表现为加强防疫队伍建设，科学划分权责，调配人员，以民主集中制为原则，有效处理公共卫生立法中的多重法律关系，提升公共卫生立法的科学性。在物资保障与制度保障方面，一方面，要克服应急状态下的生产、运输困难，确保公共卫生物资迅速到位，为夺取疫情防控的决定性胜利提供物质保障；另一方面，需要对常态化疫情防控下的公共卫生管理及人员物资保障进行更高精度的配置，确保不同群体、不同领域、不同行业、不同地区的公共卫生物资信息公开，切实维护健康公平。通过公共卫生领域的多部门协同立法路径，提升公共卫生人员物资保障水平，通过相应的激励约束机制建设，沿着法治轨道和法治方式解决相关纠纷，形成公共卫生立法良好格局。

通过立法创新实现法治示范

——“双区”时代深圳立法的经验、逻辑与使命

陈 颀 王梓祺*

【内容提要】在“粤港澳大湾区”和“中国特色社会主义先行示范区”的“双区”建设的双重语境下，深圳被赋予了“法治中国示范城市”的战略定位和使命，承担着为大湾区乃至全国提供法治示范的重要任务。深圳实现法治示范的关键和抓手是立法示范，最重要的途径是通过立法创新服务“双区”建设，精准回应社会发展产生的立法需求，实现法治示范的历史使命。首先，面向大湾区社会发展与法治建设的现实需求，深圳可以通过立法创新降低区域合作的制度成本，提升生产要素的流动效率，为大湾区创造出一套可复制、可推广的有效规则。其次，“中国特色社会主义先行示范区”为深圳立法赋予“中国特色”“城市典范”“法治高地”的三重使命。同时，在立法的经济性、正当性和协调性等问题上，深圳立法实践仍然存在完善和优化的空间。

【关键词】深圳立法 立法创新 法治示范 粤港澳大湾区 中国特色社会主义先行示范区

2019年2月18日，中共中央、国务院印发《粤港澳大湾区发展规划纲要》（以下简称《纲要》），将深圳定位为大湾区的中心城市与区域发展的核心引擎；[1] 同

---

* 陈颀——中山大学法学院副教授、博士生导师；王梓祺——中山大学法学院本科生、《地方立法研究》编辑助理。本文系作者主持的国家社科基金项目“基于‘法律与文学’视野中的中国法治话语体系研究”（项目编号：19BFX023）的阶段性成果。

1 参见《粤港澳大湾区发展规划纲要》第三章第二节：优化提升中心城市。以香港、澳门、广州、深圳四大中心城市作为区域发展的核心引擎，继续发挥比较优势做优做强，增强对周边区域发展的辐射带动作用。

年 8 月 18 日，中共中央、国务院发布《关于支持深圳建设中国特色社会主义先行示范区的意见》（以下简称《意见》），为深圳确立了“法治城市示范”的战略定位。[2] 2020 年 8 月，在深圳经济特区建立 40 周年之际，中央依法治国办公室发布第一批全国法治政府建设示范地区和项目名单，深圳市荣获“全国法治政府建设示范市”称号。2021 年 5 月，中央全面依法治国委员会印发《关于支持深圳建设中国特色社会主义法治先行示范城市的意见》，提出深圳市要率先形成中国特色社会主义法治城市的制度体系。[3] 在“粤港澳大湾区”和“中国特色社会主义先行示范区”建设的时代背景之下，深圳被赋予了法治示范的战略使命和法治城市示范的战略定位。由此，深圳立法的任务也随之扩展：呈现一批具有示范性、可复制、可推广、成型而成熟的法制模版，为大湾区与示范区的建设提供科学有效的制度供给，回应改革发展的内在需求。

为了实现法治城市示范的战略定位，继续推进以特区立法权为核心的立法创新是最重要的途径。“立法是对人类命运的试验”[4]，它以试错和过滤为实质，是针对不可预见的未来的预测性设计；立法者和科学家一样，试图理解他们要解决的问题，并通过创新立法的“过滤功能”对新法律条款的有效性进行初步检验，借此找到最有效的解决办法。[5] 如此，深圳的重要任务即以立法创新服务“双区”建设，精准回应社会发展产生的立法需求，以求实现法治示范的历史使命。基于此，笔者将立足“双区”建设时代深圳经济特区的法治实践，以深汕特别合作区、前海深港现代服务业合作区的制度设计为分析对象，以期实事求是地呈现实践中的法治示范与立法创新，回应“双区”建设的深刻历史背景和改革开放的内在要求，对我国制度供给能力的提升有所裨益。

一、前“双区”时代的深圳立法回顾

自 1980 年设立伊始，深圳经济特区已然走过第四个十年。在这四十年中，深圳始终坚持以法治牵引改革开放，使改革与法治共同助推深圳的高速发展。在这一进程中，立法的发展与完善一直扮演着极为重要的角色，而其演进又颇得益于深圳立法权的“进化”：1979 年，深圳根据中央决定试办出口特区；十

---

2 参见《中共中央、国务院关于支持深圳建设中国特色社会主义先行示范区的意见》，载《人民日报》2019 年 8 月 19 日，第 1 版。

3 参见《瞄准先行示范　深圳努力打造法治城市示范》，载深圳新闻网，https：//www. sznews. com/news/content/2021 - 08/26/content_ 24514133. htm，最后访问于 2022 年 1 月 15 日。

4 Jahrreiß · H，Größe und Not der Gesetzgebung，Schünemann，Bremen.

5 Madeleine Martinek，Experimental Legislation in China between Efficiency and Legality，Springer International Publishing AG，part of Springer Nature 2018.

年之后的1989年，第七届全国人民代表大会决定将经济特区立法权授予深圳。自1990年起，深圳告别了由全国人大及常委会、国务院、广东省“送法”的时代，进入了自主立法的新阶段。又一个十年之后的2000年，《立法法》出台，在对国家专属立法事项作出规定之外，也特别为经济特区立法辟出条款，明文规定了经济特区根据授权决定行使法规和规章立法权。[6]四十年来，深圳的立法活动持续进行，初步建立了一套相对完善的社会立法体系，以科学有效的制度供给有力地牵引了改革发展的进程。

深圳出色的法律供给能力得益于中央的授权立法权。《意见》明确指出，允许深圳立足改革创新实践需要，根据授权对法律、行政法规、地方性法规作变通规定。[7]就此而言，《意见》赋予了深圳新的法治使命，鼓励深圳继续创新，做好先行先试的职责。换言之，授权立法权将部分国家事权直接授予深圳，使深圳的立法权具有国家立法权与地方立法权的双重性质。这使得深圳的立法创新具备不同于其他地区乃至其他经济特区立法权的法律基础，回应探索“先行示范”对法治的需求。由此，深圳的发展活力得到了充分的释放，其法治水平也水涨船高。据北大法宝数据库显示，截至2021年3月1日，深圳经济特区曾立、改、废的地方性法规、政府规章与相关决定总计819项，其中814项立于1990年之后。在这819项地方性法规、政府规章与相关决定之中，设区的市地方性法规，如《深圳市燃气条例》（2020年修正），共有115部，经济特区法规，如《深圳经济特区排水条例》，共有704部；现行有效的地方性法规、政府规章与相关决定共300项，失效的共163项，已被修改的共232项；就内容而言，这些立法涵盖了政治、经济、文化、社会、生态等方方面面，具体分类与数量如下：

表1　深圳立法的内容分类、数量与所占比例

立法内容分类	数　量	所占比例
国家机关工作	35	4.27%
法制工作、刑事诉讼、司法协助、检察业务	51	6.23%
疫情防控、突发事件	2	0.24%

6　2000年《立法法》第65条：“经济特区所在地的省、市的人民代表大会及其常务委员会根据全国人民代表大会的授权决定，制定法规，在经济特区范围内实施。”对应2015年修正后的《立法法》第74条。

7　参见《中共中央、国务院关于支持深圳建设中国特色社会主义先行示范区的意见》，载《人民日报》2019年8月19日，第1版。

续表

立法内容分类	数　量	所占比例
扫黑除恶	1	0.12%
营商环境优化	21	2.56%
自由贸易试验区	1	0.12%
律师、公证	11	1.34%
华侨事务	6	0.73%
公安	69	8.42%
民政	8	0.98%
民法、民事诉讼、合同、知识产权、反不正当竞争	32	3.91%
改革开放	3	0.37%
土地、资源、能源	52	6.35%
国有资产、财政、税收	13	1.59%
财务、会计、审计、统计	40	4.88%
租赁、保险、外汇、价格	20	2.44%
公司企业	21	2.56%
建设业、工业管理	49	5.98%
农、林、木业与水利	29	3.54%
交通运输、邮政电讯、旅游	33	4.03%
调解与仲裁、咨询	17	2.08%
房地产	36	4.40%
商贸物资	11	1.34%
海关与对外经贸	7	0.85%
特区、开发区	80	9.77%
工商管理、计量、质量管理与监督	38	4.64%
人事、劳动工会	45	5.49%
环境保护	47	5.74%
科教文卫、人口与计划生育	81	9.89%
军事	3	0.37%

由此可见，自从深圳获得授权立法权后，其地方立法的数量和活跃程度呈指数型增长；立法内容广泛而全面，涉及社会生活中的焦点问题、改革开放的

重点问题和随之而来的新生问题。譬如，在我国《公司法》正式制定出台之前，深圳先行创制的《深圳经济特区股份有限公司条例》与《深圳经济特区有限责任公司条例》[8]成为我国《公司法》的先声和深圳示范性立法的典范；又如，发布并投入实施的《深圳经济特区食品安全监督条例》（2020 年修正）[9]和《深圳经济特区城市更新条例》[10]，皆是深圳对食品安全监督、城市土地资源等焦点问题的突破性回应。一言以蔽之，授权立法权使深圳发展出了更为强劲的立法动能，拥有了变通、创新和示范与“敢为天下先”的可能性，为改革开放的不断发展提供了坚实的法治基石。

回顾获得经济特区立法授权以来的立法史，通过立法创新，深圳主动、精准地回应了经济社会发展的法治需求：其一，为招商引资提供及时的法律保障。根据蒂布特的地方竞争理论，地方法治程度与经济发展水平紧密相关，出于风险规避的考量，投资者往往倾向于法治环境优越的市场。[11]实践证明，政策性文件并不能为投资者提供足够的安全感，以立法创新对资本市场的需求作出法律回应势在必行。其二，为改革创造便利。1992 年邓小平“南方谈话”后，以法治方式牵引改革开放则是依法治国和改革发展的共同要求：“当国事演变的时候，法律不会发布适应各种事故的号令”，[12]改革发展往往是突破、创新、快速乃至瞬息万变的，常常处于法律的边缘乃至超出其界限。正因如此，授予深圳推进立法创新象征着我国法制对尝试、突破与创新的需要；以较为稳定的法律确定已探明的、可预期的改革成果，同时在改革所需要但尚未制定出法律规范的空白领域作出突破，就成为“试验田”和“开荒牛”所必需考虑的问题。

目前，改革开放进入“深水区”，面临着诸如城市土地资源、社会公共服务、启动国内经济大循环等亟待研究与解决的焦点问题；就全球视角来看，新冠肺炎疫情使“百年未有之大变局”加速演进，[13]经济全球化的倒流、国际贸易的萎缩、大国政治秩序的混乱等不稳定因素使世界格局面临着更加不可预知

8　这两部法律均于 1993 年 4 月 26 日由深圳市第一届人民代表大会第五次会议通过，随即分别以深圳市人民代表大会公告第二号、第三号公布，《公司法》则于 1993 年 12 月 29 日通过并公布。

9　《深圳经济特区食品安全监督条例》根据 2020 年 12 月 30 日深圳市第六届人民代表大会常务委员会第四十六次会议进行第二次修正，并于当日发布并实施。

10　《深圳经济特区城市更新条例》由深圳市第六届人民代表大会常务委员会第四十六次会议于 2020 年 12 月 30 日通过并公布，自 2021 年 3 月 1 日起施行。

11　Tiebout C. M.，A Pure Theory of Local Expenditures，Journal of Political Economy，1956，64（5）：416 – 424.

12　［古希腊］亚里士多德著：《政治学》，吴寿彭译，商务印书馆 1983 年版。

13　参见习近平：《在深圳经济特区建立 40 周年庆祝大会上的讲话》，载新华网，http：//www.xinhuanet.com/politics/leaders/2020 – 10/14/c_ 1126611290.htm，最后访问于 2021 年 5 月 4 日。

的动荡与变革。面对此种已知或未知的风险，作为对外开放前沿阵地的深圳对配套规则与稳定秩序的需求变得越发强烈，其立法与我国改革发展同频共振、相互促进的任务亦变得愈加紧迫。

二、“粤港澳大湾区”语境下的法治示范

《纲要》强调，要进一步提升粤港澳大湾区在国家经济发展和对外开放中的支撑引领作用。由此，深圳的使命是：“发挥作为经济特区、全国性经济中心城市和国家创新型城市的引领作用，加快建成现代化国际化城市，努力成为具有世界影响力的创新创意之都。”[14]在这一语境之下，中央对深圳的改革发展和法治建设给予了高度关注。2020年10月14日，习近平总书记在深圳经济特区建立40周年庆祝大会上发表讲话，提出以清单批量授权方式赋予深圳在重要领域和关键环节改革上更多的自主权，使深圳经济特区扛起责任，形成一批可复制可推广的重大制度创新成果；[15]同年11月9日，最高人民法院举行新闻发布会，发布《最高人民法院关于支持和保障深圳建设中国特色社会主义先行示范区的意见》，在总体要求、服务保障要素市场化配置、支持打造市场化法治化国际化营商环境、促进社会治理现代化、建设公正高效权威的司法制度、加强组织保障六个方面纲领性地指明了深圳经济特区未来法治建设的重点方向。由此，获得了中央批量授权“大礼包”和法治建设纲领性规划的深圳，有必要以科学有效的法治示范对“双区”建设的深刻历史背景作出回应。

在如此逻辑之下，作为大湾区中心城市与发展引擎的深圳承担了供给示范性法律的重要任务。其原因是，在大湾区建设的语境下，区域内的十一个城市产生了加强区域合作的强烈需求；然而，此类大规模的经济合作在大湾区所在的地域内尚属首次，成型的合作机制尚未形成，合作发展的进程因而受到诸多因素的阻碍，其中有两种尤其明显：其一，制度壁垒。在“一国两制三法系四法域”的法制背景下，大湾区各地相异而并行的制度无益于生产要素的自由流动，错杂的行政区划也易滋生纵横交错、模糊混乱的事权；由此，大湾区亟须一套能够降低交易成本、促进生产要素自由流动的合作规则，以在加强区域合作的同时充分释放经济活力。其二，发展瓶颈。当前，即使是发展水平整体较高的大湾区十一市，也面临着各自的发展瓶颈：香港有限的空间和不断上升的

14　参见《中共中央、国务院印发〈粤港澳大湾区发展规划纲要〉》，载新华网，http://m.xinhuanet.com/2019-02/18/c_1124131474_2.htm，最后访问于2021年5月4日。

15　参见习近平：《在深圳经济特区建立40周年庆祝大会上的讲话》，载新华网，http://www.xinhuanet.com/politics/leaders/2020-10/14/c_1126611290.htm，最后访问于2021年5月4日。

地价导致了制造业的迁离，随之而来的是工业的空洞化；澳门对博彩业的过度依赖不仅导致了产业结构的单一，更滋生了一系列负面的社会效应；广东九市面临的主要问题则是生产要素成本的上升和产业的严重同质化，经济结构转型升级因而稍显吃力。站在历史流逝的瞬间，大湾区亟须顶层设计的相应调整，需要一套能够打破发展“天花板”、可为大湾区范式的示范性规则。

这套规则需要一个兼具立法动力与立法能力的“供给方”。对此，由大湾区自身利用授权立法权探索立法似更为适当。具备经济特区授权立法权、立法资源丰沛、立法动力强劲的深圳，有必要肩负起供给大湾区示范法的重任。在某种意义上，作为改革开放“试验田”的深圳正是国家进行制度创新的优选试点，授权立法权正是国家为制度创新所做的“天使投资”。[16]因此，用足用好授权立法权，提供一套可参考、可复制、可推广的法律模型，正是作为“投资人”的中央对深圳的期待。因此，笔者认为，示范性应当是深圳立法的核心特色；深圳有必要利用特区立法权力与优渥的立法条件，面向大湾区社会发展与法治建设的现实需求，塑造出数套适合于大湾区区域经济合作的立法模版，降低区域合作的制度成本，提升生产要素的流动效率，更好地激发粤港澳大湾区的经济活力。

对此，可以深圳国际贸易活动的配套立法为例。在“粤港澳大湾区”与“一带一路”的双重语境之下，深圳不仅面对香港、澳门两个与国际贸易天然接轨的特别行政区，更直接面对来此投资兴业、贸易往来的世界各国，国际贸易活力十分旺盛。然而，相应地，深圳也面临着多种贸易理念、贸易规则以及相应法律的差异，更面临着国内经济体制、交易规则与国际贸易不相榫合的制度困境，随之而来的是大量复杂的涉外纠纷。[17]为了消减域内外法律屏障、降低生产要素流动的制度性成本，深圳在商事仲裁与调解等方面作出了卓有成效的立法探索，也在相当程度上借鉴了香港的相关规则，[18]如建立市政府领导下的前海管理局法定机构运作的治理模式。[19]前海管理局全称“深圳市前海深港现

16 叶海波：《“天使投资”、示范立法与风险管控——“双区”语境下深圳特区立法的逻辑与使命》，载《地方立法研究》2020 年第 3 期。

17 参见蔡伟、赖晨枫：《法治先行示范区与深圳国际民商事纠纷多元解决中心建设》，载《深圳社会科学》2020 年第 5 期。

18 张淑钿：《对香港特别行政区法定机构制度的再认识——兼论前海管理局法定机构制度的完善》，载《晟典律师评论》2016 年第 8 期。

19 参见《深圳经济特区前海深港现代服务业合作区条例》第 7 条：“设立深圳市前海深港现代服务业合作区管理局（以下简称管理局）。管理局在市人民政府领导下，依照本条例履行前海合作区开发建设、运营管理、产业发展、法治建设、社会建设促进等相关行政管理和公共服务职责，可以实行企业化管理但不得以营利为目的……”

代服务业合作区管理局”，是实行企业化管理但不以营利为目的履行相应行政管理和公共服务职责的法定机构。[20] 此外，为了回应国际贸易发展对配套规则的内在需求，深圳在前海法院进行了一系列改革，设置了域外法律查明基地与国际商事仲裁院等机构。[21] 同时，深圳还突破性地作出在以上机构中引入港澳台籍及外籍工作人员的决定，截止到 2019 年，深圳国际仲裁院中的港澳籍仲裁员已达 147 名。类似地，前海法院还对涉外纠纷的解决措施进行了经验总结，提供了一批诸如《适用域外法案件裁判指引》的示范性模版。由此，深圳在回应国际贸易发展需求的过程中进行了突破性的立法创新，也以其设计搭建的系统性国际贸易纠纷解决平台为范式，为我国全局的法治建设提供了优良示范。

一言以蔽之，在大湾区建设的语境下，进行示范性立法、提供模版式规则是深圳必然承担的历史使命；深圳的示范性立法应以经济特区为圆心，进而辐射整个大湾区。此外，必须指出，大湾区的法治示范与示范区的法治示范并不割裂。下文将详论的是，在“双区”建设的语境下，深圳不仅能够为大湾区供给示范性立法，更能为我国整体的法治建设提供先行示范。

三、中国特色社会主义先行示范区语境下的法治示范

（一）战略定位与立法使命

深圳不仅是大湾区的中心城市，也是建设中的中国特色社会主义先行示范区。对中国特色社会主义先行示范区应当有一个清晰的定义，即《意见》中提到的“高质量发展高地、法治城市示范、城市文明典范、民生幸福标杆、可持续发展先锋”五个战略定位，而其中最关键的则在于“先行示范”四个字。[22] 笔者认为，这样的战略定位为示范区语境下的深圳立法赋予了三重使命：其一，发扬“中国特色”，继续以先行示范的姿态服务于改革发展全局，为国家语境下的新问题作出建设性的规则创制，为我国全盘的法治建设提供科学有效的示范；其二，做好“城市典范”，以极具代表性、典型性的超大型发达城市的身份担负起为我国各地方的立法工作作出示范的任务，对传统意义上地方事务的处理给

---

20 张淑钿：《对香港特别行政区法定机构制度的再认识——兼论前海管理局法定机构制度的完善》，载《晟典律师评论》2016 年第 8 期。

21 参见《深圳经济特区前海深港现代服务业合作区条例》第 59 条：“支持设立深圳国际商事审判专门组织，探索国际商事审判案例指导制度，加快形成与前海合作区发展相适应的专业化审判体制机制。”

22 参见《深圳改革再出发打造全球标杆城市——解读〈中共中央、国务院关于支持深圳建设中国特色社会主义先行示范区的意见〉》，载深圳市人民政府发展研究中心官网，http://drc.sz.gov.cn/wxd/zxxx/zcfg/zcjd/content/post_3242388.html，最后访问于 2021 年 5 月 4 日。

出立法层面的“最优解”；其三，创造“法治高地”，深化与国际接轨的程度，力求创制出全球视角下的典型法治标杆城市。

肩负上述使命的深圳已进行了诸多探索。就改革全局而言，示范区语境下的深圳立法面向社会需求，就土地、税收、知识产权等改革进程中涌现的全国性问题提供了一批极具示范性与典型性的新制度。譬如，自 2022 年 1 月 1 日起施行的《深圳经济特区数据条例》，即国内大数据领域首部基础性、综合性立法，[23] 意在解决强制索要用户授权、大数据“杀熟”、个人信息过度收集、强制个性化广告推荐等数字化时代的普遍问题。此外，《深圳经济特区人工智能产业促进条例》《深圳经济特区数字经济产业促进条例》《深圳经济特区智能网联汽车管理条例》等诸多直面时代需求的法规，也作为拟新提交审议项目中的制定项目，被纳入深圳 2021 年度立法计划。[24] 据北大法宝数据库显示，截止到 2021 年 2 月，深圳经济特区所立的地方性法规和政府规章中共有 18 部与土地相关、20 部与税收相关、6 部与知识产权相关、16 部与营商环境优化相关、5 部与反不正当竞争相关。这些立法覆盖面广、分类详细，且以关于土地的立法情况为例：

表 2　深圳经济特区关于土地立法的内容分类、数量与所占比例

立法内容分类	数　量	所占比例
土地综合规定	3	17%
土地管理机构	5	28%
土地使用权出让与转让抵押	8	31%
土地征用与有偿使用	1	50%
土地复垦与耕地保护	1	3%

另一个典例是前海深港现代服务业合作区的规则创制。作为未来的“珠三角曼哈顿”，前海代表了改革发展在新时代的全新可能；作为唯一得到国家批复的“中国特色社会主义法治建设示范区”，前海的法制创新与法治示范亦对我国法治建设的全局具有极为重要的示范意义。为了优化营商环境、客观评估前海法治建设成果，《前海中国特色社会主义法治环境示范区规划纲要》提出了“建立前海法治环境指数”的新理念。应前海管理局的委托，中国社会科学院法学

23　《深圳经济特区数据条例》由深圳市第七届人民代表大会常务委员会第二次会议于 2021 年 6 月 29 日通过，自 2022 年 1 月 1 日起施行。

24　参见《深圳 2021 年度立法计划名单》，载深圳之窗网，https：//m. shenchuang. com/show/1585135. shtml，最后访问于 2022 年 1 月 15 日。

研究所研发了前海法治指数评估指标体系，对前海的法治建设状况作了科学客观的第三方评估。由此可见，前海制度设计的具体展开是从无到有、破旧立新的创造过程。为此，前海在相当程度上借鉴了香港等地区的立法经验，提高了对港合作的广度与深度，以期回应高水平对外开放的内在需要，培育我国参与全球竞争的又一优势。譬如，中央给出了探索香港仲裁机构在前海设立分支机构的优惠政策，亦鼓励完善内地与香港律师事务所的联营方式，深化落实《内地与港澳关于建立更紧密经贸关系的安排》（CEPA）框架下的对港开放措施。又如，支持前海试点设立创新型金融机构和要素交易平台，并支持境内外金融机构在前海设立国际性或全国性管理总部、业务运营总部等。[25] 由此，在国际贸易、金融财税、教育医疗、电信科技等诸多方面，前海都以立法创新回应着改革发展的法治需求，引领着法治建设与革新的历史进程。

此外，深圳也在“城市典范”的语境下进行了良好的地方立法示范，为城市环境、医疗卫生、人才引进等城市发展的焦点问题提供了一批示范性规则。新发布的《深圳蓝皮书：深圳法治发展报告（2021）》，即从“法治城市示范”建设的新规划、新计划的层面与完善城市治理体系和治理能力现代化的高度，提出了加快推进深圳法治示范城市建设的具体建议，并对创建法治城市示范和疫情防控常态化的背景下的深圳立法活动进行了梳理。[26] 此外，北大法宝数据库显示，截止到2020年2月，深圳经济特区共有57部与环境保护相关、42部与医疗卫生相关的法律法规，其具体情况如下：

表3 深圳经济特区关于环境保护的立法情况

立法内容分类	数 量	所占比例
环保综合规定	26	46%
环境标准	2	4%
污染防治	29	51%

25 参见《国务院关于〈前海深港现代服务业合作区总体发展规划〉的批复》（国函〔2010〕86号）。

26 参见《〈深圳蓝皮书：深圳法治发展报告（2021）〉发布专家学者为深圳法治先行示范城市建设建言献策》，载法治网，http：//m. legaldaily. com. cn/index/content/2021 - 11/15/content_ 8628574. htm，最后访问于2021年1月16日。

表 4　深圳经济特区关于医疗卫生的立法情况

立法内容分类	数　量	所占比例
卫生综合规定	19	45%
卫生机构与人员	6	14%
医务工作	1	2%
中医管理	6	14%
公共场所与环境卫生	7	17%
医疗保健	4	10%

“民生立法既要关注涉及人民群众切身利益的重要领域，又要关注人民群众日常生活某些事项的立法，以小切口解决大问题。”[27] 深圳以示范区的身份，为改革全局和地方法治建设起到了良好的示范作用。面向未来，笔者认为，深圳立法仍然面临着两项主要任务：

其一，继续先行先试，凭依强大的立法权和丰沛的立法资源，继续做好改革开放的“试验田”和法治建设的“开荒牛”。前文已经提及，深圳在中央“特批”的授权立法权之下分享了原本仅属于中央的部分事权。因此，深圳便有能力亦有义务为国家语境下的新问题作出建设性的规则创制，以立法创新牵引法治建设。

其二，及时查缺补漏，解决上一阶段立法事业中存在、实际上也是各地方立法中普遍存在的问题。面对立法过程中出现的犹可以优化的方面，面对各地立法中所普遍存在的、一直未能解决的、陷入困局的乃至根深蒂固的问题，“先行”于内地的、经济活力旺盛的深圳有必要充分利用其优渥的立法条件，力求化解地方立法的普遍困局，提供现有条件下的“最优解”。

（二）优化方向与重点问题

在上述查缺补漏的任务之下，深圳立法仍然存在着广阔的可探索空间，可在以下三个方面加以优化和推进：

1. 立法的经济性

市场经济时代的立法活动同样也是一种经济活动，一面耗费资源，一面产生收益[28]。面对旺盛的经济活力和高度发达的市场经济，深圳有必要注重立法

27　栗战书：《习近平法治思想是全面依法治国的根本遵循和行动指南》，载《求是》2021 年第 2 期。

28　参见苏力著：《法治及其本土资源》，中国政法大学出版社 1996 年版。

的经济性，将最高质量的立法资源及时准确地配置到立法需求最强烈的领域，力求实现立法效用的最大化。需要提出的是，判断“需求强烈”的标准并非学术讨论上的“人多势众”，而是观察实践锁定的“立法洼地”。同时，立法的经济性还是对象征性的否定。在深圳的立法实践中，象征意义强于实际意义的立法并不鲜见，譬如引发热议而收效甚微的“女性优先车厢”[29]，又如部分立法目的难以实现的《深圳经济特区全民阅读促进条例》[30]。然而，客观现实是，即使深圳拥有超出全国平均水平的立法条件，立法所需的资源也总是稀缺的；因此，就更不能仅为象征意义而进行难以实际增进社会福利的立法活动。综上所述，就经济学的意义而言，市场经济时代立法“优化”的实质，是将最强劲的立法动能与最丰沛的立法资源配置到需求最旺盛的领域中，最大限度地减少交易成本、便利资源流动，以最合理的立法成本换取最大的经济社会收益。

2. 立法的正当性

立法的正当性在一定程度上体现为对社会现实的尊重。换言之，在“敢为天下先”的同时，深圳也应将立法的社会基础作为衡量其科学性的重要指标。进行突破性的立法确是牵引社会发展的内在需要，然而，立法创新的目的终究是回应实践需求，而非缺乏社会基础的求新求变。且以《深圳经济特区全面禁止食用野生动物条例》[31]为例。此条例一经颁布，即在互联网上引发了热议，主要的讨论焦点有二：第一，禁止食用野生动物及其制品，包括人工养殖的野生动物。在普遍存在着野生动物人工养殖产业的两广地区，这一规定将对该产业链上的养殖户与商户造成毁灭性打击，有忽略特定群体的利益诉求之嫌。第二，禁止食用饲养宠物，划定可食用禽畜范围，即间接将狗肉排除在可食用范围之外。这一规定的目的，或许是使作为“对外开放的窗口”深圳与“现代文明”接轨，然而，普遍存在着食用狗肉习惯的两广地区，一味禁食未免显得

---

29 参见《深圳经济特区文明行为促进条例》，深圳市六届人大常委会公告第一七六号，2020年1月8日公布。

30 《深圳经济特区全民阅读促进条例》第15条规定：“市、区教育部门应当指导中小学校开展阅读水平测试，每年向社会发布中小学生阅读水平情况报告。”然而，在实际操作中，在中小学校开展阅读水平测试非但不易培养学生的阅读兴趣，反而容易将阅读兴趣应试化，变相加重学生的学业负担。

31 《深圳经济特区全面禁止食用野生动物条例》（深圳市第六届人民代表大会常务委员会公告第184号，2020年4月1日发布）第2条：“禁止食用下列野生动物及其制品：（一）国家重点保护野生动物以及其他在野外环境自然生长繁殖的陆生野生动物；（二）人工繁育、人工饲养的陆生野生动物。禁止食用用于科学实验、公众展示、宠物饲养等非食用性利用的动物及其制品。”第3条：“可以食用的动物包括：（一）国家畜禽遗传资源目录所列的猪、牛、羊、驴、兔、鸡、鸭、鹅、鸽、鹌鹑以及该目录所列其他以提供食用为目的饲养的家禽家畜；（二）依照法律、法规未禁止食用的水生动物。”

“水土不服”。上文已论，作为示范区的深圳应以“高质量发展高地、法治城市示范、城市文明典范、民生幸福标杆、可持续发展先锋”为战略定位，其立法也应以发扬“中国特色”、做好“城市典范”和创造“法治高地”为使命。在这一语境下，为实现一种社会基础薄弱的概念与价值而挑战土壤深厚的社会习惯，实难被称为城市典范的示范性立法。笔者认为，比起“与国际接轨”，建立起具有中国特色的“轨”才是更需要立法者加以考量的问题。

基于增强立法经济性和正当性的目标，有必要强化法的科学性、民主性、合宪性和程序性，有凸显的社会问题则必应有科学的立法机制，有“膨胀”的立法权力则必应有全面的审查机制，有强劲的“广告效应”则必应有完善的“售后服务”。实际上，类似的问题在我国地方立法中普遍存在；对于备案审查机制、人民群众参与立法机制以及其他一般意义上的立法程序而言，最缺乏的不是立法层面的设计，而是实践中真实有效的施用。基于此，笔者认为，对司法资源更为充足、执法能力更为强劲的深圳而言，优化地方立法、增强立法正当性的必要措施，不是老调重弹、复读法典，设计出更多象征性的空悬条款，而是让既存的制度真正发挥实效，让立法的正当性、合宪性、民主性和程序性走出概念、走入实践。

3. 立法的协调性

这是笔者着意强调的一点，更是对大湾区与示范区的建设都有所牵涉的一方面：就前者而言，无论是在历史上、制度上还是社会实践中，大湾区内都不存在整齐划一的交易市场，更不存在区域经济合作所需的低廉交易成本。因此，立法一旦忽视协调性，则必将使大湾区内的生产要素流动受到制约。就后者而言，我国对发展的平衡与协调愈加重视，也因此对各大城市群的规划、建设与发展颇费苦心；然而，我国各大城市群内部也面临着与大湾区类似的问题，亟须由示范性规则牵引发展。因此，在本部分，笔者将在大湾区与示范区建设的双重语境之下讨论深圳立法的协调，即以深圳在大湾区语境下的协调性立法为例，为我国各大城市群提供法治示范。

在这一语境之下，笔者认为，应予重点考虑的因素概有如下三种：其一，地区利益。不能否认的是，在大湾区内的十一个城市之间，不仅存在着合作发展的需求，更存在着各地区的特殊利益。对于港澳而言，经济活力旺盛的广深一旦崛起，势必对其在大湾区内的优势地位造成冲击；对于广东九市而言，比起“抱团取暖”的利好，产业的同质化也有可能造成恶性竞争与规模不经济的状况。其二，制度壁垒。前文已论，大湾区“多样化”的制度对城市之间的高度联通形成了阻碍：就整个湾区而言，已经存在着两种政治制度、三种关税制度、三种法系、四种法域；即使是同在一个省级行政区划之下的广东九市，也存在着各地的地方立法，更存在着立法权力、行政权力与司法权力的“高地”与“洼地”。无论是港澳与内地的法律冲突还是深圳立法效力的外溢性，都将在区域经济合作发展的过程中被放大，成为立法者亟须回答的问题。其三，社会情绪。这是一类不甚明显但必须考虑的因素；它们很难在成文法中有所体现，却会隐藏在社会的记忆与思维的惯性中，对相当长时间内的历史发展产生不容忽视的影响。从区域联系上看，也存在着已然成形多年的深莞惠、广佛肇、珠中江三个发展水平与发展方向各异的经济圈，乃至新生的深汕特别合作区与即将诞生的广清[32]、深河[33]两个特别合作区——而所有“经济圈”与“合作区”的划分都将对微观意义上的上层建筑产生影响。法治的行政区划化与地方化极易使得法律“成为阻隔区域间交流和统一大市场形成的无形之墙，并在此基础上诱生一种身份性社会和区域关系”。[34]

实践中，不妨以深汕特别合作区的规则制定[35]为例。深汕特别合作区是区域经济合作发展的产物，然而合作发展可能带来相应的法律问题：其一，在深汕特别合作区的“深圳化”已成事实的情况下，如何使“合作区”接受深圳的正溢出效应而得以发展，是立法者必须考虑的新问题。其二，深汕特别合作区由深圳单方管理，在实践中也已适用深圳的立法。然而，深汕特别合作区在深圳并无人大代表，后续的法律完善需要重视。其三，接受深圳单方管理的深汕特别合作区与汕尾的其他地区之间存在着行政区划与适用法规的差异……诸如此类的问题几乎会在大湾区的每个城市群或经济圈中出现，且并无一套相当成熟、至臻完善的先例可循；当这三类问题不断放大、不断交融错杂时，就生成了大湾区的整体问题，形成了对深圳立法协调性的巨大需求和现实考验。

实际上，在我国现有的实践中，或许广州与佛山的优势互补或可为协调性的制度设计提供正向的经验：就经济发展而言，广州的制造业以基础工业和重工业见长，而佛山则长于发展轻工业；“和而不同”的分工使广州和佛山避开了产业同质化的恶性竞争与消耗，代之以一加一大于二的规模效应。就土地资源、房产市场及其相关的一系列社会问题而言，广州与佛山的“联动”不仅有助于稳定广州的房价，也有效地解决了佛山楼宇闲置的问题；不仅将两地土地资源

32　2019年4月28日，在广州市—清远市党政联席会议上，两市签署《广州市人民政府清远市人民政府深化广清一体化高质量发展战略合作框架协议》，提出要高水平建设广清经济特别合作区。

33　参见河源市发展和改革局：《我市启动支持深圳建设中国特色社会主义先行示范区实施方案调研工作》，载河源市政府门户网站，http：//www.heyuan.gov.cn/hysfgj/gkmlpt/content/0/285/post_285217.html#4807，最后访问于2021年5月4日。

34　参见叶海波：《大湾区规划意在消除“法律割据”》，载《明报》2019年3月1日，“观点”版。

35　《广东深汕特别合作区管理服务规定》（广东省人民政府令第216号）。

的利用调节得更加平衡，也使得广州对于非户籍人口的流入更为“宽容”、对人才的吸引力更加明显。在这样的优势互补、合理分工之下，广州始终没有对佛山产生剧烈的“虹吸效应”，反而帮助其凭借“本土经济、民营经济、内生式发展”的佛山模式取得了耀眼的成绩；[36]现存的制度没有对广佛之间生产要素的流动形成阻碍，反而使得区域间的合作更加顺利，出现了正的溢出效应。这可称得上是区域合作的典范。不注重协调的代价，必然是区域发展不平衡的加剧；只有当区域的合作达成协调的状态时，“大河有水小河满”的理想状态才会出现。在我国现实的改革实践中，并非没有区域合作的先例；然而，如何使法治牵引规则的协调与平衡，则是亟待回答的问题。综上所述，笔者认为，“双区”建设语境下的深圳应使协调成为其立法的重要特色、促进区域合作的良性发展，为全国提供一套协调而平衡的法治范式。

为了实现法治示范的目标，立法创新成为深圳法治建设的必由之路。笔者认为，未来深圳立法创新之目标主要有二：其一，及时回应经济社会发展中出现的新需求。“中国迫切需要通过政策实验获得经验，以创建一个功能性的法律制度。”[37]在经济特区、大湾区中心城市和示范区的三重身份之下，一直作为改革“先行者”的深圳面临着比其他地区更为强烈的立法需求，无论是“双区”时代带来的诸如国际贸易、市场经济等“新问题”，还是传统地方立法所关注的环境保护、城市治理等“老问题”，都是亟须示范性规则牵引重要问题。就“新问题”而言，以“先行者”的身份回应新的社会需求是深圳的重要任务；就“老问题”而言，深圳有必要回应普遍性的立法难题，提供行之有效的地方治理模版。其二，积极探索改革发展的新可能。在“双区”建设的过程中，深圳将不可避免地面对难以预知的全新问题。同时，不可否认的是，已经进入深水区的改革开放事业将难免遇到发展瓶颈，即现有的体制机制或会阻碍发展活力的有效释放。为了及时高效地解决新问题、回应新需求、释放新动能，深圳必须进行从无到有的规则创制，以突破性的、创造性的全新规则面对“双区”建设进程中涌现的新情况，探索改革发展的新可能。

结语

自经济特区成立至今，深圳的法治建设有序推进，不断以中央赋予的授权

36　据中经网统计数据库，2018 年，佛山人均 GDP 为 127691 元，GDP 增速为 6.27%。此外，自 2002 年至 2018 年，佛山 GDP 增速均在 6% 以上，最高值为 2005 年的 19.4%。

37　Madeleine Martinek, Experimental Legislation in China between Efficiency and Legality, Springer International Publishing AG, part of Springer Nature 2018.

立法权进行立法创新。而今，深圳则以通过立法创新实现法治示范为其历史使命。发展动能的背后，是成型规则的坚实支撑，未来，深圳仍有必要以立法创新为进路，及时回应经济社会发展中出现的新需求，积极探索改革发展的新可能，为大湾区内部、我国各地方以及我国全局的法治建设提供科学有效的法治示范，亦为“粤港澳大湾区”与“中国特色社会主义先行示范区”的建设提供强劲的立法动能。

论粤港澳大湾区绿色债券的区域制度构建

李莉莎　林嘉琪*

【内容提要】 绿色债券是通过发行债券，为用于特定目的的绿色项目募集资金，或进行再融资的债券工具。本文在对粤港澳大湾区绿色债券的发展进行实证研究的基础上，分析绿色债券区域制度构建的必要性和可行性，总结当前制度构建中面临的四大障碍，进而提出统一绿色债券发行标准、完善信息披露机制、强化金融监管合作机制以及建立绿色债券跨境流通机制的建议。当前，粤港澳大湾区绿色债券仍面临多方面的制度障碍，应逐步统一绿色债券标准，建立完善的信息披露机制，构建湾区内“一国两制三法域”的绿色金融监管合作机制以及绿色债券跨境流通机制。

【关键词】 粤港澳大湾区　绿色金融　绿色债券　信息披露　监管合作

引言

21 世纪初期，绿色债券在欧美发达国家开始兴起。2013 年以来，全球绿色债券市场进入蓬勃发展的阶段。2015 年，我国中共中央、国务院印发《生态文明体制改革总体方案》，首次明确了建立中国绿色金融体系的顶层设计，发展绿色债券成为其中的重要内容。从 2016 年起，我国绿色债券市场的发展进入上升

* 李莉莎——广东财经大学法学院副教授，硕士生导师，主要研究领域：电子商务法；林嘉琪——广东财经大学法学院民商法学硕士研究生，主要研究方向：商法。本文为 2019 年度教育部人文社会科学研究青年基金项目《粤港澳大湾区金融合作的法律研究：理念、制度与进路》（19YJC820027）的阶段性成果，获第三十三届全国副省级城市法治论坛征文三等奖。

期，发行量和发行规模呈现大幅度的扩张。《中国绿色债券市场2019研究报告》[1]数据显示，2019年我国绿色债券发行总量位居全球第一。当前，我国绿色债券主要运用于清洁能源产业、绿色服务业及传统能源行业的绿色转型升级，绿色债券的种类逐渐向多元化的方向发展。2019年成功发行首只绿色政府债券，专项用途绿色债券种类也更加丰富。

粤港澳大湾区是我国新时期最重要的对外开放区域，具有强大的经济发展活力，在绿色金融发展方面具有优势地位和良好基础。2019年2月《粤港澳大湾区发展规划纲要》（以下简称《规划纲要》）明确提出"重点发展湾区绿色金融"。2020年9月，为促进广深港澳的绿色金融合作，四地联合成立"粤港澳大湾区绿色金融联盟"。然而，湾区内绿色债券的制度构建仍处于起步阶段，因时因地制宜，逐步推动构建一个系统全面、重点突出、合作协调的绿色债券区域制度，既是我国绿色金融制度创新的重要组成，也是大湾区金融合作的关键一环。本文将从我国绿色债券的实证研究出发，探讨相关制度构建的必要性、可行性，总结制度构建的障碍，提出克服障碍的方向和具体进路。

一、绿色债券的界定及其发展现状

近年来，我国不少规范性文件对绿色债券作出了明确界定。绿色债券在推动传统能源行业以及高耗能、高污染的非可持续产业的绿色转型升级方面的作用越来越受到关注，相关市场不断发育成长，尤其在大湾区，绿色债券发展面临着重大机遇。

（一）绿色债券的定义和特征

国际上，对绿色债券有多种定义。2018年，国际资本市场协会（ICMA）发布的绿色债券原则（GBP）中定义："绿色债券是任何一种其收益将全部或部分用于符合条件的绿色项目的融资或再融资，并与GBP的四个核心组成部分保持一致的债券工具。"2017年，气候债券组织（CBI）在最新气候债券标准（CBS）中，对绿色债券作出"符合气候债券标准并通过气候债券标准委员会认证的债券"的定义。

在我国，绿色债券的定义不断丰富和完善。2016年，国家发展改革委发布的《绿色债券发行指引》[2]将绿色债券定义为募集资金主要用于支持节能减排

1　《中国绿色债券市场2019研究报告》由气候债券倡议和中债研发中心于2020年6月联合发布，汇丰银行是该报告的支持机构。

2　参见《绿色债券发行指引》关于绿色债券的适用范围和支持重点。

技术改造等绿色循环低碳发展项目的企业债券。2020 年 7 月，中国人民银行、国家发展改革委与中国证监会共同发布的《绿色债券支持项目目录（2020 年版）》[3] 把绿色债券界定为将募集资金专门用于支持符合规定条件的绿色产业、绿色项目或绿色经济活动，依照法定程序发行并按约定还本付息的有价证券，包括但不限于绿色金融债券、绿色企业债券、绿色公司债券、绿色债务融资工具和绿色资产支持证券。该通知进一步细化了绿色债券的定义，明确了绿色债券项目的界限，规范和促进了绿色债券市场的运行。

绿色债券与一般债券相比，在发行方面更具优势。一方面，绿色债券的审计程序更加简化。按照国家发改委“加快和简化审查类”债券的审计程序，上海证券交易所和深圳证券交易所分别开通了绿色通道或配备专人处理绿色申报受理和绿色债券审计。另一方面，绿色债券发行还享有地方优惠、补贴，如 2019 年深圳市政府规定对成功发行绿色债券的企业，按照发行规模的 2% 给予单个项目单个企业最高 50 万元的补贴。[4]

此外，在募集资金的用途和管理上，绿色债券还具有以下要求：一是资金专门用于支持符合条件的绿色产业项目；二是对资金实行专项管理；三是特别披露的要求，既包括对所募集资金的使用情况、认证报告和审计报告进行披露，也包括对绿色债券投资的企业、项目或资产的环境影响信息进行披露。

（二）绿色债券市场发展现状

2016 年以来，中国绿色债券市场发展进入快车道。2019 年，中国发行 4 只认证气候债券，总额约为人民币 210 亿元（合 30 亿美元），非金融企业绿色债券发行总量比 2018 年增长 54%；且首只绿色市政专项债券顺利发行。截至 2019 年年底，中国在岸绿色债券市场余额总计 9772 亿元（合 1400 亿美元）。未来 5 年内，中国将有总值人民币 8655 亿元（1240 亿美元）的绿色债券到期，占目前绿色债券总余额的 88%。[5]

近年来，大湾区绿色债券市场在全国发挥了先进示范作用，绿色债券产品不断创新（见表 1），发行量持续上涨。根据 Wind 数据显示，2016 年至 2019 年，广东省绿色债券发行总量在全国的占比不断上升，由 0.75% 上升到 14.4%（见表 2）。

3　参见 2020 年 7 月 8 日，中国人民银行会同国家发展改革委、中国证监会《关于印发〈绿色债券支持项目目录（2020 年版）〉的通知（征求意见稿）》第 1 条。

4　王霁虹、吴安静：《绿色债券发行：项目融资新途径》，载《商法》2019 年第 10 期。

5　参见孟祥瑞：《中国绿色债券市场 2019 研究报告》，载气候债券倡议组织网，https://cn.climatebonds.net，最后访问于 2020 年 9 月 1 日。

表1 广东省绿色债券产品

2019年3月25日	广州地铁集团首单地铁客运收费收益ABS（绿色主体+绿色基础资产）成功发行
2019年5月22日	香港特区政府成功发售“政府绿色债券计划”下的首批绿色债券
2019年9月16日	中国工商银行股份有限公司香港分行发行首单“粤港澳大湾区”主题国际绿色债券
2019年10月30日	中国农业发展银行发行首笔政策性银行“粤港澳大湾区”主题绿色金融债券
2019年11月20日	珠海横琴成功发行粤港澳大湾区首支双币种国际绿色债券
2020年5月12日	广东省政府发行的首支绿色政府专项债券、全国水资源领域的首支绿色政府专项债券“2020年珠江三角洲水资源配置工程专项债券（绿色债券）”成功发行

（资料来源：根据公开信息整理）

表2 广东省2016—2019年绿色债券发行总额及在全国占比

年份	发行金额/亿元	发行金额占比/%
2016	15	0.75
2017	93	5.37
2018	166.13	7.77
2019	411.46	14.4

（数据来源：Wind数据库）

此外，大湾区绿色认证体系正在逐步发展。2018年3月，香港质保局（HKQAA）在参考国际和内地绿色金融标准的基础上，发布“绿色金融认证计划”，通过第三方认证服务提高绿色金融市场的公信力。2018年，广州市绿色金融改革创新试验区发布了《绿色企业认定办法》和《绿色项目认定办法》[6]，明确绿色企业和绿色项目的相关认定标准。2020年10月，深圳市发布《深圳经济特区绿色金融条例》，对深圳经济特区绿色金融标准体系建设进行规范。[7]

---

6 2018年5月25日广州市花都区发布《广东省广州市绿色金融改革创新试验区绿色企业认定管理办法》和《广东省广州市绿色金融改革创新试验区绿色项目认定管理办法》，认定方法分别从企业和项目两个不同层面，充分考虑了花都区产业特点，从企业管理、企业与环境、项目技术水平以及项目与环境等多个维度给出了绿色企业和绿色项目的评价认定指标，明确了试验区绿色金融支持的绿色企业及绿色项目范围。

7 详见《深圳经济特区绿色金融条例》第二章第15－19条。

二、粤港澳大湾区绿色债券区域制度构建的必要性与可行性

粤港澳大湾区作为我国新时代全面开放的战略发展区域，推进区域内绿色债券市场的发展和融合，是深化金融合作的重要举措。市场发展须制度先行，从湾区的实际情况考察，绿色债券区域制度的构建具备必要性和可行性。

（一）大湾区绿色债券区域制度构建之必要性分析

大湾区绿色债券区域制度构建，有利于助推粤港澳大湾区产业转型，提升湾区环境治理机制的创新和合作。目前，第二产业在大湾区城市经济发展中仍占重要作用，据广东省统计局发布的《2019 年广东省统计年鉴》数据显示（见表 3），除广州、肇庆外，其他地区第二产业增加值仍占比较大。由于第二产业主要为高耗能、高污染的重化工业，大湾区中“两高一剩”[8]的传统产业仍在产业结构中占比较大。对这些传统产业而言，实现产业的绿色转型升级，大多面临着资金问题。因此，加强大湾区绿色债券的制度构建，有利于通过制度优势促进绿色债券的发行和绿色债券市场的自由流通，从而解决融资难题，助推绿色金融的创新发展以及传统产业的绿色转型升级。

表 3　2018 年粤港澳大湾区内地各市三次产业增加值　（单位：亿元）

地区	第一产业	第二产业	第三产业	产业占比（%）
广州	223.44	6234.07	16401.84	1.0：27.0：72.0
深圳	22.09	9961.95	14237.94	0.1：41.0：58.9
珠海	50.09	1433.82	1430.83	1.7：49.2：48.8
佛山	144.45	5614.00	4177.43	1.5：56.5：42.0
惠州	175.98	2161.58	1765.50	4.3：52.7：43.0
东莞	25.04	4027.21	4226.34	0.3：48.6：51.1
中山	61.59	1780.23	1790.88	1.7：49.0：49.3

8　“两高”行业指高污染、高能耗的资源性的行业；“一剩”行业即产能过剩行业。主要包括钢铁、造纸、电解铝、平板玻璃、风电和光伏制造业等产业（光伏发电不同于制造业，不属于两高一剩，是国家鼓励的清洁能源行业）。2017 年 10 月，国家发展改革委、住房城乡建设部发布关于加快建立健全城镇非居民用水超定额累进加价制度的指导意见，该意见表示，对“两高一剩”（高耗能、高污染、产能严重过剩）等行业要实行更高的加价标准，加快淘汰落后产能，减少污水排放，促进产业结构转型升级。

续表

地区	第一产业	第二产业	第三产业	产业占比（%）
江门	201.69	1408.15	1290.57	7.0∶48.5∶44.5
肇庆	347.86	774.65	1079.29	15.8∶35.2∶49.0

（数据来源：《2019年广东省统计年鉴》）

（二）大湾区绿色债券区域制度构建之可行性分析

第一，大湾区绿色债券发行规模快速增长，发展潜力大。其中，香港绿色债券在规模和发展上均居全国前列。根据气候债券倡议组织（CBI）发布的《香港绿色债券市场报告》，香港在2018年发行的绿色债券总额达110亿美元，位列亚洲地区第三，较2017年30亿美元的发行规模增长237%。[9]广东绿色债券发行的体量也增长较快。截至2019年12月末，广州试验区发行的绿色债券总额累计达467亿元，其中广州地铁绿色债券获批300亿元，是迄今为止中国获批规模最大的绿色债券。[10]由上述数据可见，大湾区绿色债券市场发展势头迅猛，为探索和建立相关区域性机制提供了现实土壤。

第二，粤港澳大湾区绿色债券具备良好的制度基础。首先，《规划纲要》作为粤港澳大湾区建设的纲领性文件，肯定了发展绿色金融的重要性，为绿色债券的制度构建定下主要基调并提供强大支撑。其次，相关组织的成立，为推进湾区绿色债券的区域制度建设进行了一系列合作和协调。例如，2020年9月成立的“粤港澳大湾区绿色金融联盟”[11]，是湾区内多个专业协会共建的协调机制。最后，在法治建设层面，2020年10月深圳市出台全国首部绿色金融领域的专门法规《深圳经济特区绿色金融条例》[12]，为解决绿色债券发展初期所存在

9　参见2019年2月25日香港金融管理局发布的气候债券倡议组织《香港绿色债券市场报告》。

10　参见海闻、巴曙松、黄海峰：《粤港澳大湾区绿色金融发展报告》，由北京大学汇丰商学院，汇丰银行（中国）有限公司于2020年联合发布，https：//www.phbs.pku.edu.cn/2020/news_0618/7283.html，最后访问于2020年9月18日。

11　2020年5月，人民银行等四部门发布《关于金融支持粤港澳大湾区建设意见》，提出建立粤港澳大湾区绿色金融合作工作机制。9月4日，粤港澳大湾区绿色金融联盟在广州正式成立，该联盟是在中国金融学会绿色金融专业委员会指导，由广东金融学会绿色金融专业委员会、深圳经济特区金融学会绿色金融专业委员会、香港绿色金融协会和澳门银行公会（四协会）共同发起的工作协调机制。

12　《深圳经济特区绿色金融条例》经深圳市第六届人民代表大会常务委员会第四十五次会议于2020年10月29日通过，自2021年3月1日起施行。参见深圳市六届人大常委会公告（第222号）《深圳经济特区绿色金融条例》、深圳市人大常委会法工委《深圳经济特区绿色金融条例》解读。

的绿色金融标准不统一、服务和监管措施不健全等问题提供了立法方案。

三、当前粤港澳大湾区绿色债券面临的制度障碍

目前，在我国发行绿色债券主要包括五个环节，即对绿色项目和资产进行界定、安排独立审查、对绿色债券所募集的资金建立追踪和报告程序、发行绿色债券及定期报告绿色债券的运行状况。在此过程中，某些环节的制度尚不健全，影响绿色债券的质量和发行效率。

（一）绿色债券发行标准不统一

绿色债券作为一种兼具债券属性和绿色属性的金融衍生工具，除应当实现其融资功能外，还应发挥其对生态环境治理的引导功能。绿色债券的发行，首先应依据既定的标准，对绿色项目和绿色资产进行界定。目前，大湾区绿色金融标准呈现出多样化的局面（见表4）。

表4　绿色债券发行标准

标准制定者及政策文件	出台时间（适用版本）	项目范围标准	认证要求
绿色债券原则执行委员会、国际资本市场协会（ICMA）《绿色债券原则》（GBP）	2014年（2018年版）	主要包括可再生能源、能效提升、生物资源和土地资源的环境可持续管理、陆地与水域多样性保护、清洁交通、可持续水资与废水管理、气候变化适应、生态效益性和循环经济产品、生产技术及流程、绿色建筑等绿色项目类别	建议外部第三方认证，通常由具备相应资质且被普遍认可的第三方机构对项目的对标情况进行检验。认证方式包括：咨询评估、第三方认证、审计核查、评级。内容上关于发行人内部追踪方法的担保或证明，包括对募集资金的使用、绿色债券收益的资金分配、环境影响声明以及GBP报告的一致性的内部追踪
气候债券倡议组织（CBI）《气候债券标准》（CBS）	2011年（2017年版）	8大类，包括可再生能源与能源管理、工业能效项目、废弃物与污染物控制、农林与土地利用、清洁交通、气候变化适应、信息技术和通信、低碳建筑	与验证机构合作，进行认证程序监督。包括发行前认证、发行后认证及定期认证

续表

标准制定者及政策文件	出台时间（适用版本）	项目范围标准	认证要求
中国人民银行《绿色债券支持项目目录》	2015 年（2020 年版）	6 大类，主要包括节能环保产业、清洁生产产业、清洁能源产业、生态环境产业、基础设施绿色升级、绿色服务	鼓励第三方认证
国家发展和改革委员会《绿色债券发行指引》	2015 年	12 大类，主要包括绿色农业、绿色林业、绿色城镇化、建筑节能和绿色建筑、绿色交通运输、新能源开发利用、水资源节约和非常规水资源开发利用、节能减排技术改造、污染防治及垃圾处理、可再生能源及清洁能源、节能减排技术改造、生态修复和灾害防控、节能环保范围、农村及城市水项目等	
广州市地方金融监督管理局《广州市绿色金融改革创新试验区绿色项目认定指引（试行）》	2020 年	包括清洁能源、节能、绿色建筑、绿色交通、绿色产业装备制造、生态农林业、污染防治、资源节约与循环利用、生态保护和适应气候变化类等九类一级分类和六十九类二级分类	绿色项目认证由第三方绿色评估机构实施。认证内容包括：申报项目的合规性以及根据“广州市绿色金融改革创新试验区绿色项目目录”所列项目范围及评估要求，对申报项目的绿色属性进行判断和论证。认证方式上包括：访谈、向相关部门确认或查询项目的合规性等，并应出具认定报告

在缺乏统一绿色债券发行标准的情况下，若仅通过较为分散的政策性文件对绿色债券的发行进行规范，会导致绿色债券的属性不明、发行标准模糊，一方面增加发行人获取信息的成本，另一方面在一定程度上打击投资者对绿色债券的信心，不利于吸引更多社会资金进入生态环境治理领域。另外，绿色债券属性不明确，为发行人“洗绿”“漂绿”的违法行为提供了温床，大大加重监管负担，使绿色债券的环境效益目标难以实现。《关于印发〈绿色债券支持项目

目录（2020年版）〉的通知》[13]试图进一步细化绿色债券定义，完善绿色债券标准，从而明确绿色债券项目界限。《深圳经济特区绿色金融条例》[14]也规定，深圳市地方金融监管局应制定绿色金融地方标准，明确绿色金融标准目录。

（二）绿色债券信息披露不充分

信息披露贯穿绿色债券整个生命周期，是绿色债券能否顺利发行并实现其目的与功能的决定性因素。在发行绿色债券的过程中，对绿色债券安排独立审查以及对所募集的资金建立追踪和报告程序，均涉及信息披露的问题。投资者与融资者双方存在天然的信息不对称，若债券发行中信息披露不充分，将会加大投资者的风险，可能迫使投资者放弃投资，由此产生逆向选择，导致企业融资失败。即便债券投资者选择继续投资，也会要求企业提高投资报酬率，以弥补潜在风险可能造成的损失，此时企业将承担较高的融资成本。[15]此外，环境信息是绿色债券投资者进行投资决策的重要参考。企业对绿色债券环境信息的披露越充分，越有益于投资者作出理性投资决策，企业的绿色债券融资渠道也会更加顺畅。[16]

目前，粤港澳大湾区绿色债券信息披露所面临的主要障碍体现在以下两个方面：

第一，不同类别的绿色债券信息披露形式和内容存在差异。根据《绿色债券支持项目目录（2020年版）》（征求意见稿）的概括，绿色债券的种类“包括但不限于绿色金融债券、绿色企业债券、绿色公司债券、绿色债务融资工具和绿色资产支持证券”。该定义反映出我国绿色债券市场的多样化，但各类绿色债券的信息披露程序和内容要求各不相同。例如，《关于发行绿色金融债券相关事宜的公告》[17]规定了绿色金融债券信息披露的文件类别和时间节点，并要求发

13　2020年7月8日，中国人民银行、国家发展和改革委员会、中国证券监督管理委员会三方联合印发关于《关于印发〈绿色债券支持项目目录（2020年版）〉的通知（征求意见稿）》公开征求意见的通知，向社会公开征求意见。

14　参见深圳市六届人大常委会公告（第222号）《深圳经济特区绿色金融条例》、深圳市人大常委会法工委《深圳经济特区绿色金融条例》解读。

15　参见刘艳：《绿色债券市场的发展现状和建议》，载联合资信评估有限公司，http://www.lianheratings.com.cn，最后访问于2019年1月25日。

16　盛春光、赵晴、陈丽荣：《我国绿色债券环境信息披露水平及其影响因素分析》，载《林业经济》2020年第9期。

17　参见《关于发行绿色金融债券相关事宜的公告》：“发行人应当于每年4月30日前披露上一年度募集资金使用情况的年度报告和专项审计报告，以及本年度第一季度募集资金使用情况，并将上一年度绿色金融债券募集资金使用情况报告中国人民银行；中国人民银行对使用情况进行专项统计，并定期公布。”

行人对所募集资金的使用计划和管理制度等进行披露，但对披露内容的详细程度未作规定。而《关于开展绿色公司债券试点的通知》[18]对绿色公司债券的信息披露内容进行了详细的规定，发行人对包括绿色产业项目类别、认定依据或标准、环境效益目标等内容均负有披露义务。由于不同类型的绿色债券在信息披露的形式和内容上不统一，影响了信息披露的质量和效用。

第二，粤港澳大湾区交易所尚未专设绿色债券板块。自 2015 年以来，为披露绿色债券相关信息，促进绿色金融投资的发展，全球多个证券交易所已专设绿色债券板块用于呈列绿色债券及其披露的环境信息。例如，2016 年 9 月设立的“卢森堡绿色交易所”（Luxembourg Green Exchange）平台，专司绿色债券的上市与信息披露。绿色债券板块的上市和发行中，引入独立的外部评审机制和事后汇报机制，尤其鼓励自愿性的事后汇报，从而提高绿色债券市场的透明度。但目前粤港澳大湾区中的深圳证券交易所以及香港交易所均未设立专门的绿色债券板块，这在一定程度上制约了大湾区绿色债券信息披露的充分性。

（三）金融监管合作不完善

粤港澳大湾区绿色金融的发展，离不开配合得当、协调有序的监管合作，目前监管合作的障碍主要体现在金融环境与法治环境的差异上。

第一，粤港澳大湾区金融环境发展不平衡。由于内地、香港、澳门长期以来经济发展多元，金融生态环境迥异，金融业发展水平参差。香港作为国际金融中心之一，金融业高度发达，国际化程度高，创新能力强。2018 年 9 月，香港绿色金融协会成立，助力香港打造国际绿色金融中心。澳门金融业拥有深厚的历史底蕴，即使总体规模较小，主要以银行业、保险业为主，但金融市场的发展潜力较大。据澳门金融管理局数据显示，截至 2020 年 1 月，澳门金融机构数量达 82 家。截至 2019 年 6 月，澳门银行系统的国际资产显示已高达 1937 亿 MACD。但内地金融业发展水平差异较大，金融结构不平衡。广州和深圳的金融业发展水平远远高于其他七个城市。2020 年 9 月发布的第 28 期“全球金融中心指数报告（GFCI 28）”[19]显示，香港位居第五，而深圳、广州分别排名第九和第二十一。

---

18 参见《关于开展绿色公司债券试点的通知》：募集说明书应当包括募集资金拟投资的绿色产业项目类别、项目认定依据或标准、环境效益目标、绿色公司债券募集资金使用计划和管理制度等内容；公司定期报告和受托管理人年度报告等文件中，应当披露绿色公司债券募集资金使用情况、绿色产业项目进展情况和环境效益等。

19 2020 年 9 月 25 日，由国家高端智库中国（深圳）综合开发研究院与英国智库 Z/Yen 集团共同编制的第 28 期全球金融中心指数报告（GFCI 28）在中国深圳和韩国首尔同时发布。

第二，粤港澳大湾区法治环境存在差异。大湾区具有“一国两制三法域”的特点，三地适用法系不同。香港地区长期受英美法系的影响，形成以宪法和香港基本法为遵循的香港普通法系；澳门地区的法制体系，是在受葡萄牙殖民统治的基础上发展形成，属于大陆法系；内地则形成以宪法为核心、具有中国特色社会主义的大陆法系。在不同的法治环境下，粤港澳三地形成了不同的金融监管体系，监管主体和监管模式迥异。香港金融业由香港金融管理局、证券会和保险业监理处，采用分业监管模式；澳门则完全由澳门金融管理局管理；而内地形成了“一委、一行、两会”的金融监管新体制。[20] 目前内地绿色债券发行监管体制中，尚存在监管主体多头且相互间缺乏协调的问题。一方面，不同种类绿色债券的监管权分属不同监管机构，如由证监会、发改委和中国人民银行分别对公司债券、企业债券和金融债券进行监管；另一方面，为鼓励金融创新和提高监管效率，内地主要以地方政府部门发布规章的形式因地制宜地对金融行业进行监管，如《深圳经济特区绿色金融条例》中对深圳市地方金融监管作出了相关规定。[21] 在监管主体多头化的格局下，内地金融监管权力配置难免存在冲突。加上香港和澳门保留着高度的金融自主权，金融制度相互独立，大湾区的金融监管合作属于主权国家不同辖区“区域间”的跨境金融监管。现有区域法律制度供给的不足，使粤港澳大湾区的监管合作面临诸多法律障碍，包括法律依据不明晰、合作权限范围模糊、合作方式和功能定位笼统、法律效力不确定等，直接使得粤港澳大湾区的实效因为欠缺来自法律层面的保证而只能处在飘忽不定的状态。[22]

在金融环境与法治环境的综合影响下，如何实现内地、香港、澳门三地间金融监管合作，是粤港澳大湾区绿色债券区域制度构建过程中亟待解决的难题。

（四）绿色债券跨境流通缺乏机制保障

从跨境债券发行情况来看，第一，大湾区主体利用中资美元债融资越来越成熟。2019 年上半年，中资美元债在港发行的规模超 640 亿美元，其中大湾区内主体发行规模占比保持在 40% 左右。第二，债券通正成为大湾区金融机构重要发行销售平台，2018 年大湾区主体通过债券通发行的债券规模超 600 亿元。此外，2019 年前六个月，大湾区主体绿色债券发行额度达 291. 34 亿元，是 2018

20　2017 年 11 月，国务院金融稳定和发展委员会成立。2018 年，中国银行保险监督管理委员会成立，实行银行业和保险业统一管理、证券业单独管理的相对集中协调的监管模式。

21　详见《深圳经济特区绿色金融条例》第七章第 60 条至第 63 条。

22　滕宏庆、张亮著：《粤港澳大湾区的法治环境研究》，华南理工大学出版社 2019 年版，第 148 页。

年全年的 150%。[23]

作为我国跨境债券市场的重要对外开放门户，粤港澳大湾区在绿色债券跨境流通方面仍缺乏有效的机制保障。第一，缺乏统一的跨境发债审批机制。目前，大湾区尚未制定绿色债券跨境流通的统一管理办法或规范性文件，跨境债券的发行机制仍处于亟待完善的状态，尤其是缺乏统一的跨境发债审批机制，内地机构跨境发债流程较为复杂，主要依据不同的发债主体、发债模式等逐项对应实施归口管理与备案制度。第二，缺乏完善的绿色债券双向跨境流通配套机制。2017 年 6 月，中国人民银行发布《内地与香港债券市场互联互通合作管理暂行办法》，同年 7 月中国人民银行与香港金融管理局批准香港与内地“债券通”上线，其中“北向通”开通试运行，境外机构可以在内地银行间市场进行债券交易。2021 年 9 月 24 日，“南向通”上线，同年 10 月“跨境理财通”正式推出，香港金融管理局公布 19 家可开展“跨境理财通”业务的香港银行名单。但目前该业务仍处于试点阶段，相关的跨境流通实施细则以及配套机制亟须进一步完善。第三，缺乏有效的跨境人民币债券发行激励机制，未充分激发大湾区优势行业的跨境人民币债券业务。目前，大湾区上市企业主要集中在电子、计算机等信息技术产业，跨境人民币债券发行业务的范围仍有待拓展，尤其应拓展至大湾区传统优势产业。例如，广东省先进材料产业基础雄厚，市场主体多，需求量大，但大湾区材料行业仅香港独家发行熊猫债（3 只，累计 50 亿元），广东省材料行业未见参与跨境人民币债券发行。[24]

为推动大湾区绿色债券跨境流通，激发大湾区绿色债券市场活力，发挥绿色金融的生态环境建设功能，应积极推动构建绿色债券的跨境流通机制。

四、粤港澳大湾区绿色债券制度构建的建议

大湾区绿色债券区域制度构建是一个循序渐进的过程，应充分考虑大湾区绿色金融发展状况、粤港澳三地的产业特点、各地生态环境与法治环境的差异性，积极推进粤港澳三地的统筹协调，以形成一个渐具包容性和科学性的制度框架。

（一）制定统一的绿色债券发行标准

粤港澳大湾区绿色债券的区域制度构建中，促进形成统一的绿色债券标准

---

23 巴曙松：《金融助推大湾区产业结构转型升级》，载《社会科学报》2020 年 5 月 28 日，第 1 版。

24 葛福婷、张卫国：《粤港澳大湾区跨境债权融资发展研究》，载《城市观察》2020 年第 6 期。

是首要的任务。这对扩大绿色债券的发行规模以及提高大湾区绿色债券的国际化水平具有重大意义。对此，建议采取分两步走的方式。

第一步目标：建议发挥典型地区的示范作用，加快地方绿色债券标准的制定和完善。可参考《深圳经济特区绿色金融条例》中关于绿色金融标准制定的相关规定[25]，通过立法形式规范地方绿色金融标准体系的建设。就主体而言，地方金融监管部门起主导作用，市场监管部门和相关金融监管部门应支持和配合；就内容而言，既包括绿色融资主体和绿色金融机构的认证标准，也包括绿色企业和项目技术标准，等等。从具体实施路径来看，应当发挥大湾区绿色金融联盟的引领作用，深化广州、深圳、香港、澳门的绿色金融合作，不断总结地方绿色债券标准制定中的成功经验。

在境内绿色债券标准与国际仍存在较大差异的背景下，可考虑以香港为境内绿色债券市场连接点，大湾区企业先行尝试以国际标准于“连接点”市场发行绿色债券。即大湾区企业或绿色项目发行符合 CBS 或 GBP 标准的绿色债券，通过香港“连接点”的第三方认证机构认定后，可借助香港交易所进行跨境流通。[26]

第二步目标：构建粤港澳三地统筹协调机制，推动制定覆盖大湾区“9＋2”城市群的统一绿色债券标准。建议由广东省金融监管部门、香港品质保证局、澳门金融管理局、“一行两会”相关部门以及第三方国际绿色认证机构共同设立大湾区绿色金融标准统筹委员会，在协调粤港澳三地绿色金融标准的基础上，统筹制定全面覆盖大湾区的绿色债券标准。此外，可借鉴东盟在制定区域性绿色债券标准方面的相关经验，遵循国际绿色债券原则，建立与国际接轨的绿色债券标准。2017 年，东盟资本市场论坛（ASEAN Capital Markets Forum，ACMF）正式发布了以绿色债券原则（Green Bond Principles）为基础的《东盟绿色债券标准》（ASEAN Green Bond Standards）。但值得注意的是，东盟在制定该标准时未充分考虑东盟各国绿色金融的发展水平差异，并且欠缺对东盟区域重要支撑产业的考虑。例如，东盟绿色债券明确排除了与化石燃料相关的项目，但事实上，马来西亚、印度尼西亚等东盟地区国家都是亚洲重要的化石燃料补贴国家。[27]

---

25 参见 2020 年《深圳经济特区绿色金融条例》第 15 条：“市地方金融监管部门应当推广国家绿色金融标准，组织制定国家绿色金融标准配套制度或者补充性地方绿色金融标准。市地方金融监管部门应当会同市市场监管部门组织制定绿色金融标准规划，拟定绿色金融标准目录。”第 16 条：“市地方金融监管部门和相关金融监管部门应当支持金融机构、证券交易机构、认证和评级机构等相关机构参与国际和国内绿色金融标准制定工作，推动国内和国际标准互认。”

26 巴曙松著：《粤港澳大湾区金融发展报告》，中国金融出版社 2019 年版，第 264 页。

27 王守贞：《东盟绿色债券标准及其发展趋势》，载《区域金融研究》2018 年第 6 期。

有鉴于此，大湾区统一的绿色债券标准既要与国际接轨，提升大湾区绿色债券体系的国际化水平，也应结合大湾区各城市具体的产业特色以及绿色金融的实际发展状况。例如，电子信息产业作为广州、深圳、珠海、东莞、中山、江门、肇庆的现有支柱产业，已经成为推动大湾区经济发展的重要力量，在制定大湾区绿色债券标准时，应在区域协调的基础上，重点考虑有关电子产业项目以及电子企业的绿色认证标准。

（二）完善绿色债券信息披露机制

信息披露是解决信息不对称的主要手段，能帮助绿色债券投资者和金融机构有效识别和管理环境风险，吸引更多资本进入绿色领域，从而更好地发挥投融资对气候变化以及生态环境建设的积极作用。信息披露机制是粤港澳大湾区绿色债券制度体系的重要组成部分。

第一，完善信息披露政策，统一披露要求。目前我国绿色债券信息披露在制度层面缺乏统一的披露标准和可量化的披露指标，也没有强制披露要求，[28] 绿色信息披露的监管工作需进一步落实，第三方评估认证机构资质管理制度仍有待完善。基于此，首先，建议在中国人民银行2018年发布的《绿色金融债券存续期信息披露规范》[29] 基础上加以细化、补充和完善，制定各类绿色债券具体的信息披露政策。特别是在项目层面，要有清晰准确的行业指标和特征披露，突出绿色债券的效益贡献。同时，在操作要求方面，规范披露技术方法，对量化指标计算方法应有明确的要求，确保信息披露的数据可追溯、可核证。[30] 其次，应健全与信息披露机制相关的制度，如绿色债券第三方认证和审查机构的准入规范、行业治理规范以及市场监管规范，提高第三方认证和审查的公信力，增强大湾区绿色债券市场的透明度。最后，遵循求同存异、整体统一的原则，总结各类绿色债券信息披露机制运行中存在的不足和可取之处，在符合绿色债券实际运行状况的基础上，设置必要的统一信息披露要求。

第二，专设绿色债券板块，加强信息披露。2016年中国证监会已表示“未来将设立绿色债券板块”。2018年上海证券交易所发布的《上海证券交易所服务绿色发展推进绿色金融愿景与行动计划（2018—2020年）》行动方案中也提出“适时设立绿色债券板块”。可以说，设立绿色债券板块已势在必行，而大湾

28 陈志峰：《我国绿色债券环境信息披露的完善路径分析》，载《环境保护》2019年第1期。

29 参见《中国人民银行关于加强绿色金融债券存续期监督管理有关事宜的通知》（银发〔2018〕29号）附件《绿色金融债券存续期信息披露规范》。

30 廖原、熊程程：《绿色债券信息披露存在的问题及应对建议债券》，载《债券》2019年第10期。

区中香港作为国际金融中心在这方面已经具备较为成熟的条件。自2018年“1000亿香港主权绿色债券计划”及“绿色债券资助计划”推出以来，香港绿色债券发行规模快速增长，且主要在香港交易所挂牌交易，而且发行主体更加多元化，更多的内地和海外机构参与其中。2018年，中国内地和海外机构在港发行的绿色债券规模共计90亿美元，其中内地企业占市场份额的64%，发行规模达70亿美元。[31] 因此，应充分发挥香港地区现有优势，加快香港交易所设立绿色债券板块进程，提高绿色债券信息披露的全面性和可持续性，打造大湾区绿色金融中心。深圳交易所也应积极推进绿色债券板块的设立，发挥深圳经济特区绿色金融创新基地的示范作用。

（三）加强大湾区绿色金融监管合作

目前，粤港澳大湾区绿色金融监管合作面临着金融环境发展不平衡以及法治环境差异的双重障碍，而且各地监管政策互联性并不强。因此，构建大湾区绿色金融监管合作机制，应当从金融政策协调层面以及区域性制度建设层面同时切入。

首先，在监管权限上应遵循“中央统一领导，地方协调监管”的原则。大湾区的区际法律冲突属于不同法系之间的冲突，属于“一国两制三法域”下的特殊法律冲突，因此构建大湾区绿色债券制度时应当遵循“一国两制”的基本原则，在保障港澳地区高度金融自主权的基础上，中央要充分运用全面管治权对大湾区建设进行科学规划，大湾区各方在遇到权限不足时，应请求中央授权并发挥港澳自身高度自治权的优势解决冲突问题。[32] 发挥中央统筹各方、居中协调的作用，促进内地绿色金融领域的立法工作，解决内地金融监管权力配置冲突问题。

其次，在监管合作的具体机制上，建议从以下方面着手：第一，由于大湾区绿色金融监管合作属于在一个主权国家内不同法域的“区际”所进行的跨境金融监管合作，可考虑建立粤港澳大湾区绿色金融监管联席会议制度以及绿色金融监管的领导协调机制。联席会议成员应包括中央金融监管部门、各地方金融监管部门、香港金融管理局以及澳门金融管理局，通过定期召开联席会议研究探讨大湾区绿色金融监管的相关问题，共同协商构建大湾区绿色金融监管的相关政策并签订绿色金融监管多边协定。在具体的绿色金融监管合作层面，由

31　参见2020年6月18日北大汇丰与汇丰中国合作发布的《粤港澳大湾区绿色金融发展报告》第二章“粤港澳大湾区绿色金融——城市篇”，第15页。

32　许政敏、冯泽华著：《美国湾区建设的法治经验及其启示》，法律出版社2019年版，第204页。

中央金融监管部门进行统一领导，地方金融监管部门专门负责规划、协调和指导绿色金融发展，对绿色金融活动实施监督管理。第二，基于大湾区的特殊法律属性，在处理法律法规的协同性时，可参考国际金融监管合作的相关做法。国际金融软法的实际约束效果主要通过法律上和事实上的“硬化”来体现。[33]由于在协商共建过程中制定的规范性文件属于软法，缺乏强制性约束力，要系统“硬化”大湾区金融监管合作的“软规”，增强其约束力和执行力。大湾区各城市同属于一个主权国家，可积极推进大湾区绿色金融监管合作的规范性文件分别纳入粤港澳三地的法律规定，为跨境金融监管合作提供更具约束力的制度基础。第三，要重视建立大湾区绿色金融信息共享系统和统一的征信系统，提升绿色债券相关信息的跨境流通性，为大湾区绿色金融监管合作提供高效、便捷的信息共享和交流平台。第四，完善自律监管和社会公众监督体系，通过引入社会组织如粤港澳大湾区绿色金融联盟、深圳证券交易所、香港交易所等的自律监管，通过多种形式鼓励社会公众监管，提升监管效率。

最后，在监管风险防范上，完善跨境金融风险监测和预警机制。目前，粤港澳三地的金融法律制度具有较大的差异性，对于跨境金融监管问题尚未制定相互衔接的法律规定，因此应尤其注重监管风险的防控问题。积极探索建立大湾区绿色金融大数据分析和风险排查系统，针对“洗绿”“漂绿”风险问题，提高系统分析和预警能力。由粤港澳大湾区绿色金融监管联席会议成员积极协商，构建支持基于区块链的跨境绿色资产标准化、认证、仓储和交易平台。

（四）建立大湾区绿色债券跨境流通机制

在国际金融市场合作发展趋势不断增强的背景下，中国债券市场的国际化程度日益提升。基于大湾区基础设施、生态文明建设以及传统产业绿色转型升级的需要，大湾区的跨境债券市场前景广阔，也亟须相应的机制保障。

第一，优化跨境发债审批程序。适度简化并统一监管的归口管理，避免政出多门，还原备案登记制度的真实含义，最大限度地降低发债的监管成本，赋予境内机构湾区先行的政策优势。[34]支持大湾区企业在港澳发行经过绿色认证、加注绿色标识的债券，支持广东的金融机构在港澳发行绿色金融债券及其他绿色金融产品。[35]

第二，发挥“债券通”和“跨境理财通”的作用，推进大湾区绿色债券市

---

33 漆彤：《国际金融软法的效力与发展趋势》，载《环球法律评论》2012年第2期。

34 谢浴华、林成棋：《开辟粤澳跨境发债新路径》，载《中国外汇》2019年第20期。

35 参见2020年7月广东省地方金融监管局印发的《关于贯彻落实金融支持粤港澳大湾区建设意见的实施方案》（银发〔2020〕95号）。

场的互联互通。债券通正逐步发展为粤港澳大湾区金融机构重要的发行和销售平台，应当进一步拓展该平台应用的广度和深度。另外，应积极推进“跨境理财通”试点业务的实施，鼓励大湾区内地机构通过香港债券市场在海外债券市场进行投融资。支持深圳证券交易所与境外市场互联互通，鼓励广东金融机构与港澳金融机构合作，为港澳市场主体在内地进行债券融资提供全方位金融服务，加大境内外证券金融机构的引进力度，提高大湾区证券业对外开放程度。[36]同时，还应加快构建促进“跨境理财通”运行的配套机制。

第三，发展离岸人民币市场，推进人民币国际化进程。应大力支持港澳发展离岸人民币业务，强化香港离岸人民币枢纽地位，支持香港开发更多离岸人民币、大宗商品及其他风险管理工具。[37]积极借鉴珠海横琴发行粤港澳大湾区首只双币种国际绿色债券的成功经验，鼓励大湾区企业在港澳发行绿色双币种债券。鼓励大湾区优势产业开展跨境人民币债券业务，引导大湾区传统优势产业进入绿色债券等跨境人民币债券市场。

此外，还应加强粤港澳三地金融人才和专家学者的交流，推动大湾区绿色债券跨境流通机制不断创新发展。粤港澳三地应在绿色债券标准、信息披露以及绿色金融监管合作的相关立法工作上协力共商、共建、共享，推进粤港澳大湾区“区域合作法”的制定，为大湾区绿色金融监管、绿色债券市场的运行以及争端解决提供全面、科学的法律保障。

结语

粤港澳大湾区绿色债券的区域制度构建是实现大湾区绿色债券市场规范化、国际化的重要保障，推进粤港澳大湾区绿色债券的区域制度构建，有利于促进大湾区传统产业绿色转型升级，助推大湾区生态文明建设，提升大湾区绿色金融的发展水平。本文从大湾区绿色金融的发展实际出发，涉及中观和微观的、中期和近期的、绿色债券领域的制度构建，至于宏观的、远期的上层立法，如制定“大湾区区域合作法”以从根本上解决“一国两制三法域”背景下的法律冲突，仍有待进一步研究。

36　参见2020年7月广东省地方金融监管局印发的《关于贯彻落实金融支持粤港澳大湾区建设意见的实施方案》(银发〔2020〕95号)。

37　参见2020年7月广东省地方金融监管局印发的《关于贯彻落实金融支持粤港澳大湾区建设意见的实施方案》(银发〔2020〕95号)。

类案同判与个案公平：智慧司法的能与不能

刘康磊*

【内容提要】 追求司法的公平正义是法治中国建设的题中应有之义，司法公共产品的输出不仅有科学立法的要求，也包含对公正司法的应然需求。大数据、云计算和人工智能等新技术的出现，为司法活动的标准化提供了可能，随着司法裁决样本的扩大，把握司法裁决的规律的可能性大大提升，类案检索的不断完善为同案同判这一对司法的普遍期待，转化为现实的路径提供了新技术的加持。但需要注意的是，利用了新技术的智慧司法既有能为的一面，也有面对司法规律和技术局限不能的一面，司法应在新技术的浪潮中克制而保守，这不仅是为了司法的公平正义，也为新技术对人们生活进行改变提供了纠偏的机会和可能。

【关键词】 类案同判　个案公平　智慧司法

大数据、云计算和人工智能技术日新月异，深刻介入和影响着我们的生活。新技术的影响从原有的工业生产领域逐渐扩展到了商业领域，使原本几乎不可能与新技术发展扯上关系的历史、文学和艺术文学新领域，也通过新技术的加持迸发出新的活力和知识。而司法领域由于其自身特点，在计算机发明伊始就与

---

* 刘康磊——济南大学政法学院副教授，主要研究领域：政府法制与政府治理。本文是国家社会科学基金专项委托重大项目“健全自治、法治、德治相结合的乡村治理体系研究”（项目编号：18VZL002）的阶段性成果，获第三十三届全国副省级城市法治论坛征文一等奖。

计算机有着密切联系，“机器审判”一度成为技术和法学界讨论和关注的热点。[1]这种结合在大陆法系法官的角色中得到了支持，“大陆法系审判过程所呈现出来的画面是一种典型的机械式活动的操作图”，“它的作用也仅仅在于找到这个正确的法律条款，把条款和事实联系起来，从法律条款与事实的结合中会自动产生解决的办法”，[2]但由于当时的计算机能力较弱、样本数量太少，而社会生活却极为复杂，且司法是需要被社会考验的科学，法学知识又是具有一定的时间性，法学学科又是较为保守的学科，简单通过输入案件信息，且通过套用成文法规定或者类比前例，而直接通过涵摄逻辑的方式作出前述想法和尝试受到了嘲讽，而终究沉寂了下来。

但是随着万物互联带来的样本数据的海量上升，同时虚拟服务器等的发展提供了惊人的计算能力，并逐渐从实验室走向了平常百姓家，任何人都可以便捷地获得数据的资源。显而易见的是裁判样本的增多并未为给计算带来麻烦，反而是为提升统计学上的可信度提供了足够多的样本。特别是人工智能技术自我学习能力的提升，将刻板的机械计算转化为具有灵活性和自主性的思考，使得模仿人的思维方式成为可能。而现在所取得的进步，正是“机器审判”尝试失败的结果。当技术障碍被扫除了之后，出于对司法正义的追求，智慧司法应运而生，将人工智能与人类对公平正义的追求联系起来，甚至由于新技术所带的信息的普惠化，远久的司法理想——法律面前人人平等的正义将得以更好地实现。作为和大陆法系有着诸多相同点的我国司法体系，近年来一直没有停下追求司法公信力的脚步，从机构设置上讲，跨行政规划巡回法庭的设立；从人员素质上讲，法官员额制度的展开；从司法公开上讲，司法裁判文书上网，以及有些地方还设立了互联网法院等，这些努力和尝试为人工智能介入司法裁判环节，在制度环境和社会接受度上奠定了坚实的基础。但是不得不注意的是，类案同判在新技术的应用下，有较大实现的可能，但是个案的公平却受到了法官素养、审理制度、个案差异和算法等因素影响。在存在可能的前提下，仍有需要解决的问题。但是保守地进行一个判断，人工智能对司法的介入在一定时期以内，仍将是一种辅助的角色，这一点作为司法裁判者在习惯了使用大数据

---

1 早在 1986 年，美国的法律体系中就出现了人工智能一词，现如今，美国的机器人律师已经可以提供简单的业务办理服务，这标志着人工智能在法律实践中迈出了重要一步。Remus D 等人认为机器人正在慢慢取代律师，Payne S 等人认为计算机技术在法律行业的应用对法学教育产生了重大影响。秦永彬等：《智慧法院数据融合分析及集成运用》，载《大数据》2019 年第 5 期。

2 需要注意的是，大陆法系的法官在做完机械的审判活动之后，最终还要“赋予其法律意义”。[美] 约翰·享利·梅利曼著：《大陆法系》，顾培东、逯正平译，法律出版社 2004 年版，第 36 页。

平台等带来的便捷后，容易产生路径依赖的惰性隐患，在新技术的潮流中，仍要坚持以法官为中心的审判规律，确保法官独立思考作为裁判的基本模式。

2016年12月，国务院印发《“十三五”国家信息规划》，专门提出“支持‘智慧法院’建设，推行电子诉讼，建设完善公正司法信息化工程”。[3]2020年7月，最高人民法院印发《关于统一法律适用加强类案检索的指导意见（试行）》，[4]其目的就是要“统一司法适用，推进司法公正”，共计十四条，对类案检索的适用范围、检索主体及平台、检索范围和方法、类案识别和比对、检索报告或说明、结果运用、法官回应、法律分歧解决、审判案例数据库建设等均予以明确。这将大数据、云计算和人工智能在司法中的运用提高到了一个新的水平，从之前的裁判文书的公开的结果性监督利用，转变为司法过程化的指导性应用。但是从目前来看，人工智能在智慧法院中的应用还较少，基于大数据和云计算的架构和模式，为司法审判工作提供查询并进行比照的功能，仍是新技术参与智慧法院建设中的主要方式。

一、经由智慧司法实现类案同判的可为空间

法尤其是成文法需要和案件事实相联系方可产生裁判结果，这种结合并不是简单的技术问题，如哈贝马斯所言，法学实践活动所追求的“实践的认识兴趣”，它的目的不是把握“客观化的事实”，而是维护“理解的主体间性”，以“确保个人和集团……自我理解以及其他个人和集团的相互理解”。[5]但是制定法为了更好地适应不同种类的案件，规定多原则而非具体。因此，法官在审理案件时必经一个将个人对法律的理解与案件事实相结合的过程。这一过程也正是所谓法律解释和法律方法的具体适用的过程。虽然立法解释和司法解释在不断努力尝试去弥合制定与裁决之间的鸿沟，但法院的自由裁量在裁决的过程中仍保留着或大或小的空间，这也在一定程度上决定着类案不可能完全同判，因为这中间夹杂着个案的个性化对于正义要求的张力。但是这种不同如果放任到一定程度，大则可以破坏国家的法制统一，少则会让当事人失去获得正义的机会，这也是对司法的权威产生负面的影响。在这个问题的解决上，英美法系在

3　李林、田禾：《中国法院信息化发展报告 No.2（2018）》，社会科学文献出版社2018年版，第5页。

4　参见最高人民法院网站，http：//www.hncourt.gov.cn/public/detail.php？id＝181775，最后访问于2021年12月28日。

5　J. Habermas，Erkenntnis und Interesse，Suhramp Frankfurt a. M.，1991，S221. 转引自：［德］特奥多尔·菲韦格著：《论题学与法学：论法学的基础研究》，舒国滢译，法律出版社2012年版，第14页。

逻辑和哲学的发展，有着与大陆法系不可比拟的优势，遵循先例的判例法制度，案件的审理多可能找到也应找到类案判决的依据。

基于英美法系在这方面的优势，也给予了智慧司法以极大的灵感，其证成的逻辑应该是将司法裁判的样本无限扩大，则类案裁判的一致性就会得到更好的保障，且个案的公平正义实现的可能性就会越高。不得否认的是，这种思维的方式有着非常强的说服力，借用桑本谦教授的一句话来讲，把人类历史上所有的司法裁判进行计算，都不够人工智能吃顿早饭的。更为重要的是，这种计算可以进行多元变量的复杂计算，一方面可以将类案进行更多类型的细分，另一方面也可以求出一个最大的公约数，以进一步清除法官个人因素对裁判结果的影响，智能司法基于海量计算所得出的建议或者结论，对司法裁判有更高的参考意义且价值更大。在笔者的认知中，司法大数据平台极大地扩大了案例的样本，并且使得样本获取变得便捷，这在一定程度上对于成文法国家的审判中存在的同案不同判等痼疾提供了解决的技术方案，法官只需要输入案件的关键词，便可在司法大数据平台中看到同行对类案的审判观点和法律适用的理解。

同时，司法大数据平台的使用在疑难案件中对法官审判能力的判断也提供了途径，通过司法大数据平台提供的海量信息，查询到上级法院的审判观点，对于法官审判能力的提升也颇有助益。司法大数据平台的使用对审判能力、审判体系和审判生态都将产生划时代的影响。[6]除了通过超强的计算能力和海量的样本来增加可信度以外，人工智能还可以在一定程度上起到监督司法权运行的作用，在裁判结果被数据化后，其保存的时限可以说超出了时间的范畴，并且由于数据在传输和应用上的便捷性，对裁判样本的获得基本成为一件成本为零的事情。通过网络的传播，裁判结果处于完全公开的情形之中。可以说任何的公开对于权力都是一种约束。

目前来看，通过中国裁判文书网和法院设立了司法大数据平台，裁判文书上网成了原则，而不上网成了例外。当其他的司法参与者在案件被分配给了法官之后，可以方便地上网查询这位法官审判的习惯，这已经成为律师等法律职业人士甚至当事人的必然选择。这种方式的产生使得法官也成为被研究的对象，这将对法官产生一定的压力。并且公开的信息不仅包括案件基本事实本身，还包括了当事人被处理后的个人信息和律师的信息，这对裁判的公平正义也将产生较公正的影响。此外，大数据、云计算和人工智能等可以将原本被空间阻隔的不同地方的案件上传至云端，从而在时空上清除了距离，自然也使得不同地方的法官、律师、检察官对法律的理解趋于一致，从而可以作出大体一致的裁

6　刘康磊：《习惯与评价：法官视角下的司法大数据平台》，载《法律方法》2020 年第 3 期。

判。在以上意义上，类案同判和个案公平之间的关系没有什么区别，类案同判是个案公平的保证方式之一，个案公平是类案同判的目的所在。所以各地法院也都在进行相关的基础设施和数据的建设，相关的服务商也在将类案检索设计得更加人性化和便捷，在算法架构和功能设计上更贴合司法裁判的需求。而不得不指出的是，在新技术加持的情况之下，类案同判和个案的公平之间在很大程度上具有一致性，但是二者之间也隐藏着理论和现实上的冲突。

这种冲突不仅可以通过逻辑的推导得出，也可以以经验的方式来证明，但其中最重要的问题就在于，诉讼的发生是人作为主体之间的冲突的结果，而裁判也是由经过司法能力训练的法官所作出的，并要求当事人服从并执行，而无论是大数据、云计算还是人工智能都不具备人思考的全部能力如情感计算的能力。换句话说，目前新技术唯一未能涉足的是艺术创作领域，因其蕴含了对人性的思考和感悟，而司法裁判其实也是一种艺术，是在法律所设定的框架之内，如何平衡利益考量和多种因素，最终作出的理性选择。因此，类案同判是一个概率的课题，而个案公平无法从概率的方式获得。从一定程度上说，个案只有公平或不公平的可能，不存在一个案件有99%公平的情况。因此，虽然新技术有助于个案公平，但是并不等同于实现每个个案的公平。

由于司法审判的复杂性，并且其并不是简单的计算可以完成的任务，在技术上科技人员努力通过语义融合的方式，让人工智能能够理解司法审判复杂的人性逻辑，但是在技术上的研究也发现，“司法数据包含各种结构化和半结构化数据。司法数据中的各类文档因撰写格式、使用措辞、时间、法院甚至法官和团队的不同而存在很大差异。这种差异会导致相似案件的裁判文书在表达方式上存在明显的区别。大量的案件信息隐藏在非结构化的办案文件中，例如，裁判文书中的案情特征对法条推荐结果、案件审判结果有显著影响；涉及具体的案件审判时，裁判文书中的案情特征的顺序可能直接影响案件的审判结果；相同特征的案件，由于案情特征序列的不同也可能导致审判结果的不同”。[7] 实际上，智慧法院如果要真正发挥替代人力的作用，要实现机器以数理机构的方式去理解并表达非结构性人类语言的能力，这一点在技术应用上还存在一定的差距。

二、智慧司法在调适类案个性中的不能

如前所述，在司法裁判中体现了人性的因素，正如耶林对于机械适用法律的批评所说的，如果人们将其自身以及思想、感受，托付给贫乏、死板的制定

---

7 秦永彬等：《智慧法院数据融合分析及集成运用》，载《大数据》2019年第5期。

法，而成为法律机器中一块无意义的、无感情的零件，逃避提出自己的思考，这是一种比外在危险更加可怕的内在危险，[8]仅依据“法律是这样写的”而作出的判断是不负责的决定。具体而言，技术还存在数据来源、数据加工和数据分析以及算法等领域的障碍，使得其无法产生个案公平公正的绝对性结果。而且如果以上的障碍出现了较大的问题，新技术成为裁判是否公正的评价标准，将导致出现更大更广泛和更难以纠正的司法不公问题。因此，对于新技术手段，司法应继续保持其保守的姿态，将最终的裁定权放在看起来不完美的法官手中，而非放在要靠二进制来支撑的计算器 CPU 中。

1. 样本准确之不能。目前各种大数据所收录的裁判数据仅限于裁判文书，即包括案件基本的检索信息、案件类型信息以及裁判文书所记载的证据和法院适用法律与裁判的情况，但这些公开和可供利用的信息并不足以完整地反映案件的全貌。比如，起诉书、上诉状及证据的详细情况并不在数据收集的范围之内。更加重要的是，对于案件审理中不同意见记录和与案件审理机关关联的其他材料所在副卷自然不在其中。[9]对于一些案件来说，法官基于业务水平或达到某种裁判结果的需要，对当事人所提出的请求和其他内容，不会全部反映在裁判文书之中，事实上法官在裁判文书公开的要求下，会争取让即使是有问题的判决显得合法合理，因此作为个案公平依据或标准，司法大数据所采集的样本只反映了案件裁判的结果或者经法官拣选后的信息，并不能完整反映案件的全部信息。这一点并非危言耸听，在美国也存在这样的情况，“法院的司法意见更是典型的赢家的历史，上诉法院通常只在记录允许的范围之内陈述那些对自己结论有利的事实”。[10]大数据所展示出类案检索的结果，在一定程度上存在着部分差异的可能，而这也不是扩大样本数量就可以弥补的缺憾。

2. 数据不能反映地区差别。基于人口数量、案件数量等因素，各地法院的工作量存在着较大的差别，并且由于各地的社会发展程度、经济水平及法官素质、风俗习惯、法治环境不同，同一案件的裁判在公平公正上存在着因各地的发展不平衡和其他因素所造成的差别。换句话说，即使经过大数据的比对之后，智慧司法系统得出了一个裁判的建议，而这个建议放在全国来看是公平公正的，

---

8 ［德］鲁道夫·冯·耶林著：《法学是一门科学吗?》，李君韬译，法律出版社 2010 年版，第 50 页。

9 根据最高人民法院在 1991 年颁行《人民法院诉讼文书立卷归档办法》的规定，正卷主要包括“起诉书（自诉状）”“开庭审判笔录（公诉词、辩护词、证人证词、被告人陈述词）”“判决书、裁定书、宣判笔录”等诉讼材料，这些文件可以由当事人、代理律师或辩护人查阅、复制、摘抄；副卷主要包括“法院审判委员会”“合议庭讨论评议记录”“案件内部请示批示等内部公文来往”等内容，属于审判工作当中的秘密，只能供内部使用。

10 ［美］波斯纳著：《法理学的问题》，苏力译，中国政法大学出版社 2002 年版，第 265 页。

但是同一个标准适用在不同地区的个案审理之中，就会产生不公平的结果。另外，由于计算尤其是模糊计算在一定程度上就是一个概率最大化问题，这就造成居于多数的案件审理结果就完全占据了这类案件大数据样本数量的优势，然而公平审判结果的作出与民主多数决之间并不存在简单的对应关系，在这种情况下，居于少数的裁判观点便会被统一的裁判口径给遮掩掉。从而产生了大数据之下，司法在新技术的裹挟之下，走向政治领域所追求的民主价值，司法领域中应该避免的多数人的暴政，却在司法数量新技术的裹挟之下变成多数决模式，而这一点与司法活动发展的历史和规律完全相背离。

3. 算法不可替代法律思维。优秀的司法者不仅应具备充分的法律知识、公正的职业道德，更为重要的是要具有法治思维。而算法在实现人的思维过程时，在知识的储备方面可以说比所有的法官都更有优势，但在职业道德和法律思维的领域，却存在着一定的风险。任何算法设计的偏差，都极有可能将类案检索引导到了一个误区。算法设计的基础是基于能够被数据化的裁判文书，但是作出裁决的思维过程，算法却无法找到足够的数据去论证和支撑，在案件审理过程中，法官需要考虑到的因素不仅包括法律的规定、司法的解释的要求，还包括裁决的社会接受度等因素，而正是这些法律外的因素，在一定程度上决定着法官对一个案件的定性和法律发现的方向。再者，算法的设计，需要技术人员和法律人士的共同合作才能完成，在这样的情况下，双方都应该不断地学习，才能深入了解双方的意思表示，更具体来讲，虽然各方所使用的都是同一种交流的语言，但是就具体转化而言，法律的思维要以算法的运行方式来进行，法律的语言要以计算机的语言来表达，这是因为“法学要认识隐含在立即可解的字义背后的意涵，并将之表达出来”，[11] 在如此高的要求之下磨合和相互合作并不是一朝一夕就可以完成的工作，在算法的设计上有可能存在着外行指导工作的情况，最终的结果可能不是法官在审判，也不是计算机在审判，而是程序员在审判。

目前对于算法陷阱，学界和实务界都有一定的认知，包括对大数据杀熟、诈骗等领域，但是对于算法有可能对司法产生负面的影响，却认识不够到位。对于利用算法进行规制并没有成熟的立法，同时算法上对于违法犯罪活动的预防和甄别也不成熟。在此情况下，将涉及当事人的生命、财产、隐私和自由等裁判建议权交由程序和机器来把握，实际上是对司法公正的亵渎。在一定程度上来说，将裁判的权力交由可被追责法官，而不是交给无形且无法被追责的大

---

11 ［德］特奥多尔·菲韦格著：《论题学与法学：论法学的基础研究》，舒国滢译，法律出版社2012年版，第15页。

数据系统，公正的司法的作出更值得期待。司法是一项艰难的工作，与自然科学相比，司法是解决具有思维和能动性的人之间关系的活动。其所依据的是人类共同生活所得来的经验，它既有先验的立法，更具有实践理性的要素。而自然科学处理的是人与物质之间的关系，自然科学的问题答案一般要求是唯一正确的，并且可以放之四海而皆准。而裁判却是一种地方性的知识，在一个地区、一个时间阶段，[12] 被公认为正确的裁判，而换一个地方或者另一个时间可能就成为错误。而在司法中，并不都是对错的问题，而是在几个正确的答案中选择一个更适合的问题，即“当一个问题得到妥善权衡的时候，并且当每个答案都能够同法案用语相一致的时候，就必须在二者之间选择一个作为裁判的规则”，[13] 而这种权衡的思维活动，对算法提出了太高的要求。在这个方面，还有更为真实的说法，“是非感预先采取了结论，法律则事后为此提供了理由和界限”，“是非感要求一种灵活的精神，以便能够从特别转变为普遍，且从普遍再转变为特别”，“先前理解使得法律发现上合乎人性的，它无法提供高度发展的科技”。[14] 而这些先验的理解和是非的观念，是技术无法实现的，也是通过检索的案例无法呈现的内容，只有亲自审理案件的法官才能从良心的角度感受到。

因此，大数据、云计算和人工智能虽然在辅助司法活动中具有一定的优势，但是必须要注意到的是，新技术在司法中应用也有不足之处，这与新技术本身的发展程度有关，也与司法活动的性质直接相关。因此在目前来看，无论现有的何种技术都不具备代替法官裁判的能力，即便是在类案同判中的应用，也有可能走向背离个案公正结果的反面。因此，应该将新技术在司法领域中的应用准确确定为辅助的范围之内，并不能以行政化的强制方式推行类案检索。实质上讲，个案公平公正的实现，关键在于法官律师和检察官等所构成的法律职业共同体整体水平的提高，更为具体的是司法权力的运行得到有效的监督。就目前的情况来看，虽然根据最高人民法院印发的《关于统一法律适用加强类案检索的指导意见（试行）》，应当检索的范围被局限在四种情况，但是同时也规定鼓励“公诉机关、案件当事人及其辩护人、诉讼代理人等提交指导性案例作为控（诉）辩理由的，人民法院应当在裁判文书说理中回应是否参照并说明理由；提交其他类案作为控（诉）辩理由的，人民法院可以通过释明等方式予以回

12　考夫曼在其《法律哲学》一书中就引用 Pascal 的话说：无法找到不随气候而变更其本质的法与不法，移近南北极点三个纬度就可以把整个法学弄的乱七八糟，经度决定了真理。［德］考夫曼著：《法律哲学》，刘幸义等译，法律出版社 2004 年版，第 87 页。

13　［英］尼尔·麦考密克著：《法律推理与法律理论》，姜峰译，法律出版社 2005 年版，第 207 页。

14　［德］考夫曼著：《法律哲学》，刘幸义等译，法律出版社 2004 年版，第 85 页。

应”，作为司法活动的其他参与人，为了争取对自己有利或者符合自己预期的结果，对类案进行检索，并提交检索报告成为理所应当的活动，而法院对检索报告必须进行回复，也使得类案检索真正的范围比规定四种情形要大得多。

三、类案同判实现技术的法价值障碍

类案同判是对法律本身的尊重，体现的是立法者的统一意志，其主要目的在于防止司法权滥用的徇私枉法裁判的问题，并且通过类案同判统一对于法律的理解，从法律解释和方法上达到裁判对法律的一致性理解，但是类案同判无法避免具体个案对公平正义的需求，其原因已阐明，之所以会出现这种情况，原因就在于法律的实现是在多主体参与下将法律和案件基本事实情况进行比对适用的过程，也即以法官为主体，基于主体间性的关系从事法律解释的过程，“在解释法律的过程中，法学方法（the method of legal science）不同于自然科学方法，后者乃是一种将相应数据（事实）输入系统而保证得出结果的‘演算的制度’（an institution of calculus），即一组能够收集数据、将其程序化、形成假设、检验假设并记录实验结果的概念、推论与规范，而前者重在解释规定或将规范用于实践，这不是一个遵循清晰规则进行数学演算过程，说到底，它是一个权衡的问题（a matter of weighing and balancing）”。[15] 法律的文本虽然具有一定的稳定性，但是在法律实现的这一过程中却存在着人和事实两个变量，这两个变量分别由两种不同方法来完成，“法律和实施的问题就改变了形式：由如何将二者合为一体编程到如何将二者有所区分。有观点认为，有分辨是非的规则，谓之裁判；也有分辨真伪的方法，谓之证明”。[16] 经由机械的法律适用产生的公正审判，成为不可能或者低概率发生的事件。为了避免人和事实两个变量对审判产生的负面影响，无论哪个国家或者哪个法系，都进行了一些制度上的设计。比如，陪审回避制度的设计，就是让普通民众承担其中一个变量即事实认定的责任，而将另一个变量交给地位尊崇和爱惜自己职业声誉的法官；再如，审判制度的设定，基本确保了非一局终审的案件都可以得到二级法院审理的权利；即使在终审后，审判监督程序的存在和检察院对生效法律文书进行抗诉的制度，仍有机会纠正有可能发生的错误机制，从而实现对司法权的限制。

---

15 舒国滢：《奥利斯·阿尔尼奥的法律解释之证成理论》，载《语言与法律研究》2019 年第 1 期。

16 ［美］吉尔兹著：《地方性知识：阐释人类学论文集》，王海龙、张家瑄译，中央编译局出版社 2000 年版，第 231 页。

这些机制的设置一方面是为了防止在司法活动中发生违法犯罪活动，[17]影响案件的公正判决；另一方面更为重要的是经过不同阶段多个法官或检察官对案件的审视，会加深对案件事实和适用法律统一认识和理解。而保证裁决所展现的结果符合正义的要求，其中关键点是对同一案件，由不同的人和不同的视觉来审视，这就在一定程度上为案件的公正提供了不同意见选择的可能，这一裁判观点论证在个案的公平结果显得尤为重要。但是我们观察到司法大数据的应用目的，在法院的导向中有这样的偏向，即降低二审效率，提高二审法院判决结果与一审判决的一致性，降低诉讼成本、提高诉讼效率等。这就意味着在现有的改革过程中，更倾向于原审法院在审理案件的过程中，要积极使用类案检索的功能，争取使案件的判决结果符合大多数或后居于主流的裁判观点，这一点乍看起来似乎也无可厚非。但是事实上却存在着一定的风险，这种风险就是大数据等新科技手段在类案检索中的应用，会导致原审法院和二审法院通过同一个检索系统得出同一个检索结果，再依据同一个建议，而作出同一个裁决。

而根据最高人民法院印发的《关于统一法律适用加强类案检索的指导意见(试行)》指出，类案检索的范围一般包括：最高人民法院发布的指导性案例；最高人民法院发布的典型案例及裁判生效的案件；本省（自治区、直辖市）高级人民法院发布的参考性案例及裁判生效的案件；上一级人民法院及本院裁判生效的案件。除指导性案例外，优先检索近三年的案例或者案件；已经在前一顺位中检索到类案的，可以不再进行检索。这实际上更加剧了上级法院裁判观点对下级法院的影响，上下级法院之间的关系按照宪法规定应是监督关系，这种监督已经有了审级制度的存在，再在审理案件的过程中进行业务的指导，在案件进行二审或者再审程序时，事实上发生了自己做自己法官的法治悖论。随着新技术应用的普及和路径依赖的产生，极端的情况下会出现一个结果，过分强调类案检索和类案同判，会让原本的司法公正起到主要作用的审级制度形同虚设。

如上所述，新技术在类案检索中的应用，有可能妨碍法律发现作为一种艺术的呈现，这种艺术即所谓“良善与公平的艺术”。[18]从更高的一个层面来讲，类案检索后的结果成为法院法官对法律理解的依据，会让检索的事实上已经存

17　在卢埃林的《普通法的传统》中，就谈到在普通法系中公开对于法院和法官的约束，“法院和法官免受攻击的原因在于，他们的判决会伴有很高可估量的副产品，我想，也因为它可以使推动判决的主要因素在相当程度上得以公开，同时得以公开的还有制度性的令人沮丧的东西，如献礼、献金，以及来自那些不受有关纪律约束的人们的诱惑”。［美］卡尔·N. 卢埃林著：《普通法的传统》，陈旭刚等译，中国政法大学出版社2002年版，第35页。

18　［德］考夫曼著：《法律哲学》，刘幸义等译，法律出版社2004年版，第86页。

在的判决观点成为法官思维的定式，从而降低法官自主对立法解释、司法解释的发现和理解，根据法律来思考，而非根据判决来思考，是大陆法系法治建设的必然要求。[19]然而司法活动对法官的要求相去甚远，司法活动包含对意义的追求，“而与意义有关的问题，既不能通过试验过程来观察，也不能借助测量或计算来答复。法学所要处理的恰好不是一些可以量化或计算的问题，它要‘理解’那些对它而言‘既存的事务’（现行的法律规范），以及隐含在其中的意义关联”。[20]这种情况违反了法律解释的基本规则，当对法律的理解出现冲突时，回归立法者原意的基本法律解释方法便不复存在，也即多数法院裁判或主流的裁判意见将取代立法解释和司法解释，成为裁判的实质依据。在一定的意义上，就成为大数据、云计算和人工智能应用下类案检索的造法。这无论是在法理上，还是在国家的制度设计上，都是不可能被接受的情况。从目前的新技术在司法中应用的推广速度来看，这种情况的发生并不是杞人忧天。据笔者之前所做的一次网络问卷显示，“员额制法官中使用司法大数据平台的比例为76.79%，非员额制法官使用司法大数据平台的比例为71.23%，且无论法官在何种审判庭，使用司法大数据平台的比例都超过七成，与使用司法大数据平台的受访者人数占受访者总人数的比例相吻合”，[21]新技术对司法的影响在不断扩大。虽然新技术所搜集的裁判观点都是依据法律所作出的，但是对于法律的理解不应由数据所整理的多数法官观点来作为依据，这与我国立法体例存在着根本性的冲突，这种法律的变迁以隐蔽的方式改变了法律的图景，而其中造成的危险却很难被纠正。

另外，作为法律监督机关的检察院对刑事、民事和行政案件审判活动进行监督，由于一、二审之间在新技术的参与之下，裁判观点的一致性，以及自身对类案裁判检索结果与被监督裁判的一致性，将会面临法律适用错误难以证成的困难境地，尤其是对同一类案件中，虽然在细节上存有着许多差异，但是为了类案裁判的一致，法官会忽视个体差异。而检察院接到抗诉申请后，无法发现法律适用的错误，或者发现法律在适用中存在问题，也无法实现有效的监督。

毫无疑问，新技术的应用可以在一定程度上提高一、二审甚至再审法院裁

19　陈金钊教授认为，按照法治的基本原则，坚持“根据法律思考”的法律思维方式，这实际上就是最低意义上的坚持法治理想。根据法律的思考不是机械司法，而是要把沟通论、融贯论、实质论、循环论的合力成分都用在建构法律的思维之中。陈金钊：《法治及其意义》，法律出版社2017年版，第194－195页。

20　［德］特奥多尔·菲韦格著：《论题学与法学：论法学的基础研究》，舒国滢译，法律出版社2012年版，第15页。

21　刘康磊：《习惯与评价：法官视角下的司法大数据平台》，载《法律方法》2020年第3期。

决的一致性，降低诉讼成本和诉累。但是在效率和正义之间，正义的结果是司法的最优选择。新技术的广泛应用不能以改变审级制度和法律解释的制度为代价。但是，新技术不受限制的应用会使审级制度和法律解释制度发生变迁，而这种变迁将阻碍司法正义的实现。总而言之，新技术的应用在法治的框架和轨道上来运行，不应逾越法律的底线，更不能挑战法律的权威。司法公正归根结底是人的问题，技术的正义只能是作为辅助，而非取代人作出决定的思维过程。伽达默尔就对使用自然科学对解释和理解的参与表达了不同看法，他认为“科学从一开始就采用的方法，它通过可教学、可控制的行动方法来获得个体智慧以不稳当、不能检查的方法偶然也能获得的东西”，“难道社会科学家应该相信通过这种方法能获得人类的个人判断和实践”？[22] 法官检察官和律师法律职业共同体在诉讼案件获得了法律知识维持生计的同时，也要有自己的理解和思考，不能让法律职业完全被机器所取代，司法应当闪现的是人性的光辉，而非让人感到冰冷的数据计算。

结语

笔者并不反对技术创新，也不反对智慧手段在司法中的使用，而是要提醒在这些未知的事情上要保持必要的清醒，大数据、云计算和人工智能对生活的影响是潮流所趋，任何行业和职业都难以置身事外，都要面对新技术对人，生活和工作所带来的挑战和机遇。在所有的行业和职业中，法律应是最为保守的一个，这种保守不仅是为了司法正义的实现，也是因为如果社会在信息的浪潮中迷失方向，还存在保守的力量守护着社会回归的可能。类案同判在新技术的介入之中有了更多实现的可能，但是类案同判并不等于个案公正，对于案件的当事人来说，个案公平具有唯一性，并不能通过计算的方式来满足他们对公平正义的需求，类案检索的高概率意见并不足以让当事人息讼服判。新技术只是司法的辅助手段，并且应当是受到法律有效规制的辅助手段，司法的正义仍要依赖于法官的智慧来实现。

---

22 ［德］伽达默尔：《哲学解释学》，夏镇平、宋建平译，上海译文出版社 2004 年版，第 28 页。

构建中国特色现代企业规制司法制度的若干思考

卢希起*

【内容提要】 中国特色现代企业规制司法制度的构建，有深厚的宪法基础、理论依据和现实需要。当下最高人民检察院对构建中国特色现代企业合规制度正在进行积极有益的探索，然而长期以来我国企业规制司法制度构建思维还停留在司法政策的层面，脱胎于传统刑事司法体系的企业规制司法制度仍存在诸多现实困境，在一些理论问题上还存在着认识上的分歧。有必要深入思考中国特色现代企业规制司法制度的基本原则，在此基础上助推该制度合法有序的探索和构建。

【关键词】 企业规制　宪法变迁　检察　制度构建

法治是最好的营商环境。近年来，检察机关针对民营企业犯罪提出了一系列司法政策，取得了良好的法律效果和社会效果，但谁来促进、检查落实涉案企业自我规范、守法合规经营、做好“后半篇文章”？2020年3月，最高人民检察院启动涉案违法犯罪依法不捕、不诉、不判处实刑的企业合规监管试点工作，提出构建中国特色现代企业规制司法制度。我们也应该看到，长期以来我国企业规制司法制度构建思维还停留在司法政策的层面，脱胎于传统刑事司法体系的企业规制司法制度仍存在诸多现实困境，在一些理论问题上还存在着认识上

---

*　卢希起——江西财经大学监察法研究中心执行主任、研究员，主要研究领域：宪法与监察法、司法制度。基金项目：最高人民检察院2019年度理论研究课题“宪法‘民营经济条款’与新时代检察担当”（项目编号：GJ2019D07）、江西省高校人文社科重点研究基地2020年研究项目“鄱阳湖区域社会治理创新的法治路径研究”（项目编号：JD200023）。

的分歧。近两年来，学术界和理论界围绕“合规”议题，展开了热烈的讨论，给我们以有益的思考，但还存在较大的提升空间，主要表现为关于合规建设的宪法学研究比较薄弱，“规范法学”与“社科法学”两种研究范式对话不够，构建中国特色现代企业规制司法制度还需要我们积极的探索和付出艰苦的努力。

一、从宪法有关非公有制经济条款变迁认识中国特色现代企业规制司法制度构建的必要性

现行《宪法》第 11 条规定，在法律规定范围内的个体经济、私营经济等非公有制经济，是社会主义市场经济的重要组成部分。国家保护个体经济、私营经济等非公有制经济的合法的权利和利益。国家鼓励、支持和引导非公有制经济的发展，并对非公有制经济依法实行监督和管理。这是在 1982 年《宪法》的基础上，通过三次《宪法修正案》而形成的。

1978 年 12 月召开的党的十一届三中全会，是新中国成立以来党的历史上具有深远意义的重大转折，在对我国现阶段的阶级状况作出客观分析的基础上，在指导思想上最终放弃了“以阶段斗争为纲”的错误分析，决定将党和国家的工作重点转移到社会主义现代化建设上来。1982 年 9 月，党的十二大正确分析了我国经济文化的现实国情，冲破了过去长期存在的超阶段发展理论和认识误区，对我国经济社会所处的发展阶段作出了科学判断。我国的社会主义社会现在还处在初级发展阶段，“由于我国生产力发展水平总的来说还比较低，又很不平衡，在很长时期内需要多种经济形式的同时并存”。同时，这次会议明确提出要在坚持国有经济主导地位的前提下发展多种经济形势。“在农村和城市，都要鼓励劳动者个体经济在国家规定的范围内和工商行政管理下适当发展，作为公有制经济的必要的、有益的补充。只有多种经济形式的合理配置和发展，才能繁荣城乡经济，方便人民生活。”这实际已经是对 20 世纪 70 年代诞生的城乡个体经济给予的充分肯定[1]。个体经济的地位历经了一个从“附属和补充”到“必要的补充”再到“必要的、有益的补充”的过程。而在党的十二大确定个体经济地位之前，我国经济社会还经历了一个打击“投机倒把”的环节，正是由于在打击“投机倒把”的过程中，党和政府面对针对个体经济的各种质疑，仍坚持了改革与经济建设的方针的不动摇，才更显得党的十二大对个体经济给予充分肯定的重大意义[2]。党的十二大精神得到了 1982 年《宪法》的确认和巩固，从 1954 年《宪法》承认与限制非公有制经济到 1975 年和 1978 年《宪法》

---

1 雷元江编著:《新中国非公经济史》，中共中央党校出版社 2018 年版，第 71 页。

2 雷元江编著:《新中国非公经济史》，中共中央党校出版社 2018 年版，第 71－72 页。

彻底否定非公有制经济再到 1982 年《宪法》承认、保护和发展非公有制经济，1982 年 12 月 4 日，第五届全国人大第五次会议通过的新中国成立以后的第四部《宪法》第 11 条规定，在法律规定范围内的城乡劳动者个体经济，是社会主义公有制经济的补充。国家保护个体经济的合法的权利和利益。国家通过行政管理，指导、帮助和监督个体经济。这是新中国成立后我国宪法上第一次出现的个体经济合法性的表述，确定了新的历史时期个体经济的宪法地位及与社会主义公有制的宪法关系，使长期以来飘摇不定的个体经济获得了宪法地位[3]。此外，1982 年《宪法》第 18 条体现了对外开放政策，其关于外资经济的宪法地位和个体经济第一次被写入宪法，并取得了宪法保护的合法地位。在 1982 年《宪法》颁布后，非公有制经济飞速发展，个体经济、外资经济和私营经济“三驾马车”齐头并进，在国民经济中的比重不断提升，然而私营经济没有取得宪法地位。

1988 年《宪法修正案》增加规定，“私营经济是社会主义公有制经济的补充。国家保护私营经济的合法的权利和利益，对私营经济实行引导、监督和管理”。这样，包括个体经济、私营经济和外资经济在内的民营经济整体性地获得了国家宪法的承认。1993 年第八届全国人大第二个宪法修正案，确定了我国正处于社会主义初级阶段和国家实行社会主义市场经济。社会主义市场经济以公有制经济为基础，但承认非公有制经济的存在和发展。1999 年《宪法修正案》把《宪法》第 11 条中有关个体经济、私营经济是“社会主义公有制经济的补充”改为个体经济、私营经济等非公有制经济是“社会主义市场经济的重要组成部分”，同时统一对个体经济和私营经济宪法政策的表述，即将“国家保护个体经济的合法的权利和利益。国家通过行政管理，指导、帮助和监督个体经济”“国家保护私营经济的合法权利和利益，对私营经济实行引导、监督和管理”修改为“国家保护个体经济、私营经济的合法的权利和利益。国家对个体经济、私营经济实行引导、监督和管理”。不仅实现了立法技术上的提升，而且明确提出了个体经济、私营经济等“非公有制经济”的概念，还将国家“通过行政管理”延展到“国家”这一更广义上的层面。

随着非公有制经济地位的进一步提高，2004 年《宪法修正案》对第 11 条再次进行了修改，进一步明确国家发展非公有制经济的方针。国家在社会主义初级阶段，坚持和完善以公有制为主体、多种所有制经济共同发展的基本经济制度。同时将有关个体经济、私营经济的宪法规制的相关表述修改为“国家保护个体经济、私营经济等非公有制经济的合法的权利和利益。国家鼓励、支持和

---

3 雷元江、谢鲁江等著：《新中国非公有制经济论》，人民出版社 2018 年版，第 35－36 页。

引导非公有制经济的发展，并对非公有制经济依法实行监督和管理”。2004 年《宪法修正案》根据党的十六大关于“必须毫不动摇地鼓励、支持和引导非公有制经济发展”，“依法加强监督和管理，促进非公有制经济健康发展”的精神，将单一的“引导、管理、监督”转变“鼓励、支持、引导”与“监督、管理”并重，实现了非公有制经济的完整的宪法表达。1999 年《宪法修正案》规定“中华人民共和国实行依法治国，建设社会主义法治国家”、2004 年《宪法修正案》规定“国家尊重和保障人权”条款以及“私有财产权”入宪，构成了完整的宪法保障体系。宪法保障体系的功能，不仅在于其基本权利功能的政治表达，同时在于宪法作为沟通法律系统与社会外部环境的联结点，从而为中国特色现代企业规制司法制度的构建奠定了宪法基石。

二、最高人民检察院对构建中国特色现代企业合规制度的积极探索

党的十八大以来，以习近平同志为核心的党中央高度重视民营企业发展，2018 年 11 月、2020 年 7 月，党中央先后两次召开企业家座谈会，习近平总书记指出，“要千方百计把市场主体保护好，为经济发展积蓄基本力量”，“要依法平等保护国有、民营、外资等各种所有制企业产权和自主经营权，完善各类市场主体公平竞争的法治环境”，强调民营企业要在合法合规中提高企业竞争能力。习近平总书记的讲话高屋建瓴，对于构建中国特色现代企业规制司法制度具有高度的思想性、指导性和鲜明的时代性。

2018 年十三届全国人民代表大会对 1982《宪法》作出了重大修改，其中一项就是成立国家监察委员会并赋予其国家的监察机关宪法地位，同时在第 134 条保留了人民检察院作为国家法律监督机关的规定。1982《宪法》关于非公有制经济的条款规定经过数次修改，形成了现有第 11 条“在法律规定范围内的个体经济、私营经济等非公有制经济，是社会主义市场经济的重要组成部分。国家保护个体经济、私营经济等非公有制经济的合法的权利和利益。国家鼓励、支持和引导非公有制经济的发展，并对非公有制经济依法实行监督和管理”。我们认为，《宪法》第 11 条和第 134 条具有很强的关联性，我们要深化检察机关主导企业合规建设、推进中国特色现代企业规制司法制度构建的本体合法性认知，并为中国特色现代企业规制制度设计作出科学合理的阐释和路径指引。

通过对宪法“非公有制经济条款”变迁的梳理，我们发现检察机关主导非公有制经济、民营企业合规建设符合宪法的原旨和精神，主要体现在以下三个方面：

1. 从“行政管理”到“国家”，检察机关引导民营企业合规建设符合其主体资格要求。1982 年《宪法》第 11 条规定“国家保护个体经济的合法的权利

和利益。国家通过行政管理，指导、帮助和监督个体经济”。在此，对于个体经济的“指导、帮助和监督”是通过狭义的“行政管理”来实现的。1988年《宪法修正案》规定对于“私营经济”的表述，不再出现“通过行政管理”，而是“国家”保护……但对于个体经济的表述仍然保留了“通过行政管理”的字样。1999年《宪法修正案》规定则实现了“国家”的一体化表述，即“国家保护个体经济、私营经济的合法的权利和利益。国家对个体经济、私营经济实行引导、监督和管理”。2004年《宪法修正案》规定“国家保护个体经济、私营经济等非公有制经济的合法的权利和利益。国家鼓励、支持和引导非公有制经济的发展，并对非公有制经济依法实行监督和管理”，从而将“国家”的表述定型化。检察机关是国家的法律监督机关，对非公有制经济合法的权益和利益的保护，在鼓励、支持和引导非公有制经济的发展以及对非公有制经济依法实行监督和管理方面发挥职能，是宪法的内在要求和应有之义。

2. 从“个体经济”到“个体经济、私营经济等非公有制经济”，检察机关主导民营企业合规建设符合其发挥作用的领域。宪法规定，我国社会主义经济制度的基础是生产资料的社会主义公有制，即全民所有制和劳动群众集体所有制。国家在社会主义初级阶段，坚持以公有制为主体、多种所有制经济共同发展的基本经济制度。宪法对公有制经济和非公有制经济的规制在侧重点上有所区别。同时，公有制经济组织有国有资产管理委员会、纪委监察部门和比较完善的风险控制、合规与法务等管理部门，虽然全民所有制及劳动群众集体所有制经济组织同样存在单位犯罪的情况，检察机关基于平等保护和对待原则，也会结合检察业务实践，在一定程度上引导其进行合规建设，但检察机关主导企业合规建设的重心在非公有制经济，在民营企业。从目前一些地方检察机关的试点情况来看，也大多聚焦在民营企业。例如，深圳市南山区检察院联合相关职能部门出台关于指导非公企业开展刑事风险防范体系建设的指导意见、关于开展企业经营管理人员岗位刑事风险防范培训工作的方案，督促涉罪企业建立和完善刑事风险防范机制[4]；再如，上海市金山区检察院积极邀请民营企业代表参加检察开放日等活动，借助法治宣讲活动加强对民营企业员工的刑事犯罪知识普及，促进民营企业合规经营。

3. 从引导、监督和管理到“鼓励、支持、引导”与“监督、管理”并重，检察机关主导民营企业合规建设符合其宪法职能担当。检察机关是国家的法律监督机关，《人民检察院组织法》第2条规定，“人民检察院是国家的法律监督机关。人民检察院通过行使检察权，追诉犯罪，维护国家安全和社会秩序，维

4　潘云、杨春雨、季吉如：《检察视角下的企业刑事合规建设》，载《中国检察官》2020年第21期。

护个人和组织的合法权益，维护国家利益和社会公共利益，保障法律正确实施，维护社会公平正义，维护国家法制统一、尊严和权威，保障中国特色社会主义建设的顺利进行”，从检察机关的职责和使命中我们不难推断，检察机关主导企业合规建设，通过“法益的修复”以及对企业合规重建的指引，有利于维护国家安全和社会秩序，维护个人和组织的合法权益，保障法律正确实施，体现了检察机关的宪法定位和职能担当。

2021 年 4 月，最高人民检察院印发《“十四五”时期检察工作发展规划》强调，检察机关“十四五”时期要营造法治化营商环境，推动构建新发展格局，积极探索中国特色现代企业规制司法制度。该发展规划指出，“稳慎试点涉案企业合规管理，依法可不捕、不诉、不判处实刑的涉案企业及其责任人须承诺并践行可管控的整改措施，积极探索中国特色现代企业规制司法制度”。2021 年 6 月，最高人民检察院牵头，会同司法部、财政部、生态环境部、国务院国有资产监督管理委员会、国家税务总局、国家市场监督管理总局、全国工商联、中国国际贸易促进委员会共同研究制定了《关于建立涉案企业合规第三方监督评估机制的指导意见（试行）》。

法治是最好的营商环境。近年来，检察机关提出鲜明的司法政策：在办理涉民营企业案件时，依法能不捕的不捕，能不诉的不诉，能不判实刑的就提出适用缓刑的建议。这些政策要真正落地，后续工作应当跟上：谁来促进、检查落实涉案企业自我规范、守法合规经营，而不是简单的“案结事了”？企业经营中的违法犯罪可以不付出成本或只付出很不相称的极低成本[5]。在这个大背景下，2020 年 3 月，最高人民检察院启动涉案违法犯罪依法不捕、不诉、不判处实刑的企业合规监管试点工作，确定上海市浦东新区、金山区检察院，广东省深圳市南山区、宝安区检察院，江苏省张家港市检察院，山东省郯城县检察院 6 个试点单位。

2020 年 10 月，第二届民营经济法治建设峰会上提出，检察机关就是服务保障民营经济健康发展的“老娘舅”。2020 年 12 月 25 日，最高人民检察院召开企业合规试点工作座谈会，突出强调要“严格依法推进试点”“要落实好认罪认罚从宽制度，对于不捕、不诉的企业，可以敦促其作出合规承诺”“要把合规承诺与‘挂案’清理工作结合起来，给涉案企业一个明确的整改方向”“刑事处罚和行政处罚要衔接好，督促涉案企业把合规承诺落实到位”。同时，“要加强理论研究，深化实践探索，稳慎有序扩大试点范围，以检察履职助力构建有中国

5　张军：《创新检察履职，助力构建中国特色的企业合规制度》，载最高人民检察院网站，htps：//www. spp. gov. cn/spp/tt/202012/t20201227_ 503711. shtml，最后访问于 2021 年 9 月 23 日。

特色的企业合规制度，这不仅是建立完善现代企业管理制度的应有之义，也是国家治理体系和治理能力现代化的重要体现”。[6]

2021 年 1 月 10 日至 11 日召开的第十五次全国检察工作会议上，最高人民检察院提出专设指导组深化研究、加强指导，积极探索、努力推出既体现从严司法，让违规犯罪付出高昂代价，又最大限度降低社会成本、追诉成本的中国特色现代企业规制司法制度[7]。

在十三届全国人大四次会议上，最高人民检察院检察长专门报告了这项工作，得到全国人大代表、全国政协委员的充分肯定。“推动企业刑事合规建设既是新时代检察服务的最大创新，也是检察机关就是服务保障民营经济健康发展‘老娘舅’的良好践行，有利于防止企业违法犯罪，助推社会治理现代化。”全国人大代表、江苏省张家港市南丰镇永联村党委书记吴惠芳“力挺”检察机关企业合规改革试点工作[8]。

2021 年 4 月 8 日最高人民检察院官网宣布，启动第二期企业合规改革试点工作，范围扩大至十个地区。《关于开展企业合规改革试点工作方案》指出，第二期改革试点范围较第一期有所扩大，涉及北京、辽宁、上海、江苏、浙江、福建、山东、湖北、湖南、广东 10 个省（直辖市）。上述省级检察院可根据本地情况，自行确定 1 个至 2 个设区的市级检察院及其所辖基层院作为试点单位。目前，10 个省级院共选取确定 27 个市级院 165 个基层院作为试点院开展改革，各项相关工作正在稳步推进。

三、发展中的中国特色企业规制司法制度面临的体系性问题

长期以来，我国企业规制司法制度构建思维还停留在司法政策的层面，脱胎于传统刑事司法体系的企业规制司法制度仍存在诸多现实困境，如法律规定较为分散，不批准逮捕、不起诉、认罪认罚从宽处罚量刑建议等缺乏相对统一的判断标准及评判主体，与之相对应，有关的前端、后续机制及其配套措施尚不完善等。尤其需要引起关注的是，“就司法谈司法”的倾向比较严重。构建中国特色现代企业规制司法制度实践呼唤着理论研究的跟进，但理论研究对司法实践的论证和改革的先导作用并不显著，突出表现在对现代企业规制司法制度

---

6 邱春艳、李钰之：《创新检察履职，助力构建中国特色的企业合规制度》，载《检察日报》2020 年 12 月 28 日。

7 王峰：《最高检：推动建立国家层面的企业合规第三方监管机制》，载《21 世纪经济报道》2021 年 2 月 25 日。

8 《二〇二〇年检察护航民营经济行稳致远》，载最高人民检察院网站，https：//www. spp. gov. cn/spp/zdgz/202103/t20210311_ 512160. shtml，最后访问于 2021 年 9 月 23 日。

建构的理念、方向等基础性问题还缺乏明确的认识。

1. 构建现代企业规制司法制度的基础性条件不充分。构建中国特色现代企业规制司法制度，其目的就在于习近平总书记所指出的，“要千方百计把市场主体保护好，为经济发展积蓄基本力量”，要“依法平等保护国有、民营、外资等各种所有制企业产权和自主经营权，完善各类市场主体公平竞争的法治环境”，强调民营企业要在合法合规中提高企业竞争能力。改革开放四十多年来，我们的法治建设取得了长足的进步和举世瞩目的成就。但从微观上而言，刑事民事行政商事经济等法律领域过于强调“专业槽”，不同步的各法律部门的演化进度，与这一阶段中国经济发展的速度，以及中国公司日趋扩张的跨国商业实践之间，形成了反差，导致了合规制度的基础性条件的缺乏，主要表现在以下几点：第一，中国公司治理中的两权分立不足、组织化水平低下、权力集中于股东会、合规的公司制度条件不足[9]。第二，中国公司治理之中的董事义务和责任追究模式同合规制度的所需基础完全不兼容，并且少有司法救济[10]。第三，民法中的法人制度侵蚀着公司治理；而刑法中并没有发展出公司犯罪理论、制度和规则。两者在本质上均采取“连带责任”模式，而对组织内的分权、分工、分层等程式视而不见。第四，通过对组织体系和运作的评估考察，甄别和评价组织的“制度”良善与否。这不仅是中国法律，也是整个社会治理中的盲区[11]。申言之，如果现代企业制度本身涉及的一些深层次问题还没有得到根本解决，必然会直接影响到居于后位的司法制度的程式构建及其成效。

2. 现代企业规制司法制度的选择工具单一，存在着“刑事法化”依赖路径。从目前的试点改革来看，主要是在检察机关审查批准逮捕、审查起诉以及认罪认罚从宽处罚量刑建议等环节，“刑事法化”路径依赖特征比较明显，“刑法的规制”色彩比较浓厚。我们提出“规制刑法”的概念。“规制刑法”溯源于“企业规制司法制度”，是对“刑法的规制”的超越与提升。“规制刑法”与“风险刑法”“规范刑法”“恢复性司法”等存在一定的交叉与重叠，但具有自身的学术品性，特别注重选择刑事政策工具来推进中国特色现代企业规制司法制度[12]。

3. 现代企业规制司法制度的“需求侧”的分化和差异性。现代企业规制司

9　邓峰：《公司合规的源流及中国的制度局限》，载《比较法研究》2020 年第 1 期。

10　邓峰：《公司合规的源流及中国的制度局限》，载《比较法研究》2020 年第 1 期。

11　邓峰：《公司合规的源流及中国的制度局限》，载《比较法研究》2020 年第 1 期。

12　2021 年 4 月 22 日，江西财经大学监察法研究中心卢希起研究员在井冈山大学做《中国特色现代企业规制司法制度构建若干问题探讨》学术演讲时，首次提出“规制刑法”的概念，并阐释其基本内涵与立场。

法制度是一种公众产品，但它不是纯粹的司法投入，为达到“合规”的要求，必然需要涉案企业、人员付出一定的成本。由于企业家群体的来源结构不同，企业的产业结构、发展阶段等不相同，这些因素综合起来使现代企业规制司法制度的“需求侧”必然呈现出分化和差异性的特征。

4. 现代企业规制司法制度与现有相关制度的关系有待进一步厘清。2018 年可以被称为中国的“合规元年”，在这一年中，我国共有三个合规指引发布或实施。首先是中国国家标准化管理委员会制定的《合规管理体系指南》，该文件虽然不具有行政约束力，但成为合规的第一个国家标准。国资委颁布的《中央企业合规管理指引（试行）》和由发改委会同七家部门联合发布的《企业境外经营合规管理指引》则具有行政强制力。以上三份文件标志着合规正式进入中国，成为中国企业建立合规管理体系的直接法律依据[13]。如果加上企业现有的各种形形色色的风险、内控、合规制度，这将会呈现出一个庞杂的体系。现代企业规制司法制度与现有相关制度之间的衔接方面还有不少需要深入厘清的地方。

四、确立中国特色现代企业规制司法制度的基本原则

合规的概念涵盖了刑事、行政等诸多领域，但合规天然地与刑法具有极为密切的关系。合规纳入刑法的范畴肇始于《美国联邦量刑指南》，该指南是以自然人为基础的量刑规范[14]。1991 年，该指南中增加了独立的一章针对企业的量刑指南——《组织量刑指南》，一个有效的合规在刑事司法中所带来的最大影响就是审判阶段的暂缓起诉协议（DPA）和检察阶段的不起诉协议（NPA）。2010 年，英国《反贿赂法》创造了一个世界领先的先例，通过设立“商业组织预防贿赂失职罪”（failure of commercial organization to prevent bribery），改变了刑法的基本原理，将严格责任引入刑法。2017 年，英国又增设“商业组织预防逃税失职罪”，其归责模式和“商业组织预防贿赂失职罪”如出一辙，分公司、子公司、第三方或者员工有逃税行为，只要没有建立合规计划，就推定构成本罪，合规计划同样成为无罪抗辩的法定事由，英国刑法的基本面目发生了改变[15]。不同国家和地区结合本土情况形成了各具特色的企业规制司法模式。就一国现代企业规制司法制度的纵向发展历程来看，也经历了明显的历史变迁。习近平总书记指出，走什么样的法治道路、建设什么样的法治体系，是由一个国家的基本国情决定的。“为国也，观俗立法则治，察国事本则宜。不观时俗，不察国

13 陈瑞华：《企业合规的基本问题》，载《中国法律评论》2020 年第 1 期。

14 陈瑞华：《企业合规的基本问题》，载《中国法律评论》2020 年第 1 期。

15 陈瑞华：《企业合规的基本问题》，载《中国法律评论》2020 年第 1 期。

本，则其法立而民乱，事剧而功寡。”全面推进依法治国，必须从我国实际出发，同推进国家治理体系和治理能力现代化相适应，既不能罔顾国情、超越阶段，也不能因循守旧、墨守成规。[16]因此，应当在比较借鉴的同时，始终牢牢坚持从中国国情和实际出发，旗帜鲜明地坚持走中国特色社会主义法治道路，探索构建中国特色现代企业规制司法制度。

1. 注重公权力的引导与市场主体的自主性的平衡。企业的组织合法性与企业成长是经济学领域的一个重要研究方面。研究发现，兼顾政治和市场合法性不仅于产品创新，但能协同促进市场扩张[17]。亦有学者指出，市场化的企业再生（退出）通道和资源重置（流动）机制，成为后疫情时代的一大需求，由此加速了破产“市场化”的进程——指向的是市场机制与破产规则之间的互动，为使市场机制所蕴含的价值规律和竞争法则，真正发挥“在资源配置中起决定性作用”的功能，必须建立并实施一套具体的完备的破产规则，为市场主体之间围绕企业再生（退出）和资源重置（流动）而展开的一系列经济活动，提供开放的、自由的、公平的、平等的竞争环境和规范的、稳定的、诚信的、可持续发展的竞争秩序。其间，由司法与行政共同架构对破产规则的实施机制，司法居于程序引导，担当市场谈判的约束激励和市场决策的裁判监督；行政居于社会配套，在尊重市场决策和司法裁判的基础上，打通衍生处置的“最后一公里”[18]。

上述研究成果对于企业规制司法制度构建过程中的公权力与市场主体的自主性之间的关系具有一定的参考价值。在企业合规建设的路径选择上，就法律规范的属性而言，存在着以公司法为导向和刑事法为导向的不同思路。有学者指出，合规要求的法律制度构建虽然在我国已取得了一定的进展，但缺陷也比较明显，其中之一就是缺乏以公司法为代表的基础性、骨干性法律制度作支撑[19]，从而使其他具有附属性质的制度失去服务目标。虽然在合规制度建设中，刑法也发挥着重要作用，但由于刑法更加侧重于对现有社会关系的保护，因此并不是一种制度创设的适宜载体[20]。我们认为，弥补这个缺陷的关键，并不在于公司法与刑法之争，而关键在于平衡公权力的引导与市场主体的自主性，从可能

---

16 《坚定不移走中国特色社会主义法治道路》（2014 年 10 月 23 日），《人民代表大会制度重要文献选编（四）》，中国民主法制出版社、中央文献出版社 2015 年版，第 1831 页。

17 郭海等：《组织合法性对企业成长的“双刃剑”效应研究》，载《南开管理评论》2018 年第 5 期。

18 陆晓燕：《“府院联动”的建构与边界——围绕后疫情时代市场化破产中的政府定位展开》，载《法律适用》2020 年第 17 期。

19 赵万一：《合规制度的公司法设计及其实现路径》，载《中国法学》2020 年第 2 期。

20 赵万一：《合规制度的公司法设计及其实现路径》，载《中国法学》2020 年第 2 期。

触发的“双刃剑”效应到相向而行、协同发力。

2. 检察机关对民营企业与国有集体企业的平等保护。公有制经济在我国国民经济中起主导地位，宪法对公有制经济和非公有制经济在表达话语上存在着明显的差异。然而，在党的政策和最高人民法院、最高人民检察院的司法政策中，我们一直强调对民营企业的平等对待和保护。就企业合规建设的内在视角来看，国有企业有国有资产管理委员会、纪委监察机构和比较完善的风险控制、合规与法务等管理部门，特别是党组织在公司治理中发挥着关键的作用，合规建设有比较好的基础。在检察机关在推动合规建设的初始阶段，侧重于民营企业，表面上看似不平等，但追求的是实质的平等。此外，就检察机关对民营企业和国有集体企业引导合规建设的具体模式而言，也存在着比较大的差异。

3. 检察机关与其他国家机关之间的职权划分与程序性衔接。在检察机关主导民营企业合规建设过程中，必然涉及与行政机关、审判机关等国家机关之间的职权划分与程序性衔接。彭真同志在 1982 年《关于中华人民共和国宪法修改草案的说明》中指出，各个国家机构“都由人大产生，各有分工，各司其职……国家权力的合理分工和有效行使，将使我们的国家比过去更能经得起风险，更能保障社会主义事业的发展”。由于历史的原因，我国现行宪法之中，实体性的国家权力关系比较清晰，对国家权力的运作程序的规定付之阙如，特别是不同权力之间的相互衔接和相互关联比较模糊。我国现行宪法并没有明确规定国家权力发生冲突时的权限争议解决程序[21]，所以在实践中很容易滋生两种制度上的弊端。一是国家机关的权力冲突最终以权力所具有的权威性为依据，权力的合法性和合理性成为解决权限争议次要考虑的因素。二是由于缺少必要的权力运作程序，国家权力很容易膨胀为无限大，国家权力的自我形成能力比较强，法治原则的约束比较软[22]。对标破产重整中的“府院联动”机制，可以发现当下在破产重整中，政府与法院是以签署一揽子文件的“常态化”的“府院联动”机制来处理实践中的问题，但由于缺乏系统化、前瞻性的设计，存在较大的统一、规范和完善空间[23]。

我们认为，破产重整中的“府院联动”对于企业合规建设的“府检联动”具有相当的参考价值。从某种意义上说，审判机关主导的司法破产重整制度与检察机关主导的企业规制司法制度，将共同构成中国特色现代企业规制司法制

21　莫纪宏：《宪法程序的类型以及功能》，载《政法论坛》2003 年第 2 期。

22　莫纪宏：《宪法程序的类型以及功能》，载《政法论坛》2003 年第 2 期。

23　陆晓燕：《“府院联动”的建构与边界——围绕后疫情时代市场化破产中的政府定位展开》，载《法律适用》2020 年第 17 期。

度的两大元素[24]。

4. 充分发挥社会组织在检察机关主导合规建设中的作用。2021 年 6 月，《关于建立涉案企业合规第三方监督评估机制的指导意见（试行）》对第三方机制管委会的组成和职责作出专门规定，即由检察机关、国有资产监管部门、财政部门、工商联牵头会同司法行政、生态环境、税务、市场监管、贸促会等部门组建第三方机制管委会，承担对第三方机制的宏观指导、具体管理、日常监督、统筹协调等职责，由工商联和国有资产监管部门、财政部门分工负责管委会的日常工作。同时，注意发挥律师协会、注册会计师协会、注册税务师协会等相关行业协会、商会、机构在企业合规领域的积极作用，形成改革合力。

5. 检察机关在“主导”过程中必须牢牢把握宪法和法律原则。《关于建立涉案企业合规第三方监督评估机制的指导意见（试行）》提出，探索建立“检察主导、各方参与、客观中立、强化监督”的第三方监督评估机制。检察机关在“主导”过程中必须牢牢把握宪法和法律原则。一是坚持宪法法律至上的法治理念。这项改革具有探索性，务必注意坚持改革的合法性。在现有法律框架之下和现有法律规则之中，探索未来我们想要建立的制度。我们的改革必须在法治的轨道上进行。二是坚持法律效果、社会效果和政治效果有机统一的检察理念。在办理企业涉罪案件时，要注意改革的目的是使执法办案取得比以前更好的法律效果、社会效果和政治效果，否则，就违背了改革的初衷[25]。三是秉持客观公正立场的检察理念。检察官在办理企业涉罪案件时，务必要尊重客观事实，公正地对待所有的涉案企业，让办理的每一起案件都能够经得起法律、事实、历史的检验[26]。

五、中国特色现代企业规制司法制度的具体构建

1. 深化构建企业规制司法制度的工作机制探索。从前期试点情况来看，各试点单位围绕合规监督评估机制探索形成了第三方独立监管人、行政机关监督考察、联合监督考察等不同模式。《关于建立涉案企业合规第三方监督评估机制的指导意见（试行）》在总结前期试点工作经验、研判不同模式利弊得失的基础上，探索建立“检察主导、各方参与、客观中立、强化监督”的第三方监督评

24　2021 年 4 月 22 日，江西财经大学监察法研究中心卢希起研究员在井冈山大学做《中国特色现代企业规制司法制度构建若干问题探讨》学术演讲时，首次提出审判机关主导的司法破产重整制度与检察机关主导的企业合规制度共同构成中国特色现代企业规制司法制度的两大元素的观点，对此，我们将另行撰文论述。

25　《三人谈：以检察履职助力构建企业合规制度》，载《检察日报》2021 年 3 月 1 日。

26　《三人谈：以检察履职助力构建企业合规制度》，载《检察日报》2021 年 3 月 1 日。

估机制，对检察机关职责、巡回检查机制、回避制度等均作出了专门规定。同时，对一些需要继续深化探索的问题，暂不作具体规定，为试点地方结合本地实际作进一步探索留出空间，鼓励各地积极实践、勇于改革，努力形成可复制、可推广的经验做法。

2. 深化企业规制司法制度与刑事行政民事商事等法律的关联性研究。企业规制司法制度构建既涉及公司治理的全过程，又涉及刑事民事行政商事实体和程序法的全领域。由于司法制度属于《立法法》规定的法律保留，司法制度与这些法律规范既有交叉，又有明显的差异。因此，必须从立法的基本原则、法的基本原理、制度设计的科学性等方面做出综合的研判。例如，《监察法实施条例》第207条第2款“对于有行贿行为的涉案单位和人员，按规定记入相关信息记录，可以作为信用评价的依据”的规定如何与征信体系、企业规制司法制度相衔接、相配套？又如，基于刑事政策的考量，《刑法修正案（九）》取消了集资诈骗罪死刑，规定触犯集资诈骗的，最高刑罚是无期徒刑；《刑法修正案（十一）》在第176条增加了法定量刑情节，规定在提起公诉前积极退赔、减少损害结果发生的，可以从轻、减轻处罚，以此挽回集资参与人的损失。这也表明各法律部门关联性、相配套、相衔接既是法律价值的主观权衡，也是规范重构的客观事实。因此，深化现代企业规制司法制度与刑事行政民事商事等法律的关联性研究十分必要、十分紧迫。

3. 深化企业规制司法制度的供给侧与需求侧的实证调研。企业合规建设是一项系统工程，也处于动态发展中，为此，我们建议从企业管理层人员构成、法务合规风控机构、企业基本情况（行业、营运方式、股份结构、企业发展阶段等）、历史案件评价、合规建设需求等多个层面和视角进行需求侧的实证研究，为构建现代企业规制司法制度的供给侧提供有价值的参考。

实务研究

论我国税法典体系的构建

张富强　黄思煦*

【内容提要】 税收事关国计民生，涉及国家与公民财产权的分配，构成国家治理的基础和重要支柱。在全面贯彻落实税收法定原则的进程中，我国进行的一系列税收立法和税制改革，为税法典的编纂夯实了基础。当务之急，应坚持以体系化的思维方式稳步推进税法典的编纂。首先，应当从税法典的立法宗旨、基本原则、体例编排三个方面出发，厘清并确立税法典体系的顶层设计思路。其次，在顶层设计思路下，充分借鉴国内外相关立法经验，从总则、分则、附则三个部分对税法典体系的内容进行设置安排，形成总分附则鼎立之势，确保税法典体系的内在协调。最后，辅之以包括税法实施条例、税法解释权、税收政策在内的税法典配套规范体系，促进税法典体系的外在协调。

【关键词】 税法典　体系构建　顶层设计　内在整合　外在协调

一、问题的提出

随着《民法典》的颁布与施行，拉开了我国法典时代的帷幕。进入法典时代的我国，需要对当下是否应继续推动法典编纂、对何种法律进行法典编纂、以何种方式进行法典编纂的法典时代三大基本议题作出回应。法典综合了内容完整、逻辑严密、用语精确的法律规范，是成文法的最高形式。法典化以编纂

* 张富强——华南理工大学法学院教授、中国法学会财税法学研究会副会长，主要研究领域：财税法、经济法；黄思煦——众诚汽车保险股份有限公司合规部职员。

法典为目标，在实现形式理性与法律规范体系化的需求下应运而生。[1]从《民法典》的创制及运行之中可以预见的是，法典化将会成为一种趋势，应当合理、适当选择法律制度编纂法典，继续推动我国法典化进程。

税法是调整税收分配关系和税收征纳关系的法律规范的总称，要发挥税收在现代国家治理中国民收入再分配、各类资源配置以及社会稳定保障的基础性、支柱性和保障性作用，则需要整体化、系统化、精细化的税法，为税收法治提供充足、持续、有力的制度保障。为发挥我国税收的关键作用，提高税收法律的体系化和科学化水平，应当加快税收法治进程。税制改革和税收法治不仅是国家税收治理能力以及体系现代化的基础和法律制度保障，更是我国全面深化改革的突破口和重点领域。我国在具备建设税收国家的基础、全面推进落实税收法定原则与深化税制改革的背景下，以及大规模税收立法的政治、经济、社会条件皆成熟的情况下，应当着力实施税法典的编纂。与此同时，从全面贯彻落实税收法定原则、推动经济向高质量发展转型升级、促进社会公平正义在国民收入再分配中彰显的现实需要来看，税法典编纂也具备着高度的重要性与必要性。而我国先前的税收基本法、税法通则立法尝试、《民法典》编纂的成功经验、对法国等税法典国家制定方法、技术等方面的借鉴、全面深化税制改革与大规模税收立法铺就的制度基础，共同证成我国具备编纂税法典的可能性。随着税收法定原则得到有力地贯彻落实，现行税种中的 11 个已由全国人大及其常委会制定法律，接近总数 18 个的三分之二。其他 7 个税种由暂行条例上升为狭义法律的立法工作也在紧锣密鼓地策划筹备，有望在接下来的几年完成。税收法治化程度不断加深，不仅要求提高税收法律制度的体系化、科学化程度，而且也为税法法典化打好铺垫并且夯实基础。加之在现代国家治理中税收具有基础性、支柱性与保障性的作用，欲发挥税收的重要作用又必须配备高度体系化、科学化的税收法律制度。因此，应当大力推进税法法典化，通过编纂税法典促进税收法律制度整体质量水平的提升。进而，以体系化、科学化的税收法律制度确保税收三大作用的发挥，实现税收治理现代化。最终，由点到线、由线到面、由面到体地优化我国的现代治理体系并提升治理能力。

在确定坚持法典化前进方向以及选择税法作为编纂对象的情况下，明确以何种方式进行税法典编纂成为首要解决的问题。对于税法法典化，当今税法理

1　参见［德］马克斯·韦伯著：《经济与社会》第二卷（上册），阎克文译，上海世纪出版集团 2010 年版，第 994 页。

论界主要有两种观点，其一，通过重启税收基本法，[2]或者说是税法通则，[3]以此方式开启我国税法法典化进程；其二，则为直接制定税法总则，并在此基础之上编纂税法典。[4]无独有偶，2021 年全国两会，全国人大代表刘小兵、赵冬苓，以及全国政协委员朱征夫均提出制定税法总则的议案。但是，无论税法法典化的具体进程如何，最终目的都只有一个，即完成税法典编纂，理论界在这个方面业已达成共识。[5]承前所述，法典化旨在编纂作为成文法最高形式的法典，以达至法律规范的形式理性化与实质体系化。由此可得，税法法典化所编纂的税法典，亦应当从形式上以及实质上促进税收法律制度的理性化、体系化与科学化。除此之外，税法典编纂的过程本身即为对各类税收单行法律制度的统一集中整合，这更加需要结构完整严密、门类齐全完备、内在协调一致的税法典体系，将各类税法兼容并包地吸收容纳。有鉴于此，应当充分总结我国税收立法以及《民法典》编纂经验，秉持体系化的思维，以体系构建的方式将税法典编纂进行展开，进而在科学合理的体系构建下编纂具有中国特色的税法典。最终，以结构完整严密、门类齐全完备、内在协调一致的税法典体系，从整体上提升我国税收法律制度的理性化、体系化与科学化水平。

二、税法典体系的顶层设计思路

税法典体系的顶层设计思路，是在进行税法典体系构建之前，必先确定并完成的重要任务，也是编纂税法典优先级最高的事项。应当从立法宗旨、基本原则与体例编排三个方面出发，厘清并确立税法典体系的顶层设计思路。其中，立法宗旨与基本原则贯穿于整个税法典编纂过程，并且最终体现在税法典具体内容之中。因而，需要在明确立法宗旨与确定基本原则的基础之上，以体系化的思维方式进行税法典的体例编排。

2　参见汤贡亮：《关于继续积极推进〈税收基本法〉立法的建议》，载《经济研究参考》2021 年第 62 期。

3　参见王文婷：《〈税法通则〉对我国税法规范生成完善的意义》，载《山西财经大学学报》2015 年第 1 期。

4　参见金辉：《财税法专家呼吁制定〈税法总则〉》，载《经济参考报》2020 年 1 月 21 日，第 8 版。

5　在 2019 年与 2020 年，中国法学会财税法学研究会先后召开第 20 届中国财税法前沿问题高端论坛、中国法学会财税法学研究会 2020 年年会，以刘剑文、熊伟、张富强、施正文、朱大旗、陈少英等为代表的与会专家学者在充分研讨后，均对我国税法典编纂持积极态度与肯定意见，取得了一致的认识。

（一）税法典的立法宗旨

立法宗旨是法律创制及运行的出发点与落脚点，意为法律对一定社会关系进行调整所欲达到的目标。由于税法典是成文税法的最高形式，其立法宗旨不仅对自身基本原则的确立与体例编排的进行起着指导作用，而且应当将税收法律制度整体追求的价值结果彰显，具有十分重要的意义。对此，可以参考《民法典》的立法宗旨，结合税法典的自身特性将其立法宗旨确定。

从《民法典》第一条规定的立法宗旨，可以看出其从保护合法权益、调整基本民事关系、维护社会经济秩序、适应社会发展需求以及弘扬核心价值观五个方面申明“根据宪法，制定本法”意欲达致之目的。其中，前两项是在民法之功能效用下所独有的结果，后三项则为以一定社会关系为调整对象的法律共同追求的目标。由此反观税法本身，其创制与运行之目的在于调整税收分配关系、合法汲取财政收入、保障经济社会稳定，进而在国民收入再分配中实现公平正义，充分地保护纳税人的基本权利，并借由基本权利得到保护将发展的积极性调动以及潜力激发，调控并促进经济与社会的良性运行与协调发展。[6]再放到当下来看，结合我国实际情况，税法还应当为新时代中国特色社会主义建设添砖加瓦，促进现代国家治理体系的优化以及能力的提升，从而推动国家治理现代化。

由上所述，可以将税法典的立法宗旨设定为“为调整税收分配关系，合法汲取财政收入，保障经济社会稳定，维护纳税人合法权益，促进社会公平正义，适应新时代中国特色社会主义发展需求，推动国家治理现代化，根据宪法，制定本法”，并且将税法典的立法宗旨置于第一条，以开宗明义、纲举目张地指导税法典编纂的立法创制，及其未来在执法、司法运行中的适用。

（二）税法典的基本原则

税法典的基本原则贯穿于税法典创制与运行的整个过程，是在编纂以及适用税法典时必须遵循的规矩与准则。实际上，税法典的基本原则来源于长期以来税法实践与发展中形成较为固定的原则性规定。因此，在凝聚与提炼全部税收法律制度原则性规定的基础之上，可将税收法定、税收公平、税收效率确定为税法典的基本原则。

1. 税收法定原则。税法典首要的、根本的、核心的原则，非税收法定原则莫属。税收法定原则是税收立法以及税法实践的基本原则，要求国家在当且仅

6 张守文著：《税法原理》，北京大学出版社2018年版，第35页。

当有法律依据时方可征税，并须严格依法征税。[7]“税收法定”自十八届三中全会起，从理论研究中的“主义”成为税法实践的“原则”。2015 年 3 月，《立法法》修订草案与《贯彻落实税收法定原则的实施意见》先后审议通过，更是实现了税收法定原则在党的主张和国家意志两大方面的有机结合，二者可谓相映生辉，相得益彰。紧随其后，与依法治税的法治要求无缝衔接，完美契合。具体而言，税收法定包含课税要素法定、课税要素明确与税收征纳合法，并且涵摄于这三个元素。首先，税收法定原则通过课税要素法定把税收立法权控制在立法机关权限范围内，可以防止授权立法的概括性、随意性，同时防范行政机关主导立法的可能性。其次，税收法定原则突出并强调课税要素明确，使税法典的权威、稳定、持续、可预期得到较好的保证，还能限制税收行政自由裁量权对其进行的任意侵蚀与变更。最后，税收征纳合法更是将税收行政机关的行为完全放置到税法框架之下，禁止其擅自变更课税要素与征管程序，进而使纳税人只需依照法律纳税而无额外税收负担之虞。

2. 税收公平原则。税收分配关系作为税法典的调整对象，直接关切税收分配公平。因此，税收公平理应成为基本原则。税收公平原则以内外结合、科学合理的方式，从形式上与实质上确保公平横贯于税法典的创制与运行。一方面，税收公平原则内在要求确保税收负担在纳税主体之间公平分配，以及在税收法律关系中各纳税主体的地位平等。另一方面，税收公平原则将内在要求外化于行，根据纳税主体的经济状况不等、负担能力不同，进行适当区别对待。从而通过由内到外、科学合理地确定税负，税收公平原则真正从形式上与实质上做到量能征税（ability-to-pay taxation）。

3. 税收效率原则。亚当·斯密在《国富论》中有关税收便利以及最少征税费用的观点，与税收效率原则相关。经过数个世纪的发展，税收效率原则在今天既有税收层面的效率，又有从其本体引申至政治、经济、社会范畴的效率。[8]一方面，税收层面的效率，侧重于税收征管的高效、经济、便捷，既减少税收征管成本，又降低税收奉行负担，从而实现税收利益的最大化。另一方面，政治效率涉及税收政治属性以及由此产生的成本收益，具体包括税制的制定与实施、央地税权的权限及划分、地方政府税源及税费管理等方面的成本收益；经济效率多指税率、税基、计税依据等税收要素的组合运用，对于经济运行的秩序及其增长结构、发展质量等方面的积极影响；社会效率则体现在税收调整收入分配的同时涵养税源、培养潜力，在社会层面促进国民收入再分配的公平正

7 参见朱大旗：《论税收法定原则的精神实质及其落实》，载《国际税收》2014 年第 5 期。

8 参见王军：《论税收效率问题》，载《税务研究》2015 年第 12 期。

义，从整体上增进社会福祉。税法典中的税收效率原则，应当综合考量税收与政治、经济、社会层面的效率。进而与税收公平原则中的量能征税相结合，正确处理公平与效率的关系。

（三）税法典的体例编排

在明确立法宗旨以及确立基本原则的情况下，税法典体系的顶层设计思路进入最后一步，即税法典的体例编排。对此，亦可像明确立法宗旨般，对《民法典》的立法技术方法进行借鉴。同时，在充分总结国内外税收立法实践经验并且检视其得失之基础上，妥适熨帖地对税法典进行体例编排。

税法典的体例编排，应当以“编”为最大单位，并由此逐渐向下具体细化。《立法法》第61条规定，法律根据内容需要可以分编、章、节、条、款、项、目。其中，内容重大、篇幅较长的法律即可分编，《民法典》正是属于此类情况。除此之外，《民法典》将基本规定、民事主体、权利以及法律行为等内容归为总则部分，统领包括物权、合同、人格等编在内的分则部分以及附则。在总体框架方面，税法典的内容体量亦属重大，可以借鉴《民法典》，将其分为总则、分则、附则三个部分。再对比一些国家的税法典，如美国的《国内收入法典》（Internal Revenue Code）、法国的《税收总法典》（Code général des impôts）以及《税收程序法典》（Livre des procédures fiscales），都只有税收实体法与程序法两个部分，在缺乏类似总则的一般性规定统领下，呈现出碎片化与零散化，并在一定程度上对其运行产生不利影响。这也更加体现出税法典体系构建的必要性，以及税法典总分附则“三驾马车”并驾齐驱的重要性。实际上，制定税法总则是我国税法典编纂的必经之路，税法总则也会顺理成章地成为税法典总则部分，在这一点上，税法典与《民法典》可谓如出一辙。至于税法总则与税法典总则编更为具体与深入的关系，将于下文予以阐述。

在单独设立的总则编之外，税法典分则应当以编为单位，用若干编对税收单行法、特别法进行分门别类。其一，应当设立“税种制度”编，将具体调整税收分配的各类税种法律制度纳入该编。需要指出的是，考虑到各税种制度中也含有少量程序制度，以“税种制度”命名编，较之“实体制度”既贴近立法实际情况，又更为形象实用。其二，以《税收征收管理法》为蓝本，将其作为雏形框架与主要内容，设立“征管制度”编。同样地，由于该程序性法律规范中，亦包含法律责任等实体性法律规范，因而采用“征管制度”比“程序制度”更能包摄此编的内涵与外延。[9] 其三，设立“救济制度”编，规定税务行政复议、税务行政诉讼等与救济相关的制度。“税种制度”“征管制度”“救济制度”三大编，一道构成了税法典的分则部分。其四，还应将未尽事宜规定于税法典的附则部分，使其与总则、分则共同形成完整的税法典体例编排。

三、税法典体系的内容设置安排

厘清并确立税法典体系的顶层设计思路，尤其是税法典的体例编排之后，应当在此基础之上按总则、分则、附则三个部分安排设置内容。其中，总则部分单独成为税法典第一编，统率与引领其他内容。分则部分通过设置税种制度编、征管制度编、救济制度编，对各类税收单行法、特别法进行分门别类，从而将各类税法的整合统一于税法典编纂中。附则是对总则与分则进行的补充规定，以确保税法典形式完备，形成鼎立之势，进一步推动税法典的体系构建。

（一）税法典总则的统率引领

税法典的总则部分是对税法领域根本问题作出的基本性、一般性、共同性规定，在税法典内部统率并引领分则和附则。在设置安排税法典总则部分的内容时，应当以税法典体系的顶层设计思路为指引，将立法宗旨、基本原则置于首位，再根据税收法律关系主线对税法总则进行消化吸收，实现税法典总则在税法典体系中的统率引领。

前文提及，在税法典编纂过程中，必然经历税法总则的制定。而且，税法总则作为税收法律制度中的总则法、一般法、综合法，将其作为税法典的第一编之总则编可谓是板上钉钉。这也就意味着，税法典总则编应当以税法总则为基础，在大体上承袭沿用税法总则，并经适当修改完善后对其进行整合，《民法典》与《民法总则》的关系处理，亦可成为其之参照。税法典与税法总则一脉相承的关系，决定了无论是税法典总则编还是税法总则，均应当按照一定的主线对内容结构进行打造。结合我国税收法律制度情况及特点，由于税法是调整税收分配关系与税收征纳关系的规范，[10] 而税法典则极大地综合了各类税法规范。因此，应当以税收法律关系为主线对内容进行串联。法律关系有主体、内容、客体三个构成要件，具体到税收法律关系中，主体可以分为征税主体和纳税主体，即税务机关与纳税人；内容就是税收法律关系主体双方依法享有的权

9　参见施正文：《税法总则立法的基本问题探讨——兼论〈税法典〉编纂》，载《税务研究》2021 年第 2 期。

10　张富强主编：《税法学》法律出版社 2007 年版，第 23 页。

利和义务；客体则指代物化的征税对象，可概括为流转额、所得额、特定财产、特定行为、土地与资源五大类。当然，需要指出的是，在具体章节的布置方面，并非必须严格按照“主体—内容—客体”的顺序进行，可以根据内容一致性、连贯性的需要合理灵活调整部分内容的排列组合。由此，大体上可将税法典总则内容整合如下：第一章基本规定，首先应将最为重要立法宗旨、基本原则予以昭扬，为整部税法典奠定基调。同时，也可对税收概念定义、内涵外延以及适用范围等基本内容作出规定。第二章税务机关，规定其作为征税主体的权力行使、权利义务和管辖权限范围。第三章税收要素，对纳税人、税目、税率、计税依据等实体要素以及纳税期限、纳税地点等程序要素进行集中规定。第四章纳税人权利义务，规定在因税收要素满足而需要纳税的情况下，纳税人所享有的权利和须承担的义务。例如，诚实纳税推定权、公共产品选择权、税收公平权、税收监督权等实体性权利，税收知情权、陈述权、听证权、申请减免及延期纳税等程序性权利，[11] 以及依法进行纳税登记、申报、税款缴纳、协助检查、提供信息等方面的义务。第五章税务代理，规定税务代理人与税务机关、纳税人的法律关系，以及在该关系中的法律地位、权限范围。第六章税收法律责任，对税收法律责任的归责原则与责任适用，纳税人、税务代理人、税务机关及其工作人员的民事责任、行政责任以及刑事责任进行规定。第七章诉讼时效，对税务行政诉讼时效的起算与终了，中断、中止等事由以及重新计算的情形进行规定。第八章期间计算，对税法中的年、月、日、时，以及业务时间、法定休假时间以及顺延等与期间及其计算相关的事项进行规定。

综上所述，税法典总则编包括基本规定、税务机关、税收要素、纳税人权利义务、税务代理、税收法律责任、诉讼时效、期间计算八章，对税法领域基本性、一般性、共同性的问题进行统一集中规定。税法典的分则部分应当在总则的统率与引领之下，进行相应的税法整合。

（二）税法典分则的税法整合

税法典分则由税种制度、征管制度、救济制度三编组成，是对征什么税、怎么征税等问题作出的具体、细化规定。其中，作为税法典第二编的税种制度，是调整税收分配关系的税法规范集合，第三编征管制度是调整税收征纳关系的税法规范集合，二者对象均为第一性法律关系。第四编救济制度所对应的，是第一性法律关系受到干扰破坏时对其进行补救保护的第二性法律关系，[12] 即专

---

11 参见张富强：《纳税权入宪入法的逻辑进路》，载《政法论坛》2017年第4期。

12 张文显主编：《法理学》，高等教育出版社2018年版。第154页。

门解决税收分配以及征纳过程中发生争议的税法规范集合。

1. 税种制度编。在所有税种均由全国人大及其常委会立法规定之“一税一法”的基础上，税种制度编即为这些税种法律的整合。税种制度属于税法典分则的一编，应当受到税法典总则的统领。税法典总则将征税对象划分为流转额、所得额、特定财产、特定行为、土地资源五大类，税种制度则应当根据该分类设置流转税法、所得税法、财产税法、行为税法以及土地资源税法五个分编，将现行的税种法律分门别类后对号入座，进行下列整合。（1）第一分编流转税法：第一章增值税法、第二章消费税法、第三章烟叶税法、第四章进出口关税法；（2）第二分编所得税法：第五章个人所得税法、第六章企业所得税法；（3）第三分编财产税法：第七章房产税法、第八章车船税法、第九章船舶吨税法；（4）第四分编行为税法：第十章城市建设维护税法、第十一章环境保护税法、第十二章车辆购置税法、第十三章契税法、第十四章印花税法；第五分编土地与资源税法：第十五章土地增值税法、第十六章耕地占用税法、第十七章城镇土地使用税法、第十八章资源税法。当然，上述分类只是在现行 18 个税种及其归属的征税对象大类的基础之上作出的，在未来进行税法典编纂时，则应当考虑现行税种可能发生的增减变动，从实际情况出发进行各类税法的整合。例如，将会发生的房地产税改革，即属需要综合考虑对征税对象大类进行调整的情况之一。在按房地产的开发、流转、保有三个环节，对相关的税费进行清理与简化合并时，势必会产生税种法律制度的变化，进而影响征税对象的分类。具体而言，将开发环节涉及的城镇土地使用税、耕地占用税，以及土地出让金等税费统一改革为“土地使用税”；在流转环节对土地增值税、契税等税费进行清理，最后合并进入增值税中；在保有环节以城乡经营性以及非经营性住房为对象，征收“房地产保有税”。[13] 在这种情况下，“土地与资源税法”一编就需要调整，可以单独设立“房地产税”一编，将房地产保有税、土地使用税纳入其中。相应地，可将资源税法划入行为税法编，再把原属财产税法的房产税从中剥离。又如，在消费税立法改革中，有可能将车辆购置税并入其中，这样一来，车辆购置税相关规定就需要调整至消费税中。值得一提的是，在税法典分则整合的过程中，税种法律出现改革与修订是正常现象，应当根据税种法律的变化发展灵活调整，将其改革成果统一整合至税种制度编中，促进税法典的体系更为严密，结构更加合理。

2. 征管制度编。前文述及征管制度编的设立，是以《税收征收管理法》为蓝本，并将其作为雏形框架与主要内容。由于该编与《税收征收管理法》关系

13　张富强著：《公平正义价值下房地产税立法的研究》，法律出版社 2020 年版，第 78 页。

紧密，而 2019 年《税收征收管理法修订草案》（征求意见稿也属于国务院立法工作计划中拟提请全国人大常委会审议的法律案）。这从侧面反映出，将征管制度编与《税收征收管理法》修订相结合势在必行。首先，为避免与税法典总则部分冲突，保持前后一致，应将《税收征收管理法》第一章“总则”，改为征管制度编第一章“一般规定”。同时把程序正义、权益保护、依法行政、实质课税、征纳平衡等税收征收管理法的精神内核、题中之意规定在内，确保国家税收利益与纳税人权利均能得到维护与保障，平衡配置税收征纳权利义务。[14] 同时，应当在一定程度上对税收征管基本程序进行重构。例如，将“纳税申报”从《税收征收管理法》第二章“税务管理”中剥离，单独设为一章，突出纳税人自主申报纳税的义务，将权责归于纳税人，使之对申报的真实性、完整性负责。此外，赋予税务机关“税额确认”权。同时，增设“税额确认”以及“事先裁定”制度。此举一方面可使税务机关采取纳税评估、反避税调查等手段核实并确定纳税申报的真实性、完整性，在解决纳税评估法律依据不足的同时为事中、事后监管以及税务机关职能转变提供制度保障。[15] 另一方面将来发生的涉税事项可通过事先裁定明确，使征纳双方的博弈制度化、公开化、透明化，提高纳税人的行为预期及税收遵从程度。[16] 此外，由于“法律责任”已由总则编作出规定，在征管制度编就不再重复。与《税收征收管理法》修订相结合的征管制度编，各章顺序排列如下：第一章一般规定、第二章税务管理、第三章纳税申报、第四章税额确认、第五章事先裁定、第六章税款征收、第七章税务检查。

3. 救济制度编。由于救济制度编针对的税收法律关系是第二性的，需要更加注重纳税人权利保护，尤其是对于税收公平原则所要求的“在税收法律关系中各纳税主体地位平等”，应当通过具体的规则使其落实到位。加之救济制度编与行政法关系密切，还应当注意与《行政诉讼法》《行政复议法》《行政复议法实施条例》《税务行政复议规则》等相关法律法规的衔接。救济制度编由税务行政复议以及税务行政诉讼两个分编构成，和征管制度编一样，应当结合税务行政复议及税务行政诉讼的改革，对相应内容进行适当调整。其一，税务行政复议分编，包括税务行政复议启动条件、税务行政复议机关及其审查范围、税务行政复议和解、税务行政复议决定以及与税务行政诉讼程序的衔接；其二，税

14　参见滕祥志：《论〈税收征管法〉的修改》，载《清华法学》2016 年第 3 期。

15　参见国家税务总局湖北省税务局课题组、胡立升、李波：《国家治理现代化视角下〈税收征管法〉修订研究》，载《税务研究》2020 年第 3 期。

16　参见谭飞燕：《基于底层逻辑构建看〈税收征管法〉的修订》，载《税务研究》2021 年第 1 期。

务行政诉讼分编，应当明确规定税收行政诉讼的前置条件、管辖法院、一般程序性规则，以及与民事诉讼、刑事诉讼出现交叉等情况的处理。除此之外，对于税务行政诉讼的税务行政复议前置、清税前置，以及税务行政诉讼的受案范围、审理依据等方面的规定，存在着较高的修订可能性，如取消复议前置，将其改为行政相对人自由选择的模式；重构清税前置，改为提供担保，或者当且仅当直接向法院提起税务行政诉讼时方才直接解缴税款等。[17]应当在相关制度改革的基础上进行整合，确保救济制度编的内容得到合理完善。对此，可将救济制度编内容进行下列编排。第一分编税务行政复议：第一章一般规定，第二章复议范围，第三章复议申请，第四章复议机关，第五章复议管辖，第六章复议受理，第七章复议证据，第八章复议调解与和解，第九章复议决定；第二分编税务行政诉讼：第一章一般规定，第二章受案范围，第三章管辖，第四章诉讼参加人，第五章起诉条件，第六章诉讼证据，第七章一审判决，第八章二审判决，第九章审判监督程序，第十章执行。

（三）税法典附则的补充规定

附则作为对法律其他事项及未尽事宜的补充性规定，是法律不可或缺的一个部分，税法典亦不待言。税法典附则可以在对税法总则附则部分修改与完善的基础上进行制定，既在形式上完成对整部税法典的编纂工作，又发挥税法典附则自身独具的功能效用。

在税法典附则部分，首先需要对整部法典中关于比较词汇法律用语的概念进行明确界定，最主要的就是有关本数的规定。应在税法典附则部分对前文的“本数”与“以上”“以下”“以内”“届满”以及“不满”“超过”“以外”之间的包含关系作出规定，提高法律用语的精确程度与可操作性。另外，由于税法典在对各税收单行法进行统一整合时，均会涉及这些法律制度内容的调整与修改。因此，税法典附则还应当明确税法典正式施行的时间，以及其他税收法律制度在时间效力方面的问题。例如，假设税法典编纂完毕时，已有个人所得税法、企业所得税法、车船税法、车辆购置税法、船舶吨税法、耕地占用税法、资源税法、契税法、城市维护建设税法、印花税法、房产税法、土地增值税法、环境保护税法、城镇土地使用税法、增值税法、消费税法、进出口关税法、税收征收管理法、税法通则以及税法总则正在实施，则在宣布税法典正式实施的时间时，应当同时对其予以废止。

17　参见孙昊哲、张恺琦：《税务行政复议与行政诉讼衔接问题研究》，载《法律适用》2021年第2期。

在税法典总则与分则整合税法、税法典附则补充规定的基础上，税法典基本实现税收法律制度的类型化，达致税收法律体系的门类齐全与内在协调。而欲使税收法律体系外在协调，还需辅之以税法典的一系列配套规范，进一步提升税法典在运行中的协调流畅程度。

四、税法典的配套规范体系

税法典的配套规范体系，是税法典之外的、与税法典施行相关一系列规范构成的体系。税法系统在与其他社会规范系统的分化中保持着一种相对独立、封闭的轨迹，由此税法系统建立起一种特别的场域，在全社会之中作为独立的社会系统运行。作为一个封闭的系统，税法在其自身的运作维度上是完全自治的。[18] 加之以税法实施条例为代表的严格制度化渊源，与税法解释、税收政策等非严格制度化渊源，[19] 在我国税法运行中发挥着无可比拟的作用，应当将其塑造成为税法典的配套规范体系，方可促动税法典的外在协调。

（一）税法实施条例

税法实施条例是为进一步对税法作出明确规定，根据税种法律制度的内容进行制定并由国务院发布的行政法规。之所以将税法实施条例置于税法典配套规范体系的首位，是因为税法实施条例在税法体系中不仅具有较高的效力位阶，而且能够发挥中央行政机关的经验优势，对较为原则、抽象的税收法律进行精确细化的规定。因此，在中央立法机关制定并通过税法典之后，应当由中央行政机关制定相应的税法实施条例，以辅助税法典的运转有序。

在我国现行的税法实施条例中，属于行政法规层级的有企业所得税法实施条例、个人所得税法实施条例、车船税法实施条例、环境保护税法实施条例，以及税收征收管理法实施细则五部。除此之外，还有增值税、消费税、土地增值税三部暂行条例实施细则，以及即使已经制定资源税法并废除资源税暂行条例，但仍然现行有效的资源税暂行条例实施细则，若将这些部门规章也归为广义的税法实施条例体系的话，那么我国共有九部与税收法律配套的实施条例。这些税收行政法规以及部门规章在法律规定的框架范围内，对其上位法进行了更加具体、明确、细化的规定，有效地增强了税法的实践性与操作性。在整合了各类税收法律的税法典实施时，虽然要将各类税收法律予以废止，但是作为

18　参见王文婷：《现实视界中的税法规范生成》，载刘剑文主编：《财税法论丛（第 16 卷）》，法律出版社 2015 年版，第 278 页。

19　王文婷著：《税法规范生成的解释》，法律出版社 2016 年版，第 135 页。

税法典重要的配套规范，税法实施条例仍然具备存在的必要性，应当在税法典编纂的过程中对其一并进行改革，不仅要使税法实施条例与税法典顺利地磨合、协调与衔接，而且须确保税法实施条例自身的规范性、体系性以及稳定性，提升其创制质量水平以及适用效果。对此，应将广义的税法实施条例体系进行分类，按照不同情况进行相应的处理。其一，对于行政法规层级的税法实施条例及细则，由于其对应的税法被编纂入税法典时往往会进行一定程度的调整与修改，可在根据具体的变化修订自身内容后予以保留。其二，对于部门规章层级的税收暂行条例实施细则，随着税收法定原则的全面贯彻落实，原属行政法规的税收暂行条例将全部上升为法律。相应地，其实施细则也应当从部门规章上升为行政法规，并统一命名为实施条例，而且也需要视法律变化对内容进行完善。与此同时，还应当在制定程序方面进行改革，明确税法实施条例的制定主体、发布主体和审查主体。当制定新的税法实施条例时，则应当先由财政部、国家税务总局等部门向国务院报请立项，并对新实施条例的必要性、重要性、合法性、合理性、可行性等方面进行充分论证。申请经国务院法制机构评估论证通过，进入年度立法工作计划后，即可由提出申请的一个或多个部门对税法实施条例进行起草，之后应就草案向社会公开征求意见，并根据意见对草案进一步完善。起草工作完成后应当将草案、说明、各方意见等相关材料报送国务院法制机构审查。国务院法制机构再将送审稿结合各方意见，并与起草部门协商修改后形成税法实施条例草案及其说明，提请国务院常务会议审议。经审议通过后，以国务院令公布施行。在税法实施条例公布后30日内，还应将其报全国人大常委会备案，由全国人大常委会对其进行备案审查。

对已有税法实施条例的内容及其未来制定程序的改革，一方面完善了税法典的配套规范体系，另一方面协调了税收立法及其行政立法的权限划分，既能发挥财税部门的优势，又从整体提升税法实施条例的层级，规范税收行政立法权的行使，推动税收法定原则的贯彻落实。从立法权的角度构建税法典配套规范体系的首要部分后，还应当从解释权方面进一步对该体系展开构筑。

（二）税法解释权的行使

有权主体依法释明税法理解与适用问题，即行使税法解释权。在税法实践中，行政解释因其数量庞大、适用较广而具有重要地位，各税务行政部门通常以制定税务规范性文件的形式，在事实上行使税法的行政解释权。[20] 此外，税法解释还应引入立法解释与司法解释，以完善税法解释体系，同时形成税法解

20 参见伍劲松：《我国税法行政解释制度之反思》，载《税务研究》2010年第3期。

释权内部的分权与制衡，规范税法解释权的行使。

税务规范性文件，是指县以上税务机关依照法定职权和规定程序制定并发布的，影响税务行政相对人权利、义务，在本辖区内具有普遍约束力并反复适用的文件。[21] 以“执行税务部门被授予的广泛公共政策，以及管理税务部门内部工作”[22] 为目的，税务规范性文件具有重要意义，已成为税收法律实践中不可或缺的一部分。在税务规范性文件的制定方面，应当严格遵照行政立法的合法性以及合理性要件，通过设定质量标准对其制定、执行、修改以及废止进行系统性的控制。首先，在制定税务规范性文件时，需要审查主体、内容、程序等事项的合法性与合理性。对此，可以从内部流程、外部监督以及登记备案三个方面着手：第一，在内部流程中，税务规范性文件制定主体应建立办公部门牵头、起草部门论证、法规部门审查的流程，并将其常态化，把好税务规范性文件质量的开头关；第二，在外部监督中，制定主体可通过公告、听证等方式向社会公众征求意见，推进税务规范性文件制定的科学化与民主化；第三，当税务规范性文件发布时，还应当向上级税务机关、同级政府等有权部门登记备案，使文件在各部门间形成良性的互动与反馈。其次，在税务规范性文件实施及修改时，可通过制定主体对税收规范性文件与上位法依据相抵触的规定应当及时修改的自我纠错机制、行政相对人提起复议时申请一并审查具体行政行为的税务规范性文件依据的复议审查机制、有权主体发现各税收规范性文件之间不一致时依照权限作出裁决的冲突裁决机制进行相关处理。最后，还应当在税务规范性文件的废止中引入时效制度与评估制度。前者规定了税务规范性文件的有效期，过期文件自动废止。后者则规定制定主体定期分阶段对税务规范性文件实效进行评估，以决定是否废除或修改文件。[23]

在税法行政解释以外，还应当完善立法解释与司法解释。其一，税法立法解释，是税法立法机关对税法条文含义与适用条件的阐明。在我国，法律解释权属于全国人民代表大会常务委员会，其法律解释效力与法律相同。在税法典时代，税收法律制度几乎都是狭义的“法律”，这是税收法定原则的要求。在该

---

21 《国家税务总局关于修改〈税收规范性文件制定管理办法〉的决定》（国家税务总局令第50号）将《税收规范性文件制定管理办法》（国家税务总局令第41号）修正为《税务规范性文件制定管理办法》，除第50条外的所有“税收规范性文件”全部改为“税务规范性文件”，载国家税务总局网站，http：//www. chinatax. gov. cn/chinatax/ n810341/n810755/c5140181/content. html，最后访问于2021年3月18日。

22 ［美］肯尼思·沃伦著：《政治体制中的行政法》，王丛虎等译，中国人民大学出版社2005年版，第264页。

23 罗亚苍：《税法二论》，载史际春主编：《经济法学评论（第14卷）》，中国法制出版社2014年版，第73页。

要求之下，税法立法解释只能由全国人大常委会作出。但是，由于立法解释数量少、范围小，远不能满足实践中合法、规范、有效的立法解释需要。对此，应当完善立法解释机制，进一步增强立法解释的主动性、权威性和有效性。通过确立法解释启动原则和程序，合理划定立法解释的范围边界以规范立法解释的程序，衔接释法工作与法律实施主体对释法的需求，以体系化的机制推动立法解释工作运行。[24] 其二，税法司法解释，是国家司法机关依法对税法作出具有普遍司法效力的解释。最高人民法院、最高人民检察院在全国人大常委会授权下行使司法解释，解释后的“产品”具有普遍司法效力，可在司法过程中援引。[25] 因此，税法司法解释亦应作为税法典配套规范，辅助税法典的实施。税法司法解释应由最高人民法院、最高人民检察院对税法实践中存在争议的疑案、难案进行收集、分析与编码，以确保所选案例以及适用法律具有司法解释的必要性与代表性。在此基础之上进行研判，在内部对司法解释进行立项与起草，之后向全国人大常委立会报送，同时可以对内容公开征求意见与讨论。从而在实体内容方面实现司法解释的精细化、法治化，在制定程序方面提升司法解释的民主化、规范化。[26] 最终，以并行不悖的税法立法解释与税收司法解释弥补税法典出现规定不明确、有冲突等现象。

（三）税收政策的法治化

税收政策，是政府为实现一定的宏观经济目标而确定的税收工作指导方针以及所采取的税收措施的综合。作为指导税收活动与税法实践的基本方针、准则，税收政策基于一定经济社会之目的而设，让政府合理利用税收杠杆调整税收征纳关系以及纳税主体之间的利益分配，以配合国家在一定时期的政治、经济和社会发展总目标。[27] 政策与法实质趋同，密不可分，二者均为国家制定或认可的行为规范，并由国家来推动和保障实现的。合理的税收优惠政策对较为原则、欠操作性等法律的不足之处，可以进行有效的弥补，在规范公权力行使的同时，避免其被过于烦琐冗长的程序掣肘。[28] 当然，税收政策的制定亦应当纳入法治轨道，以防与国家政策及法律规定背道而驰，避免税收递减效应、资

24　参见杨建军：《现行法律解释机制的完善》，载《政法论丛》2016 年第 2 期。

25　参见刘作翔：《当代中国的规范体系：理论与制度结构》，载《中国社会科学》2019 年第 7 期。

26　参见聂友伦：《论司法解释的立法性质》，载《华东政法大学学报》2020 年第 3 期。

27　参见李玉虎：《清理规范地方税收优惠政策的背景、进程与思路》，载刘剑文主编：《财税法学前沿问题研究：依法治国与财税法定原则》，法律出版社 2016 年版，第 195 页。

28　参见史际春：《法的政策化与政策法治化》，载《经济法论丛》2018 年第 1 期。

源配置效率降低以及收入分配不公的产生。[29] 在制定税收政策时，同样需要坚持税收法定主义，要在法律框架之下筑造层级合理、结构严密的税收政策体系，发挥税收政策的积极效应。例如，运用所得税和财产税策调节财产结构与收入分配，或者运用消费税政策调节个人消费行为，引导社会消费。[30] 以此妥善处理国民收入再分配以及积累与消费等问题，进而在促进国民收入再分配更加公平正义的同时，与税法典形成稳定性、相机性并存的外在协调的税法配套规范。

结语

税法典编纂是一项浩大的系统性立法工程，需要坚持体系化的思维方式，以体系构建的方法推动税法典编纂工作的前进与展开。在从我国实际出发、充分借鉴国内外相关立法经验的基础上，可以将税法典的体系构建分为内部体系构建与外部体系构建两个方面。在内部体系构建方面，可以从总则、分则、附则三个部分进行税法典编纂。再进一步细化，作出基本性、一般性、共同性规定的税法典总则编，以税收法律关系作为主线将内容串联，在税法典内部体系起着统率与引领的作用。税法典的分则包括税种制度、征管制度、救济制度三编，不仅实现对各类税法的整合，而且将总则的税收法律关系主线进行延伸，坚持了总则对分则的统领，使总则与分则的相互呼应更为密切，保持前后一致的协调。附则对总则与分则中“本数”等法律术语的补充规定，并明确税法典施行时间以及其他税收法律的废止时间，使相关的时间效力问题得到解决，提高税法典编纂的稳定性与预期性。在税法典总则、分则、附则“三驾马车”并驾齐驱、鼎足并立之势下，税法典编纂及其内部体系构建即告完成。与此同时，还应当格外重视税法典的外部体系，即包括税法实施条例、税法解释权、税收政策的配套规范体系。事实上配套规范体系涉及税法立法权、解释权以及政策法治化的问题，同样可以通过体系化的方式解决。在税法典编纂时，应当结合税法修订、税法实践等情况的变化发展，对税收立法、税法解释以及税收政策制定等方面进行相应的改革，构建税法实施条例体系、税法解释体系与税收政策体系。最终，将税法典的内在体系与外在体系相结合，以结构完整严密、门类齐全完备、内在协调一致的税法典体系促进我国税收治理现代化，优化国家治理体系，提升国家治理能力，推动国家治理现代化。

---

29 参见刘剑文、马琳：《清理税收优惠政策的法律路径》，载《中国税务报》2014 年 3 月 5 日，第 1 版。

30 参见叶金育：《收入分配改革中的财税政策工具及其立法配置》，载《中央财经大学学报》2013 年第 9 期。

前置性兴奋剂管制：我国反兴奋剂合规制度构建的理论探究

王　桢　池泽梅*

【内容提要】 近年来，随着兴奋剂违规监管责任的增加与食品、药品安全隐患的提升，反兴奋剂合规制度具有建构的现实性和必要性。该制度由合规管理部门、合规本体机制、合规运行机制、合规保障机制四大要素构成，具有监督体育竞赛参与人行为合规和监督反兴奋剂行政、执法机关工作合规的双重职能。在行为规训、宣示象征、纯洁竞技等理念的推动下，不仅能够实现个人违规与集体违规责任的分离切割，还具有减免兴奋剂违规的处罚、提升反兴奋剂国际话语权的机能。正因这种优越性，该制度应成为我国反兴奋剂长效治理体系中的重要一环。

【关键词】 反兴奋剂　合规制度　基础理念　机能解析　建构

一、问题的提出

2019 年 12 月 9 日，世界反兴奋剂组织 World Anti-Doping Agency（以下简称 WADA）对俄罗斯作出了处罚，禁止俄罗斯以国家代表队的形式参加奥运会、冬奥会、世界杯等未来 4 年的各类国际性体育比赛。究其原因，是有确凿证据证明俄罗斯的莫斯科反兴奋剂实验室递交虚假数据，掩盖大批运动员非法使用

* 王桢——深圳大学师范学院副研究员、助理教授，主要研究领域：刑法学、体育法学；池泽梅——民主与法制社深圳记者站副站长，主要研究方向：法治与新闻。本文系广东省哲学社会科学青年项目“我国竞技体育中兴奋剂犯罪的刑法规制研究”（项目编号：GD21YTY06）与深圳大学青年教师科研支持项目“兴奋剂犯罪治理的现代化研究”（项目编号：000002110901）的阶段性成果。

兴奋剂的事实。[1]由于 WADA 具有监督《世界反兴奋剂条例》签署方实施该条例的职能，所以本次俄罗斯禁赛事件后其提升了对签署方履行《世界反兴奋剂条例》的调查力度。根据统计，在所有兴奋剂的指控中，约有四分之一涉及签署方的合规疏失问题。虽然，大部分信息都移交给了 WADA 内部的合规小组处理，但该小组进行完整调查的资源和能力有限[2]。所以，为了保障调查能够深入实施，WADA 计划设立一个名为“反兴奋剂合规调查科”的部门，专司调查、处理各国有关反兴奋剂合规问题。此新部门将会在合规调查中革故鼎新，力争真正改善 WADA 的合规监督活动。[3]

追本溯源，合规制度肇始于企业法治的宏图。合规，是指主体的一切行为活动应当符合法律、规则和准则的规定。[4]之所以如此要求，是为了预防主体因未能遵循法律法规、监管要求、自治准则而可能遭受法律制裁、监管处罚、重大财务或声誉损失等合规风险的出现。[5]由于合规风险普遍存在于银行、金融、证券、管理等立法覆盖广、规定精细的领域，所以这些领域中的单位便通过设立独立的合规部门，聘用专业的人员来监督本单位业务是否符合法律法规要求、行业标准以及自有规章制度，以抵御风险的出现[6]。后来，由于其在预防风险、消除影响方面的显著功效[7]，其被引入到反兴奋剂工作的领域中。进入新世纪以来，我国反兴奋剂工作取得了良好的成效，获得了 WADA 和国际社会的一致好评。然而，美中不足的是忽略了对反兴奋剂合规风险的关注，这在一定程度上降低了反兴奋剂工作的效果。正基于此，《反兴奋剂工作发展规划（2018—2022）》提出要构建反兴奋剂的预防体系，形成全覆盖、全周期、常态化、制度化的反兴奋剂工作措施。[8]有鉴于此，有必要在反兴奋剂工作中引入合规制度，通过设立独立的合规部门来监督反兴奋剂工作的实施，审查体育从业者行为是否符合反兴奋剂规范的要求，以此预防兴奋剂违规、犯罪行为的发生。据此，

---

1 《俄罗斯被禁赛 4 年，无缘东京奥运会及卡塔尔世界杯》，载网易网体育频道，http：//sports. 163. com/19/1209/18/EVVNNB3R00058782. html，最后访问于 2019 年 12 月 9 日。

2 Dvorak J，Baume N，Botré F，Broséus J，Budgett R，Frey WO，et al. Time for change：a roadmap to guide the implementation of the world anti－doping Code 2015. Br J Sports Med. 2014（8）.

3 《WADA 发布指南，旨在帮助各国家反兴奋剂机构加强运行独立性》，载体育与法网，https：//mp. weixin. qq. com/s/bv5xh6UcT0GGAvlNdb－lDA，最后访问于 2020 年 11 月 18 日。

4 聂明著：《商业银行合规风险管理》，中国金融出版社 2007 年版，第 3 页。

5 钟伟：《新巴塞尔协议和操作风险高级衡量法框架》，载《金融与经济》2005 年第 5 期。

6 时延安：《合规计划实施与单位的刑事归责》，载《法学杂志》2019 年第 9 期。

7 孙国祥：《刑事合规的刑法教义学思考》，载《东方法学》2020 年第 5 期。

8 《反兴奋剂工作发展规划（2018—2022）》，载国家体育总局网，https：//www. chinada. cn. html，最后访问于 2020 年 3 月 1 日。

本文将从建构反兴奋剂合规制度的必要性出发对其展开学术研究，在借鉴域外有益经验的基础上，推动该制度在我国的建构，期待其成为反兴奋剂长效治理体系的助力，保障国家反兴奋剂工作顺利实施。

二、反兴奋剂合规制度建构的必要性阐释

为了应对合规风险，建构反兴奋剂合规制度十分必要，具体来看：

（一）兴奋剂管制监管责任的迫切吁求

兴奋剂管制监管责任的迫切吁求是建构反兴奋剂合规制度的首要因素。现代体育赛事商业性和收益性增长提升了兴奋剂违规的概率，根据 WADA 公布的《2018 年全球运动员兴奋剂违规报告》，在本年度反兴奋剂实验室收集的 263519 例兴奋剂检测样本中有 1923 例出现阳性，与 2017 年相比违规率增长了 6.5%，与 2016 年相比增长了 13%。[9] 兴奋剂违规率这一持增长态势使世界反兴奋剂工作面临巨大压力，虽然其中大多数违规行为并非源自各国反兴奋剂机构，但鉴于其兴奋剂管制的职责所在，极有可能承担连带责任，不仅会承受相应的处罚，还可能转化为政治问题、损害国家利益。[10] 而从兴奋剂管制工作的实践来看，目前反兴奋剂机构中的一些工作人员对反兴奋剂规范所规定的集体责任认知不足，这增加了兴奋剂违规的风险。一方面，《世界反兴奋剂条例》第 11.2 条、第 11.3 条规定了集体项目运动队违规的后果[11]。另一方面，《世界反兴奋剂条例》第 3 部分“责任与义务”章中规定了政府[12]，国家奥组委、残奥委[13]，国

9 WADA publishes Anti – Doping Rule Violations Report for 2018，载世界反兴奋剂组织网，https：//www. wada – ama. org/en/media/news/2020 – 12/wada – publishes – anti – doping – rule – violations – report – for – 2018，最后访问于 2021 年 1 月 30 日。

10 监管不力责任后果不仅只有禁赛处罚，还包括个人参赛时禁止升国旗、奏国歌。禁止政府在任何签署了《世界反兴奋剂条例》的国际组织理事会中任职，甚至不能出席奥运会等重大活动。同时，被禁止申办新的国际比赛，已经获得但尚未举办的国际比赛也将转交别国。

11 参见《世界反兴奋剂条例》第 11.2 条、第 11.3 条：“在集体项目中，如果发现某运动项目代表队中有两名以上队员兴奋剂违规的事实，除对违规运动员进行处罚外，还应给予该队适当的处罚。处罚措施包括：扣除积分，取消参加某场比赛或该赛事的资格或其他形式的处罚。”例如，国际奥林匹克委员会可依据情节，对在奥运会期间发生运动队复数运动员兴奋剂违规的实施，作出取消参加奥运会资格或团队整体禁赛的处罚。

12 参见《世界反兴奋剂条例》第 22 条。

13 参见《世界反兴奋剂条例》第 20.4 条

家反兴奋剂组织[14]，重大赛事组织机构[15]，地方反兴奋剂组织[16]等主体在反兴奋剂工作应当履行的监管义务，以及监管不力应当承担相应的责任。为了确保组织行为符合反兴奋剂规范的内容，通过反兴奋剂合规计划加强各国内部管理和风险控制，及时发现、解决深藏在机构内部的兴奋剂违规风险，已经成为反兴奋剂工作中必要的时代背书。

（二）兴奋剂违规认知匮乏的现实考量

建构反兴奋剂合规制度还取决于兴奋剂违规认知匮乏的现实考量。《世界反兴奋剂条例》第2.1—2.9条规定兴奋剂违规除运动员非法使用兴奋剂外，还包括企图使用兴奋剂，逃避、拒绝检测或未完成样本采集，违反行踪信息管理规定，篡改或企图篡改管制环节，持有兴奋剂，从事或企图从事兴奋剂交易，赛内外对运动员使用或企图使用兴奋剂和共谋等其他8种情形。从近年来发生的一些兴奋剂违规案件中可以看出，对于上述兴奋剂违规的其他8种情形，我国部分体育从业者在具体内容与认定程序上均存在认知不足的问题。因而，运动员及其团队乃至体育行政机关的工作人员对国际反兴奋剂规则学习、理解，成为反兴奋剂工作中重要的内容。而反兴奋剂合规制度注重对反兴奋剂规则的教育与培训，能够系统地将规则意识融入到体育竞赛参与人的思想中，融入到训练、竞赛、生活和管理等所有环节中，使其成为反兴奋剂工作不可或缺的环节。

（三）食药品安全隐患提升的及时回应

建构反兴奋剂合规制度，另一重要原因在于食品、药品安全隐患的全面提升。一方面，运动员的食品、营养品含兴奋剂物质的风险升高，国家反兴奋剂中心《关于加强食品、营养品兴奋剂风险防控有关事宜的通知》指出，运动员误服误用食品、营养品等导致兴奋剂阳性依然存在较高风险，因肉食品污染导致的克仑特罗阳性、去甲乌药碱阳性接连发生，也有因为使用营养品、网购减肥产品等导致的利尿剂、刺激剂阳性的情形。反兴奋剂中心2018年上半年对国家队训练基地肉食品的检测中，个别单位克仑特罗问题比较严重。同时，竞标国家队集中采购营养食品目录的个别产品也被查出阳性。[17]另一方面，根据统

14　参见《世界反兴奋剂条例》第20.5条。

15　参见《世界反兴奋剂条例》第20.6条。

16　参见《世界反兴奋剂条例》第21.3条。

17　《反兴奋剂中心关于加强食品、营养品兴奋剂风险防控有关事宜的通知》，载搜狐网，https：//www.sohu.com/a/242262707_492667，最后访问于2018年7月20日。

计，如感冒药、鹿茸等含有兴奋剂成分的治疗药物，[18] 并非每一种在包装标识或产品说明书上都注明了“运动员慎用”字样，这极易导致误服行为的发生，带来兴奋剂管制隐患。[19] 面对这种情形，《反兴奋剂工作发展规划 2018—2022》指出要建立兴奋剂风险预警机制，提升对食源性、药源性兴奋剂问题的防控能力。加强国家队肉食品、药品和营养品安全使用检测监控，建立食品、营养品使用风险预警机制。由于反兴奋剂合规制度强调对食品、药品和营养品安全使用的监控，主张在合规体系内建构运动员常用药物安全使用查询系统，进行违规食品药品隐患的预警，及时更新各年度《国际兴奋剂禁用清单》并对相关政策进行深入解读，因而可以有效地控制食品、药品的安全隐患，降低违规的风险。

（四）兴奋剂入刑后犯罪预防的需求

随着兴奋剂违规行为的犯罪化，对犯罪进行预防也成为建构反兴奋剂合规制度的原因。2019 年 11 月 18 日，最高人民法院公布了《关于审理走私、非法经营、非法使用兴奋剂刑事案件适用法律若干问题的解释》（法释〔2019〕16 号），对走私、非法经营、非法使用兴奋剂等行为所构成的罪名和适用条文予以详尽规定。2020 年 12 月全国人大常委会审读通过了《刑法修正案（十一）》，决定在《刑法》第 355 条后增设妨害兴奋剂管理罪，将教唆、引诱、欺骗、组织、胁迫等对运动员非法使用兴奋剂行为与向运动员非法提供兴奋剂的行为纳入刑法规制范围中。[20] 该司法解释与《刑法修正案（十一）》关于妨害兴奋剂管理罪内容的颁布标志着以前在我国仅属于行政违法行为现在已经上升为犯罪行为，对其将适用更加严厉的刑罚进行惩治。[21] 在这种背景下，需要教练员、领队、助教、驻队医师等负有监督、管理、指导、照护职责的从业人员严格遵守法律规定，避免侵犯运动员的身心健康和体育竞赛的公平秩序。

18　恩彩：《草药和食物可能也是兴奋剂》，载《新世纪周刊》2008 年第 23 期。

19　李飞娥等：《某院含兴奋剂药品外包装或说明书“运动员慎用”标识统计分析》，载《中国药师》2020 年第 5 期。

20　参见《刑法》第 355 条之一，引诱、教唆、欺骗运动员使用兴奋剂参加国内、国际重大体育竞赛，或者明知运动员参加上述竞赛而向其提供兴奋剂，“情节严重”的，处三年以下有期徒刑或者拘役，并处罚金。组织、强迫运动员使用兴奋剂参加国内、国际重大体育竞赛的，依照前款的规定从重处罚。

21　王桢：《药品兴奋剂“促服行为”的犯罪化探索》，载《成都体育学院学报》2021 年第 2 期。

三、反兴奋剂合规制度建构的价值理念

建构反兴奋剂合规制度根本目的在于维护体育竞技的纯洁性，通过提升反兴奋剂的道德观念来实现对所有体育从业者的行为规训，进而表现出国家对兴奋剂长效治理的决心。因而，反兴奋剂合规制度的建构具有以下价值理念的支撑：

（一）纯洁竞技理念

反兴奋剂合规制度建构的基本价值理念在于对纯洁竞技的追求，其倡导体育从业者行为必须符合兴奋剂管制的规则，要在不借助任何外来助力，仅依靠自身力量纯洁、干净地进行竞技的情况下，展现人类挑战自然、勇攀高峰的力量与智慧之美。由于人类无法像机器或电脑一样完美地处理任何事务，所以运动员越是凭借自身天赋、努力取得优异的竞赛成绩就越能获得成就感与大众崇拜。反之，其越依赖药物或基因改造就越不能代表自己的成就。被药物所操纵的竞赛行为是对体育运动本质的异化，[22]其忽视了体育的真谛与竞技精神的传承，只是一种药物效应的优胜劣汰。[23]确如桑德尔所言，一个与机器一样的生化运动员，借由药物使自己的成绩完美无瑕，这绝不是体育本质上所追求的价值，因为这种成就属于药物的发明者，使体育竞赛成为科学家和背后药商之间的竞争。[24]正因如此，强制体育竞技参与人纯洁、干净地竞赛，使其行为符合兴奋剂管制的规则，虽然在一定程度上承认了人类的不完美性，却是对人类人格最大的肯定与尊重，这也是反兴奋剂合规制度得以建构的基本价值理念。

（二）行为规训理念

行为规训是反兴奋剂合规制度建构的重要价值理念。传统反兴奋剂管制策略侧重事后追惩，[25]通过处罚违规人以预防其再次违规，同时也借此警示潜在违规人。但是，由于处罚直接施加的对象是兴奋剂违规人员，所以只有这一部分人员能够切实感受违规带来的“痛苦”。而潜在违规人对违规后果并不感同身受，所以产生的警示效果十分有限，在高额利益诱惑下仍可能实施违规行为。

22　Selena Roberts，In the NFL，Wretched Excess is the way to Make the Roster，New york Times，August1，2002：21－23.

23　卢昌亚著：《运动兴奋剂概论》，上海科学技术文献出版社1999年版，第32页。

24　Michael J. Sandel，The Case Against Perfection Ethics in the Age of Genetic Engineering，2009：83.

25　黄世席：《比例原则在兴奋剂违规处罚中的适用》，载《天津体育学院学报》2013年第2期。

正基于此，侧重事后处罚对预防违规行为的效果不彰，寻求事后处罚和事先预防结合的呼声也越来越高。而要实现处罚与预防的结合就要前置对兴奋剂违规的管制，即在违规行为造成实际损害前提前介入进行处罚，以达到良好的预防效果。例如，对企图使用兴奋剂的行为与实际使用兴奋剂的行为采用同样严厉的处罚措施，就是提前介入的体现。在这样的认识下，利用反兴奋剂合规制度可以实现兴奋剂违规的积极预防，通过合规计划将行为规训理念融入兴奋剂管制工作的各个环节，不仅能够实现对于反兴奋剂检测、执法等行为的监督，更能够实现对赛事参与主体的行为控制，降低其违规风险。此时，兴奋剂管制的对象不再仅针对兴奋剂违规人员，而是致力于提升行业普遍的是非信念，借由带有非难意义的制裁手段促使所有与反兴奋剂有关的人员积极实现反兴奋剂规范所期待的行为。[26]

（三）宣示象征理念

反兴奋剂合规制度建构还具有宣示象征理念的支撑。因为合规焦点集中在规范的构成条件方面，[27] 所以一旦某行业的合规制度创设出来，就会表达出一种规制的宣示或决心。[28] 换言之，合规本身是一份规范声明，表现出主体严格遵守兴奋剂管制规则，坚决反对兴奋剂违规行为的态度。[29] 这种宣示象征比任何形式的澄清带来的效果都要强烈，可以使团体避免因个人兴奋剂违规所带来的声誉损害，以此来彰显维护竞赛公平秩序的典型。[30] 例如，我国在 1995 年颁布了《禁止在体育运动中适用兴奋剂的暂行规定》（现已废止），以政令的形式宣示了中国政府坚决反对使用兴奋剂的立场和维护体育竞赛公平的共同意愿，所以一经发布便取得了良好的国际反响。未来随着体育运动的全面发展，我国承办大型国际赛事的数量必然大幅增长，这个过程中的兴奋剂管制工作更不能松懈，而此时若能够把握住机会建构反兴奋剂合规制度，就可以依凭规范实证化的结果使原本只具有实然意义的事实也具有了应然意义的有效性，如此便可以向世界展示中国反兴奋剂工作的发展态势，实现体育成绩大国向体育法治强国的迈进。

26　古承宗著：《刑法的象征化与规制理性》，台北元照出版公司 2017 年版，第 65 页。

27　Wimnfried Hassemer，Produkterantwortung im moderen Strafrecht，2 Aufl. 1994：4.

28　Wimnfried Hassemer，Sebstbestimmung noch zeitgemäß，in：Erscheinungsform des modernen Rechts，2007：26.

29　Raniner Hamm，Ein neuer Fall von symbolischem Strafrecht：Graffitigesetz in：Albrecht（Hrsg.），Winfried Hassemer zum sechzigsten Geburtstag，2000：262.

30　Hans – Ludwig Schreiber，Ist eine Effektivitätskontrolle von Strafgesetzen möglich，in：Schäffer Triffterer（Hrsg.）Rationalisierung der Gesetzgebung，1984：178.

（四）长效治理理念

《反兴奋剂工作发展规划（2018—2022）》明确了当下我国反兴奋剂工作的主要任务：要构建反兴奋剂的预防体系，要将纯洁竞技的价值观融入到所有从业人员的思想中、血液中，落实到训练、竞赛、生活和管理各环节，形成全覆盖、全周期、常态化、制度化的工作措施。应当说，上述规划的部署体现出了长效治理的理念。而反兴奋剂合规制度是反兴奋剂预防体系的重要组成部分，自然也应当依据长效治理的理念进行建构。所谓长效治理，指的是对某事项的治理要形成长期的良好效果，不能追求临时、一次性或运动式的效果，更不能因为特定的事物或特殊时段、特别主体而降低工作要求。在合规方面，长效治理要实现全覆盖、全周期、常态化、制度化。全覆盖，就是要做到让所有的体育运动参与者都受到合规制度的保护，确保无一遗漏。全周期，就是要做到让所有体育运动参与者从开始工作直至退休、退役的整个过程都受到合规制度的监督与制约。常态化，就是要建立反兴奋剂合规的常设机构，同时把合规的理念融入训练、竞赛、管理中去。制度化，就是要把合规的模式和内容固化，使其成为必须要完成的强制性工作任务。合规工作贵在坚持，难在长效，因而必须以长效治理的理念来指导合规制度的建构。

四、反兴奋剂合规制度的机能解析

反兴奋剂合规制度具有违规预防、责任切割、减免处罚、权威提升的机能，正是这些机能使其在现代兴奋剂预防体系中得以滥觞，具体来看：

（一）违规预防机能

受到行为规训理念的影响反兴奋剂合规的对象不再仅针对兴奋剂违规人，转而面向与反兴奋剂工作有关的所有主体，其意在提升遵守规范的信念与意识，促使其积极实现反兴奋剂规范所期待的结果。由于合规机构在官方反兴奋剂组织介入调查前就展开了本单位内部的反兴奋剂合规排查，往往很容易发现兴奋剂违规、犯罪的隐患，此时便可以采取事前干预措施排除隐患。同时，通过合规制度加强体育竞技参与人的背景审查，还可以规范相关人员的管理、使用和监督，加大违规、犯罪行为处罚的公开曝光力度，让运动员及其辅助人员“不敢用、不能用、不想用”兴奋剂，最终有效预防兴奋剂违规、犯罪行为的发生。

（二）责任切割机能

理性思考体育竞赛参与人与国家之间的关系，性质类似于员工与公司之间的劳动关系。如果公司的员工在执行公司事务时出现了犯罪行为，那么公司基于“身份认同原则”也会产生相应的替代责任。[31] 而从《世界反兴奋剂条例》的规定及其执法实践来看，兴奋剂违规的个人责任与集体责任也具有类似的特点，个人违规极有可能引发集体责任。而为了避免这种现象的产生，建构反兴奋剂合规制度是一个行之有效的途径。正如前文所述，反兴奋剂合规制度也是一份规范声明，可以表现出集体严格遵守规则的态度和与兴奋剂违规坚决作斗争的决心[32]。同时，该制度也是一份详细而扎实的反兴奋剂监督、管理计划，表明了集体、机构、组织在反兴奋剂工作中所作出的努力。因此，通过反兴奋剂合规制度能够实现个人与集体责任之间的切割，避免集体责任的加重。例如，在奥运会集体运动项目中出现了复数以上运动员兴奋剂违规的事实时，如果运动代表队制定了详细的反兴奋剂合规计划并且实施了严格的监督措施，那么至少可以证明运动代表队本身是有效地落实了反兴奋剂监督和管制职责的，此时运动员的违规事实只能归于其个人的行为，于组织或集体而言并不会产生更加严重的连带责任，如此便可以避免赛事管理机构对集体项目给予更为严厉的违规处罚。

（三）处罚减免机能

尽管反兴奋剂合规制度具有预防兴奋剂违规的机能，但再好的预防体系也不能完全根治兴奋剂违规现象[33]。因此，即使建立了完善反兴奋剂合规制度同样会出现兴奋剂违规现象。然而，即便如此也不能否定反兴奋剂合规的努力，因为该制度还具有减免违规处罚的重要机能，具体来看：

其一，在构成兴奋剂违规的前提下，反兴奋剂合规制度中的合规计划可以成为运动员证明自身无过错或疏忽的证据。根据《世界反兴奋剂条例》第2.1条的规定，兴奋剂违规的认定采用无过错责任，即只要发现代谢物就构成违规，不需要证实违规的是疏忽还是故意的。[34] 虽然违规认定采用无过错责任，但处罚则需要考虑违规人的过错类型。例如，《世界反兴奋剂条例》第10.4条规定如果违规人能够在个案中能证实无过错或无疏忽可以免除禁赛期。所以，运动员能够证明尽管自己尽到了注意义务，还是没能躲过某个竞争对手对自己投放

31　［英］鲁伯特·克罗斯、菲利普·A. 琼斯著：《英国刑法导论》，赵秉志等译，中国人民大学出版社1991年版，第114页。

32　Hans－Ludwig Schreiber，Ist eine Effektivitätskontrolle von Strafgesetzen möglich，in：Schäffer Triffterer（Hrsg.），Rationalisierung der Gesetzgebung，1984：178.

33　王聪：《兴奋剂违规事件屡禁不止现象的思考》，载《体育科技》2019年第4期。

34　参见《世界反兴奋剂条例》第2.1条。

兴奋剂的陷害则可以免除禁赛期。又如，《世界反兴奋剂条例》第10.5条规定违规人如果能够证明自己无重大过错或无重大疏忽可以缩减禁赛期的时长。所以，能够证明因服用药品标签错误或受污染的维生素或营养补剂而导致的检测结果阳性，或私人医生、体能教练在未告知的情况下给运动员使用禁用物质是可以减轻处罚的。然而，绝大多数运动员常无法举证，原因在于无过错、无疏忽的证明必须详细记录日常训练、比赛、饮食、医疗等相关的信息，而上述事项却常被忽视。[35]如果能够建立反兴奋剂合规制度就可以有效收集上述证据，因为该制度要求运动员、运动团体必须制订详细的合规计划并严格实施，对其医疗、饮食、训练、比赛、解除的人员进行详细的记录，从而能够发现和证明兴奋剂违规的原因；同时，该制度还要求相关部门建立反兴奋剂合规的专门部门，实现组织的全程介入，定时出台反兴奋剂合规的监测报告指出这时期兴奋剂违规的风险来源，来证明无过错、无重大过错的事实。

其二，在构成兴奋剂违规的前提下，反兴奋剂合规制度能够有效减轻兴奋剂违规人员的处罚。《世界反兴奋剂条例》第10.6.2条规定了故意服用兴奋剂的“自首条款”，即如果运动员或其他当事人在收到可能证明兴奋剂违规的样本采集通知前，或除第2.1条外的其他兴奋剂违规收到依照第7条被确认违规的首次通知前，能够主动承认兴奋剂违规且该承认在当时是违规的唯一可靠证据，可以缩减最高二分之一的禁赛期。但是，一般情况下主动承认兴奋剂违规的实施是较为困难的。然而，反兴奋剂合规制度却能够促进自首条款的适用，由于反兴奋剂合规制度多以运动员母国为中心进行构建，其注重合规监督、自我审查、预防教育，主张在运动员的竞赛、训练、生活、工作的各环节中实现反兴奋剂的全程介入。所以，可以在WADA、国际奥组委等国际反兴奋剂机构、组织进行检测前及时发现本国相关人员兴奋剂违规的事实，从而帮助、提示违规运动员主动承认违规事实从而获得从宽处罚的机会。

（四）权威提升机能

2018年，WADA公布了美国、英国、俄罗斯、瑞典、丹麦等33个国家的兴奋剂抽检次数、呈阳性次数及呈阳性概率的数据。在33个国家中我国兴奋剂检测的总人数为13180次，位列全世界第一[36]。然而，值得注意的是虽然我国运动员参与检测人员的基数大，但连续几年的检测阳性比例却是被抽检国家中表

35 Alaranta A, Alaranta H, Holmila J, Palmu P, Pietilä K, Helenius I. Self-reported attitudes of elite athletes towards doping: differences between type of sport. Int J Sport Med, 2006 (10).

36 《WADA国际反兴奋剂组织截至2018年各国检测数据》，载虎扑网体育频道，https://bbs.hupu.com/32668185.html，最后访问于2020年2月28日。

现最为良好的。按照兴奋剂抽检的惯例，如果一国连续几年兴奋剂检测阳性率都较低就应当降低该国的兴奋剂抽检，增加对检测阳性率较高国家的检测。然而，事实却与之相反，近几年我国的抽检人数不仅没有下降，反而呈现上升的趋势。上述现象，一定程度上可以归因于我国在世界反兴奋剂组织中话语权的缺失。反兴奋剂国际话语权，指的是在国际反兴奋剂领域中一国可以获得被倾听和重视的话语资格，拥有国家话语权的国家可以使自身的主张、价值、理念被国际体育组织或其他成员国家认可，从而产生支配、左右事件结果的影响力、主导力和支配力[37]。而目前来看，我国缺乏在世界反兴奋剂领域中的国际话语权，这不仅能够从上述现象中得到体现，也能在2020年以前从未有国人进入WADA担任高层领导和世界反兴奋剂规则的修改与完善也未见中国声音等事项上得到印证。上述现象，导致了我国虽然能够在竞技水平方面同美国、英国等体育强国一争高下，但在世界反兴奋剂组织的地位、排名及影响力却远无法与之匹敌[38]。而反兴奋剂合规制度建构则为我国提升反兴奋剂国际话语权提供了一个非常好的机会。由于反兴奋剂合规制度本身是一份规范性的宣言，因而可以让世界更好地认识中国在反兴奋剂工作方面作出的努力，从而获得组织和更多国家的信赖，大幅提升我国的国际体育形象。同时，我国资助和帮助WADA组织建立反兴奋剂合规调查科（CIS），能够从政策上为国人到WADA中的任职“松绑”，以此确保在以后反兴奋剂检测、调查及规则的制定修改中都出现中国声音。

五、反兴奋剂合规工作域外经验的启示

目前，世界一些国家的反兴奋剂体系中都存在反兴奋剂合规的工作措施，此处着重介绍几个具有特点的国家经验。

（一）日本

日本反兴奋剂合规工作是在文部科省的领导下由JADA组织承担的，在每年公布的兴奋剂防止纪律小组决定报告（Japan Anti-Doping Disciplinary Panel）中会公开关于反兴奋剂合规的问题。日本的反兴奋剂合规工作的一个特点就是重视药剂师、治疗医师等体育医疗人员的行为合规，因为其认为运动员本身不具

---

37 汪雄等：《未来与发展：新时代中国国际体育话语权的构建》，载《中国发展》2018年第4期。

38 张晓义：《基于归纳法的中国体育国际话语权理论建构研究》，载《沈阳体育学院学报》2020年第2期。

有使用和获取兴奋剂的知识的渠道，其必须通过药剂师、治疗医师来实施兴奋剂违规行为。因此，运动员的兴奋剂违规往往与药剂师、治疗医师的行为密不可分，只要药剂师、治疗医师的行为能够合规，那么就可以在很大程度上避免运动员的兴奋剂违规[39]。有鉴于此，JADA、WADA与日本药剂师协会合作，于2009年建立了“官方运动药剂师、医疗师认证制度”，目的是预防兴奋剂，防止药剂师、治疗医师的兴奋剂违规。通过该组织，监督上述人员的行为，确保其不违反与兴奋剂管制有关的法律规定。同时，强制规定这些人员必须每年参加基础讲习会及实务讲习会（合计约10小时）后，必须通过知识到达度的确认考试[40]。

（二）美国

美国职业体育中兴奋剂合规的问题也曾十分突出，不仅运动员使用兴奋剂的丑闻时有报道，而且职业体育联盟对滥用兴奋剂的控制也力有不逮。[41]为了扭转这种局面，美国出台了《职业体育诚信法》（Integrity in Professional Sports Act，S. 1960，109th Cong.）、《职业体育责任法》（Professional Sports Responsibility Act of 2005，H. R. 3942，109th Cong.）、《体育领域消除兴奋剂法》（Drug-Free Sports Act，H. R. 3084，109th Cong.）、《清洁体育法》（Clean Sports Act of 2005，S. 1114，109th Cong.）。[42]查阅上述规范，会发现：其内容中存在大量的反兴奋剂合规条款，如独立合规部门的设立、对国际反兴奋剂机构判罚的执行、对反兴奋剂工作本身的监督等，其特点是兴奋剂管制的对象不再只针对运动员及其团队，还对赞助商、赛事组委会、体育机构的官员、兴奋剂监测人员的行为提出了非常严厉的合规要求，甚至在其颁布的《2019罗德琴科夫反兴奋剂法》中，授权美国官员可以拘留和起诉在国际体育比赛中违反兴奋剂合规规定的其他国家人员。

---

39 Usui K., Komuro H., Tsukimura Y., Watanabe Y., Jin M., Ito C., Iguchi C., Noji ma H., Inoue G., Jpn. J. Pharm. Health CareSci. 2013（39）.

40 今西孝至，ｚ川端崇，高山明．日本アンチ・ドーピング機構のドーピング防止規律パネル決定報告を基にした日本のドーピングの現状及び今後の薬剤師によるアンチ・ドーピング活動に対する考察．Yakugaku Zasshi，2017（7）.

41 Gandert D，Ronisky F. American Professional Sports is a Doper's Paradise：It's Time we Make a Change，North Dakota Law Review，2010（4）.

42 Lindsay J T. Congressional Attempts to“Strike Out”Steroids：Constitutional Concerns bout the Clean Sports act. Arizona Law Review，2007（3）.

（三）德国

在德国的反兴奋剂机构中，设有法律、管理部、医化分析、兴奋剂检测等多个部门。而法律部分中又下设兴奋剂预防合规专家工作组，提供咨询建议。[43] 而小组主要的工作内容是对反兴奋剂工作进行合规监督，预防风险出现。而一般来说其成员包括法学教授、律师、运动医学家、兴奋剂检测员等专家。兴奋剂合规工作小组的目的，不仅以竞赛管控为前提，而且是以竞赛外的控制为前提，[44] 包括对社团和董事、体育协会、运动员、教练和训练师、体育官员、本国的反兴奋剂工作人员的行为合规监督，以此来实现对兴奋剂合规风险的有效管控。[45]

（四）法国

法国反兴奋剂合规工作的重点是对反兴奋剂实验室的合规监督。虽然欧洲大多数国家的反兴奋剂机构是非官方组织的，国家对其也基本遵循自由化、开放式的管理模式，但是法国则与之不同，其反兴奋机构（AFLD）是由国家设立的，旗下拥有自己的巴黎反兴奋剂检测实验室。[46] 巴黎反兴奋剂检测实验室严格按照世界反兴奋剂机构的规定展开，兴奋剂的相关研究及监测工作。[47] 为了确保检测的真实性和数据的完整性，AFLD 的规律合规部门会定期展开对反兴奋剂实验室的合规检查工作，主要检查数据来源的真实性、可靠性及检测方法的科学性和客观性，以确保其向国家反兴奋剂机构提交的反兴奋剂报告数据的准确性，避免出现徇私舞弊、弄虚作假的情形。

（五）斯洛文尼亚

斯洛文尼亚是前南斯拉夫其他国家最早设立合规制度的国家，为该地区其他国家树立了良好典范。斯洛文尼亚反兴奋剂合规工作实施属于国家奥委会的职权范围，尽管国家反兴奋剂机构由国家和国家奥委会于 1996 年共同设立，但国家委员会最近也设立了反兴奋剂特别组织 SLOADO，该组织的主要职责之一

---

43 Nationale Anti Doping Agentur Organization. https：//www. nada. de/nada/organisation，最后访问于 2020 年 1 月 15 日。

44 参见 Wördehoff，Alexandra. Evaluation of the national anti – doping code in Germany（2017）.

45 Vamos S，Steinmann A，Applying a Health Literacy Lens to Youth Sport：a Focus on Doping Prevention in Germany，Global Health Promotion，2017（17）.

46 潘可馨：《法国反兴奋剂法律制度研究》，湘潭大学 2018 年硕士学位论文，第 12 页。

47 L Chevé. Evolution du régime des justifications thérapeutiques et lutte contre le dopage：mise en conformité du dispositif français avec le code mondial antidopage. 2010（25）.

就是审查与兴奋剂合规相关的专业问题[48]。2009年的访谈表明政府认为有必要制订一项更加详细和全面的反兴奋剂合规计划，并建立一个公共论坛让所有利益方都有权积极参与，这种参与权是可以在法律上强制执行的。另外，其还设计和实施一个全面的监测系统，建立了评价模型，以便能够及时记录合规制度的影响。[49]

当然，除上述国家外，还有为数不少的国家也设立了关于反兴奋剂合规工作的内容。未来随着反兴奋剂合规国际风险的提升，相信会有越来越多的国家建立反兴奋剂合规制度，完善反兴奋剂合规规则，进一步提升兴奋剂管制预防体系的能力。

六、反兴奋剂合规制度的建构路径

反兴奋剂合规制度的建构可以借助其他较为成熟的领域的框架及路径。因此，笔者认为我国反兴奋剂合规制度可以在效仿企业合规制度构成要素的基础上，根据自身特点进行建构，具体分为：合规部门、本体机制、运行机制、保障机制四个方面的内容。

（一）独立的合规部门

在反兴奋剂行政、执法、检测等部门中有必要构建独立的合规部门，这相当于合规体系的“组织法”部分。反兴奋剂合规部门中应当设置首席合规官直接向上述机关的领导负责，除此之外，合规部门还要设立其他合规工作人员，接受首席合规官的直接领导。反兴奋剂的合规部门应最大限度保证独立、避免利益冲突，合规官应由专职人员担任，不应承担其他与合规管理有冲突的工作。在国家层面也应建构一种上下一体的反兴奋剂合规结构，为合规部门的工作提供资源支持，确保合规部门独立地识别合规风险并及时向反兴奋剂机构报告合规风险。

（二）健全的本体机制

合规本体机制是反兴奋剂合规制度的基本内容，又可以分为预防机制、应对机制、监控机制三个方面的内容：

48 Simona Kustec Lipicer & David McArdle National law, Domestic Governance and Global Policy: a Case Study of Anti-doping Policy in Slovenia, International Journal of Sport Policy and Politics, 2014 (6).

49 Doupona Topic, M. and Coakley, J., Complicating the Relationship Between Sport and Nationalidentity: the Case of Post-Socialist Slovenia, Sociology of sport journal, 2010 (27).

其一，预防机制，是针对可能发生的兴奋剂违规采取事先干预措施。该机制是防控兴奋剂违规风险最有效，也是成本最低的方式。作为必备程序，预防机制可以有效避免兴奋剂违规的风险，帮助体育从业者树立忧患意识、防患未然。为此，首先，要适时、有效地对体育比赛的兴奋剂违规风险进行预测；其次，针对兴奋剂违规风险尽职调查，提交风险报告并研究制定降低风险的措施；再次，针对“敏感位置”的运动员进行有针对性的合规培训和教育，针对全体运动员进行系统性的合规培训，帮助运动员了解反兴奋剂国际规定和国内法律、法规、规章的更新变化，传达反兴奋剂合规精神与政策，及时更新发布年度《兴奋剂禁用清单》；复次，反兴奋剂合规部门应与运动团体和运动员持续沟通，帮助其了解处理合规风险的方法和经验，解答有关兴奋剂违规的疑问和难题，将诚信竞技理念融于运动员思想中；最后，加强对食源性、药源性兴奋剂的管制，要对运动员的食品、药品及其营养品进行安全监测，按照《反兴奋剂工作发展规划（2018—2022）》的要求研发运动员常用药物安全使用查询系统，加强运动员行踪信息申报、治疗用药豁免申请的培训和管理。

其二，应对机制，指的是在兴奋剂违规行为发生后对违规人员依法惩戒，并对反兴奋剂合规体系运行情况进行全面实时审查，及时发现其中存在的漏洞和结构性缺陷，快速修补和完善。该机制侧重兴奋剂违规的事后弥补，即当运动员或运动队兴奋剂违规进入调查或仲裁程序后，具体分析症结所在拿出可行应对方案，提供规范指引帮助违规人了解涉嫌的指控及可能处罚，积极收集不构成违规、豁免、减轻处罚的证据，争取最优处遇而将损害降至最低。在国际大型体育赛事中，“敏感体育项目”被调查、“标志性运动员”被频繁抽检都是反兴奋剂合规风险来临的标志，往往预示着特定案件、特定违规行为的风险即将爆发。此时，如果反兴奋剂合规部门能够及时介入就可以诊断风险并提供防控方案，避免风险进一步扩大。

其三，监控机制，指的是反兴奋剂合规部门对可能出现的合规风险所采取的实时监督和控制体系，由以下内容组成：首先，检测部门应与合规部门分离，从而对体育运动开展的过程是否存在兴奋剂违规进行双重审查；其次，全体体育运动参与人应有渠道向合规部门就兴奋剂违规的事实进行检举、揭发、申诉、控告，对其上述事实合规部门应当及时高效地处理；最后，反兴奋剂合规部门应定期和不定期地就合规计划的实施状况以及相关风险，向国家反兴奋剂机构、世界反兴奋剂机构进行报告，以便使后者能迅速及时地了解合规计划的实施状况。

（三）完善的运行机制

反兴奋剂合规制度中的运行机制指的是合规计划具体实施的步骤，其分为前提步骤、起始步骤、指导步骤、跟踪步骤、后续步骤。具体来看：首先，前提步骤是要定位兴奋剂违规的风险点。兴奋剂违规风险点的定位是反兴奋剂合规计划实施的前提，而兴奋剂违规的风险可以分为个体风险和集体风险两类：前者是运动员、教练员、辅助人员作为体育运动的参与主体可能存在的兴奋剂违规风险，如误服兴奋剂、错过检测、抗拒检查；而后者只与反兴奋剂工资有关的机构基于职责而产生风险，如反兴奋剂机构的检测、监督、管制责任。换言之，兴奋剂违规风险点的定位是不仅应考虑个人，还要考虑集体。其次，起始步骤是要进行违规风险评估。在完成风险点的定位后就要进入反兴奋剂合规的正式阶段了。此时，需要全面梳理违规的风险情景，对其进行定性、定量分析，找出风险发生的原因、发生概率、产生的后果、可能影响后果的因素等，在此基础上制定合规计划的路线引导图。再次，指导步骤是要制订具体的合规计划。包括提供一个正式的规范文件，确保反兴奋剂合规可以有序地执行；提升体育参与人的合规意识；遵循国际反兴奋剂规范的发展趋势，使合规体现最新立法更新明确新义务。收集内部对反兴奋剂合规工作的意见和期望等信息，修正错误、改进不足；建立重大事件、紧急事件、突发性事件发生时反兴奋剂合规的介入程序和介入方式。复次，跟踪步骤是要执行合规计划。反兴奋剂合规的关键在于执行，执行不力会直接引发兴奋剂违规的风险。为了加强对反兴奋剂合规执行的重视，有必要进一步加强合规的审查和问责机制。另外，还可以合理地引入单项体育协会自治监管的方法，确保合规计划从纸面走向实践。最后，后续步骤是要进行反兴奋剂合规的效果评估。为了使反兴奋剂合规取得最大的效果，应当进行效果的评估。评估的内容包括：反兴奋剂合规工作开展的数量及其规模；合规工作的有效性；运动员的比赛、训练是否经过合规环节；合规所预防、发现、化解兴奋剂违规的风险数量和类型。

（四）有效的保障机制

合规保障机制是确保反兴奋剂合规工作可以落实的措施，其由以下几个方面组成：首先，权限保障。保障反兴奋剂合规制度的实施与落实，要赋予反兴奋剂合规部门充分的权限，包括调查、监督、检测、处罚权等，从而保障合规部门在履行职责时主体地位的合法性。权限的赋予应当以规范的形式加以明确，具体可以在《反兴奋剂通则》《反兴奋剂条例》《体育法》中加以规定。其次，经费保障。保障反兴奋剂合规制度的实施与落实，要有充足的经费支持合规部门开展工作。为了保障资金的充足性，合规经费应由国家财政专项拨款拨付，也可以接受社会捐款或者向社会中的其他组织进行资金募集。反兴奋剂合规部门应当制定专项资金管理办法，资金的主要用途在于反兴奋剂合规的审查与调查方面。项目资金预算与决算向社会公开，接受社会监督，接受纪检监察审计部门的监管。最后，参与决策保障。体育行政机关人员、体育运动的参与者基于自身的工作和管理经验，对于体育训练、比赛、管理都有着敏锐的洞察力，但是囿于专业的限制其往往无法对重大法律事务的兴奋剂风险进行准确评估。因此，要落实反兴奋剂合规制度就要赋予反兴奋剂合规部门参与法律法规制定、重大体育事项决策的权利，要让合规部门及其人员充分发挥专业优势，采纳对反兴奋剂合规方面有建设性的意见，使国家在重大体育赛事中能够保证安全航向。

结语

在兴奋剂违规行为多发的今天，要在各类违规风险中“乘风破浪”就必须制定反兴奋剂合规制度并确保其真正实施。然而，反兴奋剂合规制度的能量释放并不是毕其功于一役的，正因如此，我们需要给予该制度一定的时间和空间，尽力推动该制度在我国的建构与实施。相信在不久的将来，我国的反兴奋剂工作必然能在合规制度的助力下实现反兴奋剂长效治理目标。以此为开端，我国从体育大国迈向体育强国的发展图景值得期待。

专家意见的证据属性

——以民事检察环境公益诉讼为视角

周　虹*

【内容提要】《民事诉讼法》确立了专家辅助人制度，但相关的规定过于原则，对专家辅助人的诉讼地位、专家意见属性等内容均未涉及，引发了学界对专家辅助人意见是否具有证据属性的讨论。《最高人民法院关于适用〈中华人民共和国民事诉讼法〉的解释》第122条虽然确定了专家辅助人意见的证据属性，但这一界定限缩了专家辅助人意见的适用范围，易造成专家辅助人丧失独立地位的可能。高检院在2021年7月1日起施行的《人民检察院公益诉讼办案规则》明确将专家意见列为人民检察院办理公益诉讼案件的证据，可以说是对专家意见独立证据属性的积极探索。从实践来看，专家的地位和专家意见的作用发挥呈现多样化态势，其证据属性体现出类似于鉴定意见和当事人陈述的特点。应当根据其不同的作用来看待专家的诉讼地位和专家意见的证据属性，构造专家意见和当事人陈述相结合的二元证据属性模式，并建立相应的制度保障。

【关键词】专家辅助人　意见　证据属性　专家意见

一、问题之提出

检察机关作为公共利益的代表，在环境公益诉讼中发挥着重要作用。但由于环境污染损害具有复杂性、潜伏性、长期性等特点，环境侵权案件产生原因复杂，专门性问题突出，尤其是2021年1月1日起施行的《民法典》在“侵权

*　周虹——西南政法大学法学院博士研究生，西南政法大学人民法庭研究员，主要研究领域：民事诉讼法学、司法制度。

责任”编专章规定了环境污染和生态破坏责任，检察机关提起环境公益诉讼，在一定程度上对存在环境侵权行为且造成社会公共利益受损需提供证据证明，在这类案件中要如何克服取证难、鉴定难和质证难，是当前面临的重要课题。2012年修订的《民事诉讼法》在对司法鉴定制度进行改革的同时，[1]吸收《最高人民法院关于民事诉讼证据若干问题的规定》（以下简称《民事诉讼证据规定》）中关于专家证据形式的规定，确立了专家辅助人制度。但相关规定过于原则，没有涉及专家的诉讼地位、专家意见法律属性等内容，也没有对专家意见客观、中立性要求作出规定，不仅引发了学界对专家意见能否纳入证据属性范畴的讨论，[2]也不利于发挥专家在解决涉案事实的专门性问题方面应发挥的作用。

从司法实践来看，专家辅助人所发表的意见已在不同场合被广泛使用。以最高人民检察院发布的一批检察机关野生动物保护公益诉讼典型案例为例。在上述公布的案例中，涉及刑事附带民事公益诉讼的三个案件均运用了专家辅助人制度，虽然称谓不同，但体现了专家意见的作用发挥，专家意见在证据属性形式上也呈现多样化特点，既有专家咨询意见，[3]也有专家证人意见，[4]还有专家辅助人意见形式。[5]这在一定程度上表明，人民法院对专家辅助人意见的作用

---

1 2012年修订的《民事诉讼法》对司法鉴定制度的改革主要表现在以下方面：一是将作为法定证据形式的“鉴定结论”修改为“鉴定意见”；二是强调了鉴定人的出庭义务，在当事人对鉴定意见有异议或人民法院认为鉴定人有必要出庭的情况下，鉴定人应当出庭作证；三是明确了鉴定人拒不出庭作证的法律后果。立法上作如此修改，体现了在职权民事诉讼模式下增加当事人对抗主义色彩，防止法官在案件审理过程中过度依赖司法鉴定而使鉴定意见具有预判的效果，同时也促使当事人对鉴定意见的质证实质化，防止鉴定意见“一家独大”的弊端。

2 学界对专家辅助人提供的意见的定性，存在两种主张：一种观点认为，该意见应当视为专家证言，具有证据资格；另一种观点认为，该意见只是控辩双方的一种质证方式，旨在协助法官认识案件中的争议事实，不应将其视为一种新的证据。专家辅助人意见的功能应被定位为发挥控辩双方在审查判断鉴定意见这种专家证据中的作用，强化对于鉴定意见的质证程序，从而帮助法官更好地认识鉴定意见的真伪以及证明力的高低。参见季美君：《专家证据的价值与我国司法鉴定制度的改革》，载《法学研究》2013年第2期。

3 在“江苏省常州市金坛区人民检察院诉袁某某等21人非法收购、出售珍贵、濒危野生动物及制品刑事附带民事公益诉讼案”中，由于对生态资源受损状况和赔偿数额难以确定，检察机关借助专家意见，并依据相关法律法规提出公益损害赔偿请求，最终获得法院认可和采纳专家意见。此种情况下，专家意见实际上起到了鉴定意见的效果。

4 在“浙江省龙泉市人民检察院诉王某某等非法猎捕、杀害、收购、出售珍贵、濒危野生动物刑事附带民事公益诉讼案”中，检察机关通过聘请专家“外脑”分类确定赔偿标准，并申请专家证人出庭作证，对案件中的专门性问题进行解答和说明。

5 见“湖南省湘阴县人民检察院诉胡某某等人非法猎捕、杀害珍贵、濒危野生动物刑事附带民事公益诉讼案”。

尚没有形成统一的适用标准，但认可专家意见的证据属性已成为趋势。

最高人民法院根据环境公益诉讼案件的特点以及实践需要，先后出台《最高人民法院关于审理环境民事公益诉讼案件适用法律若干问题的解释》（以下简称《环境民事公益诉讼司法解释》）、《最高人民法院关于审理环境侵权责任纠纷案件适用法律若干问题的解释》（以下简称《环境侵权纠纷司法解释》），对专家辅助人的参与方式、提出意见的范围、证据采信的条件进行了细化，虽然没有直接明确专家辅助人意见的证据属性，但规定“专家意见经质证，可以作为认定事实的根据”，实际上认可了其证据资格。[6]《最高人民法院关于适用〈中华人民共和国民事诉讼法〉的解释》（以下简称《民事诉讼司法解释》）第122条第2款规定“具有专门知识的人在法庭上就专业问题提出的意见，视为当事人的陈述”，虽然确定了专家辅助人意见的证据属性，但将其视为当事人的陈述这一界定是否科学、合理？专家辅助人在诉讼中有无独立的地位？如何确保专家辅助人的中立性和意见的客观性？如果将专家意见定性为当事人陈述，在没有鉴定意见的情形下，法官如何判断专门性问题，能否依职权指定专家提供意见？专家辅助人就专业问题提出的意见与就鉴定意见发表的意见是否有区别？有学者指出，专家辅助人的当事人化实质是弱化了专家意见的效力，[7]不利于最大限度地发挥专家辅助人的预期作用。[8]产生上述困惑和争论的根源，不仅在于现行立法对专家辅助人的诉讼主体定位不明，也在于立法和司法解释笼统地将专家当作一个整体概念来进行理解，并未对专家在诉讼中的不同作用和专家意见属性作进一步的分解。有鉴于此，本文拟在对专家辅助人意见类型化解构的基础上，探究专家辅助人意见的证据属性，从而为构建符合我国特色的专家证据制度提供参考。

二、专家意见制度之嬗变

（一）专家辅助人制度的引入

随着社会分工的精细化和科技的高速发展，现代型民事诉讼中的专门性问题日渐突出，超出了法官所熟悉和擅长的领域，给法官判案带来新的挑战。而

---

6 见《最高人民法院关于审理环境民事公益诉讼案件适用法律若干问题的解释》第15条规定、《最高人民法院关于审理环境侵权责任纠纷案件适用法律若干问题的解释》第9条规定。

7 窦淑霞：《法官对专家辅助人意见的采信与心证形成的路径分析》，载《法学杂志》2018年第2期。

8 李永泉：《功能主义视角下专家辅助人诉讼地位再认识》，载《现代法学》2018年第1期。

越来越多对诉讼程序非常重要的事实都能通过高科技手段查明。[9] 为协助法官查清案件事实和作出判断，专家证据制度被引入适用。鉴定意见作为主要的专家证据类型，在我国司法实践中发挥着重要作用。但司法鉴定制度存在自身的局限性，鉴定周期普遍较长，鉴定费用过高，鉴定人出庭率低，有资质的机构有限，且当事人对鉴定意见的质证权形式化、空洞化，法官过度依赖鉴定意见认定案件专业问题的现象普遍存在。“涉及环境资源案件的鉴定机构、鉴定资质、鉴定程序混乱，多头鉴定、重复鉴定，鉴定结论相互矛盾，导致当事人不服裁判。”[10] 专家辅助人制度由此进入立法者的视野。2001 年《民事诉讼证据规定》第 61 条[11] 首次确立民事诉讼中的专家辅助人制度。该规定的起草者参考了日本民事诉讼法中“专家意见陈述”“诉讼辅佐人”的理念和称谓，提出“专家辅助人”是指“在科学、技术以及其他专业知识方面具有特殊的专门知识或经验的人员，根据当事人的请托并经法院准许，出庭辅助当事人对讼争的案件事实所涉及的专门性问题进行说明或发表专业意见和评论的人”。[12]

在司法鉴定模式之外构建专家辅助人制度，主要是基于对鉴定意见审查判断方面的两大特点：一是诉讼中的专业化决定了法官因欠缺相关专业知识，难以甄别鉴定意见的瑕疵，当事人及其诉讼代理人因欠缺相关专业知识，也难以对鉴定意见提出妥适的质证意见，增加了对鉴定意见审查判断的难度；二是法官的职责又决定了需要对专业的鉴定意见进行判断，并据此认定案件事实，作出裁判。专家辅助人制度在一定程度上可以弥补鉴定人制度的不足，解决诉讼中对鉴定意见的质证和审查流于形式的问题，有效检验鉴定意见的正确性，从而助力法官查明和认定涉专门性问题的事实。同时，允许当事人申请专家辅助人对鉴定意见或者专门性问题发表意见，实质是当事人抗辩主义的一种体现，可以充分利用当事人的证据能力，保障当事人的程序参与权，均衡当事人双方

---

9 ［美］米尔建・R. 达马斯卡著：《漂移的证据法》，李学军、刘晓丹、姚永吉、刘为军译，中国政法大学出版社 2003 年版，第 200 页。

10 吕忠梅、张忠民、熊晓青：《中国环境司法现状调查——以千份环境裁判文书为样本》，载《法学》2011 年第 4 期。

11 2001 年《民事诉讼证据规定》第 61 条规定：“当事人可以向人民法院申请由一至二名具有专门知识的人员出庭就案件的专门性问题进行说明。人民法院准许其申请的，有关费用由提出申请的当事人负担。审判人员和当事人可以对出庭的具有专门知识的人员进行询问。经人民法院准许，可以由当事人各自申请的具有专门知识的人员就有案件中的问题进行对质。具有专门知识的人员可以对鉴定人进行询问。”

12 起草者在《民事诉讼证据司法解释的理解与适用》一书中明确提出了“专家辅助人”概念并说明，专家辅助人不是法定的称谓，是对该条司法解释的理解所作的定义。见最高人民法院民事审判第一庭：《民事诉讼证据司法解释的理解与适用》，中国法制出版社 2002 年版，第 296 页。

的诉讼力量，体现了公正和效率两大诉讼价值的指引。在环境民事司法领域，最高人民法院在《关于全面加强环境资源审判工作　为推进生态文明建设提供有力司法保障的意见》（法发〔2014〕11号）中提出，“保障当事人要求专家出庭发表意见的权利，对于符合条件的申请及时通知专家出庭就鉴定意见和专业问题提出意见”，一定程度上反映出立法与司法者在科学证据制度领域的“权利逻辑”转化。

（二）现行规范下的专家辅助人意见

我国现行民事诉讼法及相关司法解释使用“鉴定人”和“有专门知识的人”来表述专家。鉴定人是对在诉讼上主要从事鉴定活动的专家的法律称谓，其出具的意见为鉴定意见，而立法并未对“有专门知识的人”作出明确的界定，学界和实务界通常使用的“专家辅助人”是一种学理上的表述，并非法律概念。专家辅助人意见能否如鉴定意见一样作为专家证据，立法同样并未给予明确。

从立法进程来看，我国专家辅助人意见制度的发展大致可以分为三个时期：第一时期：搭建雏形阶段。在民事司法领域，2001年《民事诉讼证据规定》在司法解释层面首次引入该制度，从专家参与诉讼方式、职责、庭审规则、诉讼费用负担方面作出规定，建立了专家意见制度的雏形。第二时期：正式确立阶段。2012年修改的《民事诉讼法》以立法的形式确认了专家辅助人意见制度，但此时主要是建立了制度框架，对具体的制度规定并未明确。第三阶段：发展阶段。2015年的《民诉法司法解释》和2019年修订的《民事诉讼证据规定》中对专家辅助人制度作出进一步的细化。此外，先后发布了两个司法解释，对专家辅助人就专门性问题发表意见的范围予以了细化。高检院在2021年7月1日起施行的《人民检察院公益诉讼办案规则》中则明确规定人民检察院办理公益诉讼案件的证据包括专家意见，且将专家意见和法定的八种证据并列列举，这将有助于推进专家意见往独立的证据形式方向发展（见表1）。

表1　我国立法和司法对专家辅助人制度的相关规定

	参与诉讼的方式	出庭发表意见的内容	有关庭审规则	意见效力	费用负担
2001年《民事诉讼证据规定》第61条	1. 当事人可以向人民法院申请一名至二名具有专门知识的人员出庭；2. 人民法院准许	就案件的专门性问题进行说明	1. 出庭发表专家意见；2. 接受审判人员和当事人的询问；3. 双方各自申请的具有专门知识的人员就有关案件中的问题进行对质；4. 对鉴定人进行询问		由提出申请的当事人负担
2012年《民事诉讼法》第79条	当事人可申请人民法院通知有专门知识的人出庭	就鉴定人作出的鉴定意见或者专业问题提出意见			
2014年《环境民事公益诉讼司法解释》第15条	1. 当事人申请通知；2. 人民法院可以准许	就鉴定人作出的鉴定意见或者就因果关系、生态环境修复方式、生态环境修复费用以及生态环境受到损害至恢复原状期间服务功能的损失等专门性问题提出意见		经质证，可以作为认定事实的根据	

续表

	参与诉讼的方式	出庭发表意见的内容	有关庭审规则	意见效力	费用负担
2015 年 2 月《民诉法司法解释》第 122 条、第 123 条	1. 当事人在举证期满前申请一名至二名具有专门知识的人员出庭；2. 人民法院准许	代表当事人对鉴定意见质证，或者对案件事实所涉及的专业问题提出意见	1. 接受人民法院的询问；2. 在法庭准许的情形下接受当事人询问；3. 双方各自申请的具有专门知识的人可就案件中的有关问题对质；4. 不得参与专业问题之外的法庭审理活动	在庭上就专业问题提出的意见，视为当事人陈述	由提出申请的当事人负担
2015 年 6 月《环境侵权纠纷司法解释》第 9 条	1. 当事人申请通知一名至两名具有专门知识的人出庭；2. 人民法院可准许；3. 当事人未申请，人民法院认为有必要的，可以释明	就鉴定意见或者污染物认定、损害结果、因果关系等专业问题提出意见			
2019 年 10 月《民事诉讼证据规定》第 83 条、第 84 条	1. 当事人申请有专门知识的人出庭的，申请书应当载明有专门知识的人的基本情况和申请目的；2. 人民法院准许当事人申请的，应当通知双方当事人	对鉴定意见质证或者就专业问题发表意见	1. 接受审判人员询问；2. 在法庭准许的情形下接受当事人询问；3. 双方各自申请的有专门知识的人可就案件中的有关问题进行对质；4. 不得参与对鉴定意见质证或者就专业问题发表意见之外的法庭审理活动		

续表

	参与诉讼的方式	出庭发表意见的内容	有关庭审规则	意见效力	费用负担
2021 年 7 月 1 日施行《人民检察院公益诉讼办案规则》第 34 条				人民检察院办理公益诉讼案件的证据包括书证、物证、视听资料、电子数据、证人证言、当事人陈述、鉴定意见、专家意见、勘验笔录等	

通过上述列表分析，对于专家辅助人的诉讼地位以及其意见性质，法律和司法解释的态度一直摇摆未定，学界和实务界并未形成共识。但专家辅助人意见作为证据的可能性逐步得到认可，初步建立起专家意见制度。

一是逐步明确了专家辅助人出庭发表意见的内容。由最初的专家辅助人就案件的专门性问题进行说明到“就鉴定人作出的鉴定意见或者专业问题提出意见”，2019 年修订的《民事诉讼证据规定》又进一步明晰为“对鉴定意见质证或者就专业问题发表意见”。可见，专家出庭发表意见受到一定限制，即只对专门性问题发表意见。如在环境侵权案件中分为两种：一是就鉴定人作出的鉴定意见发表质证意见；二是就案件中的因果关系、生态环境修复方式、生态环境修复费用以及生态环境受到损害至恢复原状期间服务功能的损失等专门性问题发表意见。

二是逐步认可了专家辅助人意见的证据能力。2001 年《民事诉讼证据规定》第 61 条规定当事人可以申请专家辅助人出庭就案件的专门性问题进行说明，但对于这种说明是否构成证据，是否具有证据能力、法庭是否能予以采信，并没有予以明确。《民事诉讼法》第 82 条将专家辅助人的说明修改为“就鉴定人作出的鉴定意见或者专业问题提出意见”，虽没有对专家意见的证据属性作出规定，但已突出了专家意见的独立性。《环境民事公益诉讼司法解释》确认了专家辅助人意见的证据能力，体现了专家意见的独立性，规定专家意见经质证，可以作为认定事实的根据。《民诉法司法解释》第 122 条规定“具有专门知识的人在法庭上就专业问题提出的意见，视为当事人的陈述”，该条规定首次明确了专家辅助人意见的性质。不论该规定是否科学，但该条至少包含两层含义：第一，专家辅助人虽不是诉讼参加人，但其身份等同于当事人；第二，专家辅助人意见不属于法定证据种类，但其效力等同于当事人陈述。

三是逐步完善了专家辅助人意见引入庭审的程序。从现行规定看，首先是当事人申请，其次是法院同意后通知专家出庭，在当事人没有申请但案件审理有需要的情形下，《环境侵权纠纷司法解释》赋予了人民法院释明权，由当事人在法院释明后提出申请，对于当事人坚持不申请的，人民法院不能主动通知专家出庭，可见仍然实行当事人对抗主义。

四是逐步明确了专家辅助人意见的庭审规则。专家辅助人出庭就案件的专门性问题发表意见，接受法官和当事人的询问，双方各自申请的专家辅助人可就案件中的有关问题进行对质。至于专家辅助人能否对鉴定人进行询问，除了2001年的《民事诉讼证据规定》有规定之外，其他法律和司法解释对此都没有涉及。

三、专家意见之证据属性困境

（一）对专家的称谓模糊

在法条层面，民事诉讼法及其相关司法解释对专家辅助人使用的称谓是“有专门知识的人”，而这类“有专门知识的人”的具体地位并未予以明确，导致司法实践中存在混用的现象，如最高人民法院民一庭在《民事诉讼证据司法解释的理解与适用》一书中将“专门知识的人”称为专家辅助人，而在2009年12月最高人民法院公布对网民31个意见建议答复情况中使用的则是专家证人。最高人民法院在审理轰动一时的奇虎360诉腾讯QQ滥用市场支配地位纠纷案中，因在庭审直播、笔录中以及裁判文书中分别使用专家证人、专家辅助人，为学者所质疑。[13]在广州市检察机关诉张某山、邝某尧水污染责任纠纷环境民事公益诉讼一案中，也存在概念混用的现象，对于检察机关申请出庭的专家辅助人，法院在庭审过程中表述为“专家证人”，在裁判理由中又用回了“专家辅助人”这一概念。[14]

（二）将专家意见笼统视为当事人陈述

明确专家辅助人的诉讼地位，是建立专家意见制度的重要基础，也是认定专家意见证据效力的前提条件。但《民诉法司法解释》在现行立法尚未清晰界定专家辅助人诉讼地位的情形下，径行将专家意见视为当事人陈述，不符合一般的认识规律，也反映出对专家辅助人的功能缺乏充分的认识。在诉讼中，专

13　参见郭华：《对抗抑或证据：专家辅助人功能的重新审视——兼论最高法院审理“奇虎360诉腾讯”案》，载《证据科学》2016年第2期。

14　广东省高级人民法院（2018）粤民终2466号民事判决书。

家辅助人的机能在于弥补当事人与法官在专业知识领域的欠缺和空白，尽管其是基于当事人申请参与到诉讼中，但其发表意见的内容和范围针对的是专门性问题，需要站在客观、中立的立场，以科学的态度发表意见，“让真理越辩越明”，这也有助于辅助法官查明事实，在这一层面上，专家辅助人具有辅助法官查明案件专门事实的功能。而将专家辅助人定性为当事人陈述，在于将专家辅助人在诉讼中的功能界定为“只是单一地协助当事人就有关专门性问题提出意见或者对鉴定意见进行质证”，“其功能和目的只是辅助当事人充分有效地完成诉讼活动，他并不具有法官的‘专业助手’的功能”。[15]

从证据形式来看，专家意见也不宜笼统定义为当事人陈述。日本《民事诉讼法》将其归属于当事人陈述的分类方式主要是借助理论框架分析而成，在实践中，当事人具有的党派性或利益倾向性导致对意见和事实的表述经常发生混同，尤其是在缺失法律允许的特殊程序或操作方法的情形下，要剥离出作为独立证据种类的当事人陈述，实属困难。因此，双方当事人关于“间接事实”或“辅助事实”的陈述只是法官自由心证的对象，无法直接具有法律上的意义或效果，不能单独作为裁判根据，法官审查案件除对单个证据审查外，还依赖于对双方当事人全部辩论过程及其反映出来的信息所作的综合、整体的认识判断，也就是德国、日本民事诉讼法理论和法规中明确的“辩论整体的意旨”的法律范畴。[16]在我国民事诉讼法上，虽然也实行处分权原则和辩论原则，程序正义和程序独立价值的原理得以体现，但是长期以来没有为当事人陈述设置特殊的程序，法官听取当事人陈述的形式和场景灵活，大陆法系国家关于主张型和事实型的当事人陈述分类标准在我国缺乏扎实的理论根基，立法上虽然将当事人陈述规定为独立的证据类型，但现行民事诉讼法并未区分作为当事人“主张”或辩论的陈述与作为证据的当事人陈述问题，实践中这种证据多与当事人的辩论交织在一起，立法和实务中也没有建立一套分离涉及事实的当事人陈述和涉及主张的当事人陈述的区分标准，因此将专家意见完全界定为当事人陈述，引起的争论显而易见。

可以说，现行规定将专家辅助人意见的证据属性视为当事人陈述是存在弊端的。首先，与当事人陈述自身的性质发生冲突。当事人陈述作为法定的证据种类，是指当事人就其亲身经历的案件事实所作的叙述或说明，该定义表明并非所有的当事人都能成为这种证据的主体，只有自然人才是适格主体，对涉及

15　《最高人民法院民事诉讼法司法解释理解与适用》（上），人民法院出版社 2015 年版，第 394 页。

16　参见王亚新、陈杭平：《论作为证据的当事人陈述》，载《政法论坛》2006 年第 6 期。

法人或者组织的诉讼中，除法定代表人外的其他经办人担任委托代理人时，就其直接经手处理的案件事实所作的言词证据，也只能作为证人证言，而不是当事人陈述。[17] 而出具专家意见的专家，可以是一个专家，也可以是专家团体，并不完全符合当事人陈述这种证据的主体资格要求，所作的意见也并非就其亲身经历而所得出，将其意见笼统视为当事人陈述，与该证据的自身属性并不完全相匹配。

其次，与《民事诉讼法》第 82 条的规定不相吻合，两者之间的差异主要体现在，理论上意见证据能否转换为或者视同于陈述证据，[18] 即混淆意见证据和言词证据的区别。意见证据是以意见作出的真实性和客观性为本质属性，不以言词人出庭接受质询为必要条件，而当事人陈述作为证据被采信，是基于当事人对客观事实的叙述的真实性，这类言词证据获得效力合法性的程序保障在于当事人出庭接受咨询。另专家辅助人的职责是就鉴定意见和专门性问题发表意见，而《民诉法司法解释》仅将专家辅助人就专业性问题提出的意见视为当事人陈述，对鉴定意见提出的质证意见该如何定位，则语焉不详。

再次，忽视了专家辅助人的中立性，降低专家意见的效力。诉讼当事人对实体利益产生争议，与裁判结果具有紧密的利害关系，且原、被告之间诉讼地位对立，存在的冲突往往难以调和，难免仅做有利于己的陈述，利益倾向性或党派性可以说是当事人陈述最显著的特征之一，经常导致其证据价值的贬损。[19] 专家辅助人虽然是受当事人申请出庭，但其是基于自己专业领域的知识和经验，以科学的态度对专门性问题发表意见，应当具有客观性、科学性，将其界定为当事人陈述，易导致专家在专业问题上偏离客观、公正立场。

最后，限制了法院指定专家辅助人的可能。司法鉴定模式可以较好地解决专门性问题，但其适用以可采取司法鉴定方法为前提。而诉讼中的专门性问题复杂多样，往往可能因待证事项无法鉴定、鉴定程序启动障碍等原因而出现鉴定不能或者不能顺利取得鉴定意见的情形，也可能出现当事人对不利于己的鉴定意见提出了有效的质疑，而对专门事实的判断仍需要法官进一步判断的情形，此时不应排除法院有权指定专家辅助人出庭发表意见。从两大法系在应对诉讼专门性问题上处理法院专家和当事人专家辅助人的基本结构模式中可看出，当事人申请专家和法院指定专家存在融合的趋势。英美法系采用的是以当事人的

---

17 参见王亚新、陈杭平、刘君博著：《中国民事诉讼法重点讲义》，高等教育出版社 2017 年版，第 82 页。

18 毕玉谦：《辨识与解析：民事诉讼专家辅助人制度定位的经纬范畴》，载《比较法研究》2016 年第 2 期。

19 参见王亚新、陈杭平：《论作为证据的当事人陈述》，载《政法论坛》2006 年第 6 期。

专家辅助人为主兼以法院专家为辅的模式，大陆法系则采用以法院专家为主兼以当事人的专家辅助人为辅的模式。[20]

（三）意见证据并非法定的证据形式

一方面，就我国现行证据体系，专家意见难以纳入其中。正如有学者指出，可以将专家辅助人近似地理解为一种辅助性、依附性的证据方法，其提出的意见本身不应被视为证据资料，也不是证据原因，可在“攻击或动摇”和“加强补充”两种相反的含义上被运用来检验鉴定的过程及结论，但却不能代替鉴定作为证据本身。[21]

专家意见无法归属到证人证言类型中，主要在于我国证据法上实行封闭式的证据分类方式，而且采取狭义的定义方法界定证人证言，将其限定为证人以自己亲身所感知的事实作证，证人具有不可替代性。专家意见并非专家辅助人对案件事实的亲身感知，而是利用其专门知识和经验，对鉴定意见或专门问题作出意见，这种意见可能是基于科学的认知所作的合理推断。为此有专家提出，专家辅助人不能被现有证人概念所涵括，应当扩充现行法中证人概念的内涵与外延，明确专家的证人地位，允许其提供意见证据。[22]

另一方面，现行的法定证据种类体系存在缺陷。比较各国关于证据种类体系的设计，存在封闭式体系和开放式体系两种，其中开放式证据体系的适用较为普遍，优势在于，对于新出现的证据类型，可以根据各自的特点而归属于现有的证据种类，如英国法上的证据形式主要有文书证据、证言证据以及实物证据三种；美国法上的证据一般包括实物证据、证人证言、展示证据以及书证。[23]在学理上，大陆法系的证据可以分为证据资料和证据方法两类。证据资料是所有可能与待证事实直接或间接相关的资讯内容，证据方法则是探求资料内容的调查手段，是发掘证据资料并将其用于诉讼的方法和手段，也具有证明作用，均系证据。[24]如专家辅助人对鉴定意见或专门问题发表意见，应属于探求该意见内容的证据方法。我国民事诉讼法在证据分类上实行封闭式的证据分类制度，某类材料只有符合法定证据形式的明确要求，才具有证据资格，《民事诉讼法》

---

20 毕玉谦：《辨识与解析：民事诉讼专家辅助人制度定位的经纬范畴》，载《比较法研究》2016年第2期。

21 参见王亚新、陈杭平、刘君博著：《中国民事诉讼法重点讲义》，高等教育出版社2017年版，第86页。

22 邵劭：《论专家证人制度的构建——以专家证人制度与鉴定制度的交叉共存为视角》，载《法商研究》2011年第4期。

23 参见田平安：《民事诉讼证据初论》，中国检察出版社2002年版，第62页。

24 参见龙宗智：《证据分类制度及其改革》，《法学研究》2005年第5期。

第 63 条规定的八种证据类型，是对实践中用于诉讼的各种事实材料所作的概括和分类。专家辅助人意见属于新生事物，按照封闭式的证据种类体系，未能纳入现行的证据类型，造成其有效使用空间有限。因无法归属于法定的证据种类，有的法官虽然在判案中考虑了专家辅助人意见，但在判决书中回避对专家辅助人意见的引用和分析，容易造成心证形成过程不明确、判决理由不充分的问题。

四、专家意见证据属性之二元化构建

法官在什么情况下可以接受专家意见，取决于两个方面的因素：一是法律赋予专家什么样的身份进入法庭、其出具的意见具有什么样的效力；二是法官运用什么样的逻辑完成专家意见的采信过程。[25] 其中，法律赋予专家什么样的身份进入法庭，涉及专家的诉讼地位问题；专家辅助人意见具有什么样的效力，则与证据属性相关。根据专家出庭发表意见的内容和发挥的作用加以区分，建构不同类型的证据属性。

（一）从立法论上完善专家意见证据

1. 明确专家的独立地位

专家的诉讼地位涉及专家与其他各诉讼主体之间的关系，是构建专家意见制度中的一个重要问题。在内涵上，专家辅助人中的“辅助人”，是指专家作为法官的辅助人，抑或作为当事人的辅助人，在涉及专业性问题的诉讼中，法官不仅要对科学证据进行审查，而且要在冲突的科学证据之间作出选择并在裁判中说明采纳或排除它们的理由。[26] 受自身专业知识的限制，法官往往难以作出合理的评价，从而在认定涉及专门事实上显得力不从心。当事人及其代理人因缺乏专业知识，也难以对已有的鉴定意见发表质证意见。专家为帮助当事人、法官解答上述专业性的证据材料或案件事实中的专业性问题，并发表专业意见，虽然其直接作用于协助当事人，但对于法官心证的影响是不容忽视的。[27] 换言之，专家基于自身所掌握的专业知识、技巧、经验等对鉴定意见进行质证，对专门性问题进行说明，有助于聘用专家的一方当事人提高质证能力，也可以在一定程度上约束法官的自由心证过程，从而对专门事实作出判断。在这一层面

25　毕玉谦等著：《民事诉讼专家辅助人制度研究》，中国政法大学出版社 2017 年版，第 312 页。

26　邵劭：《论专家证人制度的构建——以专家证人制度与鉴定制度的交叉共存为视角》，载《法商研究》2011 年第 4 期。

27　参见毕玉谦、谭秋桂、杨路著：《民事诉讼研究及立法论证》，人民法院出版社 2006 年版，第 400－401 页。

上，单纯将专家定位为当事人的辅助人或是法官的辅助人，是不周延的，专家实际上起到了整个诉讼的辅助作用。

现行立法对相关规定的缺位，导致实践中对于专家辅助人的诉讼地位存在多种认识：一是借鉴英美法系的专家证人制度，采“专家证人说”；二是从专家辅助诉讼的功能出发，采“诉讼辅助人说”；三是根据专家参加诉讼的目的、功能，采“独立的诉讼参与人说”；[28]四是根据专家辅助人的功能标准，采“区分说”。一种是区分为“专家证人”和“专家辅助人”，对鉴定意见进行质证时为“准鉴定人”，可将其定位为专家证人；对涉案专门性问题提出意见时，可将其定位为专家辅助人。[29]另一种是区分为作为证人及委托代理人的专家辅助人。[30]

笔者认为，上述四种学说各有利弊。由于我国理论和立法上对证人的概念、范围均与英美法系存在较大的差异，在现有证据分类体系的情形下，将专家辅助人定位为专家证人，存在障碍。“诉讼辅助人”说关注了专家对帮助法庭查明事实的功能，但忽略了辅助当事人增强举证能力的功能。“独立的诉讼参与人说”看到了专家辅助人有别于证人、诉讼代理人的独立性、身份的中立性和专家本身的科学性，有助于发挥专家辅助人在诉讼中的作用，但不能囊括专家受当事人委托对鉴定意见发表意见实为增强当事人一方质证能力的情形。对于“区分说”，根据专家发表意见的内容来区分其地位有一定的合理性，但在实践中，对鉴定提出意见和对专门问题提出意见往往是交织在一起的，很难严格区分。可见，专家因在诉讼中的作用不同，会产生不同的身份。因此，需要以立法的形式明确专家的含义，统一专家的称谓，并明确专家的诉讼地位。在现有条件下，从实践来看，专家意见的作用发挥是多种多样的。应当根据专家的不同作用来看待专家的诉讼地位和专家意见的证据属性，但应当首先肯定专家在诉讼中具有相对的独立性。

2. 明确专家意见的证据形式

专家意见陈述制度从德国的独立证据调查制度脱胎而来，应当说是一种简易的鉴定方式。[31]专家辅助人以其自身的知识就专业性问题提供意见或结论，即使其为当事人所聘请，但站在客观的立场对专业领域内的事项发表意见，只

---

28 该观点认为，专家辅助人根据当事人的申请，经法院同意进入诉讼，其初衷是维护己方当事人的合法权益，但最终目的是帮助事实审理者对案涉事实进行全面了解，兼听则明，完成心证，因此其不同于证人，亦不同于诉讼代理人，具有独立的诉讼地位。李瑞钦：《民事诉讼专家辅助人的法律定位与制度优化》，载《人民司法》2014 年第 21 期。

29 赵杰：《论民事诉讼中专家辅助人的法律定位》，载《中国司法鉴定》2011 年第 6 期。

30 徐继军著：《专家证人研究》，中国人民公安大学出版社 2004 年版，第 270－272 页。

31 ［日］高桥宏志著：《重点讲义民事诉讼法》，张卫平、许可译，法律出版社 2007 年版，第 507 页。

对案件中专门性问题的真实性、科学性和客观性负责，以协助法庭解决纠纷。此种情形下的专家意见实际上发挥着鉴定意见的作用，如“江苏省常州市金坛区人民检察院诉袁某某等21人非法收购、出售珍贵、濒危野生动物及制品刑事附带民事公益诉讼案”，即在没有鉴定意见明确公共利益受损具体赔偿标准的情形下，通过专家提供意见，来解决赔偿认定问题。

专家辅助人有别于鉴定人，没有法定的资质要求限制，但二者的基本职责在本质上具有一致性，即运用自己的专业知识对专门性问题发表意见，来帮助裁判者理解证据或确定争议事实。根据《民事诉讼法》，证据必须查证属实，才能作为认定事实的根据。对于鉴定意见，在符合条件的情形下，鉴定人应当出庭作证，专家辅助人提出专家意见亦需出庭予以说明，接受双方当事人的提问、质证，通过这一程序来保障双方当事人的诉讼利益。因此，专家意见与鉴定意见应同属两种不同的证据来源，只是证据形式不同。为保障专家意见的独立性、客观性和科学性，发挥其作为证据的作用，应当在立法上确认专家意见作为证据的独立地位，明确规定证据形式包括“鉴定意见或者专家意见”。2021年7月1日起施行的《人民检察院公益诉讼办案规则》明确将专家意见与当事人陈述等其他八种法定证据种类并列列举，体现了对专家意见独立证据属性的积极探索，这也得益于司法实践中专家意见已越来越广泛地被应用、采纳。

（二）从解释论上正确界定当事人陈述

1. 正视专家的从属性地位

2019年修改的《民事诉讼证据规定》对专家在庭上享有的权利作了调整，在旧规定的基础上取消了“具有专门知识的人员可以对鉴定人进行询问”的条款。究其原因，在于专家辅助人出庭对鉴定意见发表意见，只是代表当事人补充质证陈述，对鉴定意见发表质证意见，因此，无须再设计专家辅助人向鉴定人提问环节，专家辅助人通过当事人的引导来回答相关专业问题，从而实现对鉴定意见的质证。在这一层面上，将专家辅助人意见定性为当事人陈述，有其合理性。

2. 明确属于当事人陈述的情形

基于处分权主义和辩论主义，当事人陈述在日本民事诉讼法理论上分为关于“主张”的陈述与关于“事实”的陈述两部分。前者可定义为当事人围绕权利存在与否的“请求”层次而作出的陈述，既可以是“攻击性”或要求性质的主张，也可以是“防御性”或反驳性质的主张，这种关于主张的陈述大多直接表现为某种观点、意见或立场。后者又可分为对当事人能够左右权利存在与否的“要件事实”或“主要事实”作出的陈述，以及对所谓“间接事实”和“辅助事实”作出的陈述，这种关于事实的陈述，除观点意见或立场的表明外，往往意味着对既成事实或细节的叙述描写。[32] 能够称之为证据的当事人陈述，只能是就事实所作的陈述，并且是对既成事实或细节的描述本身，同时还需要排除意见立场和态度情绪的表达等主观因素。专家辅助人所作之陈述是站在公正、客观立场所作的涉及辅助事实的陈述，这应是日本民事诉讼法将专家辅助人称为诉讼辅佐人、将专家辅助人意见纳入当事人陈述范围的重要原因。

根据我国现行立法，专家辅助人受当事人的委托，经法院许可而在庭上发表意见。在有鉴定意见的情形下，由于鉴定意见的形成有明确的法定程序且作为独立的法定证据类型，证据效力相对较高，专家受当事人聘请，对鉴定意见提出意见旨在帮助当事人增强举证能力，以发现鉴定意见的瑕疵，达到法官对鉴定意见产生合理怀疑的目的，此种情形下，将专家意见视为当事人陈述，并无不妥。

如何定性专家对专门性问题发表的意见，可以借鉴大陆法系关于当事人“主张”或辩论的陈述与作为证据的当事人陈述的理论，根据意见的内容来进行区分。如专家提出的意见是对当事人的观点作补充说明，宜作为当事人陈述，但如果是就专门性问题独立发表的意见，尤其是在案件缺少鉴定意见的情况下，专家陈述对法官判断专门性事实形成重要参考，此时宜作为专家意见。当然，在实践中作这种区分或许会有难度，不过不影响理论上对此进行分类。

（三）为专家意见证据提供制度保障

专家辅助人制度是我国司法体制改革的重点，体现了公正和效率两大诉讼价值的指引。在检察机关提起的环境公益诉讼中，由于检察机关是公共利益的代表，具有超然性，“党派性”影响专家意见中立性、科学性的风险较小，但对于一般的民事诉讼，立法应当充分考虑并解决专家意见的“党派性”问题，建立相应的制度保障来保持专家辅助人应有的客观性、中立性。

第一，增加法院依职权聘请专家出庭的情形。为保障专家证人的独立性，防止倾向性，英国在 1999 年《英国民事诉讼证据规则》中增设了“单一联合专家证人”，让专家证人站在中立的角度对问题发表专业意见。《美国联邦证据规则》第 706 条规定了在专家来源上以当事人申请为主，法院指定专家证人为辅，法院可以依职权聘请专家证人。[33] 我国立法可以借鉴这一方式，不应将专家辅

32 参见王亚新、陈杭平：《论作为证据的当事人陈述》，载《政法论坛》2006 年第 6 期。

33 根据《美国联邦证据规则》第 706 条的规定，允许法院指定专家证人，考虑的因素主要有：一是当事人可能因为财力等原因无法获得专家的帮助；二是当事人自行提供的专家证人，可能是最好的证人，但是不是最好的专家；三是在两个相互矛盾的解释同时出现的情况下，陪审团可能无法决定何者为正确；四是使用中立的专家有利于解决纠纷；五是对当事人雇用的专家存在不信任，这可能是支持法院指定专家证人最为关键的因素。参见王进喜著：《〈美国联邦证据规则〉（2011 年重塑版）条解》，中国法制出版社 2012 年版，第 234 页。

助人提供意见仅限于当事人申请方面，还应当允许法院在查明案件事实需要的情形下，也可以依职权委托专家出庭发表专家意见。当然，由于法院依职权委托专家出庭发表意见可能对当事人的权利产生实际影响，因此在赋予法院该项职权时应当注意区分适用情形，以限缩依职权聘请专家出庭的范围。

第二，规范专家辅助人参加诉讼的资格审查。考虑专家辅助人制度的功能定位，可以放宽专家资格的标准，当事人在申请专家辅助人出庭时应当提供相应材料证明专家的资格给予对方当事人质证的机会。

第三，明确专家辅助人的义务。专家辅助人应当具有中立性，对法庭负责，对其专业知识负责，而不能成为当事人利益的代言人。专家应尽的义务包括客观义务、出庭义务和保密义务，以维持其严谨的科学态度和客观的职业素养，不能一味偏于受托当事人一方利益而歪曲解释专门性事实。

第四，限定专家发表意见的范围。专家只能就鉴定意见或专门性问题发表意见，不得对案件专门问题以外的事实或法律适用问题发表意见。法官在决定不采信专家辅助人意见时，应在判决书中充分论证和说明不采信的原因，以保证法官对专家意见的分析论证，切实发挥专家辅助人制度的作用。

第五，明确专家辅助人的法律责任。专家辅助人对鉴定意见或专门问题所作的意见，会影响法官对专门事实自由心证过程的形成，关系到诉讼成败。为防止出现专家在诉讼中进行虚假陈述的情形，有必要设计相应的法律责任条款来规范专家辅助人参与诉讼的行为。

结语

随着公益诉讼的发展以及《民法典》对侵权责任编的完善，专家意见适用的空间将越来越广，如何进一步发挥专家意见在诉讼中的证据作用，是目前我们面临的重要课题之一。本文目前选取了专家意见的证据属性角度进行研究，根据专家在庭审中具有的独立性和从属性两种不同地位，构建专家意见与当事人陈述相结合的二元证据属性。而要让该制度在实践中具有生命力，还需要从专家独立地位的保障、法院对专家意见的证据采信规则、专家意见的效力、专家义务与责任等方面进一步思考和研究，以搭建完善的配套制度。

性侵男性未成年人犯罪研究

孙若尘　史立梅*

【内容提要】 我国在性侵男性未成年人法律评价内容上存在着法律空白、法律集中评价与缺乏特殊保护及预防措施等相关问题，而性侵男性未成年人犯罪近年来在我国却呈现上升的趋势。借鉴域外有关性侵未成年人犯罪的立法经验，本文对我国性侵男性未成年人犯罪的规制提出了理想路径和现实路径。

【关键词】 猥亵儿童罪　强制猥亵罪　未成年人　男性未成年人

引言

近年来大众对性侵、猥亵未成年人案件关注度越来越高，学界就此类案件的特点与模式、法律评价以及防治措施与对策方面的研究已然仰取俯拾。然而，性侵男性未成年人犯罪[1]作为其中的边角一隅却关注度不高；一方面是因为刑事法政策缘故对男性未成年人无法于强奸罪评价，严格意义上讲，性侵男性未成年人似乎自始存在文义错误[2]；另一方面是因为性别天然的思维定式认为男性、

---

* 孙若尘——北京师范大学法学院博士研究生，主要研究领域：未成年人法学、刑法学；史立梅——北京师范大学刑事法律科学研究院教授、博士生导师，北京师范大学未成年人检察研究中心研究员，主要研究领域：刑事诉讼法、未成年人法学。

1　本文所指性侵男性未成年人犯罪是指侵犯男性未成年人性权益的案件，主要包括猥亵儿童罪与强制猥亵罪，根据有关规定亦包括可能择一重罪论处的故意杀人罪、故意伤害罪及引诱未成年人聚众淫乱罪和组织、强迫未成年人卖淫罪。

2　本文“性侵男性未成年人”中的“性侵”是指侵犯性权益的有关行为，并非仅指传统意义上的强奸罪；因为刑事法规政策的缘故，下文所涉及案例多为猥亵男性未成年人的案件。

男性未成年人的性羞耻心不必得到保护或者没有必要动用太多法益保护。因此，性侵男性未成年人的犯罪问题在理论探讨层面一直缺乏应有的关注。这一情形应该得到扭转，从笔者所调研的案例来看，现今以猥亵手段为主，性侵男性未成年人案件呈上升趋势，相关案件的犯罪手段表现为低劣、暴力等特点，利用网络媒介犯案的比例增大，熟人作案的现象明显。而关于男性未成年人的性羞耻心保护法益尚不完备，案件受害人的创伤应激反应等心理问题更是令人嗟叹。

一、性侵男性未成年人案件的特点

（一）总体数量呈上升趋势

与以往鲜有案件、以个案为主不同，近三年来性侵案件中男性被害人比例已经进入了统计学可以计算比较的范畴中，并且是以不会触碰统计陷阱而存在的数字[3]。根据笔者的调研，性侵男性未成年人刑事案件在一些基层人民检察院[4]的统计比例已达到4%—6%左右，在卖淫嫖娼类案件中，男性受害人比例已达10%[5]。此外，根据《2021年性侵儿童案例统计及儿童防性侵教育调查报告》，2021年媒体公开报道的性侵儿童的223起案件中，569名受害儿童中有107人为男童，占比18.80%。[6]以个案作为忽视该问题的理由之一似乎已经站不住脚。

（二）行为人以男性为主、年龄偏小

就性别而言，男性作为犯罪行为主体的比重远远超过女性。女老师猥亵男学生的标题充斥网站，但细究起来，只不过是猥亵男性未成年人案件中的微粒，频发的行为主体仍为男性[7]。行为主体男性化系案件频发、呈上升趋势的一个诱因，异性之间尚且因为文化传统及性别教育“男女有别”而持有距离感，同性之间缺少安全的隔离带，极易被男性行为主体有机可乘。

---

3 统计陷阱，由达莱尔·哈夫发现，主要指大量的统计数据、统计资料由于主、客观的原因被滥用，很难起到描述事实、传递信息的作用。如所谓男性被害人与女性被害人的比例达到1∶9，实际上可能仅有10份样本，在其中存有1例男性被害人，9例女性被害人；但将样本扩展到100份，可能男性被害人的例子也只存在1例。本文以下统计数字在尊重客观事实的情况下，尽力避免统计陷阱，也从侧面说明了男性被害人的增加。

4 数据来源于调研过程中，上海市某基层检察院、浙江省宁波市某基层检察院及云南省昆明市某基层检察院透露。

5 数据来源于云南省昆明市某基层检察院。

6 参见中国少年儿童文化艺术基金会女童保护基金、北京众一公益基金会共同发布的《2021年性侵儿童案例统计及儿童防性侵教育调查报告》，载“女童保护”微信公众号，2022年3月20日。

7 检索“北大法宝网”相关案例六则、典型案例七则、行为人皆为男性；调研汇总各地基层检察院相关案例11则，行为人亦皆为男性。

就年龄而言，行为主体年龄持续走低。实务中，偶发男性未成年人猥亵男性未成年人的案件，甚至一起结伴上学的伙伴亦能演变为犯罪行为人与受害者[8]。行为主体低龄化系研究案件所应重视的一个问题，易受侵害的弱势人群却成为刽子手，造成防治举措无所适从。

（三）被害人年龄较小、多次被侵、持续被侵现象明显

一方面，被害人的年龄持续走低，最高人民法院发布的未成年人司法保护典型案例中，邹某某猥亵儿童案中两名男性被害人的年龄仅为五岁、七岁，张某某猥亵儿童罪案[9]中的男性被害人的年龄仅为九岁。

另一方面，被害人被多次侵害、持续侵害及侵害多名被害人的现象明显，邹某某猥亵儿童案，邹某某侵犯两名受害人长达两年之久；张某某猥亵儿童案，张某某侵犯被害人亦接近两年；上海市浦东区老师猥亵学生案[10]，该老师猥亵男学生多人，仅明确被认定的人数就达 7 人次。

持续多次侵害给受害者带来的心理创伤是难以估量的，张某某猥亵儿童案中，被害人麻某在长达近两年的性侵过程中，伴随有明显的心理问题，如夜晚持续恐惧现象、说话语无伦次等，最后被诊断为焦虑状态。持续侵犯造成的生理损害程度也十分严重，生殖器损害等生理损害阴影伴随着受害者一生。

（四）行为模式以缓和型手段为主、暴力型手段为辅

缓和型手段，常表现为诱骗、麻醉、嬉闹以及乘人不备，或施以恩惠等。如赵某某猥亵儿童案[11]，赵某某通过提供电脑使用、免费提供零食、出资购买游戏装备、提供现金及网络红包等方式，先后引诱 17 名未成年男童至其家中，以多种方式猥亵共计 70 余次。这种手段之下，行为人施之猥亵行为往往需要一个较为缓和、递进的过程，甚至与受害者形成一种相熟的关系，“循循善诱”地完成猥亵过程，亦即猥亵儿童罪的构成要件表现形式之一。这种手段所指向的对象大多为十四周岁以下的未成年人，其认识能力的不足、生理知识的匮乏及心理上的惧怕，导致极易受缓和手段所制，为猥亵行为所害。此外，实务中亦

---

8 参见“王某君猥亵儿童罪一案”，贵州省三穗县人民法院（2017）黔 2624 刑初 20 号刑事判决书。

9 参见“张某蕾猥亵儿童罪一案”，北京市海淀区人民法院（2017）京 0108 刑初 556 号刑事判决书。

10 该案由上海市某基层检察院检察官提供，已经隐去相关人员个人信息。

11 参见“赵某民抢劫罪、猥亵儿童罪一案”，湖南省洪江市人民法院（2017）湘 1281 刑初 47 号刑事判决书。

存在已满十六周岁的未成年人被猥亵、行为人以哄骗为特征的缓和手段进行。如云南省盘龙区一起案例[12]，被害人是两名已满十六周岁的未成年人，以住宅小区保安职业为生。嫌疑人系被害人任职小区业主，在邀请被害人到其家中聊天吃饭的过程中，以给被害人壮阳、按摩等为借口，抚摸被害人生殖器进行猥亵。

以哄骗为代表的缓和型猥亵手段是猥亵男性未成年人案件中最常见的手段之一，一是因为这种手段的犯罪成本极为低廉，未成年人受害者生理知识的缺乏以及心理上的惧怕，难以主动报案追究行为人的责任；二是因为这种手段极易与生活化行为相混淆，即便作为未成年人的监护人，有着成熟的认知能力的成年人也难以发现蛛丝马迹，如张某某猥亵儿童案[13]中，张某某作为被害人的家庭教师，承担着被害人日常学习生活的工作，其父母在两年的时间内没有察觉到张某某的猥亵行为。同时，因这种手段往往会持续性地发展，甚至融入受害者的日常生活之中，对未成年人的成长带来毁灭性打击。

暴力型手段，常表现为拘禁、击打、威逼[14]以及器具损伤等。在这种手段之下，行为人的猥亵行为往往是一个激情、暴力、一蹴而就的过程，猥亵过程中，伴随着对受害者人身权利的威胁和伤害，亦即强制猥亵罪的构成要件表现形式。这种手段所指向的对象多数为十四周岁以上的未成年人，其具备一定的认知能力和生理知识，不易被哄骗。加之身体发育问题，十四周岁以上的未成年人大多具备一定的危害防御能力，所以暴力型手段的强度远超于缓和型手段，造成受害者的身体损伤司空见惯，甚至存在有重伤程度以上的案件。这种手段是猥亵男性未成年人案件中最为恶劣的手段之一，不仅造成未成年人的心理创伤，对他们的生理系统亦进行着摧残，身心俱损几近肢解着受害者的人生。这类案件较为容易被发现，进而追责，但即便对行为人施以刑罚，兑现法律报应，亦无法改变未成年人的权利毁损。在追责成本上来说，这类案件是较为容易被追诉的，与其将重心放在事后的刑法评价之上，更应当把预防置于解决问题的关键所在，以从源头防治暴力型猥亵男性未成年人案件的发生。

12　该案由云南省昆明市某基层检察院检察官提供，已经隐去相关人员个人信息。

13　参见“张某蕾猥亵儿童罪一案”，北京市海淀区人民法院（2017）京0108刑初556号刑事判决书。

14　参见“李某有猥亵儿童罪一案”，湖南省长沙市天心区人民法院（2016）湘0103刑初385号刑事判决书。

（五）行为地点呈现虚拟化的特征

实务中多发的猥亵男性未成年人案件的地点表征之一是通过社交软件[15]进行网络虚拟化交流。行为人于社交平台使用骚扰语言、淫秽照片，从而实现对被害人的非身体直接接触的猥亵行为[16]，如在云南省某区发生的龙某某猥亵儿童案[17]，被告人即通过网络隔空猥亵的作案手段对被害人实施性侵。

发案地点虚拟化与未成年人的猎奇心理有关，受生理、心理双重发育的影响，未成年人很难形成一个稳定、完整的性取向观，基于寻求刺激而加入社交软件的情况较为常见，根据联合国开发计划署的报告，在我国，年龄越小的受访者对性少数群体的态度更为开放和自由[18]，而相关社交软件亦未有行之有效的年龄规避措施，形同虚设的资料填写[19]根本无法筛选未成年人用户。

以上虚拟化的特征，一方面会导致行为人的犯罪成本降低，无须耗时耗力地进行犯罪预备阶段之工作，而针对犯罪对象而言，也增加了其与敏感人群的交汇机会，提高了犯罪对象的潜在人数，同时亦增加了抓捕行为人、规制责任的难度；另一方面对于防治工作提出了更高的要求，因其虚拟化之表征，行为人前期的危险倾向行为都表现在网络之上，难以为行之有效的阻隔工作。保护敏感人群、隔离潜在行为人的防治道路可谓扪参历井。

二、性侵男性未成年人的行为评价内容

除以上特点外，性侵男性未成年人案件中另一个值得注意的表征现象是对于行为人的行为评价。虽然实务中针对男性未成年人的性侵行为包括多种方式，但最后均以猥亵儿童罪或者强制猥亵罪论处，其中基本以前者为主[20]。这与我国刑法对于性侵男性未成年人的行为评价内容密切相关。

---

15 参见：《李某林猥亵儿童案》，载中国法院网，https：//www. chinacourt. org/article/detail/2019/07/id/4203744. shtml，最后访问于 2021 年 8 月 27 日。

16 参见最高人民检察院：《关于印发最高人民检察院第十一批指导性案例的通知》，2018 年 10 月 19 日。

17 该案由云南省昆明市某基层检察院检察官提供，已经隐去相关人员个人信息。

18 吴玥、成惠言、孙源南：《新媒体环境下腐文化传播对于青年群体的涵化效果》，载《性人文社会科学》2019 年 9 月第 28 卷第 9 期。

19 如仅仅只是“是否年满十八周岁”的选择，再无其他核实手段；甚至存在不约束年龄而随意出入的社交软件。

20 裁判文书网搜集到的 6 则案件、北大法宝网检索到的 2 则典型案例及最高人民法院公布的 2 则案例，以及各地基层院提供的 11 则案例，共计 21 起案例，其中 20 起案件犯罪嫌疑人、被告人以猥亵儿童罪论处，仅有 1 起案件的被告人以强制猥亵罪论处。

（一）我国刑法中对于性侵男性未成年人犯罪的规定

性侵男性未成年人案件在我国刑法中的评价内容主要包括猥亵儿童罪、强制猥亵罪、故意伤害罪、故意杀人罪、引诱未成年人聚众淫乱罪和组织、强迫未成年人卖淫罪，具体细则规定参见表 1：

表 1　刑法对性侵男性未成年人犯罪的规定

《刑法》第 237 条第 1 款、第 2 款，强制猥亵罪	以暴力、胁迫或者其他方法强制猥亵他人或者侮辱妇女的处五年以下有期徒刑或者拘役。 聚众或者在公共场所当众犯前款罪的，或者有其他恶劣情节的，处五年以上有期徒刑。
《刑法》第 237 条第 3 款，猥亵儿童罪	猥亵儿童的，处五年以下有期徒刑；有下列情形之一的，处五年以上有期徒刑： （一）猥亵儿童多人或者多次的； （二）聚众猥亵儿童的，或者在公共场所当众猥亵儿童，情节恶劣的； （三）造成儿童伤害或者其他严重后果的； （四）猥亵手段恶劣或者有其他恶劣情节的。
《最高人民法院、最高人民检察院、公安部、司法部关于依法惩治性侵害未成年人犯罪的意见》	实施猥亵儿童犯罪，造成儿童轻伤以上后果，同时符合刑法第二百三十四条或者第二百三十二条的规定，构成故意伤害罪、故意杀人罪的，依照较重的规定定罪处罚。
《刑法》第 301 条第 2 款，引诱未成年人聚众淫乱罪	引诱未成年人参加聚众淫乱活动的，依照前款（聚众淫乱罪）的规定从重处罚。
《刑法》第 358 条第 2 款，组织、强迫未成年人卖淫罪	组织、强迫未成年人卖淫的，依照前款（组织卖淫罪、强迫卖淫罪）的规定从重处罚。

上述规定首先要考量的因素是年龄，以年龄作为构成要件要素，是区分强制猥亵罪与猥亵儿童罪的关键依据之一。刑法以十四周岁作为年龄评价的界限，被害人不满十四周岁的，划归至猥亵儿童罪的构成要件之中讨论；如被害人已满十四周岁，应属强制猥亵罪所评价的范围之内。引诱未成年人聚众淫乱罪和组织强迫未成年人卖淫罪的对象系未成年人，即未满十八周岁的公民。[21] 其次要细究的评价因素当属行为特点。与强奸罪和奸淫幼女罪的立法方式类似，立法规定十四周岁以下的未成年人不具备自由支配边缘性行为或与性行为相关的意识，行为人只要对其施以猥亵行为，无论行为对象自愿与否，皆成立猥亵儿

21　《未成年人保护法》（2020 修订）第 2 条。

童罪；强制猥亵罪顾名思义，造成猥亵这一行为结果的行为方式伴随强制这一特点，以暴力、胁迫或者其他方法致使行为对象不能反抗、不敢反抗或者不知悉反抗等丧失反抗能力。综合以上两种因素，会发现猥亵儿童罪和强制猥亵罪存在着部分外延性的法条竞合现象。即以强制手段猥亵不满十四周岁的儿童时，同时符合强制猥亵罪和猥亵儿童罪的构成要件，法律明确以猥亵儿童罪论处。此种竞合是部分外延性的现象，故成立条件应极其严苛，界限因子必须一一对应。换言之，手段和年龄要求缺一不可，否则便只是符合一罪之构成要件而不是法条竞合现象。

此外，值得一提的是具体侵害手段。一是性交手段，刑法未对男性的性自由权施以法益保护，对男性性自由权的侵犯只能区分年龄以强制猥亵罪、猥亵儿童罪区分论处。具体到行为对象是男性未成年人的相关案件，在行为人是女性的情形下，即便施以性交行为，亦等同猥亵行为，一并归属于强制猥亵罪与猥亵儿童罪的规制范围内。而行为人是男性的情形下，只能构成猥亵，同样归属于强制猥亵罪与猥亵儿童罪的规制范围内。二是猥亵手段，保护的是男性的性羞耻心以及儿童的身心健康，在此情形下，也不必区分行为人性别，而根据行为对象的年龄分别论处。

根据以上讨论的评价要素，结合实务中常发的性侵男性未成年人的情形，可以得到表2的对应刑法评价内容。

表2　性侵男性未成年人犯罪的刑法评价

与十四周岁以下的男性未成年人发生性行为	以猥亵儿童罪论处
强奸十四周岁以上的男性未成年人	以强制猥亵罪论处
猥亵十四周岁以下的男性未成年人	以猥亵儿童罪论处
以暴力、胁迫或者其他方法强制猥亵十四周岁以上的男性未成年人	以强制猥亵罪论处
实施猥亵儿童犯罪，造成儿童轻伤以上后果，构成故意伤害罪、故意杀人罪	可以依照较重的规定定罪处罚。

（二）我国刑法中对于性侵男性未成年人犯罪规定存在的问题

根据上述的评价内容，不难发现一些问题：

第一，猥亵儿童罪下辖的评价内容过于臃肿，以十四周岁以下的男性未成年人为对象，实施的性行为、边缘性行为和猥亵行为都是猥亵儿童罪评价的内容。其中，与十四周岁以下的男性未成年人发生性行为（生殖器结合），因我国刑法强奸罪的对象限定为妇女，因此只能评价为猥亵儿童罪；而类性行为[22]（如生殖器插入人的身体，生殖器除外）与猥亵行为在我国的法律评价体系中基本混为一谈，类性行为属于猥亵行为的一部分，与其他猥亵情形（非生殖器插入）同属于猥亵行为。从严重程度而言，三者是递减关系，将其置于同一罪名中，依靠法官自由裁量权论处刑期，并不十分科学。

第二，猥亵儿童罪和强制猥亵罪的评价内容存在真空地带，即行为对象是十四周岁到十六周岁的未成年人时，可能会出现无法评价的现象。我国的性同意年龄理论上一般认为以奸淫幼女罪的规定为准，即根据《刑法修正案（十一）》新增加的第236条之一规定的负有照护职责人员性侵罪，对已满十四周岁不满十六周岁的未成年女性负有监护、收养、看护、教育、医疗等特殊职责的人员，与该未成年女性发生性关系的，处三年以下有期徒刑；情节恶劣的，处三年以上十年以下有期徒刑。我国的性同意年龄原则上以十四周岁为界，特殊情况下达到了十六周岁。但从猥亵儿童罪的法条表述来看，亦存在一定的同意年龄，即未满十四周岁的未成年人，无法意识，并自由支配类性行为与边缘性行为；那么广义的性同意年龄其实应该包括猥亵行为，未将猥亵儿童罪的相关年龄相应提高有些遗憾。这可能也与负有照护职责人员性侵罪已经保护了十四周岁至十六周岁女性未成年人的法益有关，但试想在这一背景之下，假如对已满十四周岁不满十六周岁的未成年男性负有监护、收养、看护、教育、医疗等特殊职责的人员，与该未成年男性发生性关系的，甚至可能无法论处[23]，这是匪夷所思的。

第三，缺乏具体、专属保护未成年人性权益的评价内容[24]。一是评价对象范围小，仅仅将儿童作为特有的保护对象，并不足以涵盖整个未成年人的性权益保护，尤其是男性未成年人的性权益，如上文提到的负有照护职责人员性侵罪，保护的对象仅仅是十四周岁至十六周岁的女性未成年人；况且我国法律体系中，儿童的概念较为模糊[25]，这一概念在近年的实践中也有逐渐搁置的趋势，

---

22 类性行为概念参见王有智：《试析女性婚前性行为心理动机的十个误区》，载《性学》1997年第1期，第14页。文中将性行为分成以下三种类型：一是核心性性行为，即两性性行为；二是边缘性性行为，如接吻、拥抱、爱抚等；三是类性行为。

23 假如以暴力、胁迫或者其他方法的，可以被评价为强制猥亵罪。

24 具体、专属保护未成年人性权益的条款在我国刑法体系中较少，如引诱未成年人聚众淫乱罪、和组织、强迫未成年人卖淫罪似乎可以勉强算作。

25 最高人民法院1989年7月7日发布的《关于拐卖人口案件中婴儿、幼儿、儿童年龄界限如何划分问题的批复》指出，不满一岁的为婴儿；一岁以上不满六岁的为幼儿；六岁以上不满十四岁的为儿童。该批复已失效，但目前通说认为猥亵儿童罪所侵犯的“儿童”，按照立法精神，应理解为包括婴、幼儿在内。

取而代之的是将未成年人概念进行了明确立法规定[26]，但刑法体系中性侵领域却没有使用这一概念。二是缺乏专属于未成年人性权益保护的条文，性侵未成年人犯罪的条文依附于性侵成年人犯罪条文的立法方式也在一定程度上影响了量刑的科学性。大部分条款中（包括以独立罪名规定的条款），性侵未成年人犯罪均是比照性侵成年人犯罪从重处罚，或者将其作为加重情节[27]。

通过以上三点，可以发现我国法律在保护男性未成年人的性权益方面存在着法律空白、法律集中评价、缺乏特殊保护及预防力度不够等相关问题。猥亵儿童罪看似包罗万象、儿童性权益保护面面俱到，但始终无法对性侵十四周岁以下的男性未成年人作单独评价，亦无法囊括十四周岁至十六周岁男性未成年人的性权益保护，另外儿童概念的陈旧性，也导致无法涵盖所有的未成年人。以上问题应该说是性权益保护、男性未成年人性权益保护中的顽疾。《最高人民法院、最高人民检察院、公安部、司法部关于依法惩治性侵害未成年人犯罪的意见》在一定程度上弥补了这种缺憾，将男性未成年人的性权益转接至身体健康、生命权益保护的故意伤害罪、故意杀人罪之下。这种权益保护转换的做法，虽然有一定的效果，使性侵男性未成年人犯罪能在量刑上达到与强奸罪相当的程度，但却回避了未成年男性遭遇性侵害的事实，实质上是对男性性权利的不尊重[28]。

造成以上问题的根本原因是我国刑法将强奸罪的犯罪对象限定为妇女，以及理论上和实务上对强奸行为的认定基本上采取性器官结合说，这导致性侵男性未成年人无法在同一个维度上进行评价，只能在原有强奸对象为女性这一维度外，另外开辟一条路径进行评价。如强制猥亵罪更改为针对他人、猥亵儿童罪的评价范围扩大及将侵害法益过于严重的情形转接至故意杀人和伤害的评价维度中等。这种现象与未成年人作为整体概念出现的趋势相悖，我国有关未成年人的相关法律基本都将未成年人作为一个整体进行评价，如《未成年人保护法》第 54 条规定“禁止对未成年人实施性侵害、性骚扰”，但唯独在刑法的性侵领域，需要区分男性未成年人和女性未成年人。这不仅不利于未成年人司法的整体建设，更在一定程度上忽视了男性未成年人的性权益保护，也与国际上评价

26 如《关于依法惩治侵害未成年人犯罪的意见》，将未成年人作为评价整体；又如，《未成年人保护法》《预防未成年人犯罪法》明确提出未成年人概念。

27 杨雯清：《性侵未成年人行为刑事规制之完善》，载《刑法论丛》2019 年第 3 卷，总第 59 卷。

28 何挺、林家红：《中国性侵害未成年人立法的三维构建一以美国经验为借鉴》，载《青少年犯罪问题》2017 年第 1 期。

性侵未成年人行为不区分性别的立法主流趋势相悖，如《儿童权利公约》[29]第 19 条规定，各国应保护儿童免受身心摧残、伤害或凌辱，忽视、虐待或剥削，包括性侵犯。

(三) 性侵男性未成年人行为评价的域外经验——以韩国为例[30]

如上文所述，我国对于性侵未成年人的法律评价以性别作为首要评价因素，并根据性别之不同辅以不同的评价内容，如性侵女性未成年人可能会被评价为强奸罪、强制猥亵以及猥亵儿童罪等，性侵男性未成年人则可能会被评价为强制猥亵以及猥亵儿童罪等。这种行为评价模式与域外其他国家和地区的评价模式有着较大区别，后者对于性侵未成年人犯罪并不区分被害人的性别，而是将未成年人作为评价整体，如对强奸罪的受害人明文规定为“他人”而不是“妇女”，德国、法国、韩国等目前均采取此种立法例。

值得提出的是，域外性侵犯罪的行为评价模式也曾经经历了从区分被害人性别到性别中立的转变，如 1975 年德国《刑法典》强奸罪的对象还是“妇女”，而 1998 年德国《刑法典》强奸罪的对象则变成了“他人”[31]。韩国有关性侵未成年人犯罪规定的内容也经历了这样的转变，而且这种转变并不仅仅体现在强奸罪犯罪构成的“性别中立”，其中还包括了对性侵未成年人犯罪一系列更为细致和特殊的法律评价内容。因韩国与我国同属亚洲国家，文化与社会背景有相似性，且刑法条文排布较为类似，以下本文着重介绍韩国有关性侵未成年人犯罪的规定，以期从中获得有益于我国的相关经验。

韩国有关性侵未成年人犯罪规定的内容主要集中在《刑法》《儿童和青少年性保护法》《性暴力犯罪惩处特别法》等法律中，其中《刑法》具有完备的未成年人性权益保护框架[32]，《儿童和青少年性保护法》则是针对儿童和青少年性权益保护的特别法，以及对性暴力犯罪进行详细规定的《性暴力犯罪惩处特别

---

29 《儿童权利公约》(Convention on the Rights of the Child) 是第一部有关保障儿童权利且具有法律约束力的国际性约定，于 1990 年 9 月 2 日在世界生效。我国于 1991 年 12 月 29 日第七届全国人民代表大会常务委员会第 23 次会议批准了《儿童权利公约》,《儿童权利公约》成为我国广泛认可的国际公约。

30 下文韩国的有关法律规定摘自韩国司法部运营的国家法律中心官网，https://www.law.go.kr/，最后访问于 2021 年 10 月 20 日。

31 参见［德］汉斯—约格・阿尔布莱希特:《德国性犯罪刑法的改革与成果》，周子实译，载《刑法论丛》2013 年第 3 期。

32 绝大部分内容规定在韩国《刑法》的第 32 章“强奸和猥亵罪”中，包括第 297 条强奸，第 297－2 条类强奸，第 298 条强制猥亵，第 305 条通奸、骚扰未成年人，第 299 条准强奸、准强制猥亵等。

法》[33]。其中，韩国《刑法》属于根基性的法律，具体规定罪行特点，为两部特别法的基础。韩国《刑法》中的强奸罪规定曾与我国《刑法》较为一致，如犯罪构成的性别特殊、类强奸行为也以强制猥亵罪论处。韩国《刑法》于2012年进行了大规模的修订，将男性的性自主权纳入强奸罪的客体，强奸罪的对象从“妇女”扩大到“他人”，包括男性、女性与转换性别的人，并设置了类强奸罪，官网释明修法理由用到了“为了通过反映时代变化情况有效地应对多种性犯罪”[34]。

韩国《刑法》有关性侵未成年人犯罪规定的内容主要有以下两个特点：第一，递进式的处罚模式，从轻到重依次为第298条强制猥亵罪、第297－2条类强奸罪及第297条强奸罪；这种递进式的处罚模式区分处罚边缘性行为（类型行为）与猥亵行为，避免了法律集中评价的问题；而对于类强奸罪的处罚低于强奸罪，又高于强制猥亵罪，在稳定整个性侵评价体系的基础上，通过新设罪名的方式，更为严格和具体地规制性侵犯罪，体现了罪责刑相适应原则。第二，对未成年人性同意年龄也进行了较为恰当的规定，从年龄角度而言，既保护了未成年人的性权益，又考虑到实践中未成年人在恋爱关系中偷食禁果的问题，所以设置了十三岁至十九岁的规避缓冲空间；从行为角度而言，亦包含强奸、类强奸及猥亵的有关情形，而不单纯评价强奸，将性同意年龄的适用情形扩展到了性侵行为。在《刑法》规定的基础之上，《儿童和青少年性保护法》进一步对未成年人的性权益保护作了规定，并带有明显统一评价的模式色彩。如该法第7条[35]在《刑法》的基础上总结了对儿童和青少年的性犯罪类型，并加重了处罚，此处的犯罪对象统一表述为儿童和青少年，而不以性别为区分；同时该法第2条明确规定，儿童和青少年指的是未满十九岁的人[36]。

综上，韩国对于性侵犯罪行为的评价在经过从被害人性别特殊到性别中立

---

33 还包括但不限于《预防性犯罪法》《性暴力犯罪登记法》《性冲动药物治疗法》《电子装置设置法》等。

34 参见2012年第11574号法令的颁布和修订的理由，https：//www. law. go. kr，最后访问于2021年3月30日。

35 《儿童和青少年性保护法》第7条“对儿童和青少年等的强奸和强制猥亵”：1. 暴力或威胁强奸儿童或青少年的人将被判处无期徒刑或至少5年有期徒刑。2. 对儿童或青少年，犯以下任何一项行为的人，将被处以有期徒刑5年以上。①将生殖器放入体内（不包括生殖器），如口腔或肛门；②将身体的一部分（生殖器除外）或诸如手指之类的工具放入生殖器或肛门中的行为。3. 根据《刑法》第298条对儿童或青少年犯罪的，处以两年以上有期徒刑或1000万韩元以上，3000万韩元以下的罚款。4. 根据《刑法》第299条对儿童或青少年犯下罪行的人，应遵循第1款至第3款中进行定罪。5. 通过等级制度或权力实施通奸或殴打儿童或青少年的人应遵守第1款至第3款中进行定罪。6. 第1款至第5款所指的企图犯罪者将受到惩罚。

36 但是，不包括那些在当年1月1日达到十九岁的人。

的立场转变之后，并未止步于此，在此基础上，其通过相关法律进一步将性侵未成年人行为的评价内容体系化和全面化。但由于其对性侵未成年人犯罪的规定分散在几部法律中，在实际执行中也存在一定的冲突和问题。

三、性侵男性未成年人犯罪规定的完善建议

有鉴于我国在性侵男性未成年人法律评价内容上存在着法律空白、法律集中评价与缺乏特殊保护及预防措施等相关问题，在借鉴域外立法经验的基础上，笔者认为，我国相关法律之完善可以从理想路径和现实路径两个角度来进行。

理想路径是我国对于性侵犯罪的规定也应经历从被害人性别特殊到性别中立的转变。在性别中立的立场下，性侵害未成年人犯罪的评价不再区分男性未成年人与女性未成年人，"奸淫幼女罪"变成了"奸淫幼童罪"，对男性未成年人的性权益保护也不再存在真空地带。性别中立的根本是将强奸罪对象规定为"他人"，而不仅限于"妇女"，过往也有学者[37]呼吁应将男性加入强奸罪的对象之中。这种性侵对象性别转换的路径势必会影响我国刑法有关性侵犯罪的整个条文体系和构成，短时间内实现绝非易事。

现实路径是在现有的性侵法律规定体例下进行"小修小补"，亦可对男性未成年人权益保护起到积极作用，具体建议如下：

第一，在负有照护职责人员性侵罪中加入"对已满十四周岁不满十六周岁的未成年男性负有监护、收养、看护、教育、医疗等特殊职责的人员，猥亵未成年男性的"等相关情形。十四周岁以上的未成年人，尤其是十四周岁至十六周岁的未成年人，虽然认识能力有所提高，也有一定的分辨是非的能力，但始终生理和心理方面还未发育完善，尤其是在性的感官和健康之上，应着重对其法益进行监管和保护。《刑法修正案（十一）》将女性未成年人性同意年龄在照顾、监护等特殊场域下提高到了十六周岁，正是体现了对该年龄段未成年人的特殊保护，但未成年人性同意年龄的评价不应区分性别，在照护、监护这一特定场域下，十四周岁到十六周岁的男性未成年人权益同样值得保护。

第二，将男性生殖器插入肛门的行为，亦即"鸡奸"作为单独的评价内容，置于猥亵儿童罪之下，作为法定加重情形之一，与《刑法》第 237 条第 3 款列

37　参见杨辉忠：《论强奸罪的立法完善》，载《甘肃政法学院学报》2015 年第 1 期。

举的四条加重内容[38]并列。这是因为男童对于同性之间的行为认识模糊，是鸡奸易发的重灾区，这种立法力度也最为适当，加重处罚并未偏离本罪法律报应内容的上限，而是落实在法益最迫切需要评价的地方，更与强奸罪中的“奸淫幼女”情节相呼应，以完善刑法对于儿童的性权益保护。在无法像韩国《刑法》那样规定类强奸罪的前提下，加重对鸡奸的处罚力度，至少可以加强对性侵男性未成年人的犯罪行为规制。以强制猥亵罪、猥亵儿童罪为评价内容，尚不足以完全适应法益侵害的严重程度。在保障未成年人的身心权利之下，鸡奸值得更高的刑法法益保护。从生理角度而言，鸡奸不同于其他猥亵手段，是男性性器官与持同性观念性器官的结合。在此过程中，所伴随的强制、暴力手段往往超过普通的猥亵手段。由于未成年人的器官结构尚未发育完备，较为脆弱，鸡奸极大可能会导致未成年人的器官损坏，造成严重的生理影响。如周某猥亵儿童案[39]中，被告人周某猥亵十岁的被害人刘某，致其感染梅毒。因此，有别于其他猥亵手段，鸡奸对未成年人的生理损害更为严重[40]。从心理角度而言，鸡奸的完成往往需要一定的时间，在过程步骤上与性交行为趋同。未成年人生理认识能力尚不完备，极易产生与性交相同的心理情感体验，加之暴力程度尤甚，更容易产生应激性创伤后遗症的问题，萎靡不振、精神涣散及惧怕他人[41]，产生性别认识障碍，甚至会对自身的器官产生难以名状的心理因子。因此，较之其他猥亵手段，鸡奸会对未成年人造成更为严重的心理创伤。从法史和比较法角度而言，清代官方明确规定了鸡奸犯罪，尤其是将鸡奸幼童与奸淫幼女进行同等地保护，并且将鸡奸行为作为奸罪的一种类型加以规范[42]。因此，对比其他

---

38 《刑法》第 237 条第 2 款规定：“猥亵儿童的，处五年以下有期徒刑；有下列情形之一的，处五年以上有期徒刑：（一）猥亵儿童多人或者多次的；（二）聚众猥亵儿童的，或者在公共场所当众猥亵儿童，情节恶劣的；（三）造成儿童伤害或者其他严重后果的；（四）猥亵手段恶劣或者有其他恶劣情节的。”

39 四川省长宁县人民法院（2017）川 1524 刑初 105 号刑事判决书。

40 如有调查资料显示，梅毒在传播期间不仅容易造成常见的生殖器破坏或者是黏膜损伤，同时也明显增加了艾滋病毒通过机体屏障的概率，对男性的生命健康造成了较大的威胁。参见周慧颖、狄宇、叶俊杰等：《人类免疫缺陷病毒和梅毒螺旋体双重感染的眼部表现》，载《中华眼科杂志》2019 年第 4 期。

41 如前文提到的张某蕾猥亵儿童一案中，被害人麻某产生了恐惧、焦虑等心理问题。

42 姚澍：《清代的性侵男性青少年犯罪研究》，载《青少年犯罪问题》2018 年第 2 期。《大清律例》规定：“……及将未至十岁之幼童诱去，强行鸡奸者，亦照光棍为首例斩决。如强奸十二岁以下十岁以上幼童者，拟斩监候；和奸者，照奸幼女，虽和，同强论律，拟绞监候。”参见《大清律例》，田涛、郑秦点校，法律出版社 1998 年版，第 522 – 523 页。而前文所述韩国《刑法》中对类强奸罪的规定也包括了鸡奸的行为模式韩国《刑法》第 297 – 2 条设置类强奸之罪名，行为模式包括“将阴茎插入人的身体（不包括生殖器），如口腔或肛门（不包括生殖器）”。

猥亵手段，鸡奸在法史传统、比较法基础上有着更长的存续时间及被法律规制的有关内容。此外，在普通人的观点中可能长期存在着对女孩的生殖器插入是强奸，而对男孩的鸡奸就是要流氓这种观点，加之猥亵儿童罪本身就是从旧《刑法》流氓罪中分离出来的。但是这种认识忽略了非正常性行为，即便是类性行为也会对男性未成年人造成严重的生理和心理损害[43]。因此，应当将“鸡奸”作单独评价，而不是解释在猥亵手段之中。

第三，增加网络保护与预防前置的规定。基于性侵男性未成年人的发案方式网络虚拟化的特征，有必要警觉通过社交软件等网络渠道进行的相关猥亵犯罪等。《未成年人保护法》网络保护专章中存在有关内容，但内容规定较为原则，缺乏具体的处罚机制；韩国《儿童和青少年性保护法》中第 15－2 条的处罚与儿童和青少年等进行性剥削的对话的规定，值得借鉴，通过处罚犯罪行为的前置阶段，避免后续更严重法益侵害的发生。

此外，特别法或专章规制内容的体例也值得借鉴。韩国《儿童和青少年性保护法》是针对儿童和青少年性侵害保护的特别法，其以刑法为基础、并依附于刑法。虽然我国的法律框架构成与韩国不同，即并不存在依附于刑法的特别法，但在我国的法律体系中，缺少一部专门保护未成年人性权益的法律、甚至不存在专门的章节，这是立法上的缺失，也是一个遗憾。2020 年修订的《未成年人保护法》将性教育纳入条文之中，并且亦规定了性侵害强制报告义务和信息查询系统，笔者认为在此基础上可进一步在本法条文中设置性侵害保护之专章，以囊括尚未达到刑法评价必要的行为，又对防止未成年人性侵害大有裨益的规定。

43　参见邢红枚：《强奸罪的立法完善———以儿童保护为视角》，载《中华女子学院学报》2020 年 11 月第 6 期。

粤港澳大湾区营商环境背景下中小投资者权益的司法保护

——以股东诉讼便利度指标为视角

王会峰　陈　丹　成宇珑*

【内容提要】 营商环境是一个国家或地区的重要软实力和核心竞争力，中小投资者作为我国现阶段资本市场的主要参与群体，对其权益的保护与营商环境建设息息相关。本文以世界银行营商环境评价指标体系下中小投资者保护指标的股东诉讼便利度指标为切入点，分析广州法院关联交易纠纷案件情况，通过比较二者差距，提出完善营商环境中小投资者权益司法保护的建议，助力打造一流的粤港澳大湾区营商环境。

【关键词】 法治化营商环境　中小投资者保护　股东诉讼便利度指标

中小投资者保护是营商环境评估指标的重要内容，营商环境的优化也离不开对投资者权益的切实保护。中小投资者作为我国现阶段资本市场的主要参与群体，因其处于信息弱势地位，抗风险能力和自我保护能力较弱，所以合法权益容易受到侵害。随着经济的不断发展，法人规模逐渐扩大，内部结构渐趋复杂，关联交易逐步增多。公司大股东、实际控制人和管理层，通过与公司的关联交易，随意挪用公司资金，转移利润的现象屡见不鲜，严重损害公司、中小投资者的利益。中小投资者通过诉讼实现自身权益的便利程度直接影响中小投资者的合法权益是否能够从纸面落到实处。

---

* 王会峰——广州市中级人民法院商事审判庭庭长；陈丹——广州市中级人民法院民事审判庭庭长；成宇珑——广州市中级人民法院商事审判庭三级法官助理。本文获第三十三届全国副省级城市法治论坛征文三等奖。

一、关联交易纠纷处理下股东诉讼便利度司法保护指标解读

"保护少数投资者"（Protecting Minority Investors）是世界银行评估的十大指标之一。[1]其下有两个二级指标，即"纠纷调解指数"与"股东治理指数"。"股东诉讼便利度指数"是"纠纷调解指数"下的三级指标，该指标主要考察判定关联董事承担责任的证据采信规则、股东获取他人掌控证据的便利程度、股东参与诉讼的费用承担等制度。

（一）判定关联董事承担责任的证据采信规则

当关联董事行为不当时，中小股东起诉能否获得胜诉至关重要。司法资源越向中小股东倾斜，为其提供的诉讼便利度越高，则其权益受到司法保护的程度也就越高。其中，对待中小股东提供的证据，法院采取何种证据采信规则，直接影响到中小股东的胜诉率。

所谓证据采信，是指法官在诉讼过程中对所涉及的与待证事实有关联的证据材料加以审查认定，以确认其证据能力上的可采性、证据力的大小与强弱并决定是否采信以及如何采信的诉讼行为与职能活动。[2]我国司法制度对证据的质证、判断一直以来都采用法定证据模式，最高人民法院多次以司法解释的形式发布对于证据规则的相关规定，从收集和固定证据、举证期限、举证责任的分配等各个方面进行了比较详细的规定，对于查明事实、认定证据、保护诉权、公正裁判发挥了决定性作用。[3]

在涉及关联交易的民事诉讼中，法院判定关联董事承担责任，中小股东提交的证据必须达到何种证明标准，或者法官必须达到何种确信程度。司法实践中，法官主要采用推定规则、司法认知、盖然性规则等对证据进行采信。推定规则是指法官借助于已知的现存事实，并据以推断出另一相关事实存在的假设。司法认知是指当事人对显著的事实和法律，无须举证，而由法院直接予以确认的证据规则。[4]但在关联交易纠纷中，受到主观和客观上条件的限制，中小股东难以提供证明关联董事不当行为事实存在的确凿无疑的证据，这就需要法官依据庭审中对证据调查、审核、质证之后而形成一定程度的内心确信，此即盖然

1　文中出现的"少数投资者""中小投资者""中小股东"等术语为同一概念。为行文方便，本文交叉使用这些不同的术语。

2　李浩：《〈证据规定〉与民事证据规则的修订》，载《中国法学》2011年第3期。

3　李军：《论股东派生诉讼中的要件事实与证明责任》，载《淮海工学院学报（人文社会科学版）》2016年第3期。

4　李浩：《〈证据规定〉与民事证据规则的修订》，载《中国法学》2011年第3期。

性规则。《最高人民法院关于民事诉讼证据的若干规定》第73条确立了“高度盖然性”的证明标准。《最高人民法院关于适用〈中华人民共和国民事诉讼法〉的解释》第108条对这一标准作了更准确的表述，即“对负有举证证明责任的当事人提供的证据，人民法院经审查并结合相关事实，确信待证事实的存在具有高度可能性的，应当认定该事实存在”。但是，对于不同情况下待证事实之证明及法官形成心证的盖然性程度的差异，相关部门并未给予清晰规定。

除此之外，立法还试图在民事诉讼中建立层次化的证明标准，即在坚持原则性证明标准的基础上，根据待证事实的类型和特点设计不同层次的证明标准。例如，《最高人民法院关于适用〈中华人民共和国民事诉讼法〉的解释》第109条专门针对某些案件规定了更严格的“排除合理怀疑”之证明标准，即在证明当事人存在恶意串通等事实时，当事人需要满足更高的证明标准——排除合理怀疑，即要求当事人对其提出的存在恶意串通的事实主张，应提供充分的证据以达到足以排除合理怀疑的证明标准，否则，其主张的恶意串通的待证事实便难以认定。[5]

（二）股东获取他人掌控证据的便利程度

“谁主张、谁举证”是司法实践中的基本证据规则。当事人未能提供证据或者证据不足以证明其事实主张的，由负有举证证明责任的当事人承担不利后果。因而在关联交易纠纷中，中小股东需要举证证明关联董事存在不当行为以及造成公司利益损害的事实。然而，因为中小股东并不参与公司的实际经营管理，难以掌握关联董事不当行为的证据材料，也不清楚公司利益受损的具体详情。例如，中小股东并无资格在银行查询公司的资金往来账单，亦查阅不到公司与其他主体签订的关联交易合同，无从知晓是否存在公司利益受损以及具体有多少损害等情况。而且，关联交易涉及各类专业性信息数据，证据审核专业化要求较高，中小股东所能获取的证据资料，往往包含大量推测性、零散性和不具有单独证明力的证据。[6]因此，中小股东能否便利地获取对方掌握的证据，能否请求法官从公司处或不合作的证人处收集关联交易的相关信息材料，是关乎中小股东能否便利维权的一个关键问题。

根据我国《民事诉讼法》及相关司法解释的规定，除法院可以主动依职权调查收集证据的情形外，法院只能在当事人申请的情形下才能依职权调查收集

---

5 李昌盛：《证据确实充分等于排除合理怀疑吗?》，载《国家检察官学院学报》2020年第3期。

6 陈洪：《股东代表诉讼制度可诉性补强研究》，载《法律适用》2016年第6期。

证据，而且只有属于“当事人及其诉讼代理人因客观原因不能自行收集的”情形的才予以批准。[7]

另外，由法院签发的律师调查令是一个帮助中小股东便利获得证据的重要举措，对于赋予当事人取证权、强化对当事人取证权利的制度保障、确立案外第三人配合取证义务制度具有非常重要的作用。世界上许多国家或地区都建立了类似制度。例如，日本的文书提交命令、美国的强制开示命令等。[8]2001年，律师调查令制度在上海市法院系统得到全面的试行。此后，其他一些地方法院也陆续开始试行这一制度。[9]

（三）股东参与诉讼的费用承担

关联交易纠纷案件中，中小股东的诉讼行为必将产生一定的费用。这些费用除了由法院收取并用于审判活动的诉讼费用之外，还有当事人参与诉讼（含主动和被动）而必然产生的私人费用，主要包括律师费、交通费、住宿费、误工费、取证费、保全费等。这些费用究竟由谁承担，对中小股东行使诉权的积极性具有较大影响。“如果原告并不能获得基于诉讼标的的赔偿，除了出于个人偏好而提起诉讼之外，对维护‘集体/公司利益’的原告有何激励机制呢？原告当然应当获得由于诉讼而产生的费用，核心在于律师费用。”[10]

对于诉讼费由败诉人承担是世界上多数国家所遵循的一般原则，我国也采用这一原则。对于一些合理的私人费用，法院也会要求由败诉方承担。例如，《最高人民法院关于适用〈中华人民共和国公司法〉若干问题的规定（四）》（以下简称《公司法司法解释（四）》）第26条规定：“股东依据公司法第一百五十一条第二款、第三款规定直接提起诉讼的案件，其诉讼请求部分或者全部得到人民法院支持的，公司应当承担股东因参加诉讼支付的合理费用。”

但是，中小股东聘请律师所花费的律师费是否属于该合理费用的范畴，应否由败诉方承担，存在疑问。其实，由败诉方负担律师费是许多国家和地区的一般做法。英国法规定，若原告胜诉，其律师费用可以由被告承担，即败诉方

---

7 周健宇：《论民事诉讼中法院调查取证制度之完善——基于实证分析与比较法的考察》，载《证据科学》2014年第5期。

8 韦杨、曾俊怡、刘亚玲：《当事人调查取证权之程序保障的路径尝试——以调查令制度的检讨及其实证量化分析为研究视点》，载《法律适用》2008年第3期。陈莉：《民事诉讼中律师调查令的制度实践与优化——以5家高院出台的相关规定与实践为研究范本》，载《人民司法》2019年第28期。

9 张中：《当事人的证据权利及其实现状况——以北京市为调查对象》，载《证据科学》2019年第6期。

10 邓峰著：《普通公司法》，中国人民大学出版社2009年版，第402－403页。

不但要承担自己的律师费用，还要承担对方的律师费用。[11]我国也在反不正当竞争法、商标法、专利法相关司法解释中规定了律师费等费用作为损害赔偿的一部分可以由败诉方承担。但并不是所有案件中的律师费用都可由败诉方负担，一般仅在侵权诉讼等类型案件中才考虑“将符合国家有关部门规定的律师费用计算在赔偿范围内”，其律师费用的赔偿范围也只限定于必要的合理支出之内。[12]这导致在中小股东追究关联董事责任的诉讼中，法院并不一定支持败诉方承担对方聘请律师的费用。

二、营商环境下中小投资者权益保护的司法实践现状

中小投资者在其权益因关联交易或其他事由而被大股东、控股股东或公司董事、监事、高管侵害之时，有通过起诉获得司法救济的权利。当然，中小股东单独以关联交易纠纷为案由而提起诉讼的案件较为少见，而关联交易纠纷主要混杂在损害公司利益责任纠纷中。本文立足于广州法院2016年1月1日至2020年9月1日审结的涉及中小投资者权益保护的商事案件，辅以最高人民法院和其他地方法院审结的相关案件，对检索出的与关联交易以及损害公司利益责任有关的样本案件进行分析，结果显示如下。

（一）判定关联董事承担责任的证据采信规则

根据“谁主张、谁举证”的原则，原告股东主张关联董事存在不当行为且对公司利益造成了实际损害，其必须提供证据予以佐证。法官在审判时适用一定的证据采信规则对原告股东提供的证据进行审查，决定是否采信。

本文以“关联交易”“损害公司利益责任”为检索词，检索出符合条件的样本案件共156件。其中64.7%的案件（共101件）因为原告股东缺乏证据（共44件）或者虽有证据但证明力不足（共57件）而不被法官所采信。而原告股东提供的证据如需获得法官采信，一般都需要达到“内心确信”或者“清楚且令人确信”这样的高度盖然性的证明力度，这在全部样本案件中占比仅为30%（共54件，其中达到“内心确信”的27件，达到“清楚且令人确信”的24件）。可见，原告股东提供的大部分证据都不被法官所采信。在原告股东证明关联董事存在与他人恶意串通损害公司利益等事实时，就需要满足更高的证

---

11 陈群峰：《对我国股东派生诉讼的反思：保持激励与制约机制的平衡》，载《河北法学》2013年第11期。

12 段贞锋：《论我国律师费转付制度的构建》，载《南京航空航天大学学报（社会科学版）》2019年第9期。

明标准——排除合理怀疑。这类案件数量较少，仅占2.5%（共4件）。法官认为部分原告股东的证据已达排除合理怀疑的证明标准，也对部分原告股东的证据不予采信（共1件）。

总体来看，清楚且令人确信的证明或者内心确信是法官采信时所采纳的主要标准，即民事诉讼法规定的证据应达到的“高度盖然性”。当然，在一些案件中，法官也会根据优势证据或可能性之权衡决定是否采信。例如，在广东省广州市中级人民法院（2019）粤01民终4946号案件中，法官判决关联董事返还广州植某生物科技有限公司款项3178573.99元及支付利息的依据，主要在于广州植某生物科技有限公司出具的审计报告这一优势证据。

由于法律对高度盖然性的规定较为概括和抽象，因此法官适用时显现出较大程度的灵活性，这也是很多案件在证据采信上无迹可寻的原因。

（二）股东获取他人掌控证据的便利程度

由于中小股东常常并不占有或掌控关联董事存在不当行为并损害公司利益的证据，因而在司法实践中就需要通过某种渠道获取第三方掌控的证据。这种获取证据的渠道越便利，就表明中小股东胜诉的可能性越大，就越能维护股东及公司的权益。本文通过检索“申请法院调取证据”“律师调查令”，选取与当事人申请法院调取证据相关的52件案件，分析结果如下。

第一，从申请方来看，原告股东向法院申请调查取证的比例居多。在52个样本案件中，原告股东提出申请的有40份，被告提出申请的有12份。

第二，从申请调取的证据种类来看，在52份样本案件中（有些申请方同时申请调取多种证据），有25份是关于银行账户、银行流水等证据，有14份是关于被告或第三方的公司内部资料，另有17份是涉及其他证据的。经分析可知，对于银行流水等证据，法院同意调取的比率最高，为56%。而对于其他证据，法院的同意率则较低。

第三，从法院是否同意来看，在52个样本案件中，有20个案件为同意，占比为38.46%，32个案件为不同意，占比为61.54%。可见，大部分情况下，当事人申请法院调查取证并未被同意。

第四，从法院同意或不同意的理由来看，同意的理由主要是“为查清案件事实，平等保护各方当事人公平诉讼权利”。不同意的理由主要包括“不符合法律规定”“与案件无关”“不属于本案的审理范围”“与案件欲查明的对象无关联性”等。例如，在广东省广州市中级人民法院（2015）穗中法民二终字第1532号案件中，法院认为申请人要有证据证明其可能存在损害其利益的情况才同意其申请。在广东省广州市中级人民法院（2019）粤01民终18986号案件中，法院直接以所调查的事项涉及第三人的商业秘密而拒绝调取。在广东省广州市白云区人民法院（2019）粤 0111 民初 21207 号案件中，法院以赔偿主体不包括被调查单位或个人为由，认为其与本案不存在利害关系，驳回调取申请。当然，法院对于是否同意当事人调查取证的申请，很多样本案件并未说明任何理由。

至于通过律师调查令收集证据，从 52 个样本案件来看，仅有 5 个案件涉及律师调查令。例如，在广东省广州市中级人民法院（2020）粤 01 民终 9790 号案件中，法院未亲自调取证据，但同意签发律师调查令。而且，律师调查令的社会认可度有待提高。在广东省深圳市中级人民法院（2018）粤 03 民终 17469 号案件中，法院签发律师调查令，但律师持调查令前往银行查阅账户流水时却遭拒绝，银行认为律师不属于有权机关的工作人员，故银行没有协助义务。

（三）股东参与诉讼的费用承担

通过检索“律师费”，本文选定了广州法院和深圳法院 18 个涉及律师费的样本案件进行分析。对于诉讼费以及包括保全费、评估费、公告费等在内的合理费用，由败诉方承担或者在部分支持的情况下由双方按比例分担，是样本案件中常规性的处理方式。当然，原告股东的诉请获得支持的比例越高，其所需分担的诉讼相关费用则越少，甚至无须承担。但对于原告股东聘请律师的费用，则有不同的处理决定。

在支持、基本支持或部分支持原告股东诉求的案件中，仅有 4 个案件支持了由被告或第三人公司承担原告的律师费，而另外 14 个案件则不支持由被告或第三人公司承担原告的律师费。可见，目前大部分的案件是不支持律师费的。值得关注的是，支持与不支持律师费的依据都是《公司法司法解释（四）》第 26 条的规定，区别在于法官是否认为该费用“合理”。另外，不支持支付律师费的理由还有：原告未提交支付律师费的凭证；并无证据证明其已经为案件支付了律师费；原告对于诉讼也存在过错，故而相关的费用应由其自行承担等。

三、营商环境下中小投资者诉讼便利度司法保护实践与世界银行指标的差距

（一）判定关联董事承担责任的证据采信规则

关于关联交易纠纷中的证据采信规则，世界银行的评估指标是“在由股东提起的民事诉讼中，若要判定被告须承担责任，法院必须达到何种证明标准或

确信程度”。[13] 较高标准为排除合理怀疑，中等标准为清楚且令人确信的证明、内心确信，较低标准为优势证据、可能性之权衡等。对于股东提供的证据，法院的采信标准越低，股东的证明责任就越少，股东胜诉的机会就越大。

在我国大部分追究关联董事责任的案件中股东均败诉，其原因主要是股东无法提供证据或者所提供的证据不被法院采信。通过分析法院的采信标准可以发现，类案中不同法官采用的标准并不一致，排除合理怀疑、清楚且令人确信的证明、内心确信、优势证据、可能性之权衡等证据采信规则都被使用，使得裁判结果截然不同，体现出不同法官的主观心证并不一致。这既加重了部分股东追究关联董事责任的难度，也造成一定的偏差，影响司法公正。这表明，司法实践与世界银行倡导的股东可以更容易追究关联董事责任的标准尚有一定距离。

（二）股东获取他人掌控证据的便利程度

世界银行的评估指标是“在民事审判中，原告可以请求法官从被告处收集哪些信息？在民事审判中，原告可以请求法官从不合作的证人处收集哪些信息”。这主要是指，如果股东想获取他人掌控的证据，是否可以向法院提出申请，而且，股东不但有权提出申请，更有权获得所申请的证据。[14]

在我国的司法实践中，股东向法院申请调取证据在大部分情况下都被拒绝。这对于并不占有公司经营管理信息与资料的中小股东而言极其不利。当然，对于有些证据，如银行账户、银行流水等证据，法院同意调取的比例还是较高，但对于关联董事所在公司的内部资料等证据，法院同意调取的比例非常低。究其原因，既有申请法院调取证据制度本身存在一定的缺陷，如启动条件模糊，法院与当事人认识存在冲突，对妨害法院调查取证的行为缺乏必要的制裁措施等，也有法院司法资源难以承担如此重任的原因。[15]

另外，对于律师调查令，一方面，这并不是股东可以独立获取的书令，需要借助律师的辅助；另一方面，由于律师调查令并不具有强制力，被调查人不配合时对其缺乏制裁措施，因而律师调查令的实施效果仍然不太理想，不能较

---

13 罗培新：《世行营商环境评估之“保护少数投资者”指标解析——兼论我国公司法的修订》，载《清华法学》2019 年第 1 期。

14 罗培新：《世行营商环境评估之“保护少数投资者”指标解析——兼论我国公司法的修订》，载《清华法学》2019 年第 1 期。

15 周健宇：《论民事诉讼中法院调查取证制度之完善——基于实证分析与比较法的考察》，载《证据科学》2014 年第 5 期。

好地解决股东便利获取他人掌控证据的问题。[16] 这也使得我国司法在这一方面与世界银行评估指标存在较大差距。

（三）股东参与诉讼的费用承担

世界银行的评估指标是“在股东对关联董事提起的诉讼中，公司或被告是否必须补偿股东支出的法律费用”。[17] 这些法律费用主要包括诉讼费、律师费以及相关费用。这些费用直接反映了股东追究关联董事的成本，以及股东能否低成本维权的问题。

在我国司法实践中，由败诉方承担诉讼费以及包括保全费、评估费、公告费等在内的合理费用，是法律明确规定，也是法院的一般性操作。然而，对于律师费，大部分法官都不支持由败诉方承担股东的律师费。在这一问题上，法院的态度较为模糊，也导致与世界银行标准存在一定的差距。至于世界银行指标要求“如果无论胜诉与否，原告均可向公司或被告追偿法律费用”，在我国司法实践中就更做不到了。

四、营商环境下中小投资者权益司法保护制度的完善建议

为更好地保护中小投资者的权益，也为了与世界银行指标有效对接，提升我国营商环境的总体排名，强化中小投资者权益的司法保护，有必要在立法与司法层面进一步完善中小投资者权益保护制度。

（一）关联交易纠纷证据采信规则的完善

在关联交易纠纷案件审判中，设置多层次的证据采信规则，本是为了更好地应对实践中的不同情形。但是，面对同类型案件，一些法官对于规则的适用，在司法实践中造成一定的适用混乱，导致股东追究关联董事责任的难度加大。

实际上，在关联交易纠纷审判中，对于提起诉讼的中小股东所提交的证据宜采取较低的采信标准。这是因为，首先，中小股东为公司利益和全体股东利益而发起诉讼，具有一定公益色彩，属于法律应当鼓励的行为，要求其承担较重的证明责任并不公平。其次，较之控股股东、关联董事，中小股东的举证能力与其相比显然并不对等。中小股东一般并不参与公司的经营管理，即便享有《公司法》规定的股东知情权，也很难掌握公司利益受侵害的详细情况和具体资

---

16 王杏飞、刘洋：《论我国民事诉讼中的律师调查令》，载《法治研究》2017 年第 3 期。

17 罗培新：《世行营商环境评估之“保护少数投资者”指标解析——兼论我国公司法的修订》，载《清华法学》2019 年第 1 期。

料文件。如果根据“谁主张、谁举证”的一般性原则，将案件事实的证明责任完全分配给中小股东，实际上等于变相剥夺了中小股东的胜诉权。[18] 当然，控股股东或关联董事如有相反证据，可以提交证据并证明自己关联交易行为的正当性与合法性。对于控股股东或关联董事提交的证据，则应根据实际情况适用多层次的证据采信规则。[19]

（二）当事人取证制度的完善

在当事人举证责任已然确定的情况下，法院如何对待当事人的证据调取请求，实际上一直处于一个两难的境地。这是因为，我国的民事诉讼制度既非当事人进行主义，也不是单纯的职权主义。反映在证据制度上，就是既要当事人积极主动提供证据，亦不排除法院的收集、调查证据的职责。这就导致如下困境：一方面，缺乏法院调取证据职权的行使会使当事人，尤其是举证能力羸弱的一方当事人，无法维护其正当的取证权，不利于法院查清事实；另一方面，法院积极行使调取证据的职权，又会产生法官提前介入证据审查阶段的问题，法官的这种先入为主的做法将使得举证质证环节失去应有意义，并且干扰当事人的举证独立意志。[20] 有鉴于此，建议在如下几个方面予以完善：

第一，举证责任的均衡配置。关联交易纠纷中举证责任分配制度至关重要。总体来讲，我国各类公司的治理结构并不健全，控股股东或关联董事往往独霸公司，能够实施关联交易行为并损害公司利益的主体，定然是这些可以控制公司或对公司决策具有重要影响力的控股股东或关联董事。[21] 因此，基于保护弱势一方的公平正义的原则以及“谁掌握证据、谁举证”的证据规则，将举证责任较多地分配给强势地位的控股股东或关联董事更为合理。

第二，健全法院调取证据的制度。一方面，进一步明确法院应当调取证据的若干重要情形，尤其是对于明显处于取证弱势地位的当事人，应当建立有针对性的协助取证制度。另一方面，明确法院不予取证及未能获取证据的说明义务。即对于法院不予调查取证的，或者虽然进行了调查取证但未能收集到证据

---

18 李军：《论股东派生诉讼中的要件事实与证明责任》，载《淮海工学院学报（人文社会科学版）》2016年第3期。

19 李军：《论股东派生诉讼中的要件事实与证明责任》，载《淮海工学院学报（人文社会科学版）》2016年第3期。

20 王建平：《关于建立调查令制度若干问题研究》，载《政治与法律》2002年第6期。

21 陈洪：《股东代表诉讼制度可诉性补强研究》，载《法律适用》2016年第6期。

的，应当以书面形式向当事人及其律师阐明正当理由。[22]

第三，强化律师调查令的执行力。为保障当事人取证权利，一方面，应当建立案外第三人或单位配合取证义务制度；另一方面，应将无正当理由而拒不配合调查令实施的行为视为妨害民事诉讼的行为，施以一定的制裁。例如，可根据拒绝提供证据的情节不同，设置训诫、罚款等不同程度的罚则。[23]

（三）诉讼费用承担制度的完善

在关联交易纠纷中，中小股东是为公司利益而诉诸司法。为有效激励中小股东对公司经营进行监督，中小股东实施监督行为的必要合理费用自然应当为公司所承担，否则难以解决“集体行动困难”和“搭便车”等问题，尤其对于股权严重分散的上市公司更是如此。[24] 毫无疑问，提起诉讼追究关联董事责任的花费应当属于实施监督行为的必要合理费用。

但其中的律师费是否应由败诉方承担的问题，一直悬而未决。一种观点认为，只有双方就律师费的承担作了明确约定的情况下，才可判定由败诉方承担律师费。如果没有合同约定，就不能判决由败诉方承担律师费。这一观点的法理依据就在于，对于法律没有明确禁止规定的情形，根据合同自由原则，有约定才从约定。[25] 但这一观点却忽视了：正是败诉方的不当行为才给对方当事人造成了诉累以及需要为此花费各种诉讼费用（包括律师费）。可能有人会认为，律师费并不是必要的，当事人可以自行参与诉讼，而非一定需要聘请律师。然而，这种认知与当今司法实践存在一定差距。在关联交易纠纷案件中，涉及的法律关系复杂，需要专业的律师才能做好应诉。在专业性如此强的情况下，要求中小股东自己处理关联交易纠纷，无异于提升了中小股东败诉的风险。越来越多的人认识到，将律师费转付制度扩大适用，由败诉方承担，既具有法哲学基础，也顺应司法运行规律，符合经济成本分析原理。[26] 因此，应当将律师费纳入关联交易纠纷诉讼的必要合理费用。至于律师费是否实际发生以及律师费

---

22 张中：《当事人的证据权利及其实现状况——以北京市为调查对象》，载《证据科学》2019 年第 6 期。

23 汤啸天、张进德、江晨、梁玉超：《调查令制度的法律属性与完善建议》，载《法律适用》2008 年第 7 期。

24 刘胜军：《新经济下双层股权结构：理论证成、实践经验与中国有效治理路径》，载《法学杂志》2020 年第 1 期。

25 刘学在、尹思媛：《诉前约定律师费之负担问题研究》，载《黑龙江省政法管理干部学院学报》2020 年第 9 期。

26 朱秀明：《民事诉讼律师费转付制度之适用路径探析——以补偿性赔偿和惩罚性赔偿为视角》，载《山东法官培训学院学报》2019 年第 3 期。

数额是否合理，可以制定相关细则予以规范。

至于世界银行指标要求“如果无论胜诉与否，原告均可向公司或被告追偿法律费用”，可能容易引发股东对公司经营者的滥诉问题，应当暂缓推行。

结语

中小投资者权益的司法保护，涉及众多的法律制度和审判规则的运用，需要从更加全面的视角进行分析论证。今后在审判实践中应当对中小投资者权益保护进行更深入的探讨，构建更科学合理的规则体系，为营造一流的粤港澳大湾区营商环境提供优良的司法服务和司法保障。

《民法典》亲子关系推定规则的解释适用

游文亭*

【内容提要】 亲子法律制度是传统民法中的成熟规则，包括亲子关系的确认与否认。我国《民法典》亲子法律制度是指导性规定，需要补充操作性规则，定位并调整司法实践中因对法律理解不一致所导致的法律适用偏差。《民法典》第1073条及司法解释，包括认领与婚生否认。其中，认领制度应补充细则，统一适用，使之适应我国法律体系，以确保亲子确认或否认之诉的可操作性；婚生否认制度，是对亲子关系推定的救济机制，但要使该条产生预想的法律效果，应对婚生否认之诉的提起主体、否认事由、起诉期间等进行细化。立法统一且所解一致，方可保障亲子关系法律适用的一致性，维护《民法典》之权威性。

【关键词】 子女最佳利益　亲子关系确认　婚生否认之诉　认领

一、问题的提出

民法解释时代来临[1]。亲属法律规则的核心是身份权[2]，我国《民法典》亲子关系制度的建立，弥补了原《婚姻法》中亲子关系的缺漏，成为《民法典》婚姻家庭编的亮点之一[3]。亲子法律制度包括亲子关系的确认和否认[4]，《民法

---

* 游文亭——山西大学法学院副教授，主要研究领域：婚姻家庭法学。本文系山西省法学会重点课题“民法典亲子关系认定制度司法适问题研究”［课题编号：SXLS（2021）A04］阶段性成果。

1 王利明：《正确适用民法典应处理好三种关系》，载《现代法学》2020年第6期。

2 杨立新著：《中国民法典精要》，北京大学出版社2020年版，第2页。

3 陈甦著：《中国社会科学院民法典分则草案建议稿》，法律出版社2019年版，第1页。

4 汪金兰、孟晓丽：《民法典中亲子关系确认制度的构建》，载《安徽大学学报（哲学社会科学版）》2020年第1期。

典》法律体系的条文体现有二。其一，《民法典》第1073条规定："对亲子关系有异议且有正当理由的，父或者母可以向人民法院提起诉讼，请求确认或者否认亲子关系。对亲子关系有异议且有正当理由的，成年子女可以向人民法院提起诉讼，请求确认亲子关系。"其二，最高人民法院颁布2021年起施行的《最高人民法院关于适用〈中华人民共和国民法典〉婚姻家庭编的解释（一）》（以下简称《民法典婚姻家庭编解释（一）》），其中第39条规定："父或者母向人民法院起诉请求否认亲子关系，并已提供必要证据予以证明，另一方没有相反证据又拒绝做亲子鉴定的，人民法院可以认定否认亲子关系一方的主张成立。父或者母以及成年子女起诉请求确认亲子关系，并提供必要证据予以证明，另一方没有相反证据又拒绝做亲子鉴定的，人民法院可以认定确认亲子关系一方的主张成立。"这是对原《最高人民法院关于适用〈中华人民共和国婚姻法〉若干问题的解释（三）》（以下简称原《婚姻法解释（三）》）的规则延续。

亲子关系推定起源于罗马法"分娩者为母"，后被普遍采用。为正确理解和适用《民法典》中的亲子法律制度，厘清我国亲子关系推定规则，以解决司法实践中存在的问题，这对正确适用《民法典》亲子关系制度具有参考意义。

二、《民法典》亲子关系推定的法律原理

（一）亲子关系推定的法律属性

根据推定基础依据的不同，推定分为法律推定和事实推定。亲子关系推定是事实推定，即依据生活经验法则作出的推定；同时它也是法律推定，明确规定于《民法典》及司法解释中。无论是事实推定，还是法律推定，推定在本质上都是裁判者在事实真伪不明的情况下，用以认定事实的一种方法。裁判者在缺乏证据证明亲子关系存在或是不存在时，通过事实推定及法律推定相结合的方式，对亲子关系是否存在的事实加以认定，目的在于保护以亲子关系为基础的当事人利益及社会利益。

推定，以可被反驳为原则，不可被反驳为例外。推定是一种逻辑规则，以概率为基础，所以只有在极少数的情况下，存在不可反驳的推定。如美国1965年《加利福尼亚证据法典》中，第621条规定了婚生子女推定，只要丈夫能生育，则妻子与丈夫同居所生子女为婚生子女[5]。这种亲子关系推定不可反驳，主要原因是美国等各国家地区对于亲子关系的规定会体现其社会政策及欲保护利益的倾向，亲子关系推定具有社会性，因此要保持其稳定性，不受反驳。

---

5 Mason Ladd, Presumptions in Civil Actions [J], 1977 Ariz. St. L. J. 275 (1977).

我国《民法典婚姻家庭编解释（一）》第39条之亲子关系法律推定，是可以反驳的法律推定[6]。因拒绝亲子鉴定而作出不利推定是基于逻辑上的高概率，而在保护亲子关系安定性之外，更主要目的是保护利害关系人对于亲子关系是否存在的知悉权，确保血统真实。据此规定，当一方当事人主张确认亲子关系，另一方拒绝亲子鉴定且无相反证明时，推定亲子关系存在；若有其他证据证明该子女生身父亲另有他人，则可推翻“存在”的亲子关系，以确保血缘的真实性。

（二）亲子关系推定的法律逻辑

我国的亲子关系推定是法律推定，应当符合逻辑推理规则[7]。裁判者从父母子女关系的基础事实出发，推理出亲子关系是否存在这一推定事实的过程，就是亲子关系推定的法律逻辑。具体而言，《民法典婚姻家庭编解释（一）》的规定为大前提，基础事实为小前提，结论为亲子关系存在或不存在。

在亲子关系推定中，推定事实是亲子关系是否存在，推定过程不难，而对于基础事实的判断是较为困难的。根据《民法典婚姻家庭编解释（一）》的规定，亲子关系作出推定有三个条件：一是一方有证据证明亲子关系的存在与否；二是另一方无相反证明；三是另一方拒绝做亲子鉴定。这一法律规定形式上非常像基础事实的条件，但如果仅依这三个条件就作为逻辑推定的大前提，可能造成错误判决。即使一方有证据证明亲子关系不存在，对方未反驳且无亲子鉴定时，也并不必然产生亲子关系不存在的事实，这一法律推定只是法律对于亲子关系推定中证明责任的分配规则，而不是基础事实。亲子关系推定的基础事实应当是父母双方是否具有与该子女产生亲子关系的事实行为。

对亲子关系推定的基础事实的判断必须要清晰。如果基础事实为女方受孕期间与男方发生过性关系，则可推定亲子关系存在；但是，如果基础事实是，在女方受孕期间，虽然两人同居，但男方与女方未发生性关系（如在外出差），或男方无生育能力，或女方受孕期间与其他男方发生过性关系等，则可能推定亲子关系不存在。反之，如果亲子关系不存在，是因为女方未与男方发生性关系，或男方生育不能，或与女方发生性关系者另有他人，而非一方无相反证明且无亲子鉴定结果的举证。

---

6 张海燕：《我国亲子关系诉讼中推定规则适用之实践观察与反思》，载《政法论丛》2015年第1期。

7 褚福民：《准法律推定——事实推定与法律推定的中间领域》，载《当代法学》2011年第5期。

（三）亲子关系推定的法律效果

推定的法律效果，是经过推定后双方当事人权利义务的变化[8]。具体到亲子关系中，主要表现在程序效果和结果效果两个方面。

1. 程序效果

推定作为一种证明责任，之所以能够在待证事实真伪不明时认定事实，是因为这种证明责任分配规则客观上降低了负证明责任一方当事人的证明难度，改变了诉讼中的程序权利义务分配，进而在实体上改变了权利义务配置[9]。

亲子关系推定的程序效果，就是将原本难度较大的抽象的证明，转变为难度较小的更为具体的证明[10]。亲子关系推定，改变了原告的证明对象，原告从对亲子关系存在或不存在提供必要证明，改变为能够推断出亲子关系是否存在的基础事实的证明，无论是在理论还是实践上，对基础事实的证明比对推定结果的证明难度要小得多。亲子关系存在或不存在是抽象的，但女方在受孕期间是否与男方发生性关系这一基础事实，则更为具体，对当事人而言更易举证。

亲子关系推定从程序上缓和了原告的证明责任。证明责任本质上是主张一方对于事实真伪不明时承担的不利风险，而这种改变，无疑降低了原告一方的证明负担。但是，这种负担不是消灭，只是减少，如果原告无法证明基础事实，仍然要面临败诉的风险。

2. 结果效果

亲子关系推定的结果效果表现为推定事实可以受到对方当事人的反驳。婚生推定，可能造成法律上的父亲与生理上的父亲不是同一人，由法律上的父亲对子女承担抚养、教育、保护的亲权责任。《民法典婚姻家庭编解释（一）》第39条中的“另一方没有相反证据”即表明，我国亲子关系推定可被反驳，被告可以通过提出相反证据来推翻原告主张的亲子关系是否存在这一推定事实。

被告对抗性权利的享有对应于原告证明责任的减缓，以平衡当事人双方诉讼利益。正因如此，当原告在程序上受到证明责任分配规则的“减负”时，被告也应当受到相应的权利“照顾”，法律给予被告的对抗性权利，就是为防止因程序权利过度倾斜于原告而导致当事人之间利益失衡。因此，法律赋予被告一方推定事实的反驳权，允许被告在诉讼程序中提出相反证据来反驳推定事实。

---

8 蒋雪琴等著：《证据法前沿问题研究》，四川大学出版社2015年版，第249页。

9 张海燕：《我国亲子关系诉讼中推定规则适用之实践观察与反思》，载《政法论丛》2015年第1期。

10 祝兴栋、屠育、李政：《继承纠纷中亲子关系的证明责任和认定标准》，载《法律适用》2019年第16期。

如果推定事实被推翻，原告应当重新举证，否则将承担不利后果，即原告负担证明责任。

三、正视亲子关系推定规则司法适用中的问题

（一）启动亲子鉴定程序的条件宽严不一

1. 案例1[11]

2016年12月，原告吕小某的父亲乐某因工伤事故死亡，吕小某以乐某儿子身份与其叔伯等共同处理赔偿事宜。社会保险基金管理中心在死亡赔偿审核时因其与乐某不同姓，故要求吕小某出具与乐某的身份关系材料或亲子鉴定结果。吕小某委托广东链信司法鉴定所进行鉴定，吕小某持东莞市公安局大朗分局黄草朗派出所证明，与司法鉴定所工作人员前往大朗医院进行采样，2017年1月鉴定书结果显示乐某与吕小某系亲子关系。吕小某的叔、伯认为，该鉴定结论系吕小某单方委托，且该所鉴定人员只有一人采样，故对鉴定结论不予认可。吕小某叔、伯于2017年8月向法院申请对原告吕小某与乐某重新进行亲子鉴定，法院口头裁定驳回被告重新鉴定申请。

经审理，吕小某与乐某的亲子关系得到法院认可，理由是该司法鉴定程序合法，鉴定结论可信，且有邵阳县公证处作出的公证书佐证，因此认定乐某与吕小某之间的父子关系；对于被告申请要求原告吕小某与乐某重新进行亲子鉴定，庭审中口头裁定驳回不予准许。可见，亲子鉴定程序，可由当事人启动，也可由法院决定启动。

2. 亲子鉴定启动条件宽严不一会影响亲子关系推定的结果

亲子鉴定作为确认血缘关系的重要手段，受到司法机关及当事人的认可。亲子鉴定基因测试技术已应用多年，不仅成为司法机关裁判亲权履行的基础性证据，也逐渐成为个人确认家庭成员身份的有力手段。鉴于亲子鉴定结果的高准确率，裁判者在确认亲子关系时，十分倚重亲子鉴定，甚至成为判断亲子关系推定成立与否的主要依据[12]。

11　吕小某诉方某某、乐某某财产分割纠纷，来源于北大法宝数据库，案例引证码：CLI. C. 75734168。

12　张海燕：《亲子关系诉讼中亲子鉴定适用问题研究——兼评〈婚姻法司法解释（三）〉第2条》，载《山东社会科学》2013年第5期。

从案例中不难发现[13]，诉讼当事人会基于各种理由拒绝做亲子鉴定，而多数国家和地区都明确规定不得强制当事人进行亲子鉴定[14]。当裁判者需要以当事人的亲子关系是否存在进行事实认定，却无法借助亲子鉴定结果提供的客观血缘关系证明时，亲子关系推定成为裁判者进行事实认定的重要手段。

裁判者对亲子鉴定的启动程序具有自由裁量权。不同法院对于亲子鉴定的启动条件把握不同：有些法院较为严格，亲子鉴定的启动须经双方当事人同意，且由鉴定人当面提取鉴定样本才可以，仅由一方当事人单独进行的亲子鉴定不具有证据资格；而有些法院较为宽松，一方当事人单独进行亲子鉴定所出具的鉴定结果也可采纳为证据，除非对方当事人就鉴定过程作出有效反驳[15]。

法院对于亲子鉴定程序的启动条件宽严不一，会导致亲子关系推定的适用存在差异。亲子鉴定与亲子关系推定作为裁判者认定亲子关系的两种方式，两者是此消彼长的关系，如果亲子鉴定启动程序宽松，其适用范围和证明作用就会变大，使亲子关系推定的适用范围变小；反之，亲子鉴定启动程序严格，亲子推定的适用范围就变大。两种不同方式得出的亲子关系结果可能完全相反，这就会导致不同的裁判结果。因此，亲子鉴定的启动条件应当统一。

（二）原告所提供必要证据的认定不同

1. 案例2[16]

苏某与李某曾交往，未有过婚姻关系，2001年苏某在南京生产一子，李某未在场，后南京市妇幼保健院出具《出生医学证明》载明：新生儿姓名苏小某，母亲苏某，父亲李某。李某在得知苏某生子后，托人带1000元现金给苏某，自苏小某出生至今，李某未支付过抚养费。2011年7月，苏某以李某对苏小某不履行生父责任为由诉至法院，请求判令其支付抚养费。诉讼中，苏某提出亲子

13 典型参考案例：巢某某在父母婚姻关系存续期间诉巢某云抚养费纠纷案（北大法宝数据库，案例引证码：CLI. C. 4057155）；李某诉李某生拒绝承认自己是男婴生父案（北大法宝数据库，案例引证码：CLI. C. 40242）；张某仙等七人诉胡某敏析产、继承案（北大法宝数据库，案例引证码：CLI. C. 6433）；重庆四中院判决杨某甲诉万某离婚后损害责任纠纷案（北大法宝数据库，案例引证码：CLI. C. 9816852）；李某诉蒋某离婚纠纷案——推定不存在亲子关系的无抚养义务方有权主张欺诈性损害赔偿（北大法宝数据库，案例引证码：CLI. C. 99845130）；杨某与张某返还抚养费纠纷上诉案（北大法宝数据库，案例引证码：CLI. C. 1762441）；简某竣与邓某抚养费纠纷上诉案（北大法宝数据库，案例引证码：CLI. C. 8272684）；等等。

14 Michael Lowenthal, The Paternity Test［M］, University of Wisconsin Press：2012：2.

15 藏某某与姚某某继承纠纷再审案，来源于北大法宝数据库，案例引证码：CLI. C. 9647141。

16 江苏南通中院判决苏某与李某子女抚养纠纷案，来源于北大法宝数据库，案例引证码：CLI. C. 881341。

鉴定申请，李某拒绝。

一审法院认为，苏某提供的《出生医学证明》系单方办理，且未得到李某认同，在无亲子鉴定的情况下，苏某未能提供必要证据证明李某与苏小某存在亲子关系，不能推定李某为苏小某生父，判决驳回苏某请求。苏某上诉后，二审法院认为，李某否认与苏某具有同居或性关系，但无法合理说明其出具身份证原件为苏小某办理出生证明，同时无法提供任何证据反驳苏某的主张，并且不能合理解释不予配合进行亲子鉴定的原因及理由，由此推定苏某主张成立，撤销原判，要求李某支付苏小某的抚养费。

两审法院之所以作出截然相反的判决，主要是对“必要证据”的理解不同。一审认为出生证明不是必要证据，二审法院认为是必要证据，至于亲子关系的“必要证据”包括哪些，《民法典》及其司法解释没有明确。

2. “必要证据”的考量因素

《民法典婚姻家庭编解释（一）》“提供必要证据予以证明”的规定说明，原告提供了证明亲子关系存在与否的“必要证据”，是裁判者推定亲子关系的一个基本前提。只有在原告方提供的证据达到证实亲子关系存在或不存在的“必要证据”的程度，才可以作出有利于或不利于原告方亲子关系推定。

实践中，对于父方与母方之间不曾发生性关系，或母方曾与其他男性发生性关系等，这些可能影响亲子关系推定的具体事由，往往具有隐私性，从举证角度而言，确实难度较高。裁判者对于足以证明这些基础事实的“必要证据”的范围和内容的认知，也必然存在差异。因此，提起确认亲子关系之诉的当事人一方，所提供证据不必足以证明其主张，只要其足以使裁判者相信可能确有其事，当事人之间可能存在（或不存在）亲子关系，此时举证责任就发生转移。如果这一方当事人申请亲子鉴定，而另一方不配合，导致亲子鉴定不能进行，则推定该方当事人的主张成立。

实践中，裁判者认定“必要证据”，应当从以下几个方面进行考量：

第一，裁判者应双方所举证据进行充分审查，主张亲子关系存在一方提供的证据应当达到高度盖然性的程度，即使《出生医学证明》不能直接证明李某与苏小某之间的血缘关系，但其办理需经法定程序以及相关部门的审查，证明力相对较高。第二，庭审中裁判者应当充分听取双方当事人的陈述，对双方陈述进行全面综合的辨析，比较其合理性，判断可信性。第三，深入询问不愿意接受亲子鉴定一方当事人的拒绝事由，当前亲子鉴定技术否认亲子关系的准确率高达100%，确认亲子关系的准确率达99.99%[17]，裁判者对于拒绝亲子鉴定

17　赖红梅：《亲子鉴定结论在亲子关系诉讼实务中的定位》，载《河北法学》2013年第1期。

一方的理由要有全面把握，并形成内心确信。第四，考虑未成年人的利益，任何一种亲子关系推定，子女都是最主要的利害关系人，关乎儿童身心健康、未来成长及财产利益，裁判者对子女的成长习惯及家庭环境要有全面把握，以子女最佳利益为基本原则。

（三）作出亲子关系有利或不利推定的条件不一致

1. 案例 3 [18]

1997 年 2 月，陈某某与丈夫甘某某生育一女，取名甘小某。不久甘某某因犯罪被判刑，陈某某遂与他人共同生活，甘小某未与陈某某生活。1999 年 2 月，王某某抱养一名弃婴（女），取名王小某，并为王小某申报了户口，户口簿记载王某某与王小某系父女关系。陈某某于 1999 年 3 月得知女儿被王某某收养。2012 年甘某某遭遇交通事故死亡后，司法鉴定所对死者甘某某的血样与王小某的血样进行了亲子鉴定，认定甘某某系王小某的生物学父亲。陈某某遂诉至一审法院，请求确认其与王小某的母女关系。本案一审、二审审理过程中，陈某某提出要与王小某做亲子鉴定，王小某均明确拒绝。王小某在二审中陈述，家人对自己的照顾非常好，不愿与陈某某共同生活。一审法院认为，陈某某要求确认与王小某系母女关系的诉讼请求，缺乏事实依据，判决驳回陈某某的诉讼请求。二审法院维持原判。

本案中，原告一方虽然提供了一定证据，但对方拒绝亲子鉴定的理由是充分且合理的，遂不可以直接对原告作出有利推定。原告方陈某某在明知自己女儿王小某被他人领养后对此不闻不问，便可以证明该子女拒绝做亲子鉴定是有正当理由的。该案件的审理法院作出不利于原告方的亲子关系推定是正确的。

2. 应当细化作出有利还是不利推定的依据

由《民法典婚姻家庭编解释（一）》关于亲子关系推定的规定可知，在一方当事人提供必要证据证明亲子关系成立，而对方没有相反证据又拒绝做亲子鉴定的情况下，人民法院只是“可以”推定请求确认亲子关系一方的主张成立，并非“应当”或“必须”推定该主张成立。这意味着，是否推定请求确认亲子关系一方的主张成立，裁判者还应结合是否有利于维护家庭和谐稳定和保护未成年人的合法权益等情况来综合予以确定。由此，原告在提供必要证据后，即使在对方无相反证据又拒绝做亲子鉴定时，法官也不必然作出有利于原告一方的推定。

裁判者作出有利或不利于原告一方的亲子关系推定，是综合考量的结果。

---

18 陈某某与王某某婚姻家庭纠纷案，来源于北大法宝数据库，案例引证码：CLI. C. 64204954。

任何亲子关系推定都应当以子女利益为最主要的考量因素，其他因素还包括血缘真实与家庭稳定。血缘真实固然重要，但身份的安定性关系到家庭的安定性甚至社会的安定性，如果仅追求血缘真实，忽略已经形成的亲属关系，有损当事人现有的家庭模式和生活利益，同时不利于子女成长。尤其是对于10周岁以上的限制民事行为能力人，其已经具备一定的意思表示能力，裁判者对于该子女对亲子鉴定的认知程度和态度给予充分的重视与考量，才能作出合理的裁判。

亲子关系推定，要尊重“血缘真实”，兼顾“身份安定”。实践中，两者均要以“子女最佳利益”为基本原则[19]。裁判者在没有亲子鉴定结果的情况下，自然更偏重身份安定，因为稳定的亲子关系更有利于子女成长，此时会使个案的裁判更为合理，但在整个司法体系内，容易产生相反的裁判结果，导致裁判矛盾。因此，对于裁判者在一方当事人拒绝做亲子鉴定时，究竟应当作出有利推定还是不利的推定，其推定依据应当加以细化。

（四）原告范围的宽严程度把握不同

1. 案例4[20]

张某与刘某于2009年结婚并生育一子张某龙。2014年刘某诉至法院请求解除其与张某的婚姻关系，张某龙由刘某自己抚养且不要抚养费，庭审中，刘某自认张某龙非张某之子，张某提出亲子鉴定申请，刘某拒绝。经法院判决，张某与刘某解除婚姻关系，张某龙由刘某抚养且无须张某支付抚养费。后张某在事故中死亡，因张某父母已死亡，其两兄弟与两姐妹为其继承人。在协商事故赔偿过程中，刘某作为张某龙的法定代理人，称张某龙非张某之子，拒绝在调解协议书上签字，导致赔偿问题久拖不决。张某的兄弟姐妹遂诉至法院，请求确认张某与张某龙之间不具有父子关系。刘某在庭审中承认张某龙非张某之子，但在张某尸体尚存有条件做亲子鉴定的情况下，刘某拒绝进行亲子鉴定。

审理法院认为，张某与刘某不具有婚姻关系，对于原告主体资格不能适用原《婚姻法解释（三）》之规定，故张氏四兄妹作为张某的继承人，有权利提起诉讼；同时依据原《婚姻法解释（三）》作出利于原告的亲子关系推定，即张某与张某龙之间不具有亲子关系。

当下司法裁判遇到了实践有需求但立法不周延的现实困境，对于他人起诉，法院或严格适用法律或扩大原告范围，导致裁判矛盾。法院一味严格适法作出

19　薛宁兰：《我国亲子关系立法的体例与构造》，载《法学杂志》2014年第11期。

20　河南洛阳西工区法院判决张某水等诉张某龙确认非亲子关系纠纷案，来源于北大法宝数据库，案例引证码：CLI. C. 8278371。

的未必是最为合理的裁判；但法官能动解释扩大原告范围又不符合法律及司法解释[21]。正如本案中，法院对于亲子关系原告范围作出扩张性解释。虽然《婚姻法解释（三）》第 2 条第 1 款对提起亲子关系否认之诉的主体规定为“夫妻一方”，但该解释旨在解决原《婚姻法》的适用问题，所以对提起婚生子女否认之诉的主体作出如此表述。但是，只有法律才可以限制当事人的民事权利[22]，司法解释不可以，因此该解释中对于婚生子女否认之诉原告的规定，不应机械地理解为只能是夫或妻，当离婚或夫妻一方死亡等情况出现时，其继承人也有权提起否认亲子关系之诉。

2. 亲子关系确认主体的扩张性解释与否认主体的严格依法适用

亲子关系认定的主体，是请求法院确认或否认亲子关系的权利主体。《民法典》第 1073 条延续了原《婚姻法解释（三）》第 2 条的规定，并修订为父母或成年子女有请求确认亲子关系的权利，父母还有请求否认亲子关系的权利。由此不难看出两点：首先，亲子关系认定是原告以诉的方式要求法院裁判变更亲子身份关系，对诉的提起采严格态度，防止公权力破坏民事私权；其次，我国对于亲子关系原告采明确列举的方式，只有适格的原告才可以请求法院作出确认或否认亲子关系的推定。

《民法典》对亲子关系之诉的提起主体限定为父母、子女，此外其他人无原告资格。在立法明确了原告范围后，司法实践中应综合目的、文义、体系等方法，准确地理解适用亲子关系规范，不得随意扩大原告范围。对于亲子关系认定之诉的原告，应当分别分析。

（1）亲子关系确认之诉的原告

第一，父母，包括夫妻任何一方、离婚的夫妻任何一方、有同居关系的任何一方。

第二，成年子女，未成年子女之所以不可以成为原告，主要是因为未成年人的诉讼需由法定代理人进行，而其法定代理人往往是其父母，当未成年子女已经处于稳定的家庭关系中时，从子女利益出发，一般不再变更亲子关系，以确保身份之安定性。另外，父母要向法院请求确认其他人与自己子女的亲子关系，不合常情。因此，等该子女有完全民事行为与诉讼能力时再自主提起确认之诉，更为妥当。

第三，子女的其他监护人，未成年人的父母双方死亡，需要确认亲子关系

21　梁慧星：《关于法律统一解释问题及设立统一解释法律委员会的建议》，载《法学》1999 年第 3 期。

22　房绍坤、张洪波：《民事法律的正当溯及既往问题》，载《中国社会科学》2015 年第 5 期。

以继承父或母之遗产，此时应当允许该子女的监护人提起亲子关系确认之诉，请求法院确认死亡一方与该子女系父（母）子关系，以保障子女的继承权。将子女的其他监护人作为适格原告，是对现有法律规定的扩张解释。当未成年子女的父母双方死亡后，该子女的监护人常是其最亲近且最有利于其成长的人[23]，从权利义务角度看，监护人的地位相当于“父母”，因此可成为适格的原告。

（2）亲子关系否认之诉的原告

否认亲子关系的原告主要是父母，也包括生父、生母。生父、生母提起婚生否认之诉，主要是针对人工生殖技术生育的子女，如捐精捐卵、代孕，子女虽与生父生母有基因关系，但一般情况下该子女不在生父生母组成的家庭环境中生活，其与生父生母形成的亲子关系与情感上的亲子关系不符，对子女而言，这不是最有利的亲子关系[24]。因此，应当允许生父、生母成为亲子关系否认之诉的原告。

需要说明的是，子女无论成年与否，都不可以成为亲子关系否认之诉的起诉主体，这主要是防止子女借此逃避赡养父母义务。父母对子女履行了抚养义务，在年老时需要子女赡养之时，子女通过亲子关系否认之诉解除了亲子关系，不利于老年人的权利保护。如果确有必要解除，可由父母一方向法院起诉，解除其亲子关系。

综上，对于亲子关系确认之诉的适格原告，可作出扩张性解释；而对于亲子关系否认之诉的适格原告，应当严格依照《民法典》规定适用。亲子关系的确认，是基于“血缘真实、身份安定”为子女寻求更合适的父母关系，尽可能地保护其成长，为子女创设更多利于其成长的可能性，这符合子女最佳利益原则，因而对于确认亲子关系的诉讼，可适当扩大其范围。但亲子关系之否认，不仅使亲子关系处于不稳定状态，还可能使子女陷入无抚养人无监护人的不利境地，因此应当慎之又慎，要严格依照法律规定适用，不得任意扩张。

四、亲子关系推定规则漏洞之补充：认领

（一）认领的类型

亲子关系的确认，实质上为认领，学理上包括自愿认领和强制认领。自愿认领，即任意认领，生父依自己的意思表示，愿意成为非婚生子女的生父，这

23　李霞：《协助决定取代成年监护替代决定——兼论民法典婚姻家庭编监护与协助的增设》，载《法学研究》2019 年第 1 期。

24　薛宁兰：《社会转型中的婚姻家庭法制新面向》，载《东方法学》2020 年第 2 期。

是生父的单独行为，无须得到母亲或子女的同意[25]。强制认领，是子女基于生父应当对其进行认领而生父不为认领时，向法院请求确认父子关系，以防止生父逃避抚养责任，通过司法机关强制力对亲子关系进行干预来实现，母亲作为子女的代理人，可向法院提起强制认领的诉讼。

（二）任意认领与强制认领

1. 任意认领

我国《民法典》未作出任意认领与强制认领的明确区分，从经起诉方可认领的程序上来看，任意认领与强制认领程序无异。我国认领需向法院请求确认为之方可发生效力，这意味着，原告应当提供“必要证据”证明父子关系，才可能得到法院的支持。由此，认领非婚生子女，以父子有血缘关系为基础事实。

我国民法对亲子关系的变更十分谨慎，尽管可能对生父认领产生一定阻碍，但可通过司法程序确保亲子关系确认的有效性。比如，生父的认领有时可能产生错误，或是受欺诈、胁迫，甚至认领人明知与子女无血缘关系而愿意认领，经法院对于基础事实的认定而推定父子关系，则可有效减少上述错误。

由此产生一个问题，生父民事行为能力瑕疵时，认领因诉讼能力受限而受到阻碍。因认领具有人身专属性，一般情况下，禁止以授权方法由意定代理人代理。即使认领人为限制行为能力人，也应当亲自认领；是否得到法院支持，由裁判者以子女最佳利益为原则，综合考量子女意愿、子女现有家庭情况、生母抚养能力、生父抚养能力等因素，作出裁判。限制民事行为能力人进行诉讼，由其意定代理人为之。如果认领人为无民事行为能力人，且生母无法履行监护职责，则认领应当经子女同意，无民事行为能力人的生父进行诉讼由其法定代理人为之。

2. 强制认领

强制认领，又称客观认领，是基于血缘事实，非婚生子女或生母有权向法院请求确认生父与该子女之间的亲子关系。我国《民法典》婚姻家庭编虽未明确提出强制认领的概念，但从《民法典》第1073条亲子确认诉讼的条文表述及其立法本意可知，我国认可强制认领制度，这与世界其他国家和地区的立法趋势一致。依此规定，有权提起强制认领的原告为生父、生母与子女。

强制认领的立法本意，在于保护非婚生子女以及生母的利益。当前，我国取得婚生子女的法律推定方式主要包括三种，基于父母婚姻、任意认领、妻因夫死亡再婚后出生的子女，均推定为婚生子女；此外，为非婚生子女。多数情况下，因父亲与子女未形成保护教育抚养的事实，使非婚生子女利益受损，因

25　张学军：《中国“非婚生子女”认领制度之立法研究》，载《江海学刊》2018年第6期。

此立法上通过强制认领制度对非婚生子女进行保护，子女及父母可随时向法院提起要求与未形成抚养教育保护事实的父或母一方确认亲子关系的诉讼，令其承担亲权义务。非婚生子女或生母对于有血缘关系的生父，应当认领而未认领，是非婚生子女或生母针对生父提出的，其必要条件是父子之间的血缘关系；如果没有血缘关系，则诉讼可能无法得到法院支持。

（三）认领否认与认领无效

1. 认领否认

认领否认，是学理上的概念，是指非婚生子女或其生母对生父的认领，可作出否认。参看其他国家和地区的亲子关系立法例，依认领行使方式不同，对认领否认作出了不同的配套规定。据《民法典》的规定，我国的认领否认，通过诉讼方式得以实现。于是，当事人只需在认领诉讼中，以对抗形式作出即可，即对于原告提出认领主张的反驳。

认领否认的事由不以血缘为必要。这是因为，生父任意认领非婚生子女或形成教养事实即为婚生子女，这种无血缘关系建立的亲子关系为法律拟制血亲，体现为继父母子女关系与收养关系[26]。另外，即使有血缘关系，也可以通过否认之诉加以推翻[27]；相反，生父因错误、受欺诈、胁迫而做出认领，一旦认领生效，不能因无血缘关系而主张撤销[28]。否则，在具有血缘关系的生父不能确定时，孩子自始为无父子女，有违家族血脉传承的自然规律，也与认领建立父子关系的立法本意相悖。因此，实践中的认领否认，可基于多种事由，包括未形成教养事实、保障子女身份安定、尊重子女意愿等，而不以无血缘关系为必要条件。

认领否认，是对任意认领提出的反驳，对于强制认领，不得以无血缘作出对抗。任意认领，是具有血缘关系的一方期望承担对子女的教养保护，一方面不会对子女造成利益损害，另一方面诉讼双方主观上均无过错，因此可以依个体情况而得到否认，保持原亲子关系。而强制认领，是有教养事实一方对原本不愿意承担教养义务一方的过错纠正，是应当履行而未履行，未履行亲权义务一方主观上存在过错，因此只要其与子女具有血缘关系，就不得基于其他事由进行认领否认，进而逃避教养义务。

26　邓丽：《收养法的社会化：从亲子法转向儿童法》，载《法学研究》2020 年第 6 期。

27　参见案例：陈某某与王某婚姻家庭纠纷案，来源于北大法宝数据库，案例引证码：CLI. C. 64204954。

28　参见我国台湾地区所谓“民事法律规定”第 1070 条。

2. 我国没有认领无效制度

认领无效，是学理概念，是指生父对于子女的认领因违反法律规定或不符合法定条件而不发生效力。比如，对于生父在法定期间内未提出认领，即使与子女存在血缘关系，其认领主张也不能得到法院支持，生父的主张不得改变现有的婚生子女推定结果。当前只有德国规定了认领无效的情形[29]，包括：子女已有法律上的父亲，则生理上的父亲认领，无效；或认领人在认领时附条件或附期限，认领因无法发生即时效力，无效；或欠缺德国民法规定的认领之要件，如公证及送达利害关系人主户政机关，要件不具备，无效。

我国《民法典》对于认领是通过诉讼方式进行的，原告的认领主张是否可以成立，裁判者可以基于基础事实查明并作出裁判，或支持或驳回。当裁判者作出驳回原告认领的诉讼请求时，认领不发生效力，此时达到认领无效的相同法律结果，但这一结果系基于裁判产生，而非制度性规定。

（四）准正

男女双方在未建立婚姻关系时生育的子女为非婚生子女，当双方缔结婚姻关系后，该非婚生子女自动转变为婚生子女，即为准正。准正制度在我国最早见于清朝《大清民律（草案)》亲属编第93条，经父认领之私生子，其生父与生母成婚后，即为嫡子。其立法本意在于提升私生子的法律地位，只要生母与生父有结婚的事实，不论子女出生在结婚前还是结婚后，都可由私生子身份转变为嫡子身份。

从《民法典》第1071条承认非婚生子女与婚生子女具有相同的法律地位之规定来看，我国对于非婚生子女不具有任何歧视性，准正也不必要作出操作性说明，因为其亲子关系的制度没有原则性区别或特别要求。可以肯定的是，我国与世界各国保护子女利益的立法潮流是相适应的，非婚生子女的利益保护与婚生子女相同[30]。

五、亲子关系推定错误之救济：婚生否认之诉

依父母婚姻推定父子关系，可能推定错误[31]。法律之所以以“推定”方法

29 参见德国《民法典》第1594条。

30 Prophecy Coles. Psychoanalytic Perspectives on Illegitimacy, Adoption and Reproduction Technology: Strangers as Kin［M］. Taylor and Francis: 2020: 264.

31 吴梓源:《打破“分娩者为母”的主导格局——新时代〈民法典〉妊娠代孕亲子关系的“开放包容式”认定》，载《河北法学》2021年第7期。

认定婚生子女，而不采“视为”方法，可能与事实相反，存在被推翻的可能[32]。因婚生推定而成立亲子关系的，都可以提起否认之诉，予以救济；也正因如此，婚生推定仅适用于婚生子女，对于非婚生子女，不适用婚生否认之诉。

（一）提起主体

依《民法典》规定，我国可提起婚生否认之诉的主体仅包括父母。与德国、瑞士等国相比，我国的原告范围较窄，因为否认之诉是解除亲子关系，以破坏已经形成的稳定亲子关系，且在未确认新亲子关系的情况下，子女可能处于“单亲家庭”中，因此对否认亲子关系的起诉要从严把握。但是，我国并未一味限缩婚生否认之诉的提起主体，相比日本仅规定父为主体，我国增加母为主体。可见我国对于婚生否认之诉的原告范围，采折中态度。

1. 父

受婚生推定为父、生母再婚所生子女受前夫或后夫推定为父的人，都可以提起婚生否认之诉，以排除先前成立的父子关系。这里的“父”，是指与子女共同生活形成抚养教育事实的父。如果父子之间没有事实上共同生活，也没有基于父子关系产生其他社会关系，则不得成为婚生否认之诉的原告，而与其有实际教育抚养关系的人可作为父提起否认之诉。父之起诉，以子女为被告，生母为第三人[33]。

如果婚生否认之诉中，主张否认亲子关系的父亲一方死亡，则可借鉴瑞士《民法》第257条、第258条规定：因死亡使婚姻关系解除之日起300日前出生的子女，生母在此期间再婚的，推定为后夫之子女，后夫的父子关系得到否认后，推定为前夫之子女；如果夫在法定诉讼期间死亡或丧失民事行为能力，可由其父或母完成诉讼，自知道或应当知道夫死亡或丧失民事行为能力时起一年内行使权利。

有两点需要说明：第一，出于对子女利益的保护，父不可否认母子关系，除非母无分娩事实。第二，如果第三人请求确认与该子女的父子关系，则父不得就该子女再提起否认之诉，避免司法资源的浪费。更主要的原因是，民法具有伦理性和公共性[34]；亲子关系不仅是子女的亲属关系，也是社会关系，新亲

---

32 张海燕：《“推定”和“视为”之语词解读？——以我国现行民事法律规范为样本》，载《法制与社会发展》2012年第3期。

33 参见四川阆中法院判决廖某诉廖姓二子女婚姻家庭纠纷案，来源于北大法宝数据库，案例引证码：CLI. C. 3315003。

34 谢鸿飞：《后〈民法典〉时代的中国民法学：问题与方法》，载《社会科学研究》2021年第1期。

子关系一经法院确认，原有亲子关系自动解除。在对父之否认之诉加以限制的同时，应尽可能为子女成长创设可能性，形成最利于子女成长的亲子关系。

2. 母

分娩者为母，母最了解子女的生父是谁，且母与子女及父子关系最具利害关系，所以母亲可成为婚生否认之诉的原告。母之婚生否认请求权，受到美国、俄罗斯等多数国家和地区认可[35]。

一般情况下，婚生否认之诉主要适用于父子关系的否定。从前述国家和地区的规定来看，夫妻结婚后，在结婚第180日后出生及婚姻关系解除之日后300日内出生的，推定为婚生子女；如果丈夫在生母受胎期间与生母共同生活，则其为婚生推定之父。如果子女在婚姻存续期间出生，母欲否认父子关系的，原告应当证明生母之夫非该子女之父。

母提起婚生否认之诉，分两种情况：一是否认自己与子女的母子关系，适用于人工生育子女的捐卵者、代孕母[36]，母为原告，子女为被告；二是否认父亲与自己子女的父子关系，母为原告，父为被告。这意味着，如果父死亡，父之亲属欲否认父子关系，有两种途径得以实现：一是由生父通过提起亲子关系确认之诉，否认原父的父子关系；二是由母向法院提起否认父子关系。

母之婚生否认只适用于上述两种情况，不得再作扩张性解释。这是因为母性为人类天然属性利于女子，不可阻断。一般情况下，母亲基于分娩事实不得提出婚生否认母子关系，除非具有血缘关系的生母另有她人且愿意与子女形成事实上的抚养教育，从子女利益角度出发，这种情况下允许提起婚生否认，实现子女利益最大化。

3. 父和母

为保障子女利益，父母不可同时提起否认与未成年子女的亲子关系之诉。如果同时否认双亲，可能使子女丧失家庭抚养教育的机会，法律不能增加这种风险；但例外的情况是，如果第三人已确认与该子女的亲子关系，则使子女丧失抚养教育机会的风险降到最低，此时原父母不得也不需要再提起婚生否认之诉。对于已具备完全民事行为能力的成年子女，不受此限，父母双方可同时提起婚生否认之诉，以阻断其继承权。

35　李洪祥、徐春佳：《我国未来民法典中亲子关系否认制度的建构》，载《当代法学》2008年第5期。

36　游文亭：《〈民法典〉确认代孕子女亲子关系的立法建议》，载《大连理工大学学报（社会科学版）》2021年第3期。

（二）否认事由

我国《民法典》第 1073 条未明确婚生否认之诉的提起事由。依我国亲子关系推定规则，子女在婚姻存续期间所生，均推定为婚生子女，由此可能产生五类案件：离婚纠纷[37]、抚养权纠纷[38]、抚养费纠纷[39]、继承权纠纷[40]、认定亲子关系纠纷[41]。

从中不难看出，否认亲子关系的事由主要有二：一是父无生育能力[42]；二是母受胎期间与第三人发生性关系[43]，具体包括婚姻存续期间与他人发生性关系、婚前与他人发生性关系、夫妻关系恶化妻与他人同居。

对于婚生否认事由的举证，应当符合我国《证据法》“谁主张、谁举证”的一般规则，由主张否认亲子关系一方提出证明。一般而言，母与第三人同居之事实具有隐私性，给父一方举证造成困难，因此在实践中，裁判者可通过父一方对于基础事实的举证与亲子鉴定结果相结合作出裁判。

需要说明的是，结婚前所生子女，或夫妻不再共同生活后出生的子女，不能成为婚生否认事由。这一规定主要是防止男方借此逃避抚养义务，有其合理性，瑞士法采此规定。

（三）期间

关于婚生否认之诉的法定期间，当前世界各国家和地区主要有两种立法例：

第一种，明确规定法定期间。一切从孩子利益出发，已成为世界公认的亲属法原则，子女血缘真实与身份安定优于婚姻安定性的立法考量，受到传统民法的认可。典型的如，瑞士《民法》第 256 条以一年为限，德国《民法》第 1600 条以两年为限；两法均规定，超过诉讼期间，即使血缘不一致，当事人也

---

37 比如，李某诉蒋某离婚纠纷案，来源于北大法宝数据库，案例引证码：CLI. C. 99845130。

38 比如，孙某诉齐某变更抚养关系纠纷案，来源于北大法宝数据库，案例引证码：CLI. C. 44026716。

39 比如，李某诉石晓某抚养纠纷案，来源于北大法宝数据库，案例引证码：CLI. C. 99941324。

40 比如，郭某甲等与郭某乙等法定继承纠纷上诉案，来源于北大法宝数据库，案例引证码：CLI. C. 4043810。

41 比如，河南洛阳西工区法院判决张某水等诉张某龙确认非亲子关系纠纷案，来源于北大法宝数据库，案例引证码：CLI. C. 8278371。

42 参见小丽诉张某抚养费纠纷案，来源于北大法宝数据库，案例引证码：CLI. C. 61768129。

43 参见杨某与张某返还抚养费纠纷上诉案，来源于北大法宝数据库，案例引证码：CLI. C. 1762441；又见喻某某诉喻某与自己无血缘关系请求否认父子关系案，案例引证码：CLI. C. 22366。

不得提起认领否认之诉。再如，我国台湾地区所谓“民事法律规定”第1063条也以一年为限，规定夫妻之一方能证明妻非自夫受胎者，得提起否认之诉；但应于知悉子女出生之日起，一年内为之。

对于婚生否认之诉的期间，我国曾有学者提出以两年为限[44]。这一期间如果过长，可能使子女处于不利的婚姻家庭关系中，而情感的不稳定和家庭关系的变化，会影响子女成长，所以要尽早明确亲子关系；如果过短，则会限制主张一方的权利行使，也不利于追求血缘的真实。对于婚生否认之诉提起期间的限制，应当尽可能平衡血缘真实与身份安定。

第二种，不受法定期间限制，我国采第二种。根据我国《民法典》第196条关于诉讼时效的规定，支付赡养费、抚养费、扶养费的请求权不受时效限制。对这一条的理解应作扩张解释，即基于身份关系产生的请求权，不适用诉时效规定，如离婚请求权，夫妻一方可随时向法院提起离婚诉讼。婚生否认之诉，是基于父子身份关系提起的诉讼，可类比于前述规定，不受诉讼时效之限制。由此可知，生父或生母在子女出生后的任何时候，都可向法院请求提起婚生否认之诉。

血缘真实与身份安定是亲子关系裁判最重要的原则，两者如何平衡立法理论与司法实践的难题，期间的规定，目的在于保障子女关系的安定性。我国《民法典》对于婚生否认之诉的期间未作明确规定，由此可看出我国立法偏重保障血缘真实。

结语

亲子关系制度是亲属法体系的重要组成部分，它以亲子关系推定为前提。亲子关系推定规则的内容主要是父子关系的认定，因为母子关系，可基于分娩事实确定；父子关系的认定，只能依据推定。当亲子关系推定错误时，需要原告通过婚生否认之诉加以纠正。而亲子关系得到否认后，又需要通过认领制度建立新的亲子关系。现代亲子制度的根本，是保障子女利益。

亲子推定规则作为亲子法律制度的重要组成部分，是整个亲子制度的前提和基础。我国的亲子关系推定既是法律推定又是事实推定，要探究和阐明《民法典》关于亲子关系法律条文的立法意图及客观表述，就要在明确亲子关系推定的法律属性、法律逻辑、法律效果等法理基础上，定位并调整司法实践中因对法律理解不一致所导致的法律适用偏差。

---

44 陈明侠：《完善父母子女关系法律制度（纲要）》，载《法商研究（中南政法学院学报）》1999年第4期。

父母以及成年子女的确认或否认的权利，是指导性规定，需要具体细则才能准确适用。无论是婚生否认还是认领制度，都需要具体的操作性规则方可使法律得以落实；反之，如果没有科学的亲子关系推定规则及解释体系，则无法建立完善的亲子关系制度，两者相辅相成。要使亲子关系制度成为完整的系统，需要完善配套规则，包括婚生子女的推定、非婚生子女的认领、婚生子女的否认等操作性规则，才能解决好亲子关系纠纷。

共享机动车租赁平台在交通事故中的损害赔偿责任研究

李　磊　张志军*

【内容提要】 共享机动车租赁平台在"人—车"事故中应承担损害赔偿责任。传统的机动车租赁企业在交通事故中承担过错责任。在网络机动车租赁平台中，应修正为基于加强的"运行支配"和更高的"运行利益"所致的危险责任。具体责任承担中，如果平台在事故中存在过错，则可比照《民法典》中关于机动车租赁时的车辆出租人责任承担赔偿责任。如果平台无过错，则由于其"危险开启"人身份，借鉴比较法上车辆"保有人"责任，依据危险责任承担损害赔偿责任。责任范围应包括基于车辆运行所产生的危险所致之损害。如果实际驾驶人在事故中亦因过错而应承担赔偿责任，则平台赔偿后，可向实际驾驶人追偿。

【关键词】 共享机动车　平台赔偿责任　损害赔偿　危险责任

一、问题的提出

当下"共享"交通工具业已成为广大百姓出行的重要解决方案。共享单车在我国发展日臻成熟，而共享机动车亦有较快发展。[1]可以想见，随着共享机动车在我国的扩张，"人—车"矛盾，"路—车"矛盾越发显现，驾驶共享机动车交通事故亦难避免。与传统租赁机动车交通事故的当事人"组合"不同，共享

*　李磊——上海对外经贸大学法学院副教授，主要研究领域：民法学；张志军——上海财经大学法学院博士研究生，上海市长宁区委政法委副书记，主要研究领域：经济法学。

1　本文讨论的共享机动车主要指由平台方所有、运营和管理的用于出租的机动车，用户租用该车辆系自用目的，不包括自带车辆进入平台后，接收平台推送信息接单运营的网约车。

机动车租赁公司拥有一个承担整个系统运行的大脑中枢功能“平台”。这使得共享机动车的租赁公司充当了机动车“所有人”和“监控人”双重的角色。系统中，每一辆出租机动车就相当于平台的一个“终端”。一旦“依附”于平台的“终端”发生侵权事件，平台的侵权责任问题便随之浮现。共享机动车租赁领域内，基础法律关系仍是车辆租赁关系。车辆出租人（所有人）是共享机动车平台公司。承租人通过共享租车 APP 在车辆停放点解锁，并驾驶车辆。一旦驾驶车辆发生事故，就形成了“平台—驾驶人—受害人”三方关系。

我国《道路交通安全法》和《民法典》规定，机动车交通事故分为“车—车”事故和“车—非车（人）”事故（以下简称“人—车”事故）。前者遵循一般的过错责任原则，即按照事故各方过错大小分摊责任。而“人—车”事故则相对复杂，分为四个层次：第一层次，机动车与非机动车驾驶人、行人之间发生交通事故，非机动车驾驶人、行人没有过错的，由机动车一方承担赔偿责任；第二层次，有证据证明非机动车驾驶人、行人有过错的，根据过错程度适当减轻机动车一方的赔偿责任；第三层次，机动车一方没有过错的，承担不超过10%的赔偿责任；第四层次，交通事故的损失是由非机动车驾驶人、行人故意碰撞机动车造成的，机动车一方不承担赔偿责任。可见，我国立法对于“人—车”事故赔偿采取的归责方式甚为复杂，亦招致一些批评。[2]然此情形下，立法对于租赁车辆事故中车辆所有人（出租人）的责任问题则相对明确，即通过“运行支配”和“运行利益”两个观测点加以判断并得出结论：由于机动车租赁公司将车辆出租后即丧失对车辆的运行支配，也不直接享有车辆运行带来的利益，因此不再成为承担车辆运行危险责任的主体，但因其对驾驶人（租车人）的选任以及对行车规则具有指示之责，故需承担由此引发的过错责任。[3]亦即，在车辆所有人（含管理人，下同）与机动车分离情形下，所有人仅承担基于“选任”和“指示”的注意义务，以及违反此二义务产生的侵权赔偿责任。[4]对

2　有关批评观点，如汪世虎、沈小军：《我国机动车之间交通事故归责原则之检讨》，载《现代法学》2014 年第 1 期。

3　杨永清：《解读〈关于连环购车未办理过户手续原车主是否对机动车交通事故致人损害承担责任的复函〉》，载《解读最高人民法院请示与答复》，人民法院出版社 2004 年版，第 119 页。

4　亦有观点将所有人、管理人过错分为管理义务方面的过错与选任方面的过错。管理义务的过错为知道或应当知道机动车存在缺陷，但疏于管理放任机动车行驶，以至于该缺陷使交通事故发生或损害扩大。负有管理义务的所有人、管理人，应当确保机动车适合驾驶，如果未及时维修，明显存在过错，应当承担相应的赔偿责任。选任方面的过错，是指知道或应当知道驾驶人无驾驶资格、未取得相应驾驶资格或者驾驶人不能驾驶机动车的情形，仍同意驾驶人使用车辆的过错。参见最高人民法院民法典贯彻实施工作领导小组：《中华人民共和国民法典侵权责任编理解与适用》，人民法院出版社 2020 年版，第 369 页。

此，我国《民法典》第1209条作了规定，因租赁、借用等情形机动车所有人、管理人与使用人不是同一人时，发生交通事故造成损害，属于该机动车一方责任的，由机动车使用人承担赔偿责任；机动车所有人、管理人对损害的发生有过错的，承担相应的赔偿责任。根据相关司法解释的规定，机动车所有人的“过错”主要是指违反《最高人民法院关于审理道路交通事故损害赔偿案件适用法律若干问题的解释》（法释〔2012〕19号）第1条所规定的注意义务：（1）对机动车明显缺陷的注意义务；（2）对驾驶人有无驾驶资格的注意义务；（3）对驾驶人是否因饮酒、服用国家管制的精神药品或者麻醉药品，或者患有妨碍安全驾驶机动车的疾病等依法不能驾驶机动车情况的注意义务。

然而，上述规范如果运用于共享机动车租赁之交通事故场景下，借以确定共享机动车租赁平台公司的赔偿责任，则可能失之偏颇。因为此情形下，作为共享机动车所有人和整个系统运营人的平台公司，其在整个“人—平台—车”的系统中的地位和作用已与传统汽车租赁公司大不相同，其拥有的“运行支配”能（权）力（利），享有的“运行利益”均有大幅度提高（该问题将在下文予以论证说明）。此时，平台公司应承担什么责任？如何进行赔偿？本文尝试从“人—车”事故的视角探究。

二、既有理论规范面临的挑战与不足

我国对于带有网络“基因”侵权案件的法律适用，一直以来采取“双轨制”策略——源于大陆法之过错责任理论和源于美国法之网络侵权理论。传统上，我国侵权法的理论构造和制度框架一直遵循大陆法系自阿奎利亚法以来的基本思路，即以过错为基本归责理由，在特定情形下以“无过错”为补充的归责体系；同时辅之以“受保护法益”“因果关系”等构成要件，从而建构起一套对于行为是否构成侵权的评价体系（“过错责任体系”）。然而对于“网络侵权”这一20世纪末产生并大行其道的侵权“新形式”，我国学界和立法界在一开始即放弃了上述业已成型并行之有效的模式，而是借鉴了美国《数字千年版权法》（DMCA）中的“通知—删除”规则（又称为“避风港”规则）。在我国后续的研究和立法中，该规则所确立的基本范式几乎为所有网络侵权救济的情形所借鉴，包括2009年《侵权责任法》。在此次《民法典》的编纂中，虽然有一些不同的声音，但最终仍然全盘继受了原《侵权责任法》的规定，只是在具体的操作层面增加了一些细节性规定。这一带有“美国侵权法”特色的研究与立法范式显然与前述我国传统的侵权法范式不同。如将侵权主体界定为“网络用户”和“网络服务提供者”，将侵权行为分为“直接侵权”和“间接侵权”

等[5]。如此，就在客观上将我国侵权责任体系分成两个子体系——一般传统侵权和网络侵权。对此不少学者提出过批评，并呼吁在我国传统侵权法体系下重新解释“通知—删除”规则[6]，然应者寥寥。

本文所讨论的主题显然带有网络“基因”，但也具有浓厚的传统侵权色彩。因此一旦驾驶共享机动车人与行人产生交通事故，对于共享机动车平台方的损害赔偿责任而言，可能适用的规范类型包括两个：一是基于网络侵权情形下，网络平台责任的认定和损害赔偿。其法律依据主要是《民法典》第 1194—1197 条；二是基于租赁、借用等情形机动车所有人、管理人与使用人分离时的交通事故侵权救济，主要法律依据是《民法典》第 1209 条以及《最高人民法院关于审理道路交通事故损害赔偿案件适用法律若干问题的解释》第 1 条之规定。以下分别加以分析。

首先看网络侵权条款的适用性。具备“网络因素”是否能自然得出“平台”侵权属于我国法律中的“网络侵权”这一结论，可从两个方面加以分析。

其一，从语义看，“网络侵权”一词可以理解成网络空间发生的侵权，亦可以理解为利用网络而进行的侵权，或者是侵犯他人（含自然人、法人和其他组织）的网络利益的侵权。其中我国立法机关在其编著的“释义”中将其作了最大化解释，即各种“指发生在互联网上的各种侵害他人民事权益的行为”。[7]可见，即使是作了最大化解释，依然无法将共享机动车事故侵权纳入其中。虽然在讨论租赁“平台”责任时，可能涉及一定的网络因素，但侵权行为本身与网络无关，更不属于“发生在互联网上”的侵权。

其二，从“网络侵权”的规范类型看，按美国法的规定主要包括“直接侵权”和“间接侵权”两种，前者是指网络服务提供者利用网络直接侵犯他人权益的行为，后者则指网络服务提供者帮助他人侵权或者在有权且有能力监管他人情形下，为了自身获取利益而未实施有效监管行为的情形。[8]而共享机动车交通事故侵权归根到底，还是由于驾驶人和行人之间的问题所致，平台之责任难以归入上述任何一种情形，因此无法被“间接侵权”这一类型所涵摄。

故从网络侵权的语义和“网络侵权”所规范的基本类型分析，驾驶共享机

5　如《美国著作权法》及相关判例，将侵犯著作权分为“直接侵权”和“间接侵权”两种。参见王胜明主编：《中华人民共和国侵权责任法释义》，法律出版社 2010 年版，第 180 页。

6　相关文章可见崔国斌：《网络服务提供商共同侵权制度重塑》，载《法学研究》2013 年第 4 期；周学峰、李平主编：《网络平台治理与法律责任》，中国法制出版社 2018 年版；薛军：《民法典网络侵权条款研究：以法解释论框架的重构为中心》，载《比较法研究》2020 年第 4 期。

7　王胜明主编：《中华人民共和国侵权责任法释义》，法律出版社 2010 年版，第 179 页。

8　王胜明主编：《中华人民共和国侵权责任法释义》，法律出版社 2010 年版，第 180 页。

动车发生交通事故致人损害无法纳入“网络侵权”的范畴。接下来进一步分析“通知—删除”规则是否适宜作为此类侵权形式的妥适规范。当下，学术界对“通知—删除”规则的广泛适用有不同看法，综合而言有以下三点：

首先，源于美国 DMCA 的“通知—删除”规则，无论是立法的年代（1998 年）还是内容，无不反映出一部网络时代早期版权保护的法律特质。从年代看，20 世纪 90 年代是互联网逐渐进入人们生产生活领域的起步阶段；从适用场景看，其主要是规范利用网络进行的版权侵权行为。虽然我国侵权法将“通知—删除”规则引入后，又扩展其适用范围至一些利用网络进行的侵犯其他权利的场景，但这一“扩展”能否真正有效，仍存疑虑。不少学者甚至认为，即使是扩展到与版权相似的专利侵权领域，“通知—删除”规则已经颇显吃力，遑论再拓展到其他侵权领域了。如有观点认为，侵犯版权的可识别度较高，一目了然，因此可以适用“通知—删除”规则，但一旦扩展到专利权领域，则可能因为不够直观，不易判断导致网络平台难以判断，从而使该规则失效。[9] 若再扩展至人格权等领域则更显力不从心。因此，从适用性角度分析，该规则适用性可能达不到立法目的。

其次，从“通知—删除”规则的规制对象——“网络平台”看，起初的“网络平台”仅是一个公众展示相关内容的“电子展板”，后来发展到可以进行较为复杂结算的交易型平台，到当今已经变成一个具有调度、监控、交易撮合、派单、信息发布，甚至自动推送广告信息的综合性管理服务中枢系统。本文所讨论的共享交通工具的“平台”甚至是车辆的“所有人”兼“管理人”。现在的“平台”，无论是从法律属性、功能，还是自身结构看，都很难原封不动地适用第一阶段所催生的规则。正如某些学者而言，随着网络交易平台型企业的兴起，“这种平台型企业在法律属性上，当然也可以看作网络服务提供者的一种，但其内涵比避风港规则设立之初所预设的网络服务提供者的那种相对简单的主体要复杂得多，相应的治理机制也更加复杂”。[10]

最后，从“通知—删除”规则自身的规范内容看，该规则本质上是一个免责规范，而非课责规范。该规则发端于互联网产业从起步到蓬勃发展的上升阶段，从立法目的而言，应是在互联网产业发展和版权保护之间求平衡，但这种平衡其实是向互联网产业一方倾斜的平衡，即在保护互联网产业发展的前提下，为版权人提供一定的救济。但移植到我国后，立法界却将其作为一个设定义务

---

9 王迁：《“通知—删除”规则在专利领域的适用性分析》，载《知识产权》2016 年第 3 期。

10 薛军：《民法典网络侵权条款研究：以法解释论框架的重构为中心》，载《比较法研究》2020 年第 4 期。

和责任的规范，或是一个受到网络侵权后的救济规范加以移植。这一做法直接导致了后续很多网络立法对该规范的“误用”。

对于上述问题与困难，有学者认为，究其原因是网络经济初期我国理论界和立法者对于美国网络侵权立法中的“通知—删除”规则的误读和缺乏思考的引进。这一理论在平台经济大行其道的今天，越发显得与现实脱节，更难以融入我国长期以来以“过错”为基础的侵权责任归责体系中。[11] 故本文认为“通知—删除”规则不应是本文所讨论的侵权情形的适用规范。明确这一点后，接下来的问题是，既然“通知—删除”规则难以得到认可与适用，那么如何运用我国既有的“过错”归责理论涵摄网络平台侵权责任？进而如何对现有的法律规范进行合理解释，使其能够胜任网络平台侵权纠纷的解决？这依然要回到对传统侵权法中关于租赁车辆交通事故赔偿规范的审视上来。在《民法典》的责任制度框架下，作为机动车所有人的平台公司仅在有特定过错情形下承担责任。但在共享机动车应用场景下，此规范是否需作改进与完善，则应作进一步研究分析。本文认为，共享机动车租赁平台（企业）与传统机动车租赁企业相比，至少有以下两个难以忽略的相异之处：

1. 对车辆的运行支配形式和程度不同。以租还车为例，传统租车公司出于各种考虑，往往在一个地区内设置有限的租车（还车）点，且有专人值守。共享机动车平台则可以通过技术手段（如各种定位系统）实现对一个大的区域内的多个租车（还车）点的掌握与控制，而且成本大幅度下降。而与之相对的是驾驶人自由程度的减弱。而且技术的进步使得平台公司可以随时监控驾驶轨迹，甚至驾驶室内的情况——所需要的只是几个隐蔽的探头和强大的互联网。从这一角度而言，与传统机动车租赁公司相比，共享机动车平台公司对车辆运行的支配与控制力大大加强了。

2. 平台公司相对传统租车公司获得运行利益不同。传统租车公司从车辆出租中获取的利益主要是租金。共享租车平台公司则在租金外，还可以获得大量数据信息。这里的数据包括车辆行驶轨迹数据，租车人个人信息数据，甚至车辆内部驾驶人，乘客的各种活动信息等。通过大数据挖掘，还可以进一步获得诸如“驾驶习惯”“出行目的”、各种道路数据等更多信息。在当今社会，数据抑或信息无疑具有超越传统货币价值的更大价值。

上述内容综合而言，即前文所说之“运行支配”与“运行利益”的差异。事实上，针对机动车所有人与驾驶人分离的情形，我国司法实践早已开始关注。

11　薛军：《民法典网络侵权条款研究：以法解释论框架的重构为中心》，载《比较法研究》2020 年第 4 期。

如《最高人民法院关于被盗机动车肇事后由谁承担损害赔偿责任问题的批复》(法释〔1999〕13号)、《最高人民法院关于购买人使用分期付款购买的车辆从事运输因交通事故造成他人财产损失保留车辆所有权的出卖方不应承担民事责任的批复》(法释〔2000〕38号)等。而最为明确地采用了“运行支配”与“运行利益”判断标准的是《最高人民法院关于连环购车未办理过户手续原车主是否对机动车发生交通事故致人损害承担责任的复函》(〔2001〕民一他字第32号)。[12]如果坚持上述标准，则共享机动车租赁平台公司与传统公司之间的差异已经相当大。我们有理由认为，在共享机动车发生人车事故的场景下，现有的规范已难以适用，有必要建立新的损害赔偿机制和规范，从而实现更加公平的责任分配。本文将从归责原则和责任承担两个方面加以论述。

三、归责原则的确定

所谓归责原则，是指“以何种根据确认和追究侵权行为人的民事责任”。[13]有学者称之为“使损害之权益与促使损害发生之原因相结合，将损害因而转嫁由原因者承担之法律价值判断因素”。[14]进入数据时代后，对平台的规制以及后续的责任承担问题成为“归责”问题研究的新领域。我国民法典确定了过错责任（含过错推定责任）和无过错责任两种归责原则。以下从宏观、中观、微观和比较法层面对共享机动车平台损害赔偿责任的归责问题加以分析，从而确定归责原则。

（一）宏观层面：归责原则的时代坐标

归责原则问题之讨论离不开对我们所处的时代特征的审读。这既是讨论问题的前提，也是法学回应时代呼唤的体现。当代社会从社会结构特征而言，无疑用“风险社会”可以归纳之。“风险社会”理论的创立者，德国社会学家乌尔里希·贝克教授（Ulrich Beck）认为，随着现代性和科学技术的飞速发展，

12　该复函指出“连环购车未办理过户手续，因车辆已交付，原车主既不能支配该车的营运，也不能从该车的营运中获得利益，故原车主不应对机动车发生交通事故致人损害承担责任”负责起草该批复的法官对此解读为“根据危险责任思想和报偿责任理论来确定机动车损害赔偿的责任主体，具体操作就是通过‘运行支配’和‘运行利益’两项标准加以把握。因此，判定一方是否为机动车损害赔偿的主体，要从其是否对机动车运行处于支配地位以及是否从机动车运行中获得利益加以判定。”杨永清：《解读〈关于连环购车未办理过户手续原车主是否对机动车交通事故致人损害承担责任的复函〉》，载《解读最高人民法院请示与答复》，人民法院出版社2004年版，第119页。

13　张新宝著：《中国侵权行为法》（第二版），中国社会科学出版社1998年版，第42页。

14　邱聪智著：《民法研究》（一）（增订版），中国人民大学出版社2002年版，第84－85页。

人们所面临的风险与过去相比已经发生了本质变化。具体说来，现代风险具有不可感知性、整体性、建构性、"平等"性、全球性和自反性等特征。[15] 为了应对风险，新的"游戏规则"会被催生出来。归责原则作为侵权法，乃至民法的重要范畴，必然被深深打上时代的烙印。如果说工业社会为"过错责任原则"的大行其道提供了丰厚的土壤，那么进入风险社会，单一的阐发于近代民法三大原则之一的"过错责任"则显得形单影只。侵权法的应对，一方面，损害赔偿从最初在当事人之间损失分配，发展为向多个共同参与人乃至整个社会分散损失，出现了集体化的损失分担趋势；[16] 另一方面，原有的过错要件被省去，创立了新的归责原则——危险责任。至此侵权法归责进入二元时代。

德国法是"危险责任"（Gefahrdungshaftung）之集大成者。德国法学界将这一责任形态的理论依据归为"危险来源论""危险控制论""报偿理论"。有关这三个理论内涵等问题已有较多研究成果，本文不再赘述。质言之，"危险责任"并非追求对"侵权人"行为"过错"的纠问，而是追求在"侵权人"和"受害人"之间的损失合理分配，是"对从事危险行为的一种合理平衡"。[17] 因为新的设施、技术、物质或材料是未知和无法预见的风险的源泉，故有必要设立一种新的特殊责任来平衡由此产生的损害。

进入数字时代（亦称为"数字社会"），"风险"这一特质并未消减，而是以其他形式继续存续和迭代。数字时代是以现代信息网络为载体，以数字化的信息为基本单位的社会交往。[18] 其主要特征是信息的数据化及其深度应用。与之相应的，风险主要表现为从有形风险向无形风险的转变。传统有形风险主要表现为机器伤害，但信息社会无形风险主要表现为信息被窃、信息泄露、算法诱导、大数据杀熟等。而这类风险受害面更广，损失更大，且更隐蔽。以平台侵害个人信息为例，一旦平台在 APP 中设置个人信息秘密搜集功能，其对个人信息的非法搜集很难被发觉，而一旦大规模使用，侵害将是广泛的。这从近年来频频曝光的平台 APP 被国家调查整顿事件中可见一斑。近期较为典型的便是国家网信办于 2021 年 7 月 2 日宣布对网络打车平台"滴滴出行"的网络安全审查。[19] 根据国家网信办的公告，"滴滴"公司存在严重违法违规收集个人信息问

15　赵延东：《解读"风险社会"理论》，载《自然辩证法研究》2007 年 6 月。

16　朱岩：《风险社会与现代侵权法体系》，载《法学研究》2009 年第 5 期。

17　［德］马克西米利安·福克斯著：《侵权行为法》（2004 年第五版），齐晓坤译，法律出版社 2006 年版，第 256 页。

18　李忠夏：《数字时代隐私权的宪法建构》，载《华东政法大学学报》2021 年第 3 期。

19　相关公告可见国家网信办官网，http：//www.cac.gov.cn/2021－07/04/c_1627016782176163.htm，最后访问于 2021 年 9 月 3 日。

题。由于滴滴公司用户数量极为庞大，其侵权的受害群体必然是大规模的。即使离开个人信息领域，亦存在利用信息侵权，如利用算法对不同品牌型号手机使用打车软件设置不同的优惠等。[20]

综上，风险社会与信息社会的叠加，或者说以（数据）风险为主要特征的风险社会正逐步取代传统风险社会，成为确立归责原则最主要的时代坐标与背景。共享机动车租赁平台公司正充分体现了这一数据化“加持”传统产业的特征，从而使租车公司实现了“脱胎换骨”式的蜕变。可以想见，数据化的租赁平台公司未来极有可能以数据挖掘、数据交易作为主要利润来源。随之而来的风险也必然带有“数据”“信息”的特征。

（二）中观层面：侵权法预防功能的实现

一般而言，侵权法的主要功能包括：预防（遏止）、赔（补）偿和损失分摊等（其中赔偿和损失分摊功能几乎等价，学界一般合并讨论）。如何能使立法最大限度实现上述功能，也是确立归责原则的重要考量因素。进入风险社会，预防功能是首要的，因为几乎所有的赔偿均无法完全弥补受害人的损失，唯有强化“预防”才是实现侵权法功能的要旨。进入数据时代，掌握数据者往往是获益者，且与“危险开启者”重合。面对从未消减但更加隐蔽的风险，要实现对风险的预防，在归责原则方面应着眼于提升掌握数据者的责任承担水平，从而倒逼其提升预防风险能力。网络平台租赁机动车交通事故的预防机制中，网络平台不能缺位。这并非由于平台“责任兜底之筐”[21]所致，而是现实之中的网络平台的确具有危险开启者与获益者的身份，也有能力通过网络技术向驾驶人尽到提醒、报警的义务，未来甚至很可能具备远程制动能力。此时，法律如果仍恪守“过错责任”这一被动归责的传统，则易形成所谓“责任鸿沟”，其实质是责任人以缺失控制力或技术中立为由的责任规避。而这将在数据社会中降低网络平台公司增加预防风险的投入，引发风险的不断增大。

（三）个体层面：损害与救济的巨大反差

一般认为，损害是指个人、实体或社会的利益减损，就个人而言，其意味着受害人身体完整性、智力敏锐度、精神稳定性、正常社交能力以及财产等利

20　根据澎湃新闻《复旦教授实证研究：用滴滴打车，实付价高于预估价约6.7%》，复旦大学一教师带领的研究小组研究表明，使用苹果手机打车，往往被优先推送价格较贵的“舒适型”车辆，且获得优惠的可能性大大小于非苹果手机。澎湃新闻2021年2月20日发布，https：//baijiahao.baidu.com/s？id =1692184054308472523&wfr = spider&for = pc，最后访问于2021年3月15日。

21　张凌寒：《网络平台监管的算法问责制构建》，载《东方法学》2021年第3期。

益的减损。[22]进入数据社会，由于个人对于各类网络平台的依赖度极高，而用户与平台企业的信息与能力不对称又很突出，导致个人遭受平台企业侵权后救济能力严重不足。如个人信息遭受盗用等损害后面临着损害认定难，因果关系证明难等一系列困境。[23]在本文所讨论的“人—车”事故中，如果按照传统的机动车事故救济方式，可能让责任人逃离追责，且受害人面临较高的证明责任而难以承受，从而严重阻碍受害人寻求充分救济，形成损害与救济的巨大反差。

1. 受害人巨大损害与赔偿责任人单一的反差

交通事故对人的损害往往是巨大的。如果按照传统机动车致人伤害事故理论（含租赁车辆致人伤害理论），根本无法将机动车租赁平台作为赔偿责任人，因为其并不是事故的直接行为人。如此便大大降低受害人获得赔偿的概率和数额。一旦驾驶人逃逸，无法追踪，受害人将无法获得除保险赔偿外的任何其他赔偿。一边是巨大的损害但可能面临赔偿不足的窘境，另一边是有一家平台公司大获其利却难以向其索赔，巨大的反差映射出的是立法的缺位与不足。

2. 受害人巨大损害与其证明责任高企的反差

按照传统理论，即使将网络平台租赁公司纳入赔偿主体范围，受害人也可能面临高企的证明责任。现代侵权法改变了传统侵权法对于过错的主观化认定，而采取了过失认定客观化方式，并将过失定义为未尽应尽之注意义务，[24]从而在过错认定上大大减轻了受害人的证明责任。再结合“相当因果关系理论”，从“条件关系”和“相当性”两个方面对相当因果关系进行判断——前者指“若无法则”，即“若无该行为，则无此损害”。后者的判断模式为“若有该行为，通常会产生损害”[25]——受害人的证明责任已有相当幅度的下降。但尽管如此，一旦进入数据社会，在侵权案件中受害人要证明机动车网络租赁平台公司“未尽应尽之注意义务”，以及该不作为与损害之间的“相当因果关系”亦具有较高难度。原因在于，受害人潜在的伤害来源完全处于加害人的控制之下，在证明加害人过错方面结构性地面临着极大的困难——受害人（行人）根本无法证明网络平台公司是否对车辆的运行进行了全程监控，亦无法证明网络租赁平台公司通过租赁车辆，获取信息而获得了大量宝贵的数据，从而应对车辆运行承担

---

22 See Daniel. J. Solove & Danielle Keats Citron, Risk and Anxiety: A Theory of Data Breach Harms, 96 Texas Law Review 737, 747 (2018).

23 有关个人信息受侵害后的损害救济问题，参见解正山：《数据泄露损害问题研究》，载《清华法学》2020 年第 4 期。

24 屈茂辉著：《论民法上的注意义务》，载《北方法学》2007 年第 1 期。

25 丁宇翔：《跨越责任鸿沟——共享经营模式下的平台侵权责任的体系化展开》，载《清华法学》2019 年第 4 期。

相应的注意义务。因此，欲改变上述状况，应当引入新的责任认定规则，彻底改变受害人证明责任过高的现状。

（四）比较法层面：基于“车辆保有人”责任的借鉴

比较法上，检索各国有关机动车交通责任主体之法律规定，可发现德国法上有“车辆保有人”（以下简称“保有人”）之概念。德国1909年《道路交通法》第7条第1款规定：“机动车运行之际，致人死亡，身体或者健康受到伤害，或者物品受到损坏时，该机动车的保有者（Halter），对受害人负担赔偿由此产生的损害的义务。”此外，希腊《机动车辆赔偿责任法》、美国《罗得岛州一般法》亦有类似规定。[26]上述各国都根据车辆运行中的实际风险，将风险控制主体分为“保有人”与驾驶人。本文以德国法为例对“保有人”概念进一步加以介绍与分析。

德国法上的“车辆保有人责任”理论[27]认为，“保有人”是机动车致人损害的救济中的一个特殊主体。“保有人”之法律责任早在1909年即存在，其理论基本观点是，保有人是指为自己利益而使用机动车并对机动车具有支配权的人。所有权人一般而言就是保有人。在租赁关系中，如发生机动车交通事故，则保有人应承担相应的损害赔偿责任。只有在长期租赁情形下，驾驶人才会成为唯一的保有人。[28]保有人责任与驾驶人责任性质不同，两者所要解决的问题也不完全相同。[29]驾驶人责任，是驾驶人对违反交通规则、操作不当、疲劳驾驶等未尽合理注意义务的行为所致损害的责任；而保有人责任，则是对机动车运行危险实现所致损害的责任，应采危险责任为归责原则，即机动车运行向社会开启了一项危险，控制该运行并从中受益之人，应对危险实现所致损害承担赔偿责任。[30]设置车辆“保有人”的危险责任，一方面，为受害人救济提供更

---

26 美国《罗得岛州一般法》第31－33－6条规定，“无论何时，只要汽车在本州公路上经汽车所有人、承租人抑或受托人明示或暗示同意被使用、被操作或者被引起操作，发生交通事故案件的，除了汽车所有人、承租人抑或受托人，该汽车之驾驶人须被视为前三者之代理人而承担责任，除非该驾驶人在事故之前已经提供支付能力证据者”。参见张龙：《主体分离型道路交通事故责任主体认定标准——以〈侵权责任法〉第49条的解释为中心》，载《西安电子科技大学学报（社会科学版）》2018年第3期。作者亦通过网络等渠道进行一定补充。

27 亦有译著译成“持有人”。见［德］埃尔温·多伊奇、汉斯－于尔根·阿伦斯著：《德国侵权法——侵权行为、损害赔偿及痛苦抚慰金》，叶名怡、温大军译，中国人民大学出版社2016年版，第182－184页。

28 ［德］埃尔温·多伊奇、汉斯－于尔根·阿伦斯著：《德国侵权法——侵权行为、损害赔偿及痛苦抚慰金》，叶名怡、温大军译，中国人民大学出版社2016年版，第182－184页。

29 刘召成：《自动驾驶机动车致害的侵权责任构造》，载《北方法学》2020年第4期。

30 杨永清著：《解读最高人民法院请示与答复》，人民法院出版社2004年版，第119页。

多通道，另一方面，督促保有人更多关注车辆运行安全，降低风险。通观该理论，“保有人责任”于本文所探讨之目标主题具有较高借鉴价值，主要原因在于：

1. 法理基础相近。“保有人理论”的法理基础可以从两个方面分析。一是社会连带思想，以及根据社会连带思想建立起的弱势群体保护理论。具体到规则层面，该理论引申出的“社会调剂”规则强调，从社会整体层面出发，在一定范围内对社会成员以及社会共同体的分配状况进行必要的调剂，以保证社会的稳定并推动社会成员在较高层面得到发展。[31] 从两大法系比较看，大陆法系更接受社会连带思想。在“人—车”事故的场景下，弱势群体是受害人，应从法律层面积极保障其基本的权利，尤其是受害后的救济权利。“保有人理论”正是从社会连带角度，强调了除实际驾驶人外，机动车保有人亦应承担一定的赔偿责任。二是“危险开启理论”。机动车保有人将车辆出租予他人，既开启了危险，又从中获益，因此其应当承担因车辆事故造成的损害赔偿责任。可见，“保有人理论”与本文讨论并欲解决的平台责任问题在法理基础上颇为相近——“社会连带理论”亦是我国平台责任立法的重要法理基础，一方面希望通过限制平台无序扩张，破除大平台垄断；另一方面明确平台法律责任，督促平台更多关注中小用户等弱势群体利益，提供更便捷有效的救济渠道。双管齐下建立起有利于平台普通用户的法治秩序。这一点，从平台立法（电子商务法等）和国家对平台监管（如反垄断，数据监控等）的现状即可看出。从我国侵权立法的沿革看，从原《侵权责任法》立法之初即确立了“社会本位”，并一直延续到《民法典》，这一点不再赘述。

2. 公共政策目标一致。德国法上之所以设立所谓“保有人责任”，主要目的是增加赔偿主体，方便受害人获得赔偿。按照我国传统机动车租赁方的责任承担规则，选择面较窄，大多数情形下只能向驾驶人追责。如果驾驶人逃逸则可能“人财两空”。而在平台作为租赁方情形下，平台对驾驶过程的全方位掌控与更多的获利应带来更大的责任。此时公共政策目标应确定为：通过设定平台责任，一方面提高平台对租赁汽车行驶安全的注意义务，从而更高程度地保障驾驶安全；另一方面在发生事故时，多一个相对固定和有支付能力的赔偿人，从而更方便受害人获得足额救济，从而减少纷争，维护社会稳定。这与德国法上“保有人责任”的政策目标是一致的。

3. 易于融入我国现行法律体系。虽然我国法律中尚无“保有人责任”，但已有车辆“管理人”概念。在诸如归责原则、责任承担等关键问题上，车辆

31 赵讯、严颂：《弱势群体保护的法哲学阐释》，载《法学杂志》2006 年 5 月。

“管理人”与“保有人”无论是在内涵还是外延上，均基本一致，从而借鉴“保有人责任”难度大为降低。而且从现有的法律体系看，虽然传统车辆租赁致人损害制度中无“保有人责任”一说，但作为车辆所有人（管理人），其仍在特定情形下应负一定赔偿责任。保有人责任只是扩大了原有责任的范围，降低了承担责任的门槛。在此情形下，如果在传统车辆租赁的基础上，增加“数据”“互联网”因素，同时在“所有人”“管理人”基础上引入“保有人”和“保有人责任”，将会较为平顺，而不会遇到大的困难，引发大的波动。

故，以德国法为代表的“车辆保有人”理论在我国机动车事故赔偿责任制度中可以借鉴，尤其是其“危险责任”的归责原则可以在未来的共享机动车租赁平台公司责任体系中适用。

综上，无论是从宏观、中观还审微观角度观察与分析，机动车网络租赁平台公司在“人—车”事故中均应被课以危险责任的归责原则，以回应“数据社会＋风险社会”的叠加危险。也只有如此，才能弥补数据社会受害个体的救济能力严重不足，从而实现车辆保有人、驾驶人和受害人的利益平衡。比较法上，德国法和美国法均为“危险责任”的确立提供了较丰富和坚实的外部借鉴，而“车辆保有人责任”理论甚至为后续进一步研究提供了更为精准的理论支撑。

四、责任承担的方式

在确立以“危险责任”为归责原则前提下，需进一步探讨共享机动车租赁平台公司在“人—车”事故中的责任承担方式，而研究的起点仍是“机动车所有人与驾驶主体分离情形下的交通事故责任承担问题”。从我国的立法史看，自机动车所有人与驾驶主体分离情形下的交通事故责任承担问题产生起，经历了所有人与使用人承担连带责任至使用人承担责任、所有人承担过错责任的转变（管理人与所有人承担责任相同，因此不再单列）。其间，地方性司法文件意见并不统一，对于主体分离情形下机动车所有人的责任承担主要有以下四种意见：所有人承担连带责任；所有人承担按份责任；所有人承担补充责任；所有人有过错时承担连带责任，无过错时无责。具体见下表：

表 1　主体分离情况下机动车所有人的责任承担

所有人承担连带责任	所有人承担按份责任	所有人承担补充责任	所有人有过错时承担连带责任，无过错时无责
2006 年《安徽省高级人民法院审理人身损害赔偿案件若干问题的指导意见》第 12 条	2004 年《山东省高级人民法院关于审理道路交通事故损害赔偿案件的若干意见》第 8 条	2006 年《贵州省高级人民法院、贵州省公安厅关于处理道路交通事故案件若干问题的指导意见》(一) 第 21 条	2006 年《重庆市高级人民法院关于审理道路交通事故损害赔偿案件适用法律若干问题的指导意见》第 7 条
2006 年《重庆市高级人民法院关于审理道路交通事故损害赔偿案件适用法律若干问题的指导意见》第 4 条	2010 年《浙江省高级人民法院民一庭关于审理道路交通事故损害赔偿纠纷案件若干问题的意见（试行)》第 5 条	2004 年《天津市高级人民法院关于审理交通事故赔偿案件有关问题经验总结》第 6 条	2008 年《陕西省高级人民法院关于审理道路交通事故损害赔偿案件若干问题的指导意见（试行)》第 7 条
2006 年《贵州省高级人民法院、贵州省公安厅关于处理道路交通事故案件若干问题的指导意见》(一) 第 22 条	2011 年《上海市高级人民法院民事审判第一庭道路交通事故纠纷案件疑难问题研讨会会议纪要》第 2 条		2008 年《福建省高级人民法院民一庭关于审理人身损害赔偿纠纷案件疑难问题的解答》第 6 条
2004 年《天津市高级人民法院关于审理交通事故赔偿案件有关问题经验总结》第 7 条	2012 年《广东省高级人民法院全省民事审判工作会议纪要》(粤高法〔2012〕240 号) 第 40 条		2003 年《河南省高级人民法院民事审判第一庭关于当前民事审判若干问题的指导意见》第 51 条
广东省高级人民法院、广东省公安厅于 1996 年 7 月 13 日联合下发《关于处理道路交通事故案件若干具体问题的意见》(粤高法发〔1996〕15 号) 第 7 条			1999 年《江苏省全省民事审判工作座谈会纪要》第 3 条

续表

所有人承担连带责任	所有人承担按份责任	所有人承担补充责任	所有人有过错时承担连带责任，无过错时无责
2008年《陕西省高级人民法院关于审理道路交通事故损害赔偿案件若干问题的指导意见（试行）》第6条			
2005年《山东省高级人民法院全省民事审判工作座谈会纪要》第三部分第7条			

自《民法典》第1209条确立并实施以来，对于所有人（管理人）责任分配在《民法典》施行后的司法实务中仍存在分歧。如果以关键词“机动车出借”“机动车出租”“侵权责任法第49条”以及案由“机动车交通事故责任纠纷”在“威科先行”网站中进行检索，截取2017年至2020年近四年案例共计78篇，再以“民法典第1209条”检索，截至2021年7月共收录71篇判决书，两者相加总共计149篇判决书。其中除了以“交强险承担责任”以及“所有人、管理人无过错”等原因，机动车所有人、管理人不承担责任之外，筛选涉及机动车所有人、管理人与驾驶人在交强险范围外担责的部分案例共计81篇。对判决书中所认定的过错所有人、管理人承担的责任形式进行梳理总结归纳，在其中73%（59起）的案件中，法院判决有过错的所有人和使用人承担按份责任；其中21%（17起）的案件中，法院判决过错的所有人和使用人承担连带责任；其中4%（3起）的案件中，判决过错的所有人和使用人承担部分连带责任；另外2%（2起）的案件中，所有人承担补充清偿责任。从统计数据看，在司法实务中，各地法院在处理主体分离情形下的机动车事故责任纠纷，大多判决所有人与使用人依照各自之过错按比例承担责任，将责任分配方式认定为按份责任。

从典型案例看，本文查询到三个较为典型的案件判决——河北省唐山市中级人民法院审理的张某、张某清机动车交通事故责任纠纷案[32]，河南省郑州市

32 参见河北省高级人民法院（2021）冀02民终1214号民事判决书。

中级人民法院审理的某财产保险股份有限公司河南分公司[33]、闫某机动车交通事故责任纠纷案以及贵州省贵阳市云岩区人民法院审理的曾某与付某、潘某机动车交通事故责任纠纷案[34]。上述三个案例中，审理案件的中级人民法院分别作出按份责任、连带责任以及部分连带责任的判决。[35]如果我们严格从文义角度分析《民法典》第1209条之规定，“相应的赔偿责任”之表述即可排除连带责任（含部分连带）。因为从我国民法一贯的立法语言表述看，“相应的赔偿责任”不可能指“连带责任”——连带责任较其他责任类型而言后果较重，且适用情形相对较少，立法应当会明确在何种情形下适用“连带责任”，而不会含糊其词。我国《民法典》第178条第3款明文规定：“连带责任，由法律规定或者当事人约定。”此处的“法律”和“规定”二词均应作狭义解释，即“法律”仅指全国人大及其常委会经过法定程序制定的“法律”。“规定”一词应仅指“明文规定”，而不包括“推定”。立法如《民法典》第973条：“合伙人对合伙债务承担连带责任。清偿合伙债务超过自己应当承担份额的合伙人，有权向其他合伙人追偿。”第1195条第2款：“网络服务提供者接到通知后，应当及时将该通知转送相关网络用户，并根据构成侵权的初步证据和服务类型采取必要措施；未及时采取必要措施的，对损害的扩大部分与该网络用户承担连带责任。”而立法如果明确是“相应的赔偿责任”，则全部都是按份责任。如《民法典》第1191条第2款和1192条第1款的规定。另外，依据我国侵权法法理，连带责任发生的情形一般包括共同实施侵权行为、共同实施危险行为且无法确定具体侵权人、无意思联络多人实施侵权造成同一损害，且每个人的行为都足以造成全部损害。对照上述情形，机动车所有人（管理人）在租借之时并不存在故意，并不希望自己所有之车辆发生交通事故。因此根本不存在“连带责任”（含部分连带）的适用空间。

上述结论是否可以直接套用到共享机动车网络租赁平台公司上？危险责任下的责任承担方式是否与过错责任相同？责任形式本质是存在多个“来源”致侵权结果发生的情形下，责任应如何在各个造成“原因”的主体之间分配的问题。一般而言，依据侵权人之间有无共同性（意思联络）可能承担连带责任、按份责任两种后果。侵权法确立所谓多数人侵权规则，主要是为解决多个侵权人共同或分别实施加害行为，给受害人造成多个或同一损害时，由于“多因一

---

33 参见河南省郑州市中级人民法院（2021）豫01民终2289号民事判决书。

34 参见贵州省贵阳市云岩区人民法院（2020）黔0103民初17263号民事判决书。

35 作者对上述三份判决进行了研读发现，判决书并未对责任承担方式作出解释，而是直接予以确定。

果”或“多因多果”而造成的受害人举证难题。[36]即通过“共同性”（意思联络），将多个原因行为评价为一个侵权行为，从而均需对侵权后果负责，继而免除对多个原因行为的举证责任。我国侵权法将多数人侵权根据共同性（意思联络）的有无划分为两类：共同侵权和无意思联络数人侵权。前者主要包括共同加害行为、教唆帮助行为和共同危险行为；后者主要包括无意思联络数人侵权承担连带责任和无意思联络数人侵权承担按份责任两种情形。前者强调的是“共同性”，后者则依据是否足以造成全部损失而区分责任承担方式。综上，如要确定多数人的侵权中某一方的责任承担方式，应首先确定该方是否与其他方有共同性；如无共同性，则其行为是否足以造成全部损害。如存在共同性，或虽无共同性，但单个行为足以造成全部损害，则侵权人各方承担连带责任；若既无共同性，单个行为又不足以造成全部损害，则各方承担按份责任或其他类型责任。不难发现，“共同性”的认定是责任承担方式的关键。学术界对于“共同性”的认定，在2008年《侵权责任法》颁布前，存有“共同故意说”“共同过错说”“共同行为说”“折中说”四种。[37]其中又以“共同故意说”和“折中说”影响力较大。前者强调“共同性”仅指“共同故意”，即意思联络，并为了共同目标而行为。后者则认为“共同性”既要考虑主观方面，也要考虑客观方面，同时把握受害人与行为人之间的利益平衡。我国侵权责任法采“共同故意说”，而《最高人民法院关于审理人身损害赔偿案件适用法律若干问题的解释》则采“折中说”。《民法典》在文字上基本沿用了《侵权责任法》的表述。本文认为，此处的“共同”采“共同故意说”为妥。理由在于，一则，《民法典》采“共同故意说”。《民法典》作为我国民事领域的最高规范，亦是最新的规范，其应得到尊重和有效适用，这也是法治统一原则的基本要求；二则，“折中说”认为认定共同侵权时，应结合各行为人行为之间的客观联系，把握行为人与受害人之间的利益平衡加以认定。且就主观方面而言，不应仅考虑共同故意，还应考虑共同过失，或故意与过失的结合。如果按照此义加以认定，一方面，司法认定较为困难——如何理解“客观联系”？可能造成司法的困扰。另一方面，从公共政策而言亦可能造成承担赔偿责任的主体不适当地增加，从而造成打击面过大，亦难言公正。

共享机动车租赁平台与传统机动车租赁公司相比，其在“运行支配”和“运行利益”上具有“强支配性”和“数据获利性”的区别，故本文认为确定

36　程啸著：《侵权责任法（第二版）》，法律出版社2015年版，第337页。

37　有关四种学说的分类方法和主要内容详见程啸：《侵权责任法（第二版）》，法律出版社2015年版，第342－344页。

共享机动车租赁平台在“人—车”事故中的责任形式，应充分考虑此二特性，并结合我国民法典对“人车分离”时机动车所有人（管理人）对交通事故的责任承担方式进行。鉴于我国《民法典》及司法解释明确了“人车分离”时机动车所有人（管理人）对交通事故的责任承担的方式和理由，本文接下来的分析亦以此为标准，将共享机动车租赁平台的责任划分为“有过错”和“无过错”的责任承担。

机动车租赁平台有过错情形——“有过错”的情形下，应适用现行“人车分离”情况下机动车事故的责任承担方式，即基于过错的按份责任。主要理由是，此情形下平台所承担责任的理由与传统机动车租赁公司并无二致，均是基于自身过错而承担相应的责任，因此应比照民法典相关规定进行责任认定。

机动车租赁平台无过错情形——平台对运行之车辆和行人承担了注意义务，包括对车辆事故致人损害的注意义务，从责任类型角度而言，共享机动车租赁平台与驾驶人之间既不构成连带责任，亦不构成按份责任。因为按份责任虽然无“主观共同性”要求，但仍有“客观共同性”之要求。我国《民法典》第1172条规定：“二人以上分别实施侵权行为造成同一损害，能够确定责任大小的，各自承担相应的责任；难以确定责任大小的，平均承担责任。”根据该条，“客观共同性”指不同的行为均对“同一损害”具有“原因力”。而基于无过错的危险责任而产生的损害赔偿责任是其出租并保有汽车的潜在危险的实现，而与机动车“租赁”行为无关，更与驾驶行为之间无“共同性”[38]。此时，在危险责任下共享机动车的租赁平台应承担独立的侵权责任。该侵权责任的赔偿范围应包括基于车辆运行所产生的危险所致之损害赔偿责任，主要包括由于驾驶操作以及车辆状况等方面的因素而导致的事故伤害，而不包括由于驾驶人故意驾驶车辆伤害他人、受害人自伤或其他外力（自然力）导致的损害。

需要指出的是，如果在“人—车”事故中，驾驶人亦因自身驾驶原因致人损害而需承担相应损害赔偿责任，则如果受害人径直向租赁平台公司主张赔偿，平台公司赔偿后，可向实际驾驶人追偿，以避免受害人多头获赔。

---

38 刘召成：《自动驾驶汽车的侵权责任构造》，载《北方法学》2020年第4期。

涉外法治建设中 外国律师准入机制的重构逻辑及制度实现

杨立民*

【内容提要】 在大力推进涉外法治建设的时代背景下，关注中国律师如何“走出去”的同时，也要考虑外国律师来华的问题。在 WTO 框架下，对等和自主是法律服务跨境流动的两项基本原则，有限度地对外开放法律服务市场是国际通行做法。中国对外国律师设置一定的准入门槛是基于国际规则和实践经验作出的常规举措，并非出于民族主义或保护主义的狭隘心态。重构外国律师来华的准入和监管，要考虑到国家主权的维护、国内律师业的发展状况以及外资律所的本土化等问题。鉴于当前法律服务跨境流动的基本原则和模式，可以在从业身份、业务范围、监管结构等方面来进行制度设计。

【关键词】 涉外法治　外国律师　准入与监管　重构逻辑　制度实现

引言

2020 年 11 月 16 日，习近平总书记在中央全面依法治国工作会议上强调，要坚持统筹推进国内法治和涉外法治，加快涉外法治工作战略布局，协调推进国内治理和国际治理。党的十八大以来，中央就涉外法治工作多次作出规划部署，2016 年中央全面深化改革领导小组通过了《关于发展涉外法律服务业的意

---

* 杨立民——东华大学人文学院副教授，上海交通大学凯原法学院博士后，上海高校智库国际经贸治理与中国改革开放联合研究中心研究员、硕士研究生导师，主要研究领域：法律服务、涉外法治与法律文化。本文系国家社科基金 2018 年度青年项目“网络环境下律师庭外言行的边界与规范问题研究”（项目编号：18CFX038）的阶段性成果，获第三十三届全国副省级城市法治论坛征文二等奖。

见》，对新形势下中国涉外法律工作的开展和涉外法律服务业的发展进行了统筹规划。就律师服务而言，涉外法治工作包含“走出去”和“迎进来”两个方面，前者是指中国律师走出国门登上国际法律服务市场，后者是指外国律师来到中国提供法律服务。在现行国际经贸体制下，对等与互惠是两项基本原则，因此在讨论如何推动中国律师走上国际舞台发挥作用时，也需要对外国律师来华从业的问题进行一定的关注，这将会成为涉外法治建设中一个回避不了的问题。

目前关于外国律师来华的研究主要集中在“贸易”和“职业”两个方面，前者是从服务贸易自由化的角度研究中国法律服务市场的对外开放问题，后者是从法律全球化的角度探讨法律职业的全球扩展与本土融合等问题。[1]整体上，现有研究缺乏从比较的层面关注“他者”的制度实践，而中国律师“走出去”的程度以及外国律师来华准入机制的构建，很大程度上取决于国际规则的要求和对方的开放政策。而且，从历史的角度来看，外国律师来华不是一个简单的贸易问题，它涉及国家司法主权的独立性议题。即便在当今国际经贸体制下，法律服务与金融、会计等其他服务业也存在着显著差别，这是由它的内容属性决定的。一项政策和制度的出台或调整，不是简单的理论假设与推演，需要平衡各种利益关系，考量多重影响因素，并接受宏观政策和市场环境的检视。基于这些考虑，本文将在已有研究成果的基础上，从比较的视角考察改革开放以来外国律师来华准入机制的建构逻辑，分析和检视当前存有的一些争议，探讨涉外法治建设中调整现行准入和监管机制的原因以及如何从制度层面实现重构。

一、构建外国律师来华准入机制的四重命题

现代法律服务的跨境流动是贸易自由化发展的产物，影响其准入和监管框架形成的因素有很多，其中外国律师执业活动对国家主权和本土律师业可能产生的影响、国家对外开放战略布局以及国际经贸规则的原则要求需要首先被关注到[2]，这也是中国构建外国律师来华准入机制过程中尤为重视的四重命题。

（一）外国律师来华：一个事关司法主权的历史命题

虽然晚清至民国政府都想从法律层面对外国律师作出界定与规范，但是除1945年南京国民政府在《律师法》中增订外国人获取中国律师资格的条件是以

1　由于下文将会援引相关研究成果，所以在此不再罗列文献。

2　参见许明月：《国家政治安全前提下法律服务市场开放的重心转移》，载《比较法研究》2019年第6期。

互惠和同等为原则外[3]，清末的《刑事民事诉讼法草案》和北洋时期的《无领事裁判权国律师出庭暂行章程》的相关规定都具有不平等的特征。即便南京国民政府在《律师法》中增加上述规定，也是以废除领事裁判权为背景。

外国律师来华的历程中，在两个阶段的最初时期，中国的"被动接受"多于"主动欢迎"。但是，这又是两种性质殊异的"被动"。晚清至民国时期，外籍律师来华是典型的"政治驱动型"，他们以东方主义的心态看待中国传统法律和司法，带有显著的殖民性和不平等性，当时的中国政府也根本无力规范和管控他们的到来及活动，其政治性色彩要远重于经济性色彩。而改革开放后外国律师来华则是市场驱动下的法律服务跨境流动，属于国际服务贸易活动。中国从拒绝开放到有限开放再到扩大开放，整个过程都是视具体情况和自身需要而定，并没有表现出无能为力或无可奈何的状况，外资律所及其工作人员的活动也受到了应有的规范与监管。不过，就正向功能而言，近代外籍律师对中国律师制度的"促产"作用，与改革开放后来华布局的外国律所对起步中的中国律师业的"促推"作用，这或许是两者少有的共通之处。总之，作为贸易自由化产物的法律服务跨境提供者与作为殖民产物的外籍律师有着本质区别，中国对两者的态度和立场是截然不同的。但是在外国律师来华问题上，中国依然坚持审慎的态度，是出于维护司法主权的考量。实际上，其他国家和地区即便根据《服务贸易总协定》（GATS）的要求对外开放法律服务市场，一般也会对外国律师设置一定的准入门槛和监管措施，尤其会禁止或限制他们涉足关系到国家主权的业务领域。

（二）改革开放：外国律师来华准入机制形成的时代因素

现行外国律师来华准入机制是经过长期演进而成的，包含了对不同价值观和利益关系的协调。早在 1978 年，就有美国律师代表美国企业来与中国企业进行商业投资谈判。[4]受限于当时的政策，外国律所不能在华设立分支机构。[5]但是，市场对外国律师服务的需求却与日俱增，这一方面是因为中外经济交往与合作日益频繁，对法律服务的需求不断增大；另一方面是因为中国本土律师的业务水平和实操经验无法满足某些市场业务的要求，而且当时的中国律所尚属

3　参见姚秀兰：《中国近代律师制度探析》，载《河北法学》2004 年第 9 期。

4　参见刘思达：《割据的逻辑：中国法律服务市场的生态分析》，上海三联书店 2011 年版，第 112 页。

5　1981 年，外交部、司法部、国家外国专家局颁布了《关于外国律师不得在我国开业的联合通知》。

国营性质，也无法获得外商的信任。[6]因此，着眼于改革开放的大局，当一些外国律所在20世纪80年代以投资咨询公司或联络办公室的形式进入中国时，相关监管部门只能默许它们的存在和活动。后来，中国两次从制度层面放开对外国律所的准入限制，都是与入世相关。1992年，为了加入世界贸易组织（WTO），中国正式承诺对外开放包括法律服务在内的六个专业服务部门，并为此颁布了一系列的法规和政策，其中适用范围最广、影响最大的是《关于外国律师事务所在中国境内设立办事处的暂行规定》，它对外国律所来华后的组织形式、从业身份、业务范围等作了限制性规定，只允许它们在北京、上海、广州等几个试点城市或地区开设办事处。2001年，中国进一步放宽准入条件，取消了对外国律所驻华代表机构（外资律所）的数量限制和地域限制，降低了首席代表、代表的资历要求等，但在从业身份和执业范围方面没有作出更大的让步，这也是当前最受争议的地方。随后，中国颁布了《外国律师事务所驻华代表机构管理条例》（以下简称《管理条例》）和《司法部关于执行〈外国律师事务所驻华代表机构管理条例〉的规定》（以下简称《执行规定》），将WTO相关规则和中国入世承诺转化为国内法。

律师这个职业本身就包含了公共利益和商业利益的冲突与协调，在高度市场化的职业模式下，部分律师迅速成为以利益为导向的商人，他们不惜为了利润而知法犯法。[7]在中国法律市场多年的外资律所，实际上早已学会了在当前监管体制下的灰色地带中谋求生存和发展，他们会通过“外国所干活、中国所签字”的方式大量涉足中国法律事务，会为了获取更多的业务资源而不惜重金从中国律所中网罗优秀的法律人才。外资律所的这些行为早已引起了中国律师业的不满[8]。

（三）自主与对等：WTO框架下法律服务贸易的基本原则与实践比较

在WTO框架下，服务业的对外开放程度取决于各成员在加入时的承诺，GATS强调各成员通过连续回合的减让谈判来逐步实现服务业的自由化。鉴于法

---

6 参见司莉：《中国律师职业独立问题探析》，载《当代法学》2002年第5期。

7 See David Barnhizer, Princes of Darkness and Angels of Light: the Soul of the American Lawyers, Notre Dame: Notre Dame Journal of Law, Ethics & Public Policy, 2000, 14 (1), p. 371 –478; John Flood, Lawyers as Sanctifiers: The Role of Elite Law Firms in International Business Transactions, Indiana Journal of Global Legal Studies, Winter, 2007, 14 (1), p. 35 –66.

8 参见《境外律所违法执业情况严重　涉外法律服务市场亟待规范》，载《上海市律师协会简报第9期》（总第150期）；王丽、冯建红、赵建文：《我国涉外法务遭外国律师事务所非法抢滩，本土律师呼吁加强监管》，载正义网，http://news.jcrb.com/jxsw/201009/t20100910_418198_2.html，最后访问于2021年5月9日。

律服务的特殊性，在1994年乌拉圭回合谈判中，各成员方在这个议题上都持有异常谨慎的态度，最终作出具体承诺的不足1/3，只有27个发达国家和21个发展中国家就法律服务的对外开放问题作出不同程度的承诺。[9]这些作出承诺的国家也并非“一刀切”地完全允许外国法律服务业在其本国不受任何限制地自由流动，而是将法律服务分为跨境交付、境外消费、商业存在、自然人流动四种方式，分门别类地就每一种方式作出具体承诺。[10]虽然WTO在现阶段陷入了困境，但是它的规则已经成为国际经贸制度的重要组成部分，对区域贸易协定等具有指导意义和参考价值。《区域全面经济伙伴关系协定》（RCEP）的附件2包括各签约国有关服务业的承诺表，其中法律服务业放在第二章“具体承诺”的II.1.(a)，服务提供方式分为GATS确立的四类。中国在《区域全面经济伙伴关系协定》（RCEP）中的承诺体例和内容与入世《服务贸易具体承诺减让表》基本保持一致，只是在“其他承诺”中加入了目前进行的实践探索——允许在中国（上海）自由贸易试验区设立代表机构的外国律所与中国律所建立联营关系和互派律师。RCEP在法律服务贸易方面并未突破WTO的规则框架，后者依然是国际经贸往来的重要依据和指引。

在GATS确立的四种模式框架下，笔者综合考察了25个国家和地区（11个发达国家、14个发展中国家），它们处于不同的地域环境、制度文化和发展阶段，但无一例外都对外国律师设置了准入门槛，坚持自主开放。[11]美国在1971年开始允许居住在美国的外国人考取美国律师资格，纽约州最先允许外国律师取得法律顾问身份。[12]加入WTO时，美国承诺扩大开放法律服务市场。[13]但是，美国律师的管理权限隶属于各州，GATS生效后，只有16个州有限度地允许外国律师成为法律顾问。直至2014年，美国各州对外国律师的到来仍持不同的态度，有33个州允许提供外国法的咨询服务，8个州允许临时执业，16个州

9 参见周忠海、谢海霞：《中国开放法律服务市场有关问题之探讨》，载《政法论坛》2002年第1期。

10 参见孙南申：《法律服务业市场开放中的问题与对策》，载《南京大学学报（哲学·人文·社会科学）》1998年第4期；蔡唱：《中外法律服务承诺比较研究》，载《湖南商学院学报》2003年第6期。

11 参见杨立民：《中国法律服务市场对外开放机制研究》，中国政法大学出版社2021年版，第102－145页。

12 参见徐国忠编著：《中国律师制度与实务》，同济大学出版社2006年版，第33页。

13 参见中国商务部：《国别贸易投资环境报告》，2010年版，第165页；2012年版，第174－175页；2013年版，第113页。

允许出庭诉讼，14 个州允许成为公司法律顾问，32 个州允许成为美国律师。[14] 日本法律服务市场对外开放的进程是缓慢而渐进的，从 1986 年到 2019 年，几经变革，逐步放开。[15] 时至今日，日本仍要求外国法律顾问要有三年执业经验，不把所有执业时间计算在内，且不能代理非诉讼纠纷案件等。[16] 再看韩国，早在 1986 年美国便要求它开放法律市场，但遭到坚拒。[17] 加入 WTO 时，韩国未就法律服务作出任何承诺，全面禁止外国律师进入，直到 2009 年才开始分阶段放开限制。[18] 印度虽然在多哈回合谈判中作出了改善承诺，但现实中它的法律服务市场极端封闭，不允许外国直接投资进入，外国律所和律师不能开设办事处和雇用印度律师，可以被印度律所或律师雇用，但只能以雇员或顾问身份工作，且不能签署文件、代理客户、出庭辩护或成为律所合伙人，甚至不能提供关于外国法律的咨询服务。[19] 马来西亚于 2012 年开始允许外国律师进入，但是依然有很多限制，如只允许外国律所与该国律所合伙开展业务，且占股不得超过 30%；外国律师不能加入马来西亚律所，只能从事有关其母国法和国际法的咨询服务等。[20] 土耳其直到 2013 年仍限制外国人在该国从事律师工作，外国律师只有在加入“外国律师合伙”后才能提供关于外国法和国际法的服务，但不能出庭，更不能取得土耳其律师资格。[21]

---

14 See Laurel S. Terry, Admitting Foreign-Trained Lawyers in States Other than New York: Why It Matters, Bar Examiner, 2014, 83 (4), p. 38 – 49.

15 参见裘索:《日本律师制度》，上海社会科学院出版社 1999 年版，第 155 – 157 页; [日] 江口拓哉:《日本法律服务市场开放状况》，载《环球法律评论》2001 年第 2 期;《便于执业修改外国律师特别措施法》，载《日本东方新报》2019 年 10 月 19 日，http://www.livejapan.cn/home/home_headLines/20191019/22664.html，最后访问于 2021 年 5 月 9 日。

16 参见中国商务部:《国别贸易投资环境报告》，2010 年版，第 264 页; 2011 年版，第 255 页; 2012 年版，第 280 页; 2013 年版，第 209 页; 2014 年版，第 160 页。

17 参见［韩］罗胜福:《中国开放法律服务市场之我见》，载《中国律师》2001 年第 1 期。

18 参见中国商务部:《国别贸易投资环境报告》，2006 年版，第 81 – 82 页; 2009 年版，第 87 页; 2010 年版，第 104 – 105 页; 2011 年版，第 111 页; 2012 年版，第 132 页; 2013 年版，第 73 – 74 页。

19 参见中国商务部:《国别贸易投资环境报告》，2009 年版，第 240 页; 2010 年版，第 290 页; 2011 年版，第 282 页; 2012 年版，第 315 – 316 页; 2013 年版，第 242 页。See International Bar Association, IBA Global Regulation and Trade in Legal Services Report 2014, p. 233 – 234, http://www.ibanet.org/PPID/Constituent/Bar_Issues_Commission/BIC_ITILS_Committee/The_Regulation_of_Interational_Legal_Services.aspx，最后访问于 2021 年 5 月 9 日。

20 See IBA Global Regulation and Trade in Legal Services Report 2014, p. 304 – 308.

21 参见中国商务部:《国别贸易投资环境报告》，2006 年版，第 225 页; 2011 年版，第 262 页; 2012 年版，第 290 页; 2013 年版，第 220 页。See IBA Global Regulation and Trade in Legal Services Report 2014, p. 459 – 462.

单纯地进行制度上的比较当然是不充分的，因为不同的发展状况和背景下衍生出的制度显然会存在很大的区别。但是，这一系列的比较至少能够印证一个观点，那就是WTO体制下的法律服务贸易自由化是一个循序渐进的过程，并没有整齐划一的步调和要求，自主和对等是基本原则。所以，中国根据《服务贸易具体承诺减让表》开放自己的法律服务市场，在合法性与合理性上并无不当。更何况与很多国家相比，中国对外开放的时间并不算晚，准入门槛也不算高。

（四）本土保护：现实下的必然选择

毋庸讳言，限制外国律师来华，有保护国内律师的成分在里面，而且最终也实现了这个目的。[22]恢复重建至今，中国律师业只有四十年的发展历程，而欧美一些律所有上百年甚至几百年的历史，在国际法律市场上深耕多年，竞争力强大。入世前，中国没有几家律所拥有全国性业务，它们在专业技能、业务经验、资源整合能力都无法与外资律所直接竞争。在很长一段时间，无论是外商来华投资还是中国企业对外投资，核心业务基本上都被外资律所垄断，中国律所只能在外围辅助。这种情况下，如果贸然放开限制，允许中外律所自由兼并，在实力和规模上占有优势的外资律所可能很快垄断中国法律市场，大量中国律所将面临严重的生存压力。这并非毫无根据的推演。俄罗斯高度开放其法律服务市场，外国律师不必取得俄罗斯律师职业资格就可以在该国提供范围极广的法律服务。[23]这种自由放任政策的后果是，俄罗斯法律服务市场上的大部分业务（特别是高端商事业务）被外国律所占据，其本国律师只能从事法律禁止外国律师涉足的刑事代理业务，现在俄罗斯也开始考虑对外国律师设立限制。[24]一国律师业的整体发展状况和实力水平，不仅决定了它“走出去”的能力，也决定了它对外开放的程度。

全球化刺激了对国际法律服务的市场需求，国际扩张成为近几十年律所发展的最大趋势之一。在全球扩张的过程中，外资律所比较注重东道国的本土文化，会在人才、组织机构等方面尽可能地本土化，这主要是为了扩大市场、节约成本。本土化往往伴随着外资律所与国内律所的激烈竞争，双方都想复制对

---

22 See Sida Liu, Hongqi Wu, The Ecology of Organizational Growth: Chinese Law Firms in the Age of Globalization, American Journal of Sociology, 2016, 122 (3), p. 798 – 837.

23 See IBA Global Regulation and Trade in Legal Services Report 2014, p. 390 – 395.

24 参见《俄罗斯法律服务市场改革年底收官 俄罗斯联邦律师协会或将一统江湖》，载中俄法律网，http://www.chinaruslaw.com/CN/LawsuitArbitrate/004/20151210161448_675792.htm，最后访问于2021年5月9日。

方的优势，然后在市场竞争中打败对方。针对这个问题，学界是存有争议的。有人认为，外资律所的本土化是不可避免的现象，这非但不会导致国内律所被边缘化，反而可能产生积极的影响。[25] 但也有人指出，本土化是外资律所站稳脚跟和占领市场的策略，中国要对此有所警惕。[26] 外资律所的本土化主要涉及优秀法律人才的争夺、中外律所的合作关系等问题。虽然外资律所本土化可以为中国法律人才提供更多的平台机会和工作岗位，但是如果仓促允许全面实现本土化，外资律所凭借多年的品牌优势、卓越的专业技能以及诱人的高薪收入，会吸引许多优秀的本土律师加入其中，这将对中国律所造成釜底抽薪式的压力和影响。实际上，很多国家都限制外国律师的本土化。日本直到 2012 年才开始考虑允许外国律所在日本境内设立分支机构。[27] 韩国到 2013 年年底仍不允许外国律所或律师雇用韩国律师，不允许韩国律师与外国律师合资经营律所，外国律师可以被韩国律所或律师雇用，但只能以外国法律顾问的名义工作。[28] 巴西不允许外国律师业与该国律师业建立合伙、雇佣关系。[29] 印度、土耳其、马来西亚和美国的某些州也都有类似限制，上文已论及。对外资律所的本土化进行限制，并非出于盲目的民族主义排外情绪或狭隘的贸易保护主义心态，而是为了使正处于成长期的本土律师业免受过度的竞争压力和冲击，获得充足的发展时间和空间。

二、保护主义或东方主义：外国律师来华准入机制的争议及检视

《管理条例》和《执行规定》一颁行，围绕它们所规定的准入政策和监管机制的争议便开始出现，并持续了很长时间。有批评者认为，这是“朝错误的方向迈出了错误的一步”，因为这些法律政策所隐含的壁垒和障碍使中国成为一个难以渗透的市场，不仅阻碍了外国律师业的进入，还会为中国本土律师提供一种短期的虚假安全感，使他们失去在竞争中锻炼成长的机会。[30]

25　参见李本森：《经济全球化背景下的法律服务自由化》，载《法学》2004 年第 1 期。

26　参见贾午光、何敏：《国际法律服务业的发展趋势与中国法律服务业的进一步开放》，载《环球法律评论》2001 年第 4 期。

27　参见中国商务部：《国别贸易投资环境报告》，2013 年版，第 209 页。See IBA Global Regulation and Trade in Legal Services Report 2014，p. 257.

28　See IBA Global Regulation and Trade in Legal Services Report 2014，p. 381 – 383.

29　See IBA Global Regulation and Trade in Legal Services Report 2014，p. 76 – 79.

30　See Jane J. Heller，China's New Foreign Law Firm Regulations：A Step in the Wrong Direction，Pacific Rim Law and Policy，2003，12（3），p. 751 – 780；Marialuisa Taddia，China：a tough market to penetrate，14 October 2013，https：//www. lawgazette. co. uk/practice/china – a – tough – market – to – penetrate/5038107. article，最后访问于 2021 年 5 月 9 日。

相关争议主要是围绕外国律所的市场准入、税收政策、公平竞争、监管结构等几个方面开展的，具体而言：第一，身份限制。外国律所及律师只被允许以“代表处”和“代表”的名义从业，不能雇用中国律师，不能与中国律所或律师建立某种利益或业务的联合关系，更不能投资、控股、管理、经营中国律所。中国律师一旦加入外资律所，便会丧失律师执业资格，进而不能从事中国法律业务。第二，业务限制。外资律所被严禁染指与中国法律事务相关的业务，不能就中国法律的适用提供服务，不能以律师的身份参与诉讼，只能提供与其母国法、国际条约以及国际惯例相关的咨询服务，代表外国当事人委托中国律所办理中国法律事务，或者提供有关中国法律环境影响的信息等。第三，注册程序。比如，外国律所在华开设一个代表处后，须等待3年才能再开设另一个代表处，这种“等待期”无疑拖延了外国律所进入中国市场的时间，增加了它们的成本。第四，税收政策。由于外资律所不能以合伙企业的形式运营，所以它们及其员工可能面临双重征税，而中国本土律所及律师则享受了较低的税率。另外，外国律师不能代表客户参与中国政府机构的运作以及一些类型的会议，这也被认为是不公平的。[31]

然而，如果细究这些批评，可以发现它们并非出于客观公正之立场，而是基于一种法律东方主义的偏见——中国的相关法律政策与贸易自由之间存在着某种对立。通过分析相关国际贸易规则以及各个国家和地区的制度实践可以发现，这种预设的背后隐藏着话语霸权的影子，因为WTO框架下贸易保护与自由化之间的紧张关系是一种普遍存在的国际现象，并非中国所特有。比如，在韩国，外国法律顾问需要满足母国与韩国缔结自由贸易协定、在母国有3年以上法律从业经历、每年在韩国的居住时间不少于180天等条件。在印度，外国律师执业的唯一途径是获得印度律师身份，其前提是满足印度律师协会根据《辩护律师法》（the Advocates Act）第47条所作出的条件要求。2005年加入WTO时，沙特阿拉伯在GATS中承诺允许外国律师以法律顾问的身份在该国提供关于母国法和国际法的咨询服务。外国律师申请成为法律顾问，必须满足沙特律师需要达到的所有条件（国籍要求除外），另外还须满足全职从事法律咨询、每年在沙特居住9个月以上、具有5年以上从业经验等条件。[32]一些国家虽然表面上对外开放程度很高，但是实际上设置了很多隐性的限制。比如，2012年之前，美国纽约等州要求外国法律顾问需要具有3年至5年的从业经历，他们只能从

---

31 See Mark A. Cohen, International Law Firms in China: Market Access and Ethical Risks, Fordham Law Review, 2012, 80 (6), p. 2569 - 2575; US - China Business Council, Legal Market Access Issues in China, 2013.

32 See IBA Global Regulation and Trade in Legal Services Report 2014, p. 396 - 399.

事外国法律的咨询服务，不能染指诉讼、不动产交易、遗嘱、信托、婚姻家庭等利润大、案源多的业务，最大限度地保障美国律师的业务资源。[33]开放初期，日本在对等、执业年限、业务范围以及本土化等方面对外国律师业采取严格的限制政策。如今它虽然已经允许外国律师取得日本律师资格，业务范围也与日本律师相同，但是该国《律师法》规定司法修习生则必须具有日本国籍，而这是取得日本律师资格的必经程序，这意味着外国人很难成为日本律师，其开放承诺难以兑现。[34]更何况，日本司法考试通过率极低，平均要考5次以上才可能通过。[35]日本人尚且如此，遑论外国人？所以，即使日本兑现承诺，外国人取得日本律师资格的概率也极低。相比较而言，中国的准入门槛是显性而明确的，这对于外国律师来讲并不见得是"坏事"。

尽管存在一些限制，外国律所依然渴望进入中国市场。20世纪90年代初放开限制后，急于在中国进行战略布局和争夺市场份额的外国律所便蜂拥而至。[36]1992年至2012年的20年间，平均每年有12家外国律所在华开设新的代表处，其间只有25家律所由于战略调整、兼并破产等原因退出。[37]2015年，全球律所排名前100的97家中的68家、排名前50的47家中的42家以及排名前30的28家在华派驻了代表机构。[38]至2019年年底，来自23个国家和地区的律所在华设立了303家代表机构，其中外国律所驻华代表机构225家。[39]根据中国司法部历年年检公告和相关新闻报道，2002年至2020年外国律所驻华代表机构的数

33 Sydney M. Cone, International Trade in Legal Services: Regulation of Lawyers and Firms in Global Services, United Statse: Little, Brown and Company, 1996, Chapter 4.

34 参见裘索：《日本国律师制度》，上海社会科学院出版社1999年版，第20页。

35 参见鲍荣振、熊琳：《日本涉外律师师的竞争形势》，载《中国律师》1999年第5期。

36 参见司法部：《关于外国律师事务所在华设立办事处有关事宜的通知》（司发通〔1992〕105号）；牛爱民、董宏君：《美国格杰律师事务所在北京设立办事处》，载《人民日报》1993年5月21日，第4版；毛磊：《一家国际律师事务所在京设办事处》，载《人民日报》1993年7月15日，第3版；毛磊、周立宪：《41家外国和境外律师事务所在华设办事处》，载《人民日报》1993年9月7日，第2版；《君合纽约律师事务所在美开业》，载《人民日报》1993年7月2日，第3版。

37 See Rachel E. Stern and Su Li, The Outpost Office: How International Law Firms Approach the China Market, Law & Social Inquiry, 2016, 41 (1), p. 184 - 211.

38 其中有3家中资背景的律所，分别是排名第6的大成律师事务所，排名第23的香港孖士打律师事务所，排名第34的金杜律师事务所。See the Global 100, The American Lawyer, September 26, 2016. http://www.americanlawyer.com/id=1202767838452/The-Global-100?slreturn=20160925052541，最后访问于2021年5月9日。

39 《2019年度律师、基层法律服务工作统计分析》，中国司法部网站，http://www.moj.gov.cn/government_public/content/2020-06/22/634_3251200.html，最后访问于2021年5月9日。

量情况如下图：[40]

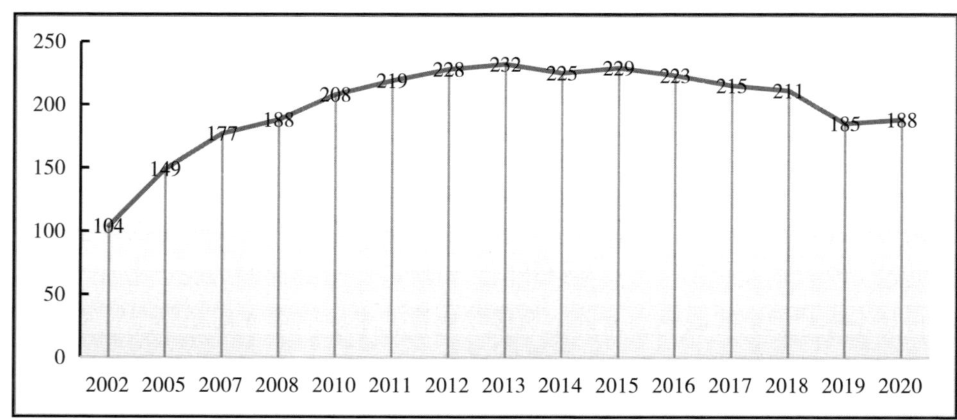

图1　历年外国律师事务所驻华代表机构的数量

由图1可以看出，加入WTO以来外国律所驻华代表处的数量在整体上呈现平稳上升趋势，即便偶有浮动，幅度也不大。这至少可以说明两点：首先，中国法律市场对于外国律所来讲是有巨大吸引力的，即便在执业身份和从业范围方面受到了限制，但它们还是愿意来华开拓市场并长期驻留；其次，中国现行的准入政策和监管机制是具有可行性和稳定性的，这是外国律所愿意将触角伸到中国大陆的重要原因，也是它们的驻华代表机构稳步增长的制度基础。

而且，外资律所在华的真实处境并未如批评者所描述的那么惨淡。即便受到诸多限制，外资律所凭借其雄厚的技术实力和经验优势一度在中国法律市场中抢占了很多优质业务资源。无论是在数量上还是在规模上都属于“极少数派”的外资律所，却拥有极强的业务创收能力和市场竞争力。[41]而且，它们所竞获的多是促发展类型的高端优质业务，如中国企业的境外投资、跨境并购、债券发行等。[42]相关事例说明，在规则允许的业务范围内，外资律所在中国法律市场上是能够自由竞争的，它们没有受到额外的限制或不公平对待。反过来讲，

40　相关数据资料主要来源于司法部网站—政府信息公开—法定主动公开内容—通知公告栏目，http：//www. moj. gov. cn/pub/sfbgw/zwxxgk/fdzdgknr/fdzdgknrtzwj/。需要说明的是，由于时间跨度较大，司法部网站及其栏目也多次被变动和调整，较早时期的一些公告信息已经被撤下。不过，笔者多年来一直关注外国律师来华这个主题，相关数据资料保存完整，可以确保其真实性和可靠性。

41　参见盛雷鸣、彭辉、史建三：《中国（上海）自由贸易试验区建立对法律服务业的影响》，载《法学》2013年第11期。

42　参见辛红：《委员呼吁制定政策保护中国律师涉外服务》，载《法制日报》2010年3月8日，第6版；《外资律师事务所在华面临本土对手的竞争压力》，载《华尔街日报》（中文版）2015年1月27日；《贝克·麦坚时为东方航空发行担保债券提供法律咨询》，载上海热线，https：//hi. online. sh. cn/content/2016－02/24/content_ 7730682. htm，最后访问于2021年5月9日。

即使中国放开身份限制和业务限制，允许外国律师以“律师”的名义从事中国法律事务，他们也不会以工伤赔偿、交通事故之类的案件为主营业务，而是集中精力去竞争利润丰厚的高端商事业务，此类业务以非诉为主，其中相当一部分已经开放给他们了。历年年检公告显示，在华的外资律所主要分布在市场经济发达、营商环境较好的东部沿海城市，其中93%以上集聚在北京和上海，上海的占比一直在50%以上。

虽然改革开放后外国律师来华主要是基于市场和贸易的推动，但是关于中国准入和监管政策的争议及批评，却往往带有偏见，其背后隐含了政治指责的意味。[43]它们对中国法律服务市场开放政策的描述，无论是出于学术目的还是出于政策导向，都倾向于将它作为欧美开放模式的一种既定参照，然后通过对它们进行横向比较和描述，得出一种带有东方主义色彩的推导结论。[44]实际情况却是，中国对外国律师设置准入门槛，并非出于民族主义的排外情绪，也不是贸易保护主义的狭隘心态在作祟，而是基于国际服务贸易规则作出的常规举措，这些所谓的“贸易壁垒”是有其存在的合理性与合法性的。而且，外资律所在华的真实状况也并未如批评者所言及的那样不堪，中国政府没有对其施加规则以外的限制——这很大程度上是在进行一种利益平衡，不仅要避免仓促的自由化，也要避免盲目的保护主义。[45]

三、对等视阈下重构外国律师来华准入机制的原因及制度实现

（一）调整外国律师来华准入政策的主要原因

首先，涉外法治建设的内在要求。涉外法治建设的一项重要内容是推动中国律师业走进国际法律服务市场，这不仅是国家层面的战略部署，也是律师业自身发展的需求。比如，《上海律师人才队伍建设三年行动纲要（2020—2022）》明确提出，要鼓励支持本市律所在世界主要经济体、“一带一路”沿线国家或地区设立分支机构。然而，中国律师“走出去”，并非在海外设置分支机构、培养涉外法律人才那么简单。由于法律服务的特殊性，各个国家和地区的法律服务市场对外开放幅度各有不同，特别是在外国律所分支机构的设立和执业范围方

43 参见杨立民：《中国涉外法律服务准入机制的争议、现状与比较》，载《上海对外经贸大学学报》2018年第3期。

44 参见［美］络睦德著：《法律东方主义：中国、美国和现代法》，魏磊杰译，中国政法大学出版社2016年版，第9页。

45 See Andrew Godwin, Professional Tug of War: The Regulation of Foreign Lawyers in China, Business Scope Issues and Some Suggestions for Reform, Melbourne University Law Review, 2009, 33 (1), p. 132 - 162.

面，都设有程度不一的准入门槛，以互惠和对等为原则。这意味着，中国律师在其他国家所获得的待遇，是以该国律师在华享受的待遇为前提的。比如，日本就一直坚持互惠对等原则，外国律师能够在日本执业的前提是其母国也允许日本律师进入。韩国在开放计划的第一阶段只允许14个与其缔结了自由贸易协定国家的律师以外国法律顾问的身份提供有关外国法的咨询服务。在印度从事法律服务的个人必须注册成为律师协会的会员，而外国律师只有在母国给予印度律师同等开放条件的情况下才能获准注册。"外国律师合伙"在向土耳其律师协会登记注册时，除须具备与土耳其律所相同的资质外，还需要提供母国律师协会出具的资质证明和两国互惠文件。可见，中国律师如何"走出去"，绝非一个简单的技术性命题，而是涉及国家对外开放政策调整的制度性命题。

其次，制度完善的现实需求。涉外法律市场之所以出现外资律所违规执业的情况，一方面是由律师的商业性决定的，另一方面也因为我国现行规范机制存有不足。比如，禁止外资律所及代表涉足"中国法律事务"，却允许他们向客户"提供关于中国法律环境影响的信息"，两者的边界在哪里？这个模糊的规定为外资律所在实践中染指中国业务开辟了灰色地带。[46] 外资律所的许多违规行为是在中国律所或律师的积极配合下完成的，对于这种配合行为，《管理条例》及《执行规定》并未规定如何处罚。《管理条例》和《执行规定》是在中国加入WTO的大背景下出台的，至今实施了20年，其设计初衷以及当时的考量因素已经发生了很大的变化。在大力推动涉外法治建设的时代背景下，中国律师要想在国际法律舞台上扮演更重要的角色，有必要重新审视涉外法律服务市场的准入政策和监管机制，作出必要的调整与完善，以适应当前法律服务市场上的新情势。实际上，为回应深化改革和扩大开放的时代需求，中国在过去的几年中一直进行着某些实践探索，只不过尚处于"先试先行"的实验阶段，并未在全国范围内付诸推广。

（二）重构外国律师来华准入和监管的制度路径

对于外国律师的到来，到底该设置什么样的准入门槛，世界范围内并没有统一的政策和标准。目前，相关争议主要围绕开放的形式、范围、幅度以及可能产生的影响等产生，即便是主张扩大开放者，也认为应该有条件、分阶段、可操控地扩大对外开放。[47] 在涉外法治建设中，既然降低外国律师来华的准入

---

46 See Hung Liyue, The Legal Service Market in China: Implementation of China's GATS Commitments and Foreign Legal Service in China, Tsinghua China Law Review, 2012, 5 (1), p. 29 - 48.

47 参见陈承帼：《论中国律师业的进一步开放》，载《中国司法》2012年第1期。

门槛在所难免，那么就不如未雨绸缪，从从业身份、业务范围、机构形式、监管结构等方面进行制度调整设计，以应对未来的情势变化和发展需求。

1. 从业身份："外国法律顾问" + "外籍律师"

在美国、英国、日本、俄罗斯，外国律师从业的身份一般分为"律师"和"法律顾问"两类。如果以"律师"的身份执业，需要满足一系列严苛的条件和要求；如果以"法律顾问"的身份执业，需要满足的条件相对较少，其业务范围也相应地会受到较多限制。中国当前对外国律所驻华代表的界定，实际上就类似于其他国家的"法律顾问"概念。目前关于外国律师在华从业身份的争议只是表面现象，真正的焦点是他们能够从事的业务范围。所以，可以对外国律师在华从业的身份进行一些变通性设计，在"驻华代表"之外增设"外籍律师"，允许某些国家和地区的律师以这个身份在中国从事特定领域的法律事务。当然，"外籍律师"与"中国律师"存有本质性区别。外国律师如果想以"中国律师"身份执业，那么就必须达到中国公民获取律师执业资格所需满足的一切条件，包括获得中国国籍、拥护中国宪法、取得法律职业资格等。

外国律师取得"外籍律师"身份需要满足三项基本条件：第一，以互惠对等为基本原则。"外籍律师"的身份只适用于来自与中国签订了相关协定的国家和地区的律师，其他外国律师继续以"驻华代表"或"法律顾问"的身份从业。在《管理条例》的基础上制定《外国律师在华从业法》，对外国律所驻华机构及代表继续适用《管理条例》的相关规定，并增加资格考试的内容；对"外籍律师"，则可以从资格取得、从业范围等方面作出具体规定。第二，达到特定要求。几乎没有国家和地区会无条件地授予外国律师"律师"的资格，一般都要求他们满足特定的条件，这是对东道国司法主权和本土律师的基本尊重。所以，外国律师若想在中国获得"外籍律师"身份，需要满足一系列的条件，比如，拥有中国认可的法学教育背景，在指定的法学院接受两年以上有关中国法的教育，以中文参加特定考试并取得相关证书，通过资质和道德条件的审查等。美国、德国、日本以及高度对外开放的英国、俄罗斯等，都有类似规定。在美国，外国律师无论是成为外国法律顾问还是美国律师，都需要满足一系列的条件，如拥有法学教育背景和专业学历、通过资格考试、符合职业道德标准、满足执业经历要求等。[48] 第三，加入律师协会。外国律师经中国司法部审查通过注册为"外籍律师"后，需要加入所在地的省一级律师协会，而"驻华代表"则以特别会员的身份加入律师协会，这是进行监管结构改革的必然要求。

---

48 参见卢成燕：《国际律师服务贸易法律制度研究》，法律出版社 2006 年版，第 118 页。中国商务部：《国别贸易投资环境报告》，2012 年版，第 174 – 175 页；2013 年版，第 113 页。

2. 业务范围："正面清单" + "负面清单"

对于外资律所的从业范围，中国目前是以"正面清单"和"负面清单"相结合的方式进行界定的。《管理条例》第 15 条是允许从事的"正面清单"，禁止从事《管理条例》第 15 条第 1 款和第 2 款以外的其他法律服务活动或营利活动则是"负面清单"。实际上，很多国家都采用了这种"允许" + "禁止"的模式。

如果允许"外籍律师"存在，那么可以从业务范围方面对它与"驻华代表"进行区分。对于"驻华代表"，可在现行规定的基础上以"正面清单"的形式列举出他们可从事的业务范围；对于"外籍律师"，可以通过"负面清单"的形式列举出他们不得染指的领域，如不得从事与中国的国家主权和安全以及政治体制相关的案件，不得办理具有重大社会影响的案件，不得办理刑事、行政、婚姻家庭领域的法律事务等。除此之外的业务领域，则允许他们以"律师"的身份涉足。

3. 机构形式：联营 + 合营

在这一方面，可以参考韩国、新加坡的做法，分阶段、有步骤地扩大外国律所进入中国的形式，其中新加坡的做法尤为可鉴。外国律所在新加坡存在的形式有三种：第一种是"代表处"（RO），仅能在新加坡从事联络或推广工作，不能提供任何法律服务或其他商业活动；第二种是"外国律师事务所"（FLP），可以在新加坡提供与外国法律相关的服务，但不能染指有关新加坡法律的事务；第三种是"合格外国律师事务所"（QFLP），可雇用持新加坡律师执照的外国律师来处理被允许领域的法律事务，可以与新加坡律所建立合资律所或正式法律联盟。[49] 外国律所在中国香港的存在形式分为三种类型：第一类是"外国律师事务所"，可以是外国律所的分所，也可以是其他组织形式。如果是外国律所的分所，则需要满足一系列的条件，且受到较大的限制，比如不得从事涉及香港法律的事务，不能与香港律所或律师建立合伙关系。第二类是与香港律所建立的联营组织，但外国律师不能从事涉及香港法律的事务和其他被禁止的业务。第三种是直接转换为香港律所，需要满足相关法定条件，可以涉足有关香港法律的业务。[50] 目前，中国已在上海自由贸易实验区试点中外律所建立联营和业务联盟关系，下一步可以有限度地允许建立中外合营或合资律所。

如果允许中外合资律所出现，则需要思考它的股权分配及人员构成等问题。新加坡允许外国律师或律所与新加坡律师建立合资律所，但如果涉及新加坡律

49 See IBA Global Regulation and Trade in Legal Services Report 2014, p. 400 - 406.

50 参见卢成燕：《香港对外律师服务贸易法律制度》，载《武汉大学学报（人文科学版）》2004 年第 6 期。See IBA Global Regulation and Trade in Legal Services Report 2014, p. 211 - 215.

师事务所，外国律师或外国律所拥有或参与的份额不能超过三分之一。在中国香港，外国律所与香港律所建立的联营组织中，外国律师的数量不得超过香港律师；如果外国律所直接转换为香港律所，其合伙人必须全部是香港事务律师，且其中一位必须是该外国律所的合伙人。在泰国，外国律所可以与泰国律所建立合作，但外国律所只能隶属于后者，且占股不得超过49%。[51]这些实践经验都值得我们借鉴。

4. 监管结构：司法行政机关+律师协会

目前，我国涉外法律服务市场的监管结构是单一的行政管理模式，司法行政机关是唯一的法定监管者，律师协会无权管辖和约束外资律所及其工作人员。现实中，外资律所违规执业的情况较多，隐蔽性很强，且涉及的内容常具有高度的专业性和复杂性，司法行政机关往往难以进行有效监管和查处。而且，司法行政机关的监管活动是一种国家行为，不仅会涉及整个国家的对外经贸政策，还会牵扯到其他政府部门的利益，其行动需要顾及中外影响和各方利益。

既然司法行政机关在规范涉外法律服务市场时存在监管乏力和诸多顾虑，而律师协会在行业规范和监管方面具有很大的专业性和灵活性，那么为什么不赋予律师协会一定的监管权限呢？主要还是因为外国律师来华牵涉国家主权等敏感问题。司法权是国家主权的象征之一，将外国律师来华的审批权和监管权保留给司法部，体现了国家对司法主权的控制和支配，也体现了国家的重视和审慎。所以，未来如果让律师协会介入涉外法律服务市场的规范和监管，需要遵循两个基本原则：第一，突出国家主权色彩，外国律所和律师来华的准入审批权须保留给司法部，律师协会对涉外法律服务市场的规范和监管也需经省级以上司法行政机关授权，并受其监督和制约；第二，明确权限层次，行业规则的制定、违法行为的处罚、中外监管对接与交流等象征国家主权的权限，须由省级以上司法行政机关持有，省级以上律师协会只对外国律所及律师的日常执业活动进行规范和监管，并在报经同意的情况下实施轻微的行业处罚。

5. 法律规范：《管理条例》《外国律师在华从业法》

在新的法律规范出台之前，有必要在现行规则的基础上进行立法调整和完善。首先，要修改完善现行的两部法律文件，明确模糊不清的地方，梳理矛盾混淆的部分，弥补规范缺失之处。[52]其次，在条件成熟的情况下，制定法律位阶和效力更高的《外国律师在华从业法》，对外资律所及工作人员的身份进行立

51 参见中国商务部：《国别贸易投资环境报告》，2005年版，第209页；2006年版，第215页。See IBA Global Regulation and Trade in Legal Services Report 2014, p. 451－453.

52 参见向涛：《对外国律师事务所驻华代表机构及代表的监管问题研究》，载《中国律师》2011年第3期。

法明确，解决《管理条例》《执行规定》与《律师法》及其他行政法规脱节的问题。另外，根据相关规定，我国律师协会职责是服务、规范和监管中国律师，外资律所及工作人员不属于被监管和规范的对象。如果赋予律师协会相关的监管权，那么就需要对律师协会的定位和规则进行修改调整。

结语

无论是在法律领域还是在经贸领域，涉外法律服务都是一个比较小众的研究方向，而外国律师的准入问题则更是因为缺乏现实性和话题性而被弃置角落，尽管它在入世前后曾经一度引发关注和热议。当前我国正大力推进涉外法治建设，推动本土律师业“走出去”，那么这个问题的研究价值必将有所回温，因为 WTO 框架下法律服务跨境流动的基本原则是自主和对等——我们“走出去”的前提是允许对方“走进来”。

至于如何对外开放法律服务市场，世界范围内并无整齐划一的通行标准，也没有能够被普遍接受的普适性经验，比较具有同一性的做法是，大部分国家和地区都是以审慎的姿态有限度地逐步放开限制，我国也基本上沿用了这一条经验路线。当然，在涉外法律服务市场准入机制和监管框架的形成过程中，一些影响因素是无法被忽视的，司法主权、民族产业、国家战略、国际规则就是四个绕不开的“必考”命题，而且它们在未来的政策调整和制度重构中仍将继续发挥影响。通过上文的综合考察可知，我国对外国律师设置一定的准入门槛，是基于国际规则和实践经验作出的常规举措，并非出于民族主义或保护主义的狭隘心态，所以在面对指责和批评时，我们要理性看待，并审慎行动。

在涉外法治建设中，中国律师业如何“走出去”，是一项涉及对外开放政策调整的制度性命题。降低外国律师业的准入门槛，改革涉外法律服务市场的监管机制，不是简单的理论推演和制度模仿，而是要平衡各种利益关系和影响因素，从政策、制度、法律等层面进行统筹规划，在从业身份、业务范围、机构形式、监管结构等方面进行整体设计。

复杂金融产品规制的理念、构造及启示

——基于域外金融监管范式变迁的考察

邹青松*

【内容提要】传统的金融消费者保护路径依赖信息披露手段、专注销售环节，但这在金融产品复杂化时代遭遇了失灵。此困局背后有其难以克服的、内在的缺陷。有鉴于此，金融发达国家近年来提出了产品规制的理念，从产品本身出发，将金融监管的触角从传统的销售阶段扩展到产品的生产和设计阶段。此变化体现了复杂金融产品监管路径的范式转移。产品规制理念的制度构造包括产品治理机制和产品干预制度，前者通过施加金融机构系列的产品治理义务，形成风险防范的第一道防线，后者赋予金融监管机构在特定情形下干预金融产品的权力，形成风险防范的“最后手段”。我国金融产品已逐步迈入复杂化时代，消费者损害风险骤升；针对当前金融产品规制缺失的现状，我国应结合国情并参考国际经验，构建完善的复杂金融产品规制体系。

【关键词】产品治理　产品干预　金融消费者保护　金融监管改革

一、问题缘起：信息披露制度缘何失灵?

在传统的金融法理论中，投资者保护制度的构建以信息披露为中心，其首要任务也在于保障投资者对金融产品的必要知情权，并减少交易双方的信息不对称。这一立法模式和监管进路，立足于投资者作为理性人的经济学假设，它力图通过为投资者创造信息平等的交易环境，保障其获得投资决策所需的信息，

---

* 邹青松——广东财经大学法学院、广东财经大学法治与经济发展研究所讲师，德国科隆大学法学博士。主要研究领域：公司法、证券法。

从而实现以意思自治为前提的利益最大化。在这一假设之下，法律要求投资者的潜在交易对手——金融产品的发行人或销售者，向投资者披露交易决策所必要的信息，并由此放手投资者在私人自治的基础上作出其投资决策。按照假设，投资者作为理性人，理应能够作出符合其利益、可以自担后果的投资决策；同时，即便在投资咨询环节存在问题，那也可以通过增加信息供给的方式加以解决。退一步说，若投资者无充分信息以作判断，那么，他理应有足够的理性去放弃实施相关交易。总之，在这一假设下，投资者自由投资决策，自担投资风险，法律不作过多干涉，只负责创造一个信息平等的交易环境。至于金融产品本身，传统的监管理念认为，金融产品通常都是基于市场需求而设计和生产，总是适合于特定的某些金融消费者的，国家不应当干预金融产品的设计。因此，国家的使命在于制定销售端的规则并予以监督实施，以防止有关产品卖给不适当的消费者，而不应当去质疑产品的设计。[1]

自20世纪80年代起，欧美国家开始实施金融自由化政策，意图通过不断放松金融管制，创造更为宽松的市场竞争环境。这一新政策，在科学技术和金融理论等发展的助推下，引发了金融产品创新的日新月异。与这一情况相呼应，金融产品的设计也呈现出越来越复杂的趋势。[2]原本存在于发行人与投资者之间的关于金融产品的信息不对称，在其复杂性的助力下，也大大加剧。[3]同时，掩盖在产品复杂性之下的产品设计缺陷，成为可能随时损害消费者权益的定时炸弹。在此背景下，非专业投资者逐渐从投资者群体中分离出来，成为新的市场主体，即金融消费者。[4]这些金融产品复杂化的影响，导致了传统上奉“买者自负”为圭臬、专注于销售端交易公平的信息披露保护进路，对于复杂金融消费者的保护，再也无能为力，信息披露制度由此“失灵”。

2007年开始的次贷危机中，金融产品复杂化对于信息披露制度失灵的作用，在危机始作俑者的资产证券化产品中体现得淋漓尽致。[5]众所周知，在次债危机中，抵押支持债券（MRS）、担保债务凭证（CDO）等几种资产证券化产品，通

1　见英国金融监管机构立法《讨论稿》：FSA，Product Intervention，DP11/1，p. 9.

2　牛津大学学者DAN AWREY从信息技术发展、金融产品与市场的模糊性、金融市场与机构的紧密联结、经济利益的碎裂化、监管制度的复杂化、市场参与者与市场之间的反身性等六个方面，详细阐述了金融产品复杂化的驱动因素，参见：Dan Awrey，Complexity，Innovation，and the Regulation of Modern Financial Markets，Harvard Business Law Review 2，no. 2（2012），p. 245－258.

3　见杨东：《论金融法的重构》，载《清华法学》2013年第4期。

4　有关系统论述，见陈洁：《投资者到金融消费者的角色嬗变》，载《法学研究》2011年第5期。

5　关于资产证券化产品对于2007年次贷危机的作用的总体描述，可参见：［加］约翰·赫尔著：《期权、期货及其他衍生产品》，王勇、索吾林译，机械工业出版社2021年出版，第8章。

过复杂的产品设计，加剧了发行人与投资者之间的信息不对称，诱发了道德风险，最终导致了投资者的重大损失。[6]这些复杂金融产品，最终引发了传统信息披露制度的失效，也宣布了传统的仅仅“专注于完全披露”的证券法监管路径的失败。对此，著名金融法教授 Schwarcz 经过分析和总结，指出了次贷危机中，产品复杂性导致信息披露失效的两个层面的原因。[7]

第一个层面的原因，即很多投资者，其中大部分是机构投资者，并没有配置专门从事评估复杂证券化产品交易的人员。一般而言，投资者有必要聘用从事评估交易的资产证券化专家，但是在现实中，他们在这一问题上的考量又受成本效益分析的影响。具体而言，投资者聘用专家，以聘用成本不高于充分理解产品复杂性所能带来的收益为前提；一旦该成本超过或可能超过其产生的收益，投资者则不会聘用专家。同时，因为聘用专家的成本是确定的，而完全理解复杂交易所带来的收益是不确定的、难以难量化的，所以，经理们基于成本效益分析，更重视确定的成本而更少相信任何不确定的收益。交易越复杂、聘用成本越高，这一成本效益比就越失衡，投资者也就越没有动机聘用专家。

第二个层面的原因，源于机构投资者与其员工之间因利益不一致而产生的代理成本。在评估高度复杂的金融产品的投资价值时，员工常常习惯于走捷径，过于依赖评级机构给出的投资等级（investment grade），而不愿花时间和精力去阅读理解相关投资项目的、常常是数百页的披露文件。过于依赖评级也似乎成为此次次债危机的通病。尤其是当某一证券化产品被市场广泛接受时，投资基金经理通常即便认识到某只股票被评级机构高估了，但仍然会选择从众，以避免股票崩盘时受到指责。此外，资产证券化产品的极度复杂性，在使得人们难以评估其投资适当性的同时，也潜在地诱使员工更倾向于相信，这些证券化产品是可信的。总而言之，基于上述两个层面的原因的分析可知，针对资产证券化产品以及类似的其他复杂金融产品的信息披露制度，具有固有的、内在的缺陷，从而无可避免地发生了制度失灵。

综上所述，传统的以信息披露为手段、专注于交易环节的金融消费者保护路径，在复杂金融产品的情形下，暴露出固有的、内在的缺陷，从而遭遇了失灵。因此，有必要在制度层面上，针对复杂金融产品特有的消费者损害风险，提出新的保护路径。

6　白钦先、蔡庆丰：《金融虚拟化的道德风险及其市场影响：次贷危机的深层反思》，载《经济学家》2009 年第 5 期。

7　参见：Steven L. Schwarcz, Disclosure's Failure in the Subprime Mortgage Crisis, 2008 UTAH L. REV. 1109（2008）, p. 1113 – 1115.

二、产品规制理念：对金融产品复杂化的回应

（一）产品规制理念：内涵及理由

如上所述，次贷危机充分暴露了传统的信息披露制度在复杂金融产品情形下的失灵问题，对此，有关国家在危机后进行了深刻的反思，并提出了相应的应对思路。这些反思都不约而同地将解决问题的重点指向了复杂金融产品本身。譬如，美国于2010年设立了消费者金融保护局，并概括地赋予其对“不公平、欺诈性和滥用性的”金融产品进行限制或禁止的权力。[8]而以英国、欧盟、澳大利亚等国为代表的国家和地区，则明确地提出了“产品规制”（product regulation）的理念，并以之为指导进行了体系性的立法构建和执法实践，在世界范围内影响广泛，成为各国可以参照的做法。

产品规制理念是一种针对金融产品本身施加国家干预的金融消费者保护路径，同时也是一种比信息披露制度更加强势、更具主动性的介入手段。[9]这一理念采用了一般的产品生命周期理论，将金融产品区分为生产设计、制定销售策略、销售阶段以及售后处理四个生命阶段，每个阶段都涉及与产品相关的不同活动，而在这每一个生命阶段，都隐藏了相应的金融消费者损害风险。[10]具体如下表1所显示：

表1　金融产品各生命阶段的风险及其规制状况（以英国为例）

金融产品生命周期阶段	消费者损害风险类型	规制状况
生产设计阶段	掠夺性的定价和设计特征；不考虑产品可能的表现；不公平的合同条款	未规制
制定销售策略阶段	利用消费者行为特征（如风险偏好、惯性）	已规制

8　参见美国《多得－弗兰克法案》第5531条。

9　关于产品规制理念，学理上尚未形成完整、权威的论述。在迄今为止采纳该理念的国家中，英国作为首创国家，其在立法文件（《讨论稿》DP11－01）中对产品规制理念作出了最详细、最完整的阐述。该阐述也成为关于产品规制理念的经典论述，并成为随后其他国家采纳产品规制路径时的主要理论参考。详见FSA，Product Intervention，DP11/1，第2、3章。

10　根据FSA对各个产品生命阶段的解释：其一，生产阶段是产品生命周期的最早阶段，它涉及产品的设计和开发；其二，制定销售策略阶段（Distribution strategies），它涉及发行企业计划以何种方式将产品投入市场；其三，销售终端阶段，它涉及产品实际上如何销售给消费者；其四，售后处理阶段，它事关金融产品在售后的长期表现，以及能否获得持续的消费者服务。见FSA，Product Intervention，DP11/1，p. 19.

续表

金融产品生命周期阶段	消费者损害风险类型	规制状况
销售阶段	因金融机构与消费者利益不一致而导致的不恰当投资建议、不当销售	已规制
售后处理阶段	售后责任不明、缺乏关于产品表现或适当性审查的信息、缺乏持续性的消费者关怀等	已规制

产品规制理念认为，传统的风险规制路径的问题在于，其将注意力集中在销售阶段和售后阶段的消费者损害风险，未顾及金融产品生产设计阶段可能会产生的风险，由此产生了复杂金融产品情形下的制度失灵。对此，它提出的解决思路，就是将监管的触角从传统的销售相关的阶段（包含销售策略、销售终端与售后），扩展到产品的开发阶段，从而将监管范围覆盖到产品的整个生命周期，以此全面控制消费者损害风险的产生。

提出产品规制理念的理由，除了前述信息披露制度具有内在缺陷这一首要理由之外，还有其他方面的重要原因：[11] 一是在产品开发阶段就实施介入对于投资者保护具有重要意义。这是因为，企业的许多决定对于投资者保护都具有重要的影响，这些决定涉及产品特征的设计、对产品在不同情形下如何运作的合理预测与持续审视、产品如何管理、产品的推广和销售策略以及持续的产品监控等，这都直接或间接地影响到了投资者保护。而传统的监管路径忽视了这一阶段。二是传统的监管进路以销售终端为中心，这常常意味着问题只有在消费者遭遇损失后才得以显现。而随着更多的企业进入市场、更多的投资者受到影响，问题将变得更加难以处理。对于企业和监管者来说，在损失发生后再来处理问题和安排补偿，将付出更加高昂的代价。相比之下，产品规制更有效率，因为通常情形下，相比销售阶段，产品在其生命周期的早期阶段会涉及更少的企业。

产品规制理念提出后，在迄今为止的立法实践中，它表现为企业的产品治理义务以及监管机构的产品干预权。法律通过设定企业产品治理义务，建立企业的产品治理机制，由此在产品生产和设计的一线建立风险防控机制；通过为监管机构设置产品干预权，在产品治理机制不足以防范损害风险时，使得监管机构能够以直接、快速而强有力的手段，阻止损害的发生或扩大。对于此两种实施机制，下文将分章作详细的阐述。

11　参见：FSA，Product Intervention，DP11/1，p. 19 – 20.

（二）监管范式的变迁：以“有限理性”为依据

产品规制理念突破了传统的金融消费者保护范式，在理论上具有重要的创新意义，事实上，这一变迁立足于新的经济学发展成果，具有逻辑上的强大根基。

如前所述，传统上以信息披露为中心的消费者保护路径，是以投资者作为理性人的假设为出发点的。然而这一传统假设，在20世纪中下半叶开始遭到新兴的行为经济学理论的挑战。[12]当时，许多经济学家发现传统经济学的理性人假设并不能解释现实生活中人们非理性决策的现象，因此开始对其提出质疑，并指出了人的有限理性。20世纪70、80年代，以塞勒为代表的经济学家开始引入心理学和其他社会科学的方法，极大地丰富和发展了行为经济学理论，完善了“有限理性”理论；随后在20世纪80、90年代，行为经济学理论和方法开始在金融市场得到运用。[13]根据行为经济学的研究成果，投资者只具备在一定程度上理解和加工投资相关信息的能力，而无法总是作出正确的决定；同时，对于自己的投资决策，人们总是表现得过于自信，倾向于错误估计或高估自己的能力，从而容易作出不符合自身利益的决策。[14]

行为经济学的上述观点事实上也在金融市场上得到了验证：尽管立法者一直以来不断颁布新的信息披露规则，在投资咨询领域还是出现了很多损害事件，并导致信息模式的基础日益受到质疑，甚至被视为失败。[15]前述次贷危机中美国投资者的种种不理性表现，也无不验证了此观点。产品规制理念尽管受金融危机的刺激而提出，但事实上也呼应了上述理论的发展。它代表了当代金融发达国家和地区对于复杂金融产品的监管进路，不再以完全理性人为出发点而单独依靠信息披露制度，而是将监管重点进一步提前到产品开发的阶段，以将损害风险尽可能消灭在萌芽之中。从这一角度看，产品规制理念的提出，代表了金融发达国家和地区金融监管进路的范式转移，在世界金融监管发展进程中具有重大意义。

---

12 有关行为经济学对“有限理性”的观点，可参见杨东：《论金融法的重构》，载《清华法学》2013年第4期；孙天琦：《金融消费者保护：行为经济学的理论解析与政策建议》，载《金融监管研究》2014年第4期。

13 具体参阅：［美］理查德·塞勒著：《“错误”的行为：行为经济学的形成》，王晋译，中信出版社2018年版。

14 孙天琦：《金融消费者保护：行为经济学的理论解析与政策建议》，载《金融监管研究》2014年第4期。

15 Buck－Heeb, Aufsichtsrechtliches Produktverbot und zivilrechtliche Rechtsfolgen-Der Anleger zwischen Mündigkeit und Schutzbedürftigkeit, BKR 2017, 89, 97.

三、产品治理机制：风险防范的第一道防线

（一）产品治理理念：以客户利益为中心

在“买者自负、卖者尽责”的金融法理念要求下，法律创制了投资者适当性义务，据此，销售机构须承担“了解你的客户”（“know-your-customer”）的义务，以保证投资者获得适合其自身的产品或服务。正如上所述，这一制度在复杂产品的情形下已经不足以保护投资者。如今，在产品治理理念之下，企业则被更进一步地要求“了解你的产品”（“know-your-product”），即其“了解”义务从销售阶段扩张到产品的生产设计阶段、从只强调了解客户增加为强调了解产品：企业须在产品的设计与分销阶段，就明确其产品的目标客户群体。[16]具体而言，产品的生产者（manufacturer）和销售者（distributors）需要恰当地理解产品的所有特征，并准确评估何种类型的客户与之相容，如此，生产企业和销售企业既了解客户，又了解产品，由此可以从根本上保证将复杂金融产品提供给目标客户。在产品治理的进路下，产品治理理念将客户的利益置于金融产品整个生命周期——从其产生到销售再到售后阶段——的核心位置，将客户与中介机构的关系内化为企生产业与销售企业的公司治理程序。这是立法理念上的重要转变，因为在法律上，客户的利益首次成为金融产品构造过程中的首要因素，它标志着对消费者保护的进一步强化。[17]

产品治理理念自提出以后，在欧盟、英国及澳大利亚等国家和地区得到积极实践，形成了诸多立法和执法经验。同时，这一理念也得到了国际证监委（IOSCO）的推崇。在其《复杂金融产品销售的适当性义务》中，国际证监委提出了八个销售复杂金融产品的基本原则，其中就包含：在设计或选择复杂金融产品用以销售时，中介机构应当设立适当的持续性内部程序来确认、定期检查和批准（或否决）产品，以提升产品与目标客户的特点及需求的兼容性。[18]为此，国际证监委还举例，产品不得有意地设计成这样，使得目标客户理解其风

16　Veerle Colaert, Product Governance: Paternalism Outsourced to Financial Institutions? Working Paper 2019/2（Nov. 2019），https：//papers. ssrn. com/sol3/papers. cfm? abstract_ id = 3455413，最后访问于 2021 年 6 月 30 日。

17　Cartei，G.（2019），The impacts of MiFID II product governance requirements on financial intermediaries and a Blockchain solution to face POG requirements. New Challenges in Corporate Governance: Theory and Practice，287 －302，Link：https：//doi. org/10. 22495/ncpr_ 41，最后访问于 2021 年 7 月 5 日。

18　IOSCO，Suitability Requirements With Respect To the Distribution of Complex Financial Products，p. 18. Link：https：//www. iosco. org/library/pubdocs/pdf/IOSCOPD400. pdf，最后访问于 2021 年 7 月 5 日。

险收益比的能力受到妨碍。由此可见，产品治理的理念受到了广泛认可，代表了国际上关于复杂金融产品风险治理的创新趋势。

（二）产品治理机制的构建：以欧盟法为例

综观目前有关国家和地区的实践，产品治理机制以施加生产和销售企业产品治理义务的形式为实施路径。这些企业产品治理义务，根据目前各国的实践，可以区分为生产企业的产品治理义务和销售企业的产品治理义务。因此，本文也以此区分为准，对产品治理机制进行描述。

就目前实施产品治理机制的国家和地区中，欧盟法最早、最全面系统地对产品治理机制作出立法上的表达：在2014年颁发的MiFID II中，欧盟立法者就正式在法律层面引入了金融产品治理机制；随后在2017年，根据MiFID II的授权，欧盟委员会颁发了关于产品治理的委员会授权指令，[19]进一步细化了产品治理义务的实施要求；2018年，欧盟证券监管机构ESMA也发布了MiFID II下产品治理义务的监管指引，从而明确了其执法标准。其他国家的情况，如英国，因其早期处于欧盟法体系下，产品治理机制与欧盟一脉相承；澳大利亚的产品治理机制虽然有细节上的特殊之处，但整体上明显受到了欧盟的影响。因此，关于产品治理机制，本文以欧盟法为观察样本。

1. 生产企业的产品治理义务

在产品治理机制下，生产者的义务总结主要如下：

第一，确定潜在目标市场的义务，据此，产品生产者须承担的首要任务是建立产品批准程序（product approval process），以确保其设计的产品符合既定的目标市场（目标客户群体）。[20]

第二，确立消极目标市场的义务。所谓消极目标市场，即其需求、特点和目标与相关产品不兼容的客户群体。法律要求生产者确定这一目标市场，即以负面清单的形式，明确了不适于相关产品的目标市场，从而更好地防范产品的不当销售。

第三，确保产品销售给目标市场的义务。据此，生产者还必须确保其产品的销售策略应当与既定目标市场相符合，并采取合理措施确保该金融产品实际上销售给既定目标市场。[21]

第四，向产品销售者提供信息的义务，据此，生产者须为所有销售者提供

---

19 即（EU）2017/5932（MiFID II Delegated Directive）。

20 参见ESMA Product Governance Guidelines，第34段和第18段。

21 参见ESMA Product Governance Guidelines，第25－26段。

所有关于该金融产品及其批准程序（包括其既定目标市场）的必要信息。

第五，定期审查产品的义务。据此，产品生产者应当定期地检查其产品，包括可能实质性地影响既定目标市场所承受的潜在风险的所有事件，并审查该金融产品是否仍与目标市场的需求、特点和目标相一致，等等。

2. 销售企业的产品治理义务

在产品治理机制下，销售者需主要承担如下义务：

其一，确定实际的目标市场的义务，根据 ESMA 的监管指引，在产品生产者确定了“潜在的”目标市场之后，销售者则须确定“实际的”目标市场。[22]

其二，确立实际的消极目标市场的义务，即确定任何在需求、特点与目标方面与所提供产品和服务不相符的客户群体。

其三，获取并利用产品信息的义务，产品销售者应当利用取自生产者和他们自有客户的信息，以确定实际的（积极的或消极的）目标市场和他们的销售策略。

其四，定期审查的义务，这包括：一是产品销售者应当定期审查和更新其产品治理机制，以确保他们保持有效并符合其目的。二是应当定期审查其所提供或推荐的产品和服务，将任何可能实质性地影响对于既定目标市场的潜在风险的事件考虑进去。

其五，向产品生产者提供信息的义务，据此，产品销售者应当向产品生产者提供关于有关销售和审查结果的信息，以支持后者开展的产品审查。

四、产品干预制度：风险防范的“最后手段”

（一）产品干预权：必要性、特征及争议

根据主流的金融监管理论，金融监管机构的市场干预权力须受到严格的限制和高门槛的理论证成。金融监管权力的配置，以市场失灵的范围为原则：只有市场失灵的地方，才有金融监管权力发挥的空间。[23] 特别是从 20 世纪 80 年代起，西方国家兴起的金融业去监管化浪潮，使得金融监管权力的发挥空间受到极大的挤压。然而，2008 年金融危机的发生，使人们在事后反思时深刻地认识到，随着大量结构复杂的金融创新产品的涌现，监管机构面对复杂金融产品带来的风险及损害时，缺乏有效、及时地应对重大损失风险的监管工具。[24] 在此背景下，有关国家和地区（如欧盟、英国及澳大利亚）的监管者纷纷提出，

22 参见 ESMA Product Governance Guidelines，第 37－38 段。

23 李东方著：《证券监管法论》，北京大学出版社 2019 年版，第 55－56 页。

24 如澳大利亚监管机构立法调查报告：Financial System Inquiry：Final Report，p. 207－209.

在特定领域加强监管机构的权力，将复杂金融产品纳入更加严格的监管。[25]产品干预权随即在争议中被顺势推出。

作为一种行政权，金融产品干预权在效力上具有直接、快速且强力的特征，它能够针对复杂金融产品本身的失灵进行及时的修复，从而有效地预防风险，或者在损害出现时便及时地介入，以阻止其损害扩大而变得不可收拾。与产品治理机制通过赋予市场主体某种义务以达到消费者损害风险的预防效果不同，产品干预权借由裁判者之手，对市场失灵和损害风险进行直接干预。在此意义上，诚如德国金融监管局所认为的，产品治理机制是在企业层面对产品风险进行防范的第一线，而产品干预权就是当前者力所不及时，作为补救的最终手段。[26]

产品干预权意味着，监管机构可以在相关产品具有损害消费者风险之虞时，对其发行流通采取禁止或限制的措施，表现为对市场直接和强有力的干预。因此，产品干预权也引发了理论界关于其“父爱主义”色彩的争议。该监管路径饱受争议的原因在于，它限制了市场主体自我决定、自我负责的权利，从而也限制了其行为能力，尽管其目的在于将“特定的危险”从一开始就予以剔除。[27]投资者此时被矮化为一个需要法律和监管机构保护的、无行为能力的人；同时，一些无须受保护的投资者也会被强行纳入保护范围，从而违背了该类投资者的意志。[28]对于产品干预权，人们的担忧也在于此：监管机构行使产品干预权的职责，将使投资者产生所有未被禁止的产品都是安全的预期，从而进一步丧失判断能力，一旦投资失败，则可能归咎政府；另外从市场的角度来看，产品干预权的行使，也不可避免地增加市场的不确定性，影响市场效率。然而，正如上所述，更多观点认为，在复杂金融产品的情形，随着近年来大量复杂、创新的金融产品被推向市场，投资者自主决策的投资环境明显发生了变化，传统的以信息公开为中心的监管进路已经不足以实现投资者保护的目标。此时，法律赋予监管者对金融产品某种程度上的实质审查的权力，就获得了足够的正当性。

25　参见欧盟监管机构调查报告：Commission Staff Working Paper Impact Assessment, p. 15；澳大利亚监管机构调查报告：Financial System Inquiry：Final Report, p. 207 – 209.

26　“在逻辑上，只有当产品治理机制未能达到保护消费者的效果时，产品干预权才有用武之地。”参见德国金融监管局（BaFin）的关于产品干预权的观点，链接：https：//www. bafin. de/SharedDocs/Veroeffentlichungen/EN/Fachartikel/2018/fa_ bj_ 1810_ product_ governance_ en. html，最后访问于2020年10月30日。

27　有关争议，参见：孙笑侠、郭春镇：《法律父爱主义在中国的适用》，载《中国社会科学》2006年第1期；黄文艺：《作为一种法律干预模式的家长主义》，载《法学研究》2010年第5期。

28　Buck – Heeb, Aufsichtsrechtliches Produktverbot und zivilrechtliche Rechtsfolgen – Der Anleger zwischen Mündigkeit und Schutzbedürftigkeit, BKR 2017, 89, 99.

（二）产品干预权的实施机制

行政权力对市场的干预，应以市场失灵的范围且行政权力能发挥作用的范围为限度。产品干预权作为一种行政干预权，需要为其设定严格的适用范围，并防范其滥用，以达到以最少的干预实现防范复杂金融产品风险的效果。综观迄今为止的立法实践，产品干预权的实施机制主要包括其适用标准、触发条件及控制机制等几个方面。

其一是关于产品干预权的适用标准。综合各国情况来看，其权力适用标准具有很多共同点，都主要以相关产品或服务对投资者具有充分的损害风险、对其他因素如市场秩序的不利影响为要素。比如在欧盟，其监管机构 ESMA 适用产品干预权的标准是，“某一金融产品、活动或业务，导致了对于投资者保护的显著的担忧，或对金融市场或原材料市场的有序运行和诚信、金融体系的整体或部分的稳定构成威胁；或者某种衍生品对市场上的价格形成机制具有破坏性的影响”。英国[29]、澳大利亚[30]也有类似的相关规定。

其二是产品干预权适用的触发条件。其触发条件的成立，以上述干预适用标准的认定为前提，而限于本文金融消费者保护的主题，本文主要关注的是“投资者损害风险”的认定问题。综观各国立法，监管机构在认定某一产品或服务是否构成“投资者损害风险”时，主要考虑的因素包括产品的复杂性和透明度、客户的类型和抗风险能力、产品的风险收益比、产品的销售方式、造成的实际或潜在损失的范围等方面。比如在欧盟，这些因素包括产品的复杂性和透明度、目标客户的类型、风险收益比、定价方法、市场流动性和销售方法，以及与发行人相关的因素，如发行人的财务与经营状况或该产品作为发行人的资金来源所具有的重要性，等等。[31]英国、澳大利亚也对此作出类似的细致规定。[32]

其三是产品干预权适用的控制机制。鉴于产品干预权对市场主体的重要影响，相关立法也建立了相应的控制机制，以防止其滥用。因此，除在程序法上遵循一般的行政法规则外，相关立法也在实体法上作出了特殊安排。首先，亦即最重要的是，将产品干预权的适用定位为“最后手段”，以此在根本上抑制监

---

29 Financial Conduct Authority, Policy Statement 13/3: The FCA's Use of Temporary Product Intervention Rules (March 2013), 32 [19].

30 Regulatory Guide 272 Product intervention power, June 2020, RG 272.38.

31 根据欧盟法规定，在运用上述因素进行自由裁量时，主管机关可以基于一个或数个所列举的因素和标准，判断这一“明显担忧”或“威胁”是否存在。参见欧盟委员会委托立法《Commission Delegated Regulation (EU) 2017/567》第 21 条第 1 款。

32 ASIC 强调，在具体情形中，只有存在其中一个因素或多种因素相结合的时候，损失或极可能的损失才是显著的。RG 272.51, Regulatory Guide 272 Product intervention power, June 2020.

管者适用该权力的冲动。比如在欧盟,《金融工具市场条例》(MiFIR)强调该权力的适用须遵循“最后手段原则”,即只有当既有的欧盟法监管规定并不足以解决上述风险,且该风险难以通过改善监管或执行现有规定得以更好地解决时,监管机构才能动用产品干预权。[33]在澳大利亚则将该权力定义为“最终手段或先发制人措施”(last resort or pre-emptive measure)。[34]其次,是比例原则的运用。在欧盟,主管监管机构采取干预措施时,应适当地(proportionate)将相关风险的性质、所涉投资者或市场参与者的熟练水平以及该措施对从中获利的投资者或市场参与者的可能影响等因素纳入考虑范围,从而体现了权力适用的比例原则。在英国,FCA在适用产品干预权时,须包含成本效益分析、关于拟发布规则的目的解释等内容,[35]这显然也隐含了权力适用须符合比例原则的要求。

五、回归中国问题:产品风险、法律现状与构建图景

(一)迈入金融产品复杂化时代:产品本身作为风险源

我国金融产品的日趋复杂化已成为不可阻挡的趋势。[36]以资产证券化产品为例,根据Wind咨询的数据,我国资产证券化产品的发行量,从2010年的趋近于零,到2014年开始大幅增长到3000多亿元人民币,经过这几年的持续快速发展,到2020年,已经增长到28749.27亿元人民币,可谓爆发式增长。[37]。而以互联网金融、数字金融等形式出现的金融产品,在近年来金融科技浪潮的助推下,更是花样翻新,开始走入寻常百姓家。

在金融产品复杂化且规模化的背景下,围绕复杂金融产品的损害纠纷也日渐增多。就目前而言,相关纠纷主要围绕金融机构适当性义务是否履行而展开。据学者统计,近年来法院作出的关于适当性义务的案件呈现逐年递增的趋势,其中大部分案件涉及对“了解客户”义务、“客户与产品匹配”义务以及“风险揭示”义务的违反;然而,这些案例中并不包含违反“了解产品”义务的类

---

33 参见欧盟《金融工具市场条例》第42条第2款第b项。

34 参见Financial System Inquiry: Final Report, p. 210-211.

35 具体内容见FSMA第138i条第2款。

36 这一趋势与我国金融业创新发展、金融机构综合化经营、金融消费者风险偏好多元化等因素密不可分。见周德洋:《复杂金融产品的监管挑战》,载《中国金融》2020年第7期。

37 参见不动产投资信托基金(REITs)研究中心:《2020年资产证券化发展报告》,载新浪财经网,http://finance.sina.com.cn/money/fund/fundzmt/2021-02-20/doc-ikftssap7726036.shtml,最后访问于2021年7月23日。

型。[38]事实上，违反“了解产品”义务、甚或复杂金融产品本身带来的损害风险，在金融产品复杂化时代，值得引起人们越来越多的重视。

以2020年发生的“原油宝”事件为例，有关金融机构未恰当履行适当性义务，固然是导致消费者损失的重要原因，但是，几乎所有反思却局限于此，而忽视了“原油宝”这一“创新产品”本身对损害后果的决定性影响。具体来说，一是“原油宝”产品自身的巨大风险。本质上，“原油宝”相当于相关金融机构为普通投资者参与境外的期货交易提供一个通道，从而使后者参与到有巨大风险的交易中去，承担超出其承受能力的风险。[39]二是“原油宝”这一产品本身的不合理设计。首先是将移仓日放在合约到期前一日，使投资者暴露在流动性大幅萎缩而被迫平仓和移仓的风险之中，其次是该产品将停止交易的时间点设定在最后结算日的22点，使得投资者无法参与夜盘，只能被动承担其后市场交易的不利后果。[40]

总而言之，金融产品复杂化成为我国无可避免的趋势，在此情形下，我国应当开始重视复杂金融产品本身带给金融消费者的损害风险，并进行相应的制度反思和设计，从而有效地抑制其对金融消费者的损害风险。

（二）我国金融产品规制的规则梳理：现状及不足

与复杂金融产品风险日益显著相区别，我国目前的法律状况，并未针对复杂金融产品本身作出明确且充分的规定。

首先是企业的义务与责任方面。对于复杂金融产品消费者的保护，我国仍基本依赖适当性义务机制，对于金融产品本身，只给予了相当有限的注意。2005年颁发的《商业银行个人理财业务管理暂行办法》（已失效）即规定，商业银行应当制定理财产品的研发设计工作流程及内部审批程序。近年来随着复杂金融产品风险的加大，相关法律法规在制定适当性义务的同时，开始明确施加金融机构“了解产品”的义务，这明确地体现在2017年《证券期货投资者适当性管理办法》、2018年《商业银行理财业务监督管理办法》、2018年《中国人民银行、中国银行保险监督管理委员会、中国证券监督管理委员会、国家外汇

38　参见黄辉：《金融机构的投资者适当性义务：实证研究与完善建议》，载《法学评论》2021年第2期。

39　参见胡艳明：《解析中行原油宝交易机制，银行账户原油产品市场面临重塑》，载经济观察网，http：//www.eeo.com.cn/2020/0426/382164.shtml，最后访问于2021年7月27日。

40　相关分析见唐军：《从“原油宝”事件看金融产品设计和投资风险》，载财经网，http：//news.caijingmobile.com/article/detail/415609，最后访问于2021年7月27日。胡艳明：《解析中行原油宝交易机制，银行账户原油产品市场面临重塑》，载经济观察网，http：//www.eeo.com.cn/2020/0426/382164.shtml，最后访问于2021年7月27日。

管理局关于规范金融机构资产管理业务的指导意见》、2019年《全国法院民商事审判工作会议纪要》的相关规定中。而2020年中国人民银行颁布的《金融消费者权益保护实施办法》，则显示了建立产品治理机制的清晰意识。该办法明确要求金融机构应建立健全涉及金融消费者权益保护工作的全流程管控机制，确保在金融产品或者服务的设计开发、营销推介及售后管理等各个业务环节对金融消费者权益进行有效保护。这一“全流程管控机制”包含对金融产品损害风险的事前审查机制，对金融产品营销宣传的事中管控机制，以及对存在问题或隐患的金融产品的事后监督机制。至此，可以说，我国已经在特定领域建立了金融产品治理机制的雏形。

其次是关于对产品本身生产设计及销售方面的干预权力，我国无论是在法律层面，还是在规章层面，都未明确授予监管机构。考虑到我国行政权力强大的制度背景，未明确授予干预权力，并不代表监管机构就无法实际地干预产品的生产设计及销售。也正因这一背景，明确监管机构产品干预的权力授予，通过明确权力适用的范围、前提及控制机制，以“正面清单”的形式，实现增加市场主体可预见性、防止干预权力滥用的目的。

在法律现状与金融产品复杂化趋势相脱节的情况下，学界早有建言，引入复杂金融产品规制制度。[41] 同时，许多贴近市场的有识之士，也提出“产品监管”的呼吁，特别是对产品准入环节的干预。[42] 值此情形，我国有必要借鉴发达金融市场国家的经验，建立健全我国应对复杂金融产品风险的规制体系，以抑制其对于消费者的损害风险。

（三）我国复杂金融产品规制体系的构建

复杂金融产品的消费者损害风险防控从根本上来说是一个系统工程，它涉及产品的生产设计、产品的销售、监管机构的监管执法以及金融消费者权利实施与救济等环节，需要市场主体、监管者及消费者的共同作用。鉴于文章主题，本文将解决问题的重点放在与复杂金融产品规制直接相关的环节，包括产品的生产设计、产品的销售以及产品监管等。具体思路是，在解决复杂金融产品范

---

41 冯乾、黄旭：《金融创新、产品干预与金融机构行为风险防控》，载《金融论坛》2016年第9期；卢琦、喻露：《后金融危机时代中小投资者保护范式的转变：以欧洲投资者保护范式最新转变趋势为借鉴》，载《中德法学论坛》第16辑。

42 参见刘志清：《对标国际金融监管理念，强化复杂金融产品监管》，载《中国农村金融》2019年第15期；钮文新：《“原油宝”再引深思——中国金融衍生品市场需要“负面清单”》，载新浪财经网，https://finance.sina.com.cn/roll/2020-06-04/doc-iirczymk5248621.shtml，最后访问于2021年7月27日。

围的基础上，借鉴国际经验，首先建立作为风险防范一线的产品治理机制，然后再确立作为最后手段的产品干预权的实施机制。为将这一思路付诸实践，未来可通过制定《金融消费者保护法》或《金融服务法》，或修改相关金融领域法律，以主导复杂金融产品的风险规制规则，从而实现跨行业的、功能性的规制。

首先，明确复杂金融产品的范围。此为明确产品治理机制、产品干预权力可以作用的范围的前提。目前，国际上对复杂金融产品的定义有两种模式。一是概括加列举的模式，比如国际证监委先将其复杂金融产品概括为“相对于传统或简单的金融产品而言，其条款、特征和风险不太可能被一般消费者所理解，且结构复杂、难于估值”，后再进行了举例式的列举。[43]二是欧盟的“反向定义”模式：先对非复杂金融工具进行了兜底式列举，包括在受监管市场交易的股票与债券、货币市场工具、可转让证券集合资产管理计划等，而除此以外的金融产品则均属于复杂金融工具。[44]我国可以借鉴欧盟的模式，通过将特定较为人们熟知的产品列为非复杂金融产品，而将其余产品列入复杂金融产品的范围，这一方面尽可能地扩大复杂金融产品的范围，使其具有很强的可操作性，另一方面使得复杂金融产品概念获得了动态的含义，以应对金融产品市场的发展变化。

其次，建立作为风险防控一线的、企业层面的复杂金融产品治理机制。事实上，前述《金融消费者权益保护实施办法》规定的“全流程管控机制”，即为此雏形，但远不足称完善，需进一步发展。产品治理机制意欲实现有效的风险防范效果，则需产品的发行人和销售者在履行各自特定的义务的基础上并相互沟通合作。一是发行人的义务。产品生产端既是产品的源头，也是产品风险防控的开端。在产品设计生产时，发行人即应明确该产品指向的目标客户群体，并依据其特征、需求、抗风险能力等进行相应的产品设计，而不得依其自身利益出发进行设计；同时，明确列出不适合该产品的客户群体，以从反面进行保护。在此基础上，发行人还应采取恰当措施，确保该金融产品将实际上销售给既定目标市场，这包括选择适当的销售者。产品进入市场后，发行人还应定期地审查其发行的产品，以确保其在动态的市场中，与目标客户群体相符合。二是销售者的义务。相应地，销售者也应当依据产品信息及其实际客户的情况，确立实际的目标客户群体，同时列出不适合该产品的客户群体。在此过程中，

---

43 其定义的具体内容，参见国际证监会组织（IOSCO）：《复杂金融产品分销的适当性要求》，2013年1月。

44 参见欧盟《金融市场工具指令II》第25条第4款。

销售者应当充分利用来自发行人的产品信息与其自身掌握的客户信息，作为其决策依据。此外，销售者也应定期地审查其销售的产品，并确保其与目标客户群体相符合。三是建立发行人与销售者之间的信息交换机制。发行人有义务向销售者提供必要的产品信息，以协助后者准确地理解、推荐或出售该金融产品。反之，产品销售者应当向产品发行人提供关于有关销售和审查结果的信息，以支持后者开展产品审查。如此，通过施加双方信息交换的义务，实现在发行与销售两端共同防范产品损害风险的效果。

最后，建立我国针对复杂金融产品的干预制度。如上所言，我国对产品干预权无明确规定，但在我国制度背景下，反而有可能成为行政权力无序干预产品的漏洞。只有在明确监管机构产品干预授权的基础上，才能对其形成有效制约。我国应当把产品干预权定位为防范和制止消费者损害风险的“最后手段”，以降低行政权力过度干预市场的风险。在设立产品干预权时，可以将其干预的目标确定为消费者保护和防范系统性风险两项；就本文主题而言，只有当有关复杂金融产品具有充分的消费者损害风险时，监管机构才可以适用产品干预权；该权力的适用范围限于法律确定的复杂金融产品，并且可以在生产设计、销售及售后阶段进行干预。在行使产品干预权时，监管机构应时刻坚持其“最后手段”的定位，并根据比例原则的精神，以最低限度的市场干预，实现保护金融消费者的目标。

共同犯罪案件中认罪认罚的量刑建议阈值和精准化研究

叶海松　曾洵杰　田中琛*

【内容提要】 在认罪认罚从宽制度全面实施的情况下，量刑建议精准化是认罪认罚案件量刑前置程序中的焦点，而二人以上在共同犯罪故意的支配下，共同实施的具有内在联系的共同犯罪行为的案件中确定量刑建议的提出，需要从快速推进程序的角度转向确定共同犯罪案件量刑建议的规范化、差异化的量刑思维转变，进而对共同犯罪人刑事责任的有无与大小予以外显。为增强共同犯罪认罪认罚量刑协商过程及其结果的稳定性、权威性与延续性，使量刑建议精准化不仅成为检察机关平衡审查起诉中定罪与量刑的重要手段，更成为保障共同犯罪中各被追诉人刑罚预期的有效举措，实践中有必要满足在量刑"精简化"的前提下，确立共同犯罪案件量刑的阶层性思维，注意区别作为确定刑罚阈值范围的"犯罪的过程性情节"和作为调节责任刑的例外性"犯罪人的个别性情节"，进而构建起功能性的量刑理论。

【关键词】 共同犯罪　量刑建议　精准化　犯罪过程性情节　犯罪人个别性情节

一、共同犯罪量刑领域的要素廓清

综观刑事检察实践中的量刑理念和量刑技术，检察机关作为适用认罪认罚

---

*　课题组负责人：叶海松——广东省惠州市惠城区人民检察院党组书记、检察长；课题参加人：曾洵杰——广东省惠州市惠东县人民检察院检察官；田中琛——广东省惠州市惠东县人民检察院检察官助理。本文系2021年最高人民检察院应用理论研究课题广东省惠州市惠城区人民检察院研究课题阶段研究成果。

从宽制度中提出量刑建议的主体，认罪认罚从宽制度中量刑建议的确定性特征对于检察机关提高量刑建议的准确性提出了更高的要求，也影响着公众对于检察机关的司法信任。[1] 梳理近年来的共同犯罪案件及其量刑情况，会发现具有如下特点：

其一，共同犯罪案件受舆论和被害人意见影响导致量刑失衡，非法律因素的影响隐身于量刑的过程和结果中，[2] 舆论的不当干预使得量刑确定性受到极大干扰，而被害人意见作为量刑不可忽视的因素也会客观导致量刑存在偏轻或偏重的现象；其二，共犯量刑失衡导致量刑失范，如共同犯罪案件中的部分被告人已被判刑案件中，为贯彻认罪认罚从宽的理念，未判决主犯较之已判决从犯的刑期更轻，法定量刑规则因量刑结果的恣意性而难以被检验。

导致共同犯罪量刑出现上述特点的原因主要包含以下方面：其一，检察机关量刑建议的精准化水平有待提高，对其量刑缺乏实质制约，量刑信息收集不全面，诉讼关照义务履行不充分，[3] 使得检察官行使自由裁量权易作出不利于被追诉人的解释而提出畸重量刑建议；其二，对于量刑建议的采纳缺乏强制约束力和有效评价机制[4]，而法官自由裁量权受到限制的心理接受度调整不到位，都会影响量刑建议平衡而不利于精准量刑的提出。

二、共同犯罪案件量刑的理论构造和话语系统

（一）区分责任刑和预防刑的量刑理论构造

责任刑是具有回顾性的量刑因素，其主要在于针对被追诉人实施的犯罪行为，确认其所应当承担的刑罚，表现为回顾性的量刑考量因素。而预防刑为具有前瞻性的量刑因素，其考量的侧重点在于根据被追诉人犯罪后的认罪悔罪表现、再犯罪的可能性等进行量刑的评估，表现为展望性的量刑考量因素。对于认罪认罚案件的各共同犯罪人，应当立足刑法客观主义的立场，定罪上遵循先客观后主观、先违法后责任的顺序，转化为量刑时应当与之对应，先确定代表客观违法的责任刑，再确定代表行为人主观责任的预防刑，即共同犯罪人量刑的确定依照行为责任确定刑期的大框架，其后在此范围内依照犯罪人的个别性

1　孔杰、王强、孙娟：《认罪认罚从宽制度中的量刑建议》，载《认罪认罚从宽制度的理论与实践——第十三届国家高级检察官论坛论文集》。

2　白建军：《基于法官集体经验的量刑预测研究》，载《法学研究》2016 年第 6 期。

3　李奋飞：《以审查起诉为重心：认罪认罚从宽案件的程序格局》，载《环球法律评论》2020 年第 4 期。

4　谢健、黄志坚、聂婷婷：《认罪认罚从宽中量刑建议精准化的路径探索》，载《中国检察官》2020 年第 3 期。

情节进行预防考虑而对刑期进行上下微调。

此处的量刑责任是内涵广泛的功能性概念，其是从可比较性和量上对于犯罪论中的不法和有责进行功能性的调整和差异化的处理，基于量刑责任对于各影响量刑的情节进行严重程度不同的阶层性判断，使国家动用轻重不同的刑罚成为可能，责任是和具有归责可能性的不法与违法的分量有关。[5]另外，共同犯罪人的量刑责任在一定程度上也融合了不同的刑罚预防目的，有刑罚预防必要性的考虑。

（二）由司法解释文件规范的量刑构造

“量刑事实”必须要通过“量刑法律”的对接评价，并转化为“量刑情节”，才能作为量刑的根据，因此量刑是“事实”和“法律”的一个有机整体。[6]2017年最高人民法院公布《关于常见犯罪的量刑指导意见》（以下简称《量刑指导意见》）并公布常见犯罪的量刑指导意见的补充规定。根据该意见规定，确定量刑以定性分析为主，以定量分析为辅，依次根据基本犯罪构成事实在相应的法定刑幅度内确定量刑起点，再根据其他影响犯罪构成的犯罪数额、犯罪次数、犯罪后果等犯罪事实在量刑起点的基础上增加刑罚量确定基准刑，最后根据量刑情节调节基准刑并综合考虑全案情况确定宣告刑，另外规定了对共同犯罪中从犯、胁从犯、教唆犯等量刑情节的调节。但上述量刑步骤，对于共同犯罪中的教唆犯究竟是向上还是向下确定刑罚调节度；在向上或向下调节时是否应当受到限制，共犯中的教唆犯和帮助犯向下调节的幅度，如何限制共同犯罪中主犯的量刑趋重问题；以及如何规避从犯减轻可调节量刑导致量刑畸轻并未予以明确规定，使得共同犯罪量刑虽对全案有考量，但仍难避免失衡情形等问题的出现。

另外，根据2019年10月24日两高三部新颁布的《关于适用认罪认罚从宽制度的指导意见》（以下简称《认罪认罚指导意见》）肯定了认罪认罚阶梯式从宽的量刑指导思想，并对于共同犯罪案件中主犯认罪认罚，从犯不认罪认罚的案件，法检两院应注意量刑平衡以防止量刑失当。但该规定对于共同犯罪中从宽的幅度没有明确具体的适用情形，其所构建的阶梯式等级体系无法全面反映共同犯罪中认罪认罚涵盖的多种情节；而《认罪认罚指导意见》从宽幅度考量的因素包含认罪认罚的诉讼阶段、认罪的主动性、认罪的稳定性、罪行的轻重等，未区分责任刑的情节和预防刑的情节，与《量刑指导意见》的裁量因素也

5　周光权：《量刑的实践及其未来走向》，载《中外法学》2020年第5期。

6　石经海：《量刑建议精准化的实体路径》，载《中国刑事法杂志》2020年第2期。

存在重复评价之嫌。[7]

（三）具体量刑实践的刑事责任构造

司法实践中，以检察官对于共同犯罪案件的个案具体量刑活动为例，检察官在量刑时通常会依照简洁化的量刑方式对各共同犯罪人予以量刑，具体而言是先以确定行为结果造成的社会危害性为导向并结合司法实践经验形成对于各共同犯罪人的内心预判，后根据各共同犯罪人有限的具体量刑情节进行笼统评估的过程，整体而言就会呈现出“简洁化”的表征。上述司法实践量刑活动中将认定被追诉人刑事责任的行为客观危害性与量刑挂钩，但对于多名共同犯罪人的量刑考量主要聚焦于法定量刑幅度内的有限区域的频繁活动，检察官在进行量刑裁量时主要考虑与犯罪行为严重性相关的报应刑变量，整体衡量以先前的预判为基础。

司法实践中的量刑过程并没有将责任刑和预防刑分开，因此就可能由于对预防等因素考虑得不充分，造成共同犯罪人刑期失衡的现象。例如，A 和 B 共同入户盗窃他人财物，A 负责入户着手实行盗窃行为，后 A 窃得财物人民币 5 万元，B 负责在外面望风。B 被抓后坦白并且同意适用认罪认罚从宽制度，其无犯罪前科且积极退赃退赔；A 犯罪后潜逃，归案后拒不认罪。按照通常的司法实践做法，检察机关会对 A 和 B 提出较大差别的量刑建议，对 A 提出较重的量刑建议，而对 B 提出较轻的量刑建议。但如果将责任刑和预防刑予以分别考虑，就应注意到对 A 不得在法定刑幅度内“顶格判刑”，对 B 亦不应因其犯罪后的退赃退赔的预防刑情节而“相应减轻其社会危害性”，进而作出过于宽缓的处理。综上，随着“确定刑”适用的逐渐铺开，检察机关量刑建议的“精”度因考核指标等要求明显提高，但“准”度的确定仍有待提高[8]，尤其是共同犯罪案件中各共同犯罪人量刑的变化起着“牵一发而动全身”的影响，对其“准”度更应严格要求，而责任刑和预防刑的分别考量为共同犯罪人量刑“准”度的把握提供了新范式。

三、共同犯罪案件量刑阈值确定的实践走向

（一）功能性量刑理论在共同犯罪检察实践中的展开

第一，量刑时应先行对主犯涉及的量刑情节予以认定，确定主犯的量刑情

---

7 刘伟琦：《认罪认罚阶梯式从宽量刑精准化研究——兼评〈关于适用认罪认罚从宽制度的指导意见〉》，载《北方法学》2020 年第 1 期。

8 王飞：《认罪认罚从宽制度若干重点问题研究：理论、实践与制度构建》，中国法制出版社 2020 年版，第 178－181 页。

节时应注意区分“犯罪的过程性情节”和“犯罪人的个别性情节”，并且优先确定“犯罪的过程性情节”。首先，所谓“犯罪的过程性情节”，是指在实施犯罪过程中形成的、与被告人的犯罪行为相关联的情节，如犯罪起因、共同犯罪行为样态、犯罪故意类型等。“犯罪的过程性情节”对于量刑的制约是根本性的，是决定违法量的情节，对此类情节进行考察时应当注意明晰共同犯罪行为导致的犯罪结果严重程度以及各共同犯罪成员的分工实施的违法事实，也应当考虑行为形态的恶劣性、各共同犯罪人持作案工具的种类和场合等影响违法事实判断的量刑事实因素；还应当考虑被追诉人的故意形态、责任年龄、精神状况等影响责任刑的罪责事实要素。其次，量刑时考虑的“犯罪人的个别性情节”则为犯罪过程中出现的量刑情节以外的裁量预防刑情节，既包括共同犯罪人的属性，也包括共同犯罪人分别的认罪悔罪态度；其中，取得被害人谅解并赔偿损失等属于减少预防刑的情节，而犯罪后试图包庇同案人、窝藏罪证等行为属于增加预防刑的情节。[9]

第二，对主犯的量刑情节进行分层评价，再根据主犯量刑确定其他共同犯罪人的量刑。其一，对于主犯的量刑情节进行分层评价时，应当注意谨慎考量当前司法实践中对从重处罚情节和从轻处罚情节进行综合分析平衡的量刑方法，避免从重或从轻的量刑影响力片面占据明显优势而出现量刑畸轻畸重的现象；可以量刑时对于“犯罪的过程性情节”和“犯罪人的个别性情节”进行分别考量，先确定与违法事实有关的影响责任刑上限的情节，再确定与预防刑有关的情节，达到在责任刑限度内上下调节刑期的目的；上述步骤不至于对量刑情节价值的考量出现片面夸大或缩小的问题。其二，参照主犯量刑，结合“犯罪的过程性情节”的从属性以及“犯罪人的个别性情节”等个别化考量因素，在从犯责任刑范围内上下调整刑期，而避免司法实践中过于依靠主观感觉的笼统综合平衡的量刑方法。

（二）共同犯罪案件量刑阈值确定的基本思路

刑罚既有报应刑的侧面，也有预防刑的侧面，与此相对应，在量刑考量时既要对于共同犯罪人犯罪行为的客观危害以及各行为人的罪责进行“回顾性”分析，也应对于共同犯罪人的再犯罪可能性进行分析，因此确定共同犯罪中量刑情节的判断顺序就显得尤为重要。罪刑法定原则是刑法总则中确定刑罚的根据，刑法分则建构起对于行为类型的描述以及相应的刑罚处罚关系，刑法条文的明示使得刑罚配置的正当性通过确定责任刑实现，此体现“报应”的侧面；

9　周光权：《量刑的实践及其未来走向》，载《中外法学》2020年第5期。

刑法中的刑罚量刑不仅有出于原始的复仇考量，更有出于刑事政策考量中周延法益的需要，达到回应多重刑事司法诉求的功能性目的，此体现“预防”的侧面。

量刑可以说是“刑法理论的缩影”，就司法实践的量刑活动而言，一体地理解刑事责任和积极的一般预防是有必要的，也使得犯罪论和刑罚论的协调贯通具有实现可能。根据“犯罪的过程性情节”确定处罚上限，也就是根据报应需要对共同犯罪人予以非难，进行回顾性的处罚；再确定“犯罪人的个别性情节”进行积极预防，达到展望性的抑制犯罪的需要，实现全面的法益保护。另外，有利于避免出现犯罪论和刑罚论相切割的局面，违反规范并且侵犯法益的行为是犯罪，避免违反规范的再发生和减少一般人犯罪可能性是刑罚的功能，上述基本思路即共同犯罪案件量刑阈值确定逻辑进路的话语提炼，责任刑和预防刑的确定在上述量刑活动中发挥着相得益彰的功能。

四、认罪认罚从宽制度下共同犯罪量刑的疑问和思路

（一）责任刑“幅的理论”与“点的理论”

在量刑理论中，“点的理论”主张根据不法与责任确定的犯罪事实认定客观存在与责任相适应的确定刑罚点；而“幅的理论”主张就责任刑的确定，需要根据违法罪责事实的价值评价、公众的法预期等因素予以量化处理，并且在表现形式上具有一定幅度，认为寻求“一个不变、正确的点是很危险的”。

认罪认罚从宽制度实施后，刑事检察实践中对认罪认罚案件的精准量刑有较高要求，倡导提出的量刑建议应当是经过检察机关与被追诉人达成“合意”的精准、确定的建议，因此责任刑的前提是“点的理论”。对于检察机关的量刑建议，检察实务中更注重“点的理论”；传统意义上的审判实践倾向于“幅的理论”，要求公诉人提出的量刑建议应是刑罚与责任相当的、具有上下限的幅度刑，法官则在此确定的幅度刑内确定刑期等。一些争议案件源于国民规范认知的不稳定性和法检量刑认知的分歧，使得法官对于公诉人提出的精准的“点”的量刑建议难以实现照单全收，审判实务中更倾向于“幅的理论”。

其实“点的理论”与“幅的理论”的根本分歧在于量刑时是在责任刑的幅度范围之内考虑预防犯罪的目的进而确定量刑，还是在责任刑的点的周围选取确定点来考虑预防犯罪的目的进而确定量刑，二者的区别源自对影响量刑的法益侵害的事实认定是具体的，还是基于违法的罪责事实的价值判断是留有余地而又有幅度的。

（二）共同犯罪案件量刑精准化与法官裁量权

认罪认罚制度对于传统量刑原理中法官拥有的自由裁判权中的量刑权进行了方向性的变更，根据《刑事诉讼法》第201条规定，在认罪认罚案件中，除法定情形外，法院应当采纳检察机关提出的量刑建议，这实际上将检察机关量刑建议中求刑的“参考因素”功能变更为具有“相对强制约束”功能，检察机关提出的量刑建议对法官的量刑裁量权产生了实质约束力。[10] 该规定虽保留了法院定罪量刑的最终裁量权，但实际上允许适度量刑偏差的存在，对不当的量刑建议予以适度容错。[11]

检察机关在刑事司法实践中有客观、公正提出量刑建议的义务，但是受制于精准量刑指标以及任务等的要求，站在以客观存在追诉犯罪的立场，与被追诉人进行量刑协商的情形以求得诉讼效率和司法安定，可能会在法定刑幅度内就低量刑，容易倾向于提出幅度内更宽缓的量刑建议。而法官基于兼顾各方利益和诉求的考量，特别是对于被害人要求从重处罚的案件，为消除被害人的对抗情绪并且增强审判的可接受性，倾向于在量刑建议之上适用刑罚。基于对被追诉人的人权保障，法院如在法定事由的情形外在量刑建议的刑期之上判处刑罚，检察机关就有权以判决确有错误进行抗诉。

在当下以审判为中心的诉讼制度改革背景下，共同犯罪案件的部分被告人在法院审判阶段对签署认罪认罚具结书持异议的，如共同犯罪案件中多个被告人实施了类型化行为且均认罪认罚，但个别被告人及其辩护人在审判阶段提出异议，法院在依法审理后认为部分认罪认罚的被告人及其辩护人提出的异议具有合理性，法院能否在量刑建议之外径行判决以及作出判决的路径也值得考量。

诸如以上情况，考虑到控辩双方在签署认罪认罚具结书时双方达成合意、认罪认罚稳定性等因素，法院认为应当调整量刑建议时，应尽量避免在量刑建议之外直接作出判决，可以让检察机关先行调整，另外依法作出判决时应注意与其他未提出异议的同案犯的量刑保持相对平衡，使类似行为可以得到类似惩处。

而检察机关的量刑建议中，如果存在对共犯情节未予以充分考量或者考虑失当的情形，鉴于法院仍然拥有司法审查权和最终决定权，对于指控事实中已经包含，但量刑时未予以考虑的客观存在的共犯参与情节，如对于量刑意见中并未评价的主犯从重等内容作为影响责任刑的“犯罪的过程性情节”，法官应当

10　刘辰、周健：《认罪认罚量刑建议的几个理论问题》，载《法治现代化研究》2020年第1期。

11　熊秋红：《认罪认罚从宽制度中的量刑建议》，载《中外法学》2020年第5期。

依法进行刑罚裁量并对未予确认的情节进行核实认定。此外，法检可以共同发布详细的量刑指南对于共同犯罪案件中量刑情节调整和认罪认罚从宽制度量刑幅度标准等予以规范性指引。[12]

（三）功能性量刑中律师异议的效力

检察机关和被追诉人的交涉实践是量刑建议确定的前提。[13]量刑建议的确定原则上应当包含控辩双方的意见，由检察机关结合司法经验和价值判断在听取辩方的反馈意见之后，进行量刑种类和幅度的权衡，并提出相应的量刑建议。应当说检察机关在认罪认罚从宽制度中的主导责任与控辩双方的充分交流协商并不冲突。[14]但综合当前司法实践，存在以下方面问题：

首先，认罪认罚共同犯罪中的简单案件且共同犯罪人均未委托辩护人时，存在值班律师没有实质性地参与量刑协商过程而使得法律援助流于形式的现象，这就使得共同犯罪人有可能在对于认罪认罚中确定的刑期有清晰的认识，但对于确定刑期的依据，也就是刑期的计算过程缺乏认识的情况下，模糊、草率地签署认罪认罚具结书，而之后又对具结书确认的刑期反悔、甚至对量刑不满而提出上诉，使得认罪认罚制度出现一定程度的诉讼程序空转问题。

其次，实践当中可能出现认罪认罚共同犯罪案件中的大多数嫌疑人均没有委托辩护人，但个别嫌疑人在审判环节委托律师介入并提出异议的情形，在此情形下律师对于量刑意见提出的异议就需要讨论其效力的问题。根据我国《刑事诉讼法》第201条第2款的规定，辩护人对量刑建议提出异议与人民法院认为量刑建议明显不当，同时成为量刑建议可能被否的并且项，而且辩护人提出的量刑异议没有“明显不当”等标准要求，此款规定为法院改变量刑建议的量刑裁判权的行使提供了法律依据，即使在量刑并不存在明显不当的情况下，法官也可以部分共同犯罪人的辩护人对量刑建议存在异议为由，进而对量刑建议进行调整。

针对上述问题，因为认罪认罚具结书体现了检察机关和各共同犯罪人达成的诉讼合意，在后介入的辩护人提出量刑异议的情形下，比较妥当的做法是由辩护人和该共同犯罪中的被告人进行充分协商，对于认罪认罚后反悔的法律风险和法律后果进行利弊得失的权衡。其一，如该被告人对于之前的认罪认罚刑期予以认可，拒绝辩护人的无罪或罪轻的辩护，则辩护人或尊重委托人意愿，

12 庄乾龙：《论认罪认罚从宽制度中精准化量刑建议》，载《政法学刊》2020年第3期。

13 左卫民：《量刑建议的实践机制：实证研究与理论反思》，载《当代法学》2020年第4期。

14 汪海燕：《认罪认罚从宽制度中的检察机关主导责任》，载《中国刑事法杂志》2019年第6期。

或协商退出诉讼活动，其他共同犯罪人的量刑意见当然无须调整。其二，如该被告人对认罪认罚刑期反悔且支持辩护人意见，则应注意区分既不认罪又不认罚、认罪但不认罚的情形，前一种情况辩护人以其持有的辩护意见继续推动诉讼程序进行，后一种情况则应视情形由法院主导，联系检察机关、被告人、辩护人进行认罪认罚程序的部分回转，使认罪认罚从宽制度的立法原意得到真正实现。但无论上述何种情况，都可以对其他未提出异议的共同犯罪人继续依据其自愿签署的认罪认罚具结书使认罪认罚从宽制度发挥应有的法律约束力，使量刑建议发挥风险可控、预期明确的功能价值。

五、余论

其一，根据共同犯罪人中的“犯罪的过程性情节”和“犯罪人的个别性情节”对量刑的影响进行分层考察，根据违法与罪责的分量对于量刑的上限进行确定，但该种量刑理论模式与当前检察实践中普遍存在的“重重轻轻”分别判断的量刑模式存在较大差别。

其二，针对目前普遍存在的法院建议检察机关调整量刑建议的情形，在共同犯罪认罪认罚从宽制度的适用中，如何调整量刑建议、被调整量刑建议以外的其他共同犯罪人的量刑建议约束力以及调整量刑建议的程序规范等问题仍然存在争议和不明确之处。

其三，当前检察实践中，认罪认罚提出的量刑建议除了制作传统意义上的格式化的量刑建议书，通常并未随案移送检察机关的量刑理由说明等使量刑裁量真正体现“有理有据”的材料。根据《人民检察院刑事诉讼规则》第 274 条的规定，量刑建议可以另行制作文书，也可以在起诉书中写明。为提升量刑建议的可接受性和司法公信力，可以随案移送检察机关的量刑具体理由说明和体现量刑情节加重、减轻幅度计算过程、计算方式等的材料[15]。因此，在保持现有移送量刑建议书的模式下，检察机关可探索建立论述阐明和表格列举相结合的文书，如刑事案件量刑建议说明计算表格（本文后附注），并逐渐推广适用，以强制记载促使量刑协商稳定性，也便于法院对检察机关提出量刑建议的理由和依据进行把握[16]，进而使得对共同犯罪案件中多元因素的考量更为全面、准确。

15　王瑞君、陈禹衡：《完善与救济：对认罪认罚从宽量刑建议司法适用的反思》，载《北京科技大学学报（社会科学版）》2020 年第 3 期。

16　周习武、张宝印：《认罪认罚案件量刑建议精准化的实现路径》，载《检察日报》2020 年 6 月 8 日，第 3 版。

其四，应注意探索量刑减让上限的科学设置。“推动量刑建议的精准化，应当对从宽幅度设定上限，以避免减让幅度过大导致量刑失衡，罪责刑出现严重偏离，甚至有刑罚减让负数的出现”[17]，应注意对于认罪认罚相关情节总体从宽幅度的限制，避免共同犯罪案件为提高认罪认罚从宽制度适用率而对于同意认罪认罚的共同犯罪人片面强调从宽，使打击犯罪的价值偏废。

17　苗生明：《认罪认罚量刑建议精准化的理解与把握》，载《检察日报》2019 年 7 月 29 日，第 3 版。

障碍型刑事缺席审判的运行现状与制度完善

——基于已有判决书的考察

黄明高*

【内容提要】2018年《刑事诉讼法》确立了刑事缺席审判制度，其中，对于因被告人患有严重疾病而中止审理的案件可以进行缺席审判，学界对此并未进行深入研究，司法实践中对于这项制度的运用较为积极。通过对中国裁判文书网公布的28份判决书进行分析后发现，各法院对于缺席审判启动条件之“因病无法出庭”认识不一，个别法院忽视了“中止六个月”这一启动条件，有的法院没有经过控辩双方同意直接依据职权启动缺席审判程序。造成实践乱象的原因主要是立法不科学、程序不清晰、条件杂糅。为此，应当根据“严重疾病”对被告人诉讼行为能力的影响程度来分别构建两种不同的缺席审判制度，对于丧失诉讼行为能力的被告人，无须辩方的同意也不需要经过前置程序——中止审理制度，即可适用缺席审判程序。对于有应诉能力的障碍型被告人，应当创新审理方式，必要时可在取得辩方同意的前提下，由法官综合案情裁量适用刑事缺席审判制度。

【关键词】障碍型刑事缺席审判制度　严重疾病　中止审理　权利保障

引言

长期以来，在我国的司法审判实践中，对被告人患有严重疾病而无法出庭

* 黄明高——湖南警察学院讲师、西南政法大学诉讼法学博士研究生，主要研究领域：刑事诉讼法学；侦查学。本文系湖南省教育科学“十三五”规划2020年度项目“湖南高校‘课程思政’的成效与优化路径研究”（项目批准号：XJK20CDY008）的阶段性研究成果。

的案件就只能中止审理，有的案件中止时间长达十多年而无法结案，严重影响了司法效率，也损害了被害人的权利，有损司法公信力。这种因病长期中止审理的情形作为一个小众的话题，极少引起关注。

2018 年修正的《刑事诉讼法》确立了刑事缺席审判制度，这是一项旨在重点解决外逃贪腐犯罪分子刑事责任的特殊的制度安排，考虑到被告人因严重疾病无法出庭、案件长期拖延的问题，此次立法便将这种情况纳入了刑事缺席审判制度的范围，[1] 学界将其称之为解决诉讼障碍型刑事缺席审判。[2] 作为一项全新的制度设计，刑事缺席审判制度引发了广泛的讨论，而其中追逃追赃是本次刑事缺席审判制度入法的直接动因，因而学界大多着重探讨贪官外逃的缺席审判制度，对于诉讼障碍型缺席审判的关注度不高，多数刑事缺席审判制度的研究成果都将障碍型缺席审判制度一笔带过，甚至有观点认为，它并非真正意义上的缺席审判程序，更非一项特别程序，而是属于普通程序的一个环节，是刑事普通程序中处置审判障碍时的一项诉讼措施。[3] 障碍型刑事缺席审判制度正式入法似乎是一次搭便车式立法，没有经过反复论证与讨论，主要着眼于解决诉讼的过分拖延、提升诉讼效率而设。

与理论研究状况形成鲜明对比的是，障碍型刑事缺席审判在实践中运用较为频繁和积极，然而，该制度还存在诸多不清晰之处，无论是适用条件还是认定标准，抑或启动程序等一系列配套程序均未在立法中作出明确具体的规定，立法的粗疏导致司法实践中乱象丛生。本文将通过对已有的案例进行分析、总结，展示出障碍型刑事缺席审判制度的运行现状，发现问题的根源，以探寻制度完善的路径。

一、障碍型刑事缺席审判制度的运行现状

（一）样本的来源及统计

障碍型刑事缺席审判制度在实践中运行状态如何，笔者通过在“中国裁判文书网”进行检索发现，这类刑事缺席审判在司法实践中运用较为活跃。笔者

1　2018 年《刑事诉讼法》第 296 条规定：“因被告人患有严重疾病无法出庭，中止审理超过六个月，被告人仍无法出庭……被告人及其法定代理人、近亲属申请或者同意恢复审理的，人民法院可以在被告人不出庭的情况下缺席审理，依法作出判决。”

2　卞建林、吴思远：《刑事缺席审判程序：立法反思与实践走向》，载《求是学刊》2020 年第 5 期。本文为了表述简洁、方便，一律将这类解决诉讼障碍的缺席审判制度称之为“障碍型缺席审判制度”。

3　万毅：《刑事缺席审判制度立法技术三题——以〈中华人民共和国刑事诉讼法（修正草案）〉为中心》，载《中国刑事法杂志》2018 年第 3 期。

在“全文检索”一栏输入“缺席审判”，“案件类型”一栏输入“刑事案件”，在“文书类型”一栏输入“判决书”，得到155篇判决书，经人工筛选，共有28篇符合本文研究对象。[4]尽管样本数量不大，但覆盖了全国20个省份，且障碍型刑事缺席审判制度自2018年10月26日《刑事诉讼法》修正时才正式确立，此时裁判文书上网制度已经十分成熟，[5]研究对象不容易遗漏，研究结论有较大的可信度。通过对这28份判决书逐一阅读，重点提炼出案号、案由、刑事缺席审判的启动方式、有无鉴定、辩护人来源、判决结果以及缺席的过程和理由这几大要素进行分析研究，大致展现出了程序运行的全过程。

（二）样本分析——障碍型刑事缺席审判制度的运行现状

对研究样本进行统计分析后可以发现，实践中，障碍型刑事缺席审判制度的运行千姿百态，呈现出一些明显的特点，梳理后，总结如下：

1. 对“因病无法出庭”的理解不一。障碍型刑事缺席审判启动的原因都是“因病无法出庭”，28起案例中，疾病的种类多种多样，有的表述为“重大疾病”，如贵州省水城县人民法院（2018）黔0221刑初241号刑事判决书所载张

---

4 参见中国裁判文书网，https：//wenshu. court. gov. cn/，最后访问于2021年11月9日。这28篇判决书案号分别为：安徽省金寨县人民法院（2018）皖1524刑初32号刑事附带民事判决书；辽宁省瓦房店市人民法院（2018）辽0281刑初123号刑事判决书；安徽省临泉县人民法院（2019）皖1221刑初88号刑事判决书；福建省古田县人民法院（2017）闽0922刑初17号刑事附带民事判决书；湖南省常德市鼎城区人民法院（2018）湘0703刑初312号之二刑事判决书；内蒙古自治区牙克石市人民法院（2016）内0782刑初62号刑事判决书；辽源市西安区人民法院（2018）吉0403刑初20号刑事判决书；广东省广州市从化区人民法院（2018）粤0117刑初166号刑事判决书；甘肃省临泽县人民法院（2015）临刑初字第93号刑事判决书；贵州省六盘水市钟山区人民法院（2018）黔0201刑初263号刑事判决书；贵州省水城县人民法院（2018）黔0221刑初241号刑事判决书；吉林省农安县人民法院（2019）吉0122刑初181号刑事判决书；吉林省永吉县人民法院（2018）吉0221刑初323号刑事判决书；江西省修水县人民法院（2017）赣0424刑初249号刑事判决书；湖南省常德市武陵区人民法院（2018）湘0702刑初62号刑事判决书；辽宁省庄河市人民法院（2020）辽0283刑初144号刑事判决书；新疆维吾尔自治区乌鲁木齐市中级人民法院（2020）新01刑初13号刑事判决书；吉林省辽源市西安区人民法院（2017）吉0403刑初129号刑事判决书；广东省广州市从化区人民法院（2018）粤0117刑初680号刑事判决书；山东省济南市市中区人民法院（2000）市刑初字第138号刑事判决书；山东省平度市人民法院（2017）鲁0283刑初199号刑事判决书；山东省曲阜市人民法院（2020）鲁0881刑初75号刑事判决书；山东省滨州市滨城区人民法院（2016）鲁1602刑初354号刑事判决书；山西省忻州市中级人民法院（2015）忻中刑初字第38号刑事判决书；四川省达州市达川区人民法院（2019）川1703刑初363号刑事判决书；河北雄安新区中级人民法院（2019）冀96刑初5号刑事附带民事判决书；宁夏回族自治区银川市金凤区人民法院（2017）宁0106刑初19号刑事判决书；辽宁省北镇市人民法院（2017）辽0782刑初207号。

5 2013年11月13日，最高人民法院审判委员会通过《关于人民法院在互联网公布裁判文书的规定》，要求自2014年1月起，全国各级法院应当将生效裁判文书统一上传至中国裁判文书网。

某某交通肇事案中，判决书中显示“被告人张某某因患重大疾病，无受审能力，中止审理六个月后，经被告人家属同意，依法缺席审理”。17 件表述为“严重疾病”，1 件表述为“严重伤病”，如辽宁省北镇市人民法院（2017）辽 0782 刑初 207 号刑事判决书所载张某某危险驾驶案。具体而言，绝大多数被告人患有精神疾病，有的是痴呆，有的是年岁近百且有严重疾病如辽宁省瓦房店市人民法院（2018）辽 0281 刑初 123 号刑事判决书中的被告人于某某。可见“无法出庭”在实践中也存在认识不一致的情形，大多数缺席审判的案件的被告人丧失了诉讼行为能力，而有的案件是被告人因病导致行动不便而不适合出庭，诉讼行为能力并未受到影响。

2. 辩方申请启动为主。从障碍型刑事缺席审判的启动主体来看，28 个案件中有 17 件是依据当事人申请启动，占总数的 60.7%，只有 7 件是法院依据职权启动，占总数的 25.0%，其中有 4 件仅载明“因患有严重疾病，无法出庭，缺席公开开庭审理”或“被告人缺席”。因此，从判决书无法看出是依申请还是依职权启动，占总数的 14.3%。由此可见，从目前的运行来看，障碍型刑事缺席审判程序的启动以被告方申请启动为主，法官依职权启动并且征得辩方同意为辅，总体而言，现有的适用障碍型刑事缺席审判制度的案例，以被告人申请启动为主，多数判决结果较为轻缓，28 个案件中，7 件的判决结果为免于刑事处罚，11 件的判决结果为宣告缓刑，1 件为宣告无罪，5 件为七年以上有期徒刑。

3. “中止六个月”的期限规定没有得到严格遵守。从缺席审判程序的前提启动条件来看，多数案件是在 2018 年《刑事诉讼法》修正之前就中止审理的，样本中 26 份判决书表明缺席审判是基于因病中止审理六个月以上，有的案件中止时间甚至达到三年以上。新的刑事诉讼法生效以后，这些案件启动了缺席审判程序，但也有两份判决是没有经过六个月的中止期间，直接启动缺席审判程序，这两份判决分别是吉林省永吉县人民法院（2018）吉 0221 刑初 323 号刑事判决书、辽宁省庄河市人民法院（2020）辽 0283 刑初 144 号刑事判决书。这就说明，有些法院从诉讼效率的角度考虑，直接忽视了法律对于“中止六个月”的期限规定，这种情况下，从某种程度来看，可以说是违背了程序法定的原则。从刑事缺席审判的启动程序来看，只有 6 份判决载明缺席审判前经过了司法鉴定，其他 22 份判决书都没有提到鉴定程序，多数判决简单地用一句“被告人因严重疾病无法出庭”表述缺席审判的理由。由此可以看出，障碍型刑事缺席审判的启动程序并不完善。

4. 极个别案件的刑事缺席审判没有尊重被告人的出庭意愿。从在场权的保障来看，28 个案件中有 17 件是由于辩方（被告人本人或者家属）放弃了被告人的在场权，并申请缺席审判而启动，6 个案件是法院依据职权启动缺席审判程序且经过辩方的同意，只有1个案件即福建省古田县人民法院（2017）闽0922刑初17号刑事附带民事判决书所载的洪某某故意伤害案是没有征得辩方的同意，而检察院也明确反对缺席审判。该案中的被告人涉嫌故意伤害罪，公诉人认为本案适用缺席审理属程序违法。法院认为被告人患有重病，无出庭受审能力，中止审理时间已远超过6个月，致本案在立案后近3年长期未结。合议庭在庭前已充分向被告人近亲属释明了关于缺席审理的法律规定、法律后果，依法为被告人指定辩护人。被告人近亲属接受释明后虽表示不同意恢复法庭审理，进行缺席审理，但其未能说出拒绝同意的正当理由。可见，该案中，法院认为，依法告知被告人近亲属相关的法律规定及程序，并充分保障被告人合法的诉讼权利，这符合刑事诉讼法关于刑事缺席审理的立法本意，可以进行缺席审理。此案体现了个别法院在适用障碍型刑事缺席审判制度上的积极性和程序自主性。

5. 检察机关的程序监督到位。从检察院的职能来看，福建省古田县人民法院（2017）闽0922刑初17号刑事附带民事判决书也反映了个别检察院主动积极对障碍型刑事缺席审判程序的适用进行监督。该案中，公诉人认为法庭未提交材料证实被告人及其法定代理人、近亲属申请或者同意本案恢复审理，故不符合缺席审判的条件，进行缺席审理属程序违法，建议法庭休庭。而法院最终选择了缺席审理，从判决书说理来看，法院、检察院对障碍型刑事缺席审判程序的适用存在较大的分歧，焦点在于，程序的启动是否需要经过辩方的同意，法院能否仅仅依职权启动缺席审判。

6. 障碍型缺席被告人的辩护权保障有利。从辩护权保障的角度来看，样本中28个缺席审判的案件中的被告人都有辩护人，只有1件没有辩护人。[6] 27份有辩护人的判决中，16份判决中明确记载是法院指定的辩护人，有5份判决明确记载是被告方委托了辩护人，还有6份判决没有注明辩护人是由法院指定的或是由辩方委托的。可见，尽管障碍型刑事缺席审判制度并未确立指定辩护制度，但是人民法院在实践审理过程中，也许是出于保持控辩平衡、防止诉讼结构的不完整的目的，在程序公正理念指引下，对于没有委托辩护人缺席被告人，绝大多数情况下都为其指定了辩护人。

当然，笔者认为，指定辩护人的做法极有可能是因为参照外逃型刑事缺席审判制度的要求，[7] 因为障碍型刑事缺席审判制度的法律条文紧跟外逃型刑事缺

6 湖南省常德市鼎城区人民法院（2018）湘0703刑初312号刑事判决书之二刘某某销售伪劣产品罪，该案中，被缺席审判的被告人没有辩护人。

7 《刑事诉讼法》第293条规定，人民法院缺席审判案件，被告人有权委托辩护人，被告人的近亲属可以代为委托辩护人。被告人及其近亲属没有委托辩护人的，人民法院应当通知法律援助机构指派律师为其提供辩护。

席审判制度而设，而外逃型缺席被告人若没有委托辩护人的，人民法院必须为其指定辩护人。由于立法技术问题，实践中，可能某些法官将其理解为指定辩护适用于所有的刑事缺席审判制度。尽管法官的主观心态无从得知，但这种做法客观上增强了障碍型刑事缺席审判制度的公正性和公信力。

二、障碍型刑事缺席审判制度的问题与不足

从以上分析可以看出，障碍型刑事缺席审判制度实施以来，总体来说运行良好，权利保障较为完善，解决了部分案件长期悬而未决的难题，有利于被害人的权利保障，有利于司法正义的及时获得。但也反映出实践中各法院对缺席审判制度的认识并不清晰，法检之间存在分歧，结合法律规定，我们可以发现，障碍型刑事缺席审判制度主要存在以下几个方面的问题：

（一）“患有严重疾病无法出庭”的含义不清

缺席审判的条件之一是“患有严重疾病”，它的判断标准是什么？对此问题，法律和司法解释均未作出专门的规定。[8]实践中，法官大多仅凭自己的主观认识，结合审前的强制措施的适用情况来判断，已有类似的标准散见于各类司法文件当中，比如罪犯保外就医的相关规定、看守所收押的条件等都有关于严重疾病的认定。[9]这些都可作为障碍型刑事缺席审判制度适用条件的参考，但作为一项特殊程序的启动条件，应当有明确的依据，未来可在司法解释中进行进一步明确。此外，何为“无法出庭”？实践中，既可能因为严重疾病导致丧失诉讼行为能力，也有可能因为严重疾病导致出庭不便。司法实践中，法院创设了“受审能力”一词来描述被告人因为严重疾病而丧失诉讼行为能力，结合特定的司法语境来看，他们所指的受审能力在学理上相当于诉讼行为能力。诉讼行为能力，又称为诉讼能力，是指当事人可以亲自实施诉讼行为，并以自己的行为行使诉讼权利和承担诉讼义务的诉讼法上的资格。这一概念主要运用在民事诉讼领域，比如，未成年人诉讼行为能力缺失，诉讼行为需要法定代理人代理。

---

8 除了缺席审理，刑事诉讼法中有关取保候审、监视居住、监外执行、中止侦查、中止审查起诉、中止审理的适用条件都涉及“严重疾病”这一概念，这样的立法规定体现了刑事诉讼过程中对于患有“严重疾病”弱势群体的人文关怀，但是在刑事诉讼立法及相关司法解释中对于“严重疾病”的规定仍是空白。

9 司法部、最高人民检察院、公安部于1990年12月31日联合下发了《罪犯保外就医执行办法》，以附件的形式规定了《罪犯保外就医疾病伤残范围》，其中列出了准予保外就医的30多种疾病。根据《看守所条例》第10条的规定，看守所对人犯患有精神疾病或急性传染病的；患有其他疾病，在羁押中可能发生生命危险或生活不能自理，除罪大恶极不羁押对社会有危险性的外，不予收押。

在刑事诉讼领域，缺乏对被追诉人的诉讼行为能力问题的研究。某些法律条文考虑到了未成年人诉讼行为能力不足的问题，并在诉讼程序上予以关照。比如，根据《刑事诉讼法》的规定，侦查阶段讯问未成年犯罪嫌疑人时要求合适的成年人到场[10]，这一制度安排可以说蕴含了对未成年犯罪嫌疑人诉讼行为能力进行补足的意味。“诉讼能力则是诉讼行为主体要素的核心，并深刻影响到诉讼行为的意思表示。”[11]从已有判决来看，实践中混淆了“无法出庭”的具体情形，没有根据被告人是否具备诉讼行为能力来区别对待。因为这两种情况下，被告人不出庭的理论依据是不同的，如果被告人丧失了诉讼行为能力，那么其出庭是没有意义的，这种情形构成了绝对的诉讼障碍。如果被告人由于严重疾病导致出庭不便，可以采取很多变通的出庭形式，如果允许不出庭，其理论依据则是出庭权的放弃或者出庭义务的免除。[12]

（二）中止审理六个月的期限不够科学

因被告人患有严重疾病无法出庭的，需要满足“中止审理六个月后，被告人仍无法出庭”这一前提条件，才能进行缺席审理。然而，“严重疾病”情形复杂，被告人患严重疾病丧失诉讼行为能力后，被告人能否恢复诉讼行为能力，何时恢复，这是一个医学问题，应当在鉴定意见中予以体现，立法对中止期限进行强行规定，而不考虑实际情况是十分不合理的。如果某些疾病几乎没有恢复的可能，对于被害人一方而言，希望早日得到精神的慰藉和物质的赔偿，强行要求其等待六个月，是否公平，对于诉讼进程的拖延是否合适？而对于想早日从诉讼中解脱的被告人来说，当案件处于中止审理过程中，反而是一种诉讼负担。而对于患有严重疾病而没有丧失诉讼行为能力的被告人而言，法律要求诉讼中止六个月后，在征得辩方同意的前提下启动缺席审判，笔者认为这一立法规定也过于简单、机械，不符合诉讼法理，也不符合国际惯例。因为被告人出庭权是一项基本的诉讼权利，是其他权利行使的重要基石，域外国家大多将

10　《刑事诉讼法》第281条规定，对于未成年人刑事案件，在讯问和审判的时候，应当通知未成年犯罪嫌疑人、被告人的法定代理人到场。无法通知、法定代理人不能到场或者法定代理人是共犯的，也可以通知未成年犯罪嫌疑人、被告人的其他成年亲属，所在学校、单位、居住地基层组织或者未成年人保护组织的代表到场，并将有关情况记录在案。到场的法定代理人可以代为行使未成年犯罪嫌疑人、被告人的诉讼权利。

11　康黎：《被告人诉讼能力初探——以美国法为中心的考察》，载《中国人民公安大学学报（社会科学版）》2013年第2期。

12　笔者认为，被告人出庭既是权利又是义务，在轻罪案件中，主要表现为权利，因此，不少国家确立了轻罪案件的缺席审判，被告人可以放弃出庭权。但某些情形下，比如在重罪案件中，出庭更多是被告人的一项法定义务，法庭可以强制要求被告人到庭。

这种被告人同意下的缺席审判限定在特定的案件范围内，通常是轻罪，或者由法官根据查明案情的需要来权衡决定。我国立法的这种遇有诉讼障碍，且经过六个月的期限，经辩方同意就可以缺席审判的做法，未免太冒进。

（三）“缺席审判”的决定程序缺乏合理性

除了“严重疾病无法出庭”的实体标准不清晰以外，缺席审判的启动也缺乏规范的程序。由哪个部门依据什么程序对“严重疾病”进行认定？是由被告人或其近亲属提供疾病证明还是由司法机关指定的专业医疗机构作出鉴定结论？实践中，法院的做法各异，多数案件经过了鉴定程序，本文研究的28件案件中，只有6份判决载明缺席审判前经过了司法鉴定，其他22份判决书都没有提到鉴定程序，多数判决简单地用一句“被告人因严重疾病无法出庭”表述缺席审判的理由。而有的仅仅依据医院的诊断证明就自行裁定恢复审理，进而缺席审判，比如安徽省金寨县人民法院（2018）皖1524刑初32号刑事附带民事判决书。

由此可以看出，障碍型刑事缺席审判制度的启动程序并不完善。此外，障碍型刑事缺席审判制度的适用，是否一定要遵循辩方的意愿、经过辩方同意？对于被告人丧失了诉讼行为能力的案件，能否由法院依照职权决定适用缺席审判？人民检察院能否建议法院恢复审理？而对于有诉讼行为能力的被告人，若是缺席审判需要具备什么条件？这些问题都有待澄清。目前的法律条文没有区分这两种情形，概括性地把辩方同意作为缺席审判制度适用的前提条件，这种将障碍型刑事缺席审判制度的启动权赋予辩方的做法极不合理。

（四）权利保障不足、救济制度缺失

作为一项重要的诉讼制度，缺席审理对于保障身患严重疾病而丧失诉讼能力的被告人的合法权益以及节约司法资源具有重要意义，但其权利保障体系还不完善。对于诉讼行为能力缺失的被告人，为了弥补诉讼结构的不足，应当充分保障他的辩护权，赋予其强制辩护的权利。实践中，障碍型刑事缺席审判的被告人大多有委托辩护人或指定辩护人，但也有个别案件的被告人没有辩护人参加，如福建省古田县人民法院（2017）闽0922刑初17号刑事附带民事判决书。此外，如此特殊的刑事诉讼程序，却没有相关的救济措施，更没有监督制约程序的规定，导致出现实践中法院、检察院相互扯皮的情形。对于有诉讼行为能力的被告人进行缺席审判，是否需要特别的权利保护？是否需要构建特别的救济制度？这些都是需要探讨的理论问题。

三、障碍型刑事缺席审判制度的重构

结合前文分析，笔者认为，应当引进诉讼行为能力这一概念来重新构建障碍型刑事缺席审判制度，将有无诉讼行为能力区别对待，将被告人患有严重疾病导致丧失诉讼行为能力视为被告人出庭的绝对障碍，构建严格的刑事缺席审判制度，而对于不影响被告人诉讼行为能力的其他障碍，如疾病、身处国外等情形，则视案件情况构建相应的缺席审判制度类型。以下就障碍型刑事缺席审判制度的重构进行分析。

（一）规范“严重疾病无法出庭”的认定

既然障碍型刑事缺席审判制度的核心在于及时解决丧失诉讼行为能力的被告人的刑事责任，那么“严重疾病”只是表现形式，应当对“严重疾病”的范围及认定标准予以明确，并同中止审理的适用条件之“严重疾病”的标准保持一致。[13]作为障碍型刑事缺席审判制度的前置程序——中止审理制度也不甚科学，这直接影响到了缺席审判程序的建构，应当实现缺席审判制度同中止审理制度衔接顺畅。首先，应对“严重疾病”的范围进行严格限定。根据权威解释，“患有严重疾病”应作严格、狭义上的理解，主要包括因患严重疾病无法辨认、控制自己的行为，无法表达自己的真实意思，一旦出庭可能影响其生命安全的情形。[14]要重点评价疾病对被告人正确表达或辨认、控制自己行为能力的影响程度，考虑被告人作为诉讼主体能否正常行使诉讼权利，是否适合参与到刑事诉讼过程。其次，“严重疾病”的鉴定机构应当是司法机关指定并获得相关资质的医疗机构，同时还应规定该机构须出具司法鉴定意见书。再次，应根据疾病的程度作出是否具备诉讼行为能力的鉴定意见，将丧失诉讼行为能力视为被告人出庭的绝对障碍，经过法定的鉴定程序，可以直接启动刑事缺席审判，实践中的案例也反映了绝大多数法官是遵循这一精神适用刑事缺席审判制度的。但也存在着不一致的做法，少数法官对没有丧失应诉能力的被告人进行了缺席审判，可以说在一定程度上突破了立法的规定。最后，司法机关、被告人或被害人等对鉴定意见书有异议的可以请求重新鉴定，司法机关可以另行指定其他有资质的医疗机构重新鉴定。

13　《刑事诉讼法》第206条对中止审理作了规定：“在审判过程中，有下列情形之一，致使案件在较长时间内无法继续审理的，可以中止审理：（一）被告人患有严重疾病，无法出庭的……中止审理的原因消失后，应当恢复审理……”

14　郎胜著：《〈中华人民共和国刑事诉讼法〉修改与适用》，新华出版社2012年版，第355页。

（二）障碍型刑事缺席审判程序适用由法院决定

障碍型刑事缺席审判制度是着眼于诉讼效率，对于打破过去僵硬的无休止的中止审理制度是一次破冰式的制度创新。在程序的启动上，目前要么是由辩方主动申请，要么需要征得辩方同意，总之，由辩方独自掌控、单方面操控程序适用的状况，不符合程序法理，也不符合刑事诉讼制度的价值。应当改变这种状况，应当将被告人患有严重疾病而丧失诉讼行为能力作为缺席审判的法定事由，一旦出现这种状况，既可以由被告人的法定代理人、辩护人提出申请，符合条件的，人民检察院应当提出适用缺席审判程序的建议，最终是否启动缺席审判应当由法官审查决定，也可以由法官依据职权决定启动。此外，明确了障碍型刑事缺席审判程序适用于无诉讼行为能力的被告人，相应地，被告人的权利保障十分关键，其中，辩护权的保障尤为重要，对于没有委托辩护人的被告人，法庭应当指定辩护人。

（三）区别对待中止审理“六个月”的强制性规定

中止审理制度是因为出现了阻碍诉讼顺利进行的特殊事由而暂停审判的一种制度设计。中止审理制度是与刑事被告人的庭审在场权紧密相关的，传统的根深蒂固的刑事审判理念是对席审判，刑事被告人有到庭参加审判的义务。实际上，一旦出现被告人无法出庭的庭审障碍，多数案件长期得不到恢复审理，导致被害人权利得不到维护，甚至会使证人的记忆淡忘、部分证据灭失，同时对法官的自由心证产生一定的影响，对查明案件事实并正确定罪量刑有着消极的影响。“对于丧失诉讼能力的被告人而言，中止诉讼虽然看似能够保障其诉讼权利，但是却未必能实现客观公正且阻滞了诉讼效率。”[15]障碍型刑事缺席审判制度一定程度上正是基于这样的状况，应运而生。

笔者认为，一旦被告人丧失诉讼行为能力，应当取消刑事缺席审判制度的前置程序——中止审理程序。具体程序为，由辩护人或者其近亲属申请或者检察院建议、法院依职权决定进行鉴定，经过专门机构对疾病进行鉴定，并对被告人是否具备诉讼行为能力出具意见，法官根据疾病的严重程度以及是否具备诉讼行为能力决定是否缺席审判。这样既可以实现诉讼程序的公正与效率，维护司法机关的权威，又可以避免被告人利用中止审理制度逃避刑事追究。而对于有诉讼行为能力的被告人，六个月的中止期限较为合理，以便等待被告人能

---

15 聂友伦：《刑事缺席审判：制度设计与理论问题》，载《暨南学报（哲学社会科学版）》2020年第6期。

否恢复并消除障碍。

（四）灵活运用各种审判方式

如前所述，对于丧失诉讼行为能力的被告人，应当强制性启动障碍型刑事缺席审判程序。实践中，有的被告人患有严重疾病只是影响其亲自出庭受审，他的诉讼行为能力并没有受到影响。而且，诉讼过程中可能遇到的障碍不只是被告人患有严重疾病的情形，比如被告人在国外、年龄过大、身体不便等情况，对诉讼造成拖延，如不及时审判不利于证据的固定和事实的审理查明。对这类有诉讼行为能力的障碍型被告人，可以自主地行使庭审中的各项诉讼权利，但由于身体原因、身在国外等其他各种障碍，其无法亲自出席庭审，可以探索灵活多样的审理方式，比如，将法庭搬至医院、被告人便利的场所，甚至搬到田间地头；延伸至“云上”——借助互联网法院、智慧法庭建设的东风，径直采用远程在线审理等，这也是充分利用信息化技术解决庭审障碍的新时代举措。在此情形下的远程在线参加庭审应当等同于在庭审现场，此时的法庭审理等同于对席审理，被告人的诉讼行为能力不受影响，因此不需要强制指定辩护，由此作出的裁判也无须特殊的救济途径。此外，法院也可以根据情况到被告人所在的住处或医院等地进行审理。

（五）探索构建权利放弃型刑事缺席审判制度

而对于被告人既没有丧失行为能力，也不适合采取灵活特殊的审理方式，比如身处国外等情形，如果被告人被指控的是轻罪，也可以采取委托辩护人而不亲自出庭的做法，在此情形下可以理解为被告人意思自治下放弃出庭权，这是尊重被告人的诉讼主体地位的体现，这种权利放弃型刑事缺席审判制度值得专门进行研究。学界已有不少呼声，域外国家的刑事缺席审判制度大多指的就是这类情形，如葡萄牙《刑事诉讼法》规定，如被告人不可能出庭，尤其是基于年龄、严重疾病或者在外国居住的原因，被告人可以申请或者同意庭审在其缺席的情况下进行。这类缺席审判是基于尊重被告人意愿的情形下，被告方、审判方都认可的缺席审判。但这也不是绝对的，如果法院在缺席审判过程中，基于查明事实真相的需要，认为被告人的到庭属于绝对必要的，则应当命令其到庭，必要时亦可将庭审进行中断或者延期审理。[16]

---

16 参见《世界各国刑事诉讼法》编辑委员会：《世界各国刑事诉讼法》（欧洲卷·中），中国检察出版社 2016 年版，第 1265－1272 页。

结语

障碍型刑事缺席审判制度确立已三年有余，司法实践中对于这项制度的运用较为积极，由此解决了部分案件长期悬而未决的难题，取得了很好的社会效果。然而，由于定位不清晰，导致制度设计不合理，也暴露出不少问题。“无法出庭”包括两种情形：没有诉讼行为能力导致无法出庭，以及因为行动不便等障碍导致的无法出庭。对于前一种情形，在经过鉴定程序后，应当适用障碍型刑事缺席审判程序。如果在法庭审理阶段，鉴定期间即为案件中止审理的时间，要取消中止审理“六个月”这一机械的时间条件。实践中已有个别法院基于这一法理而忽视“中止六个月”这一启动条件而径直缺席审判。应当规范“严重疾病”的认定，重塑障碍型刑事缺席审判程序的适用范围，一旦符合条件，在保障辩护权的前提下，人民检察院提起公诉时应当建议法院适用缺席审判程序，人民法院也应当依职权直接适用，辩方亦有权申请适用该程序，不能将控辩双方同意作为启动缺席审判程序的前提条件。

对于有诉讼行为能力但出庭困难（障碍）的被告人，法官可以依照职权选择灵活的审理方式，可以通过远程在线审理的方式或者法官亲自上门开庭审理等方式予以解决，这种情形的审理依然是对席审理，只是法庭在空间上发生变化，相当于把法庭搬到了线上或者搬到了被告人家中、医院等。条件成熟时，对于有诉讼行为能力但出庭困难（障碍）的被告人，可以探索建立权利放弃型缺席审判制度。总之，刑事缺席审判制度立法还十分粗疏，学界对于外逃型缺席审判制度讨论较为深入，达成了许多共识，然而，有关障碍型缺席审判制度的讨论尚未展开，未来，障碍型缺席审判程序也应当整体设计，在修改法律时予以一并完善。

第三方资助国际商事仲裁的规制研究

杨子希 *

【内容提要】为控制第三方资助带来的消极影响，不少国家和地区都建立起了符合自身特点的规制体系。例如，澳大利亚的司法主导型、英国和威尔士司法监督与行业自治双轨规制型以及新加坡和我国香港地区的立法规制型。这些规制模式各有特点，但由于上述国家和地区与我国内地在法律制度和法治习惯等方面并不完全相同，生搬硬套无利于第三方资助在我国的健康发展。在第三方资助已经开始在我国内地萌芽的背景下，配套的规制体系必须相应完善。对此，我国可以在《仲裁法》中先行明确第三方资助仲裁的合法性，并打造司法解释与指导性案例等“副法体系”，同时由国内仲裁机构制定有关第三方资助国际仲裁的仲裁规则或指引来共同规制国际商事仲裁中的第三方资助。

【关键词】第三方资助　国际商事仲裁　规制　仲裁法　副法体系

第三方资助国际商事仲裁意指第三方出资人通过资助协议向国际商事仲裁当事人提供资金，以换取受资助人胜诉后的某些利益的一种行为。一般来说，第三方资助具有提升社会总体福利的功能，也为资金紧缺的当事人在国际商事仲裁中提供接近正义的机会，使其能够与另一方当事人公平竞争。但与此同时，第三方资助也饱受诸如可能引发滥诉、影响当事人在仲裁中的自主性等质疑。虽然存在着种种潜在风险，第三方资助还是在国际商事仲裁领域生根发芽，并在近几年大范围流行起来。在我国，随着鼎讼等诉讼资本公司的出现，第三方

---

* 杨子希——南昌大学法学院讲师，主要研究领域：国际仲裁，本文获第三十三届全国副省级城市法治论坛征文二等奖。

资助产业已悄然开始萌芽。在这种背景下，为了将第三方资助的消极影响控制在最低限度，并保证第三方资助能够充分发挥积极作用，对第三方资助进行适度的规制和引导不可或缺。目前，国际社会对第三方资助的规制主要有三种典型模式：其一为澳大利亚的司法主导型；其二为英国和威尔士的司法监督与行业自治的双轨规制型；其三为新加坡和我国香港地区所采用的立法规制型。尽管以上三种模式运转良好且具有一定的参考意义，但都不能完美地契合我国的具体国情和当下第三方资助产业的发展实际。因此有必要批判性地吸收和总结国际社会现有规制模式，并结合我国的实际情况，提出更具有针对性和可操作性的规制路径。

一、适度规制第三方资助国际商事仲裁的必要性

从消除第三方资助的负面影响来看，对其进行规制是让其能够提升社会总体福利水平的需要，是发挥第三方资助在国际商事仲裁中的接近正义和公平竞争功能的需要；从第三方资助市场的发展来看，规制第三方资助是引导第三方资助产业健康成长的要求，是避免第三方资助企业陷入盲目竞争而导致资源浪费的需要。事实上，对第三方资助的有效规制，既是对第三方资助产业的保护，也是维护仲裁体制客观性、公正性与效率性的必然要求。

（一）国际商事仲裁中的第三方资助存在潜在的消极影响

尽管第三方资助的存在可能提升社会的总体财富水平，[1]同时为特定当事人提供接近正义和公平竞争的机会，但正如墨子所说："甘瓜苦蒂，天下物无全美"，第三方资助也同样对社会有消极的影响，若规制不力任由其发展，可能会伤及诉讼或仲裁体制的公正性与客观性。

例如，可能会导致滥诉，引发对司法资源的浪费。尽管第三方资助公司在决定资助当事人的诉讼行为之前会进行周密的调查，以减少投资失败的概率，但是第三方资助的投资行为往往并非一次只资助一个案件，它们也有可能以组合投资的方式出现。[2]在组合投资的情况中，出资人的收益并不由单一案件决定，而是基于一系列的案件结果。这样，出资人就有可能会资助一些胜诉概率相对更小的案件，并提高胜诉后的酬金比例，即便败诉也不会影响整体的收益

---

1 See Keith N. Hylton, The Economics of Thrid-Party Financed Litigation, The Journal of Law, Economics & Policy, Vol. 8, 2012, p. 718 – 719.

2 Victoria Shannon Sahani, Reshaping Third-Party Funding, Tulane Law Review, Vol. 91, 2017, p. 405.

状态，若案件胜诉则能够获得更大的收益。

再如，可能会鼓励索赔人针对被索赔人的漫天要价行为，从而延长争议解决的时长。第三方出资人的收益与胜诉后的赔偿紧密相关，赔偿金数额越高则收益越大。资本逐利性使得第三方出资人会要求受资助人在诉讼中漫天要价，而不论合理与否。在国际商事仲裁中，这会耗费仲裁庭与对方当事人的精力，使仲裁程序变得更为复杂拖沓。而且，第三方资助可能会阻止被资助人与另一当事方达成非金钱和解协议，有可能会侵害被资助人的长期利益。[3]

第三方资助可能会影响受资助人与律师在案件中的独立性，使受资助人丧失在仲裁或诉讼中的高度自治性等。以上种种问题，如果在实践中不对第三方资助安排进行有效的规制，其后果可想而知。事实上，第三方资助所带来的种种负面影响就是市场失灵在第三方资助产业中的具体表现，也是相关法律规制不到位的体现。在私法意思自治以及法无禁止即自由等观念的影响下，大多数大陆法系国家和地区对第三方资助都采取默许的态度。即便在有禁止助讼与帮讼分利传统的普通法系国家和地区，也逐渐承认了第三方资助的合法地位。[4]但与之相对应的是，针对第三方资助进行系统规制的法律条文存在较大的空白，给法院和仲裁庭对第三方资助安排进行规制带来依据不足的难题。就我国而言，目前既无对第三方资助安排是否合乎法律与公共利益的规定，也缺乏对第三方资助安排进行规制的司法与仲裁实践。如沃尔特·李普曼所说："大多数时候，并非我们先看到然后再作定义，而是先作定义，然后再看到。"[5]因而，为避免第三方资助对国际商事仲裁产生负面影响，必须要对之进行预先的合理规制，而不能消极地等负面影响已经完全暴露出来之后再寻求对策。

（二）引导第三方资助产业合理发展

经济学中有所谓的市场失灵理论，凯恩斯主义的代表性人物萨缪尔森在《公共支出的纯理论》中提出，他认为市场并不是完美的，存在着市场失灵的问

3　在国际投资仲裁案件中较为常见，如当事人在东道国有大量投资、具有长期投资收益的情况下，争议发生后就有可能倾向于同东道国达成具有政策优惠的非金钱补偿的和解。参见 Vattenfall v. Germany 一案，原告方放弃了要求德国政府赔偿 14 亿欧元的请求，转而与德国和解。Vattenfall AB, Vattenfall Europe AG, Vattenfall Europe Generation AG v. The Federal Republic of Germany, ICSID Case No. ARB/09/6.

4　Jessica Lacey, Third-Party Funding in International Arbitration: The Irish Perspective, 18 University College Dublin Law Review (2018), p. 3.

5　Walter Lippmann, Public Opinion, Dover Publications, 2004, p. 44.

题。[6]市场失灵理论的主要内容集中于三个方面：（1）过度放任自由的市场经济必将走向垄断；（2）市场机制无力纠正经济外部效应；（3）市场机制无法配置公共产品。[7]市场失灵理论认为市场机制的种种不完善导致其在配置社会资源时会丧失作用，在市场中可能会进一步产生供给失衡、消费过度等资源浪费的问题，引起市场失灵，由此主张经济活动中需要政府干预介入。正如萨缪尔森所说："市场既无心脏，也无头脑，它没有良心，也不会思考，没有什么顾忌。所以要通过政府制定政策，纠正某些由市场带来的经济缺陷。"[8]对于第三方资助产业来说，市场是配置产业资源的最好方式，因为它本身就是市场逐利的产物，也必须在自由市场中走向成熟，同时在与同类的自由竞争中不断发展、壮大。但是如果相应的规制长期缺失，也容易让第三方资助产业的发展面临"市场失灵"的问题。例如，国际商事仲裁中对第三方资助强制性披露规则的缺失，加之出资关系本身就具有高度的隐蔽性，这样就容易引发潜在的利益冲突，影响仲裁员的公正性与独立性，进而有可能伤及仲裁制度的公平正义。[9]而且，过度的自由发展容易使第三方资助产业陷入恶性竞争，酿成第三方资助企业盲目逐利甚至是冲击司法公正产生违法犯罪等严重恶果。市场失灵理论就给在市场中规制、引导第三方资助这一产业提供了恰当的理论支撑，第三方资助自然是市场的产物，但它更需要合理的竞争与发展秩序才能良好运行。

市场失灵理论为政府干预经济活动提供了理论依据，但与市场存在失灵类似的情况是，政府的干预也并非万能良药，它也会有失败的时候。[10]特别是在西方国家经历 20 世纪 70 年代的滞胀后，政府失灵论悄然兴起。政府失灵的表现一方面来自政府对市场的无效干预，即政府宏观调控手段不当或范围与力度不够，导致国家行政力量不能弥补和克服因市场失灵而带来的缺陷；另一方面则表现为过度干预，超出了弥补市场失灵所带来的缺陷的范围，给市场产业发展规定了太多太为繁杂的限制性规章制度，抑制了市场自由发展的活力，反而

---

6 陈振明：《市场失灵与政府失败——公共选择理论对政府与市场关系的思考及其启示》，载《厦门大学学报（哲学社会科学版）》1996 年第 2 期。

7 刘辉：《市场失灵理论及其发展》，载《当代经济研究》1999 年第 8 期。

8 ［美］保罗·A. 萨缪尔森、威廉·D. 诺德豪斯著：《经济学》（上册）（第 12 版），高鸿业等译，中国发展出版社 1993 年版，第 78 页。

9 张亮、杨子希：《第三方资助国际仲裁的披露义务规则研究》，载《武大国际法评论》2019 年第 2 期。

10 胡税根、翁列恩：《构建政府权力规制的公共治理模式》，载《中国社会科学》2017 年第 11 期。

搅乱市场秩序的良好运行。[11] 过度的政府干预一定程度上遏制了社会创新，这在技术革新不断深化的第三次科技革命背景下使得政府干预理论渐失人心；同时，政府职能的扩张也使政府行政支出不断增加，加剧了财政赤字。由此，放松政府管制，鼓励市场自我调节的声音开始出现。这也给我们启示，即政府对市场行为的干预必须行之有效、直击要害，也应当适当其度。政府失灵理论同样给规制第三方资助提供了理论指引，即对第三方资助产业的规制不宜使用过多的行政与司法等公权力手段进行干预，而应当在充分尊重其发展规律的基础之上，对核心的关键点进行规定，这样既能维护第三方资助产业的市场本质，保障其自由健康发展；又能减少国家因过度繁杂的立法与执法而多出的财政支出，避免因过度干预而产生在第三方资助产业中的“政府失灵”。

二、现有规制第三方资助模式分析[12]

第三方资助最早见于以英国、澳大利亚为代表的普通法系国家，尽管它们之间拥有着类似的法律传统，但对第三方资助的规制，却采取了不同的模式。简单说来，主要有以下几种方式：

（一）司法主导型

澳大利亚是这一模式的主要实践国家。[13] 它没有针对诉讼或仲裁中的第三方资助进行直接的立法规制，而是通过法院的判例对第三方资助进行规制。在具有里程碑意义的 Campbells Cash & Carry Pty Limited v. Fostif Pty Ltd 一案中，澳大利亚高等法院法官以 5 比 2 的票数认定第三方资助并不构成滥用程序或违反公共政策。[14] 在该案中，高等法院法官认为只有当第三方出资人将诉讼程序用于法律目的之外的其他目的才构成程序滥用，而这种情况可以被法院的固有权

11 金太军：《市场失灵、政府失灵与政府干预》，载《中共福建省委党校学报》2002 年第 5 期。

12 大多数国家在承认与执行国际商事仲裁裁决时都要求裁决应符合本国公共政策，在有禁止“助讼与帮讼分利”传统的普通法系国家和地区，公共政策的界定与具有先例效力的判例息息相关。而且，普遍来说，主流国家对待国际仲裁的态度较之国内诉讼更为宽容，因此，此处引用较多诉讼领域涉及第三方资助的案件，目的就在于给此类国家在认定第三方资助国际仲裁行为的合法性方面需要符合何种条件以一定的参照标准。

13 唐琼琼：《第三方资助纠纷解决规制模式的国际经验及思考》，载《上海财经大学学报》2018 年第 6 期。

14 Michael Legg et al., The Rise and Regulation of Litigation Funding in Australia, Northern Kentucky Law Review, Vol. 38, 2011, p. 633 -634.

力（inherent power）所克服。[15] 该案的宣判，标志着第三方资助在澳大利亚法院得到了合法性承认，而法官关于以法院固有权力来消除第三方资助的负面影响的观点也体现了澳大利亚对于第三方资助的规制是以司法为导向。

在 Brookfield Multiplex Funds Management Pty Ltd v. International Litigation Funding Partners Pte Ltd 一案中，澳大利亚联邦法院的判决使第三方资助在澳大利亚集团诉讼中构成 2001 年《公司法》第 9 节“受管理的投资方案”（managed investment scheme，MIS），这就意味着集体诉讼中的第三方资助需要根据澳大利亚《公司法》的规定进行相关的注册，并受澳大利亚《公司法》规制。[16] MIS 必须由持有澳大利亚金融业务许可证（Australian Financial Services Licence，AFSL）的企业实体根据澳大利亚《公司法》登记注册管理，否则就构成违反澳大利亚《公司法》的行为。[17] 这个案件无疑对第三方资助在澳大利亚的早期发展带来了巨大的影响，因为大多数资助行为都没有按照相关规定的要求进行注册管理。澳大利亚学术界大多认为将第三方资助列为 MIS 并不合理，形容这一做法如同将方形钉摁入圆形孔内一样不合时宜。[18]

澳大利亚新南威尔士上诉法院在 International Litigation Partners Pte Ltd. v. Chameleon Mining NL 一案中正式回应了第三方资助的性质与规制方式。这是一起发生在出资人与被资助人之间的案件，被资助人 Chameleon 公司声称第三方资助协议是一种金融产品，因此只有在出资人持有 AFSL 时，资助协议才是有效的。而出资人并不拥有 AFSL，Chameleon 公司正是基于此想请求法院认定资助协议无效，并以此免除向 International Litigation Partners 支付佣金的义务。最终，新南威尔士上诉法院认定第三方资助协议属于金融产品，要求资助人持有相关的牌照。[19] 根据这一判决，被资助人 Chameleon 有权利撤销资助协议。在 2012 年，澳大利亚高等法院撤销了这一判决，认定第三方资助协议属于信贷安排（credit facility）而非金融产品，从而豁免了第三方出资人需要持有相关金融牌

15 Campbells Cash & Carry Pty Limited v. Fostif Pty Ltd, [2006] 229 CLR 386, 2006 WL 2474982, at p. 97 – 98.

16 Brookfield Multiplex Limited v. International Litigation Funding Partners Pte Ltd [2009] FCAFC 147.

17 ASIC Class Order [CO 10/333].

18 Camille Cameron, The Price of Access to the Civil Courts in Australia – Old Problems, New Solutions: A Commercial Litigation Funding Case Study, in Mathias Reimann (eds), Cost and Fee Allocation in Civil Procedure: A Comparative Study, Springer Press, 2012, p. 66.

19 International Litigation Partners Pte Ltd v. Chameleon Mining NL [2011] NSWCA 50.

照的要求。[20]

而在 Earglow Pty Ltd v. Newcrest Mining Ltd 一案中，Murphy 法官认为在批准集团诉讼和解时，法院的权力并不仅限于批准或拒绝和解协议，它还有权力减少出资人能够获得的佣金比例。[21] Murphy 作出这一判决的依据是《澳大利益联邦法院法案》第 33V 条和第 33ZF 条。第 33V 条规定："（1）除非法院批准，代表人诉讼不得中止或解决；（2）若法院批准当事人和解，则法院可就根据该项和解支付的款项的分配作出公正的裁定。"[22] 第 33ZF 条则规定："在本法规定的所有诉讼程序（包括上诉）中，法院有权力主动或依任一当事人的请求，作出法院认为适当或必要的裁定，以确保诉讼程序的公平正义。"[23]

从这一系列案件中可以看出，澳大利亚对第三方资助的规制并未形成体系化的法典，而是通过法官在具体案例中实现具体问题具体分析。由此也不难看出，对第三方资助的规制，澳大利亚采取了典型的以司法规制为主导的形式。

（二）司法监督与行业自治双轨规制型

对于规制第三方资助，英格兰及威尔士采取了一种独特的手段：即司法判例与行业自治相结合的方式。普通法系发源于英国，因此它十分注重在司法实践中使用判例；而在 2011 年成立的英格兰及威尔士诉讼资助人协会（Association of Litigation Funders of England & Wales，ALF）则为规制第三方资助提供了一种特殊的行业自治方式。

在 Arkin v. Borchard Lines 一案中，上诉法院法官 Simon Brown LJ 认为第三方资助在某些意义上可以给当事人提供接近正义的机会，当资助者是一个纯粹的资金提供者时，第三方资助并不违反公共政策。[24] 在该案中，同时确立了所谓的"阿金帽"（Arkin Cap）原则，即在费用转移（fee shifting）原则下，出资人的赔偿义务仅限于他出资资助的额度。[25] 但是，"阿金帽"原则并未得到普遍的认可。在 2009 年，英格兰及威尔士上诉法院法官 Rupert Jackson 在《民事诉讼费用报告》中公开指出"阿金帽"是一个错误的原则，Jackson 法官认为诉讼出资人在败诉的情况下被免除部分赔偿义务是不合理的，这不仅损害对方当事

20 International Litigation Partners Pte Ltd v. Chameleon Mining NL（Receivers and Managers Appointed）［2012］HCA 45.

21 Earglow Pty Ltd v. Newcrest Mining Ltd［2016］FCA 1433.

22 Federal Court of Australia Act 1976，33V.

23 Federal Court of Australia Act 1976，33ZF.

24 Arkin v. Borchard Lines Ltd & Ors［2005］EWCA Civ 655，para. 30.

25 Rachael Mulheron，England's Unique Approach to the Self-Regulation of Third Party Funding：A Critical Analysis of Recent Developments，The Cambridge Law Journal，Vol. 73，2014，p. 586.

人的利益，对被资助人也是不合理的，因为他们很大程度上是因为有出资人资助才提起诉讼，一旦败诉，可能会面临无力负担败诉赔偿的结果。[26] 由此，Jackson 法官进一步指出，第三方出资人承担不利费用的责任范围应当由法官根据个案动态调整，而不应以出资额为限。[27] 但 Jackson 法官的这一倡议并未被英国司法部所采纳，也并没有任何关于第三方出资人承担诉讼不利费用的立法案提入议程。最终在 2019 年的 Davey v. Money and others 一案中，英格兰及威尔士高等法院法官 Snowden 拒绝在该案中适用“阿金帽”原则，他认为法院不应当机械地适用“阿金帽”原则，对于第三方资助人承担不利费用的责任应该是法院基于实现公平和正义结果的目的来行使自由裁量权的一部分。[28] 这就意味着英国法院在对待第三方出资人承担不利费用的问题上采取了更为强硬的态度，也宣告了确立 14 年之久的“阿金帽”原则在实践中的结束。

英格兰及威尔士监管第三方资助的另一种手段则是依靠英格兰及威尔士诉讼资助人协会（ALF）发布诉讼资助人行为守则（Code of Conduct for Litigation Funders）对协会成员的资助行为进行监管。2011 年 ALF 成立以来，该守则经历了两次修改，目前适用的是 2018 年 1 月发布的版本。2018 年版的守则对第三方出资人做了如下要求：（1）达到最低资本要求。守则要求出资人能够立即获得其自身以及子公司控制范围内的资金，同时要求出资人资本总值达到 500 万镑以上并承担相应的资本充足披露义务。[29]（2）履行保密义务。守则要求出资人及其子公司恪守法律要求的所有与诉讼相关的信息及文件等材料的保密性，同时要求出资人及其子公司遵守与被资助人达成的保密协议条款。[30]（3）不得随意终止资助协议。守则要求出资人在守则第 11.2 条规定的三种情况以外，[31] 都不得终止资助协议。但是即便出资人决定终止资助协议，他们仍然应当履行终止协议之前所产生的出资义务，除非终止的原因是被资助人违反出资协议。[32]（4）不得控制被资助人及诉讼程序。守则要求在资助协议中必须列明被资助人的独立性条款，出资人不得试图控制被资助人的律师或将诉讼的控制权从被资助人处转移给自己，但是出资人履行相应的案件尽职调查以及分析与争议相关的法

---

26 Review of Civil Litigation Costs: Final Report, December 2009, 4.6.

27 Review of Civil Litigation Costs: Final Report, December 2009, 4.7.

28 Davey v. Money and others [2019] EWHC 997.

29 See Code of Conduct for Litigation Funders 2018, Article 2.1, 9.4.2 and 9.4.3.

30 Code of Conduct for Litigation Funders 2018, Article 7.

31 这三种情况分别是：（1）合理地认为提起诉讼依据的是非曲直不再令人信服；（2）合理地相信争议不再具有商业可行性；（3）合理地认为被资助人违反了资助协议的相关要求。See Code of Conduct for Litigation Funders 2018, Article 11.2.

32 See Code of Conduct for Litigation Funders 2018, Article 13.1.

律条款并提出索赔建议不在此列。[33]

尽管2018年ALF守则只有短短18条，但它在规制第三方出资行为的几个关键的地方作出了具体的规定，对在实践中规制第三方资助起到了良好的示范作用。但是，ALF守则只对该协会会员有约束力，适用范围较小。[34]

（三）立法规制型

我国香港地区和新加坡是世界上仅有的两个以立法形式规制第三方资助的司法辖区。二者有着类似的司法传统，又是亚洲最受欢迎的国际仲裁地，它们以立法的形式确认第三方资助在国际仲裁中的合法性，这也可以说是新加坡与香港之间的传统竞争态势使相互之间的立法彼此影响，共同推动司法的开创性改革。[35]

1. 香港地区

香港立法会于2017年6月14日修订了《仲裁条例》，在其中增补名为“第三者资助仲裁”的第10A条，以立法的形式明确在香港引入第三方资助仲裁。在2018年12月7日，香港律政司司长郑若骅发布了《第三者资助仲裁实务守则》，该守则被纳入《仲裁条例》第10A部的第4分部，已于2019年2月1日生效。2017年由国王玛丽学院与美国律所White & Case联合发布的国际仲裁报告显示，新加坡反超香港成为亚洲最受欢迎的仲裁地，[36]香港修订仲裁条例与发布守则无疑增强了它在角逐国际仲裁中心时的竞争力。综合来看，主要规定了以下内容：

第一，确认第三方资助仲裁在香港不受助讼与帮讼分利原则的影响。修订后的《仲裁条例》第10A部，开篇即言明增补本部分内容的目的就是确认第三方资助仲裁在香港的合法性。[37]在第10A部第3分部中进一步指出，第三方资助仲裁“不受个别普通法罪行或侵权法禁止”。[38]

第二，回应了涉及第三方资助仲裁的基本问题。主要包括第三方出资人、

---

33 Code of Conduct for Litigation Funders 2018, Article 9 and 18.

34 截至2021年12月31日，ALF共有10个成员。参见http://associationoflitigationfunders.com/membership/membership-directory/，最后访问于2021年12月31日。

35 Chiann Bao, Third Party Funding in Singapore and Hong Kong: The Next Chapter, Journal of International Arbitration, Vol. 34, 2017, p. 388.

36 Queen Mary & White & Case, 2018 International Arbitration Survey: The Evolution of International Arbitration, p. 9.

37 香港《仲裁条例》，第98E节。

38 香港《仲裁条例》，第98K-M节。

仲裁、资助协议以及被资助人等基本问题的定义。[39]

第三，制定了《第三者资助仲裁实务守则》，规范第三方资助仲裁的行为。该守则主要包括：(1) 不得虚假宣传，在资助协议中必须列明可能涉及的风险、出资人对程序的控制程度、是否会承担败诉后的不利费用、资助协议的终止条件等；(2) 第三方出资人必须达到 2000 万港币的最低资本额的要求，且须承担披露其符合最低资本要求的责任；(3) 第三方出资人须评估出资行为所可能产生的潜在利益冲突；(4) 详细规定了第三方出资者在何种情况下可以终止资助协议，该部分规定与 ALF 规定类似；(5) 指出第三方出资人必须建立合理的投诉程序，以应对被资助人的投诉；(6) 规定了第三方出资人没有遵从相关规定所可能产生的后果。[40]

第四，构建了第三方资助仲裁的披露程序。条例第 98U 节、第 98V 节规定了被资助人必须遵守的披露义务，涵盖必须披露的基础信息，包括已订立及完结资助协议的事实、第三方出资人的姓名或名称以及订立资助协议的时间等。其中若资助协议订立于仲裁程序开始后，则必须在 15 日内向另一方当事人以及仲裁机构披露这一事实，资助协议完结这一事实同样应当在完结后 15 日内向另一方当事人以及仲裁机构披露。[41]

除香港立法机关的立法外，香港仲裁机构也出台了一些针对第三方资助仲裁的仲裁规则或指引。香港国际仲裁中心在《2018 香港国际仲裁中心机构仲裁规则》中规定了第三方资助的披露问题，指出受资助方应当将订立资助协议的事实以及第三方出资人的身份信息等向仲裁庭披露。[42] 中国国际经济贸易仲裁委员会香港仲裁中心（贸仲香港中心）也发布了《第三方资助仲裁指引》，对资助的范围、第三方出资人和被资助人应遵守的行为准则以及仲裁庭在处理有第三方资助案件时的权力等问题进行了规定。[43]

2. 新加坡

作为普通法系国家，碍于禁止助讼与帮讼分利原则，新加坡对待第三方资助一直表现得谨小慎微。直到 2017 年新加坡才开始允许第三方为国际仲裁及相关程序提供资金。总结来看，新加坡对第三方资助的规制以以下几个方面为框架：

第一，修订现有民法。新加坡在 2017 年修订颁布的《民法修正案》中对第

---

39 香港《仲裁条例》，第 98F-J 节。

40 参见《第三者资助仲裁实务守则》。

41 香港《仲裁条例》，第 98U-V 节。

42 《2018 香港国际仲裁中心机构仲裁规则》第 44 条。

43 参见中国国际经济贸易仲裁委员会香港仲裁中心《第三方资助仲裁指引》。

三方资助进行了原则性的规定。在该修正案中，助讼与帮讼分利不再认定为一项侵权行为，但合同依据助讼与帮讼分利原则认定为违反公共政策或存在其他非法情形的情况除外。[44] 这里体现了新加坡对于废除禁止助讼与帮讼分利罪所采取的谨慎态度。该法案在第5B节中进一步指出，有资质的第三方出资人向争议的任何一方当事人提供资金以帮助他们完成争端解决程序不会被视为违反公共政策，但前提是该第三方出资人的资质必须是符合相关规定的；[45] 如果第三方出资人不再符合法律规定的资质要求或没有履行资助合同项下的约定，则他基于资助合同所享有的权利不得经由诉讼或仲裁得到强制执行，但如果第三方出资人被取消资格或没有履行合同义务是偶然的，法院或仲裁庭在认为必要时可以给予第三方出资人一定的救济。[46] 该法案同样对法院、仲裁庭、争端解决程序、第三方出资人、受资助人以及第三方资助合同等基础性的问题进行了阐明。

第二，制定《民法（第三方资助）规则（2017）》（以下简称《2017规则》）。如果说《民法修正案》解决了第三方资助在新加坡的合法性问题并为第三方资助在新加坡的开展搭好了一套框架，那么《2017规则》则为这些框架注入了详细的内容。《2017规则》首先指明了该规则的适用范围，即国际仲裁。此外，《2017规则》还对前述《民法修正案》中提到的第三方出资人应当符合的资质进行了详述。适格出资人的实缴股本或管理的资产必须超过500万美元或等值外币；管理的资产指的是由投资者授予第三方出资人的自由裁量权或在自由裁量权下订约、提取并进行基金管理的款项和资产；在投资者授予第三方出资人的非自由裁量权下，与第三方出资人签约并由第三方出资人进行基金管理的款项和资产；与第三方出资人签订合同，但已分包给另一方并由另一方进行基金管理的款项和资产，无论是在投资者授予的自由裁量权下还是在其他情况下。[47]

第三，修订《法律执业法》和《法律执业规则》。《法律执业法》规定律师可以向客户推荐第三方出资人并起草资助合同，但律师不得从中获取任何直接经济收益。[48]《法律执业规则》则对第三方出资人的披露问题作了规定。[49]

第四，其他补充性规则。随着新加坡在立法上回应了第三方资助国际仲裁

44 Civil Law Act, Chapter 43, Section 5A.

45 Civil Law Act, Chapter 43, Section 5B (2).

46 Civil Law Act, Chapter 43, Section 5B (3) – (6).

47 Civil Law (Third – Party Funding) Regulations 2017, article 4.

48 Legal Profession Act, Section 107 (3).

49 Legal Profession (Professional Conduct) Rules 2015, Rule 49 (A).

的问题，其他机构诸如仲裁协会或仲裁机构也颁布了一些针对第三方资助国际仲裁的规则，尽管这些规则并不具有强制效力，但由于仲裁的高度自主性，它们在实践中还是得到了广泛的适用。其中最为典型的是由新加坡仲裁协会（SIArb）制定的《第三方资助指导方针》和新加坡国际仲裁中心（SIAC）颁布的关于仲裁员涉及外部资金的实务说明。

SIArb为第三方出资人制定了指导方针，旨在促进新加坡境内仲裁中出资人的最佳实践。虽然不是强制性的，但SIArb指导方针是新加坡仲裁界大量投入的结果，并具有相当的影响力。SIArb指导方针确定了资助协议中要处理的事项，并提出了保密和特权、利益冲突和程序控制、披露的方法以及收回资金的条件等问题。[50]

SIAC就涉及第三方出资的案件中的仲裁员行为提出了一份实践说明。它包括披露（包括披露潜在仲裁员冲突）和费用的规定。[51] SIAC还发布了《SIAC2017年投资仲裁规则》，其中包括有关第三方融资的规定。

（四）小结

澳大利亚沿袭自身的普通法传统，通过一系列的案件的判决才达到规制第三方资助的目的。由于立法需要一个漫长的过程，面对第三方资助这一远未达到稳定成熟发展的新生事物之时，很有可能当立法程序一一完成之后，又涌现出新的问题。此时，实际上以确立的先例来规制第三方资助就是一个较为合理的解决手段。20世纪60年代开始澳大利亚宣布不再遵守英国上议院的判决，之后其与英国在解释普通法的问题上差异日渐显著。[52]也正因如此，澳大利亚先于英国甩开禁止“助讼与帮讼分利”原则，正式承认第三方资助的合法性。直到今日，澳大利亚法院针对第三方资助的合法性所作的判决仍然是学者们研究第三方资助时不可回避的经典案例。

英国的监管模式可谓独具特色，在恪守判例的前提下，又建立了行业自治协会，由出资人自己监管自身的行为。英国的商人行会历史悠久，可以追溯到11世纪末期的诺曼底王朝。[53]由商人组成的行业协会进行自我监管乍一看似乎是一个相互矛盾的手段，商人既是运动员又是裁判员，但深究其中，其实也是一种审慎的选择。行业协会的成员既是社会最基础也是最深度的参与者，他们

---

50 See SIArb Guidelines for Third Party Funding.

51 See SIAC Practice Note PN – 01/17 (31 March 2017).

52 ［澳］帕瑞克·帕金森著：《澳大利亚法律的传统与发展》，陈苇译，中国政法大学出版社2011年版，第181－182页。

53 金志霖：《试论英国行会的产生及其早期经济措施》，载《求是学刊》1990年第2期。

自己对于如何监管行业参与者的行为有着具体又清晰的认识。他们自己也知道，市场必然会有竞争，无序的竞争会影响细分市场中所有的参与者，因此他们自己也希望能够共同商议制定出一套合适的监管规则。而且，在政策制定的过程中，作为行业最前沿的参与者，政府或司法机关就可以通过行业成员了解到最新的实践情况，从而为官方建立理性谨慎的制度体系提供基础的信息渠道。[54]因此，英国这种“判例＋行业自治”的监管模式可以说结合了自身的法律传统，也对现代社会具有深远的启发意义。

新加坡和我国香港地区则采用了立法的形式确认第三方资助国际仲裁的合法性，并在其中规定了出资人应该符合的资质。虽然两地都为适用普通法的司法辖区，但这并不令人感到意外。作为国际仲裁中的后起之秀，新加坡和香港地区都希望在第三方资助国际仲裁这一问题上作出欢迎的态势，以促进更多的当事人选择它们作为仲裁庭，从而增加在国际仲裁上的影响力。相对于艰深晦涩又长篇大论的司法判例，采用立法的形式确认第三方资助的合法地位最为直观明了，第三方资助关系的当事人无须再从繁杂的案例中推导、揣测法官的倾向，就可以从白纸黑字的法典上寻求到答案。虽然新加坡和香港地区的立法也并没有从英国 ALF 的诉讼资助人行为守则中突破出来，但采用立法的形式本身就是一种突破，一种以法律最高权威的态势向国际社会宣布两地是友好的国际仲裁地，敢于在面对国际仲裁新生事物时抛开传统的法律原则束缚，彻底地打消了第三方资助关系当事人的所有疑虑。

三、我国规制第三方资助国际商事仲裁的构想

目前，我国尚未对第三方资助作出强制性禁止规定，在我国仲裁市场不断蓬勃发展的背景下，我国仲裁第三方资助市场的前景也必然会因为仲裁需求的激增而进入一个新的阶段。因此，不论是为了控制今后第三方资助在我国大范围出现而可能产生的负面影响，还是为了引导我国第三方资助产业的合理发展，增强它们的国际竞争力，均有必要对之进行一定手段的规制以备不时之需。但规制不能是盲目的，我们应当在辩证分析其他国家及地区的实践基础之上，得出最适合我国国情的答案。

（一）对国际社会现有规制模式的评价

前文所列的几种规制模式各有优点，在实践运行过程中对第三方资助的规制也起到了相当的作用，但并不意味着它们就一定适应我国的国情，一个国家

54 鲁篱：《行业协会经济自治权研究》，西南政法大学 2002 年博士学位论文，第 25 页。

的法律完全适合另一个国家，只会是一种巧合。[55]因而对我国而言，只能通过对现有制度进行批判性的分析和归纳，才能探求出最为适合我国发展特点与具体国情的规制模式。

澳大利亚的判例主导型最大限度地保证了第三方资助在实践中的自由度，但也正是因为这种过度自由，使得这一模式无力解决有第三方资助的案件中仲裁员的利益冲突等问题。[56]此外，判例法所确立的标准并非理性的普遍主义原则，它体现的是一种个别经验主义的理性，更强调通过在个案中的逻辑演绎与推论分析来达到具有多样合理性的统一秩序。[57]也就是说，判例法还需要一个长期的经验积累与足够的案件支撑才能更好地发挥作用。尽管我国古代就已经正式出现了判例法，[58]甚至还有所谓的“比附援引”制度，但我国当代还是采取了以成文法为主导的法律体系，也正是基于此种模式，法院主动造法的行为诸如司法解释以及案例指导制度在我国均不属于正式的法律渊源，[59]有学者称之为“副法体系”，以示其并不具有正式的“法律”性质，只对现有法律体系具有一定程度的补充作用。[60]不仅如此，第三方资助在我国的实践案例尚属空白，并无可参照的判例。因此，澳大利亚的这种纯粹判例主导型规制模式并不适合我国现状。

英国采取的判例与行业自治相结合的规制模式具有典型的代表意义。在市场交往行为中，商人们往往对自身所从事的行业有较为透彻的现实理解，这就使得以商人为主体所组建的非政府性质的行业协会所制定的商事自治条例能够在实践中有效、精准地调整行业内商事交往主体之间的权利义务关系。我国认可商事习惯的正式法律渊源地位，可以预见，作为商事习惯一种类型的行业自治条例将发挥越来越重要的作用。但是，行业自治条例也有其固有缺陷。首先，它的适用范围较窄。一般而言，某个行业协会出台的自治条例只对加入了该协会的成员有拘束力。比如，ALF发布的诉讼资助人行为守则就只对其18个成员有效力。这就意味着第三方资助的行业自治模式无法形成普遍的规制作用，而且具体到我国的第三方资助实践来说，第三方资助公司的数量并没有英国那么多，无法形成有效的、统一的协会。其次，行业自治条例并不具有强制性，它

---

55 ［法］孟德斯鸠著：《论法的精神》（上册），张雁深译，商务印书馆1995年版，第6页。

56 唐琼琼：《第三方资助纠纷解决规制模式的国际经验及思考》，载《上海财经大学学报》2018年第6期。

57 谢晖：《判例法与经验主义哲学》，载《中国法学》2000年第3期。

58 何勤华：《秦汉时期的判例法研究及其特点》，载《法商研究》1998年第5期。

59 王利明：《我国案例指导制度若干问题研究》，载《法学》2012年第1期。

60 陈兴良：《我国案例指导制度功能之考察》，载《法商研究》2012年第2期。

赖以发挥作用的根据是基于契约精神而产生的社会合法性，而非法律强制性。[61]因此，要采取以行业自治为主要模式来规制第三方资助的国家或地区，必须有成熟的第三方资助产业，只有这样才能形成丰富的商事习惯和强大的行业协会，如此方能出现有影响力的行业自治条例。显然我国目前尚未形成这种实践，盲目地照搬行业自治的规制模式出台第三方资助的自治条例容易变成“屠龙之术”，没有用武之地。

相较之下，新加坡与我国香港地区的立法主导模式更适合我国的实际需要与具体国情。一方面，尽管新加坡与我国香港地区同中国大陆的法律渊源不尽相同，但自然状态、风俗、传统以及习惯等构成所谓的“法的精神”[62]之要素类似。中文是新加坡的官方语言之一，而且有接近四分之三的人口是华裔，[63]尽管近现代以来西方文化对新加坡影响颇深，但华人传统文化感情在新加坡华裔中同样流行，并深深影响新加坡的国情。[64]而我国香港地区虽然深受英国普通法影响，但现已回归逾二十年，因此从这些文化习俗的因素来看，我国内地要规制第三方资助，新加坡与我国香港地区的立法实践都是绝佳的参考。另一方面，我国的立法和司法体制长期都是以成文法为主、案例为辅的体系存在，以立法为规制第三方资助的主要模式更符合我国的法律习惯。有学者充分肯定了新加坡的这种立法体系规制，并认为这种模式创设对新加坡而言是其引领规制第三方资助规则的绝佳机会。[65]虽然我国也确立了案例指导制度，为判例在司法裁判中发挥更大的作用提供了政策依据，但我国的案例指导制度的确立采取的是一种类似于立法程序的创制制度，它更多地体现出我国对司法管理制度的探索，而非“造法”制度，因此它并不是纯粹的判例。[66]陈兴良教授也指出，于我国现状而言，法典化的成文法体制才是最根本、最重要的。[67]在面对积极价值与消极缺陷并存的第三方资助这一新生事物时，我国的规制模式还是应当以更为符合当下我国法律习惯的模式为主。

但是，尽管新加坡与我国香港地区确立了以立法为主要规制手段的模式，

---

61 黎军：《基于法治的自治——行业自治规范的实证研究》，载《法商研究》2006 年第 4 期。

62 参见［法］孟德斯鸠著：《论法的精神》（上册），张雁深译，商务印书馆 1995 年版，第 7 页。

63 See https://en.wikipedia.org/wiki/Singapore, Visited on 3 March 2021.

64 参见王永炳：《新加坡华人传统文化之过去、现在与未来》，载《云南社会科学》1993 年第 1 期。

65 See Matthew Secomb & Philip Tan, Thomas Wingfield, Third Party Funding for Arbitration: An Opportunity for Singapore to Lead the Way, Asian Dispute Review, Vol. 18, 2016.

66 孙谦：《建立刑事司法案例指导制度的探讨》，载《中国法学》2010 年第 5 期。

67 陈兴良：《案例指导制度的法理考察》，载《法制与社会发展》2012 年第 3 期。

需要指出的是，作为具有适用普通法传统的地区，与第三方资助相关的判例在新加坡与我国香港地区对规制第三方资助同样扮演着重要的角色，而前文已经论证，纯粹以判例为主或以判例为主要辅助手段并不符合我国的法治习惯。因此，我国还是需要在符合我国法治习惯的基础之上进行一定的制度创新。

（二）我国规制第三方资助国际商事仲裁的具体路径

通过以上分析不难发现，国际上规制第三方资助的现有实践模式均有一定的缺陷，结合我国的具体国情，笔者认为，我国应当采取的是以立法规制为主，同时辅之以我国特有的“副法”体系的规制手段，走出一条具有我国特色的规制第三方资助国际商事仲裁之路。

第一，修订《仲裁法》。我国现行《仲裁法》颁布于1994年，迄今已近30年，许多内容已逐渐跟不上仲裁制度发展的步伐。限于篇幅与主题，笔者无意对现行《仲裁法》进行全面的评价，此处所提修订，只针对第三方资助的问题。参照新加坡与我国香港地区的立法模式，笔者认为可以在《仲裁法》中增设第三方资助国际仲裁的章节，对涉及第三方资助国际仲裁的一些基础性问题诸如相关术语的定义，包括第三方出资人、受资助人以及第三方资助合同的概念、出资人与被资助人所享有的权利和应当遵守的义务等作出规定。此外，还可以在其中明确国际仲裁裁决的可投资性与可让与性。

不少国家和地区都有专门的国际仲裁法案，一方面是为了填补法定制度和相关判例法中存在一些持续的不确定性，另一方面可能是为了符合国际仲裁的特殊需要，并与国际仲裁的发展趋势相一致。例如，前述有着禁止“助讼与帮讼分利”的新加坡和我国香港地区，就意识到国际仲裁中的第三方资助已成为潮流做法，修订了本地的仲裁法案，有限度地在国际仲裁中承认第三方资助的合法性，并概括性地规定了第三方资助应符合的条件。

我国也可以尝试以立法的形式承认国际仲裁中第三方资助的合法性，待实践成熟之后，再稳步推进第三方资助国内仲裁的合法性问题。一来，第三方资助是相对的新生事物，在我国出现之后会如何发展难以预料，以国际仲裁为平台使之可以在我国达到先行先试的目的，充分考量利弊结果之后，可以最大限度地减少第三方资助可能产生的消极影响。二来，作为国际仲裁中的火热话题，以立法形式确认第三方资助国际仲裁的地位也有助于我国树立国际仲裁友好的形象，推进我国打造国际仲裁中心的征程，也有利于彰显我国优化营商环境的期许与决心。

第二，构建《仲裁法》之外的“副法”规制体系。立法的语言必须简明、严谨、庄重，同时为一般主体的行为模式制定某种标准或方向，也就是说，立法语言必须是具有概括性的。[68] 况且，无论如何精密的立法，总归会有遗漏；同时在不断变化发展的潮流之中，仅凭立法也难以紧随时代的变迁，而由于法律必须具有稳定性，频繁修法并不是一项明智的选择。因此，从这一点出发，笔者认为，在《仲裁法》中增设第三方资助国际仲裁章节时，不宜制定过多内容，只需简要列明其合法性以及其他基本术语的定义即可，至于规制第三方资助的具体内容，可以交由其他“副法”体系如司法解释与指导性案例等来完成。这不但可以使《仲裁法》稳定运行与普遍适用，也可以依据第三方资助的客观变化而变化。

作为一个国际仲裁中的新生制度，第三方资助今后将如何发展，会产生何种新的资助形式，会带来何种影响还是未知数。而规则缺失的一种典型体现，就是社会发展过程中，不断涌现出新生事物，现有规则能否用于调整这些新生事物存有争议。[69] 正是出于这一考量，笔者认为在《仲裁法》中只需要规定一些基础性术语的定义以及概括性的权利义务即可。当第三方资助国际仲裁出现一些新的变化，就如近年所出现的组合投资以及以实现公益或政治目标为目的的第三方资助等情况，就可以由最高人民法院出台专门的司法解释，对现有的规则进行解释和填补。

笔者认为，在司法解释中，可以规定规制第三方资助国际仲裁的具体操作方法。包括：（1）出资人的资格要求。应当为第三方出资人设定一定的最低资产要求，该资产可以是出资人实际管理控制的现金流，也可以是相应的资产。（2）资助协议的范式。资助协议中应当写明双方在资助合同内享有的权利和承担的义务，以及出资人对程序控制程度的条款。（3）具体的披露义务。披露义务应当包括披露的内容、时间节点、披露的主体以及向何人披露等。（4）终止协议的情形。具体指出出资人在何种情形下可以单方面停止资助义务，但同时应当赋予被资助人进行抗辩的渠道与方式。（5）设立专门的救济途径。该救济途径主要涉及出资人或被出资人违背合同约定拒绝履行义务时的救济方式方法。

司法解释有着填补现有法律漏洞以及确认与深化“立法原意”的作用，[70] 但司法解释毕竟还是以规范性文件的形式存在，同样具有与成文法的类似的滞后性与缺少灵活性等固有缺陷。[71] 因此，在规制第三方资助的问题上，通过确立指导性案例来弥补成文法和司法解释的不足之处，能够使得对第三方资助的

---

68 董晓波：《我国立法语言模糊性的法哲学分析》，载《语言文字应用》2006 年第 4 期。

69 刘晓宏：《最高人民法院司法解释权力、程序、文件研究》，吉林大学 2012 年博士学位论文，第 31 页。

70 陈春龙：《中国司法解释的地位与功能》，载《中国法学》2003 年第 1 期。

71 谢绍静：《最高人民法院指导性案例制度研究》，武汉大学 2015 年博士学位论文，第 26 页。

规制更具针对性、准确性和适时性。

对指导性案例而言，因我国目前并无法法院参与对第三方资助国际仲裁案例的承认与执行，所以难以挑选出合适的实例。但笔者认为，一旦出现对第三方资助国际仲裁案件的承认与执行，应当审慎对待，可以将之确立为指导性案例。[72]

第三，由国内仲裁机构制定有关第三方资助国际仲裁的仲裁规则或指引。在规制第三方资助的早期实践阶段，利用仲裁机构出台的仲裁规则作为规制的辅助体系同样能发挥重要的作用。在规制第三方资助仲裁的实践中，仲裁机构也扮演着积极的角色。国际商会仲裁院（ICC）和贸仲香港中心选择颁布行为指引来规制第三方资助仲裁。新加坡国际仲裁中心（SIAC）和香港国际仲裁中心（HKIAC）则采取了修订仲裁规则以达到监管第三方资助仲裁的目的。因此，笔者认为，我国的仲裁机构，如南沙国际仲裁中心、深圳国际仲裁院和国际经济贸易仲裁委员会等，可以颁布符合自身特色的关于第三方资助国际仲裁的规则或指引。一来，仲裁机构是处理仲裁案件的第一线组织，规制第三方资助、使其将来在我国的发展能够更多地发挥积极作用需要仲裁机构的深度参与并提供实践素材；二来，程序规则是决定仲裁机构成功与否的关键因素，有一套完善、缜密且严谨的仲裁规则有助于引导国际仲裁当事人选择我国的仲裁机构开展仲裁，这有益于树立我国仲裁友好的形象，扩大我国在仲裁方面的国际影响力，也符合我国打造国际仲裁中心的目的。

72 被确立为指导性案例的个案应该是具有典型代表意义、可能引起社会大范围反响的新型与疑难案件，第三方资助的案件显然在此列。参见李仕春：《案例指导制度的另一条思路——司法能动主义在中国的有限适用》，载《法学》2009 年第 6 期。

案例分析

微信群主注意义务的来源、履行及法律后果

——黄某某诉服务公司、番禺分公司名誉权纠纷案

许燕玲　李　朋*

【裁判要旨】

微信群主对微信群内的侵权行为负有注意义务。微信群主是否尽到了其注意义务，应根据微信群的性质、群成员身份关系具体判断，并结合不法言论出现的频率、持续时间、被侵权人的通知和求助情况、微信群主对侵权人的不法言论采取的管理措施类型、时机等因素综合考量。违反群主注意义务，造成群员损害或损害扩大的，群主应根据过错程度、原因力大小承担相应民事责任。

【关键词】微信群主　注意义务　侵权责任

【案件索引】

一审：广州互联网法院（2020）粤0192民初27883号民事判决书（2021年6月9日）

一审合议庭成员：李朋、倪力文、周婉薇

---

* 许燕玲——广州互联网法院综合审判一庭审判辅助人员；李朋——广州互联网法院综合审判一庭一级法官。

【基本案情】

原告黄某某诉称：在物业公司创建的微信群中，其长期多次遭到部分业主的无理诽谤、谩骂，群主未使用权限进行劝阻和制止，黄某某多次就上述不当行为在微信群提出警示或与群主私聊反映，均未获得回应。黄某某已就微信群中受到的名誉损害向广州市番禺区人民法院起诉个别业主，法院确认了以上侵权事实并作出了惩罚。黄某某认为物业公司的不当行为是其名誉受损的重要原因，故将物业公司诉至法院，要求赔礼道歉、赔偿精神损害抚慰金20000元。

被告某服务股份有限公司（以下简称服务公司）、某服务股份有限公司番禺分公司（以下简称番禺分公司）辩称：二公司未诽谤、侮辱黄某某，不存在任何过错，且已在群里发布相应的群规，提醒群成员发言应“文明用语，禁止人身攻击、辱骂等”，并解散该微信群；微信群中个别业主发表攻击言论侵犯黄某某的名誉权，应由侵权人自行承担相应的侵权责任。

法院审理查明：番禺分公司的员工杨某为履行物业管理需要，于2018年创建微信群。自2018年至2019年，有多名小区业主在群内长期频繁发布针对黄某某的恶意辱骂言论，黄某某多次在群内及通过微信私聊的方式向担任群主的杨某发送信息，要求采取措施，但杨某除在2019年5月15日、19日于群内发布公告提醒群成员注意文明用语并于19日解散该群外，在此前一年多的时间内未采取其他措施。另外，黄某某对微信群内发表辱骂言论的业主提起侵权诉讼，法院生效判决认定业主在群内发表辱骂言论的行为构成名誉权侵权，判令业主向黄某某书面赔礼道歉、赔偿精神损害抚慰金2000元。

【裁判结果】

广州互联网法院于2021年6月9日作出（2020）粤0192民初27883民事判决：一、服务公司于本判决发生法律效力之日起十日内在洛涛居南区公告栏张贴声明向黄某某赔礼道歉，声明张贴时间不得少于30日，声明格式、内容、所用纸张大小等须经本院审核；如服务公司拒不履行，本院将采取在报刊、网络等媒体上发布公告或者公布生效裁判文书等方式执行，相应费用由服务公司负担；二、驳回黄某某的其他诉讼请求。判决已发生法律效力。

【裁判理由】

法院生效判决认为：涉案微信群为番禺分公司员工杨某发起建立，其创建涉案微信群的行为系履行工作职务的行为，番禺分公司是服务公司的分公司，根据《民法总则》第74条关于法人“分支机构以自己的名义从事民事活动，产生的民事责任由法人承担”的规定，杨某履职行为所产生的民事责任，应由服务公司承担。

综合案件情况，法院认定服务公司应当向黄某某承担名誉权侵权责任，理由如下：

一、服务公司对涉案微信群内的侵权行为负有注意义务

首先，服务公司员工杨某利用微信发起了洛涛居南区业主参加的群聊，使众多业主在微信群这一网络空间内交流信息、发表意见，其应当预见到该微信群内可能会出现侵害他人合法权益的信息或言论，故对此负有必要的注意义务。其次，国家互联网信息办公室《网络信息内容生态治理规定》第6条第10项规定，网络信息内容生产者不得制作、复制、发布侮辱或者诽谤他人，侵害他人名誉、隐私和其他合法权益的违法信息。国家互联网信息办公室《互联网群组信息服务管理规定》第9条第1款规定：“互联网群组建立者、管理者应当履行群组管理责任，依据法律法规、用户协议和平台公约，规范群组网络行为和信息发布，构建文明有序的网络群体空间。”杨某作为涉案微信群的建立者和管理者，应当履行群主管理责任。再次，杨某建立涉案微信群用于物业管理，该群应视为服务公司物业服务场所在网络空间的延伸。国务院《物业管理条例》第45条规定，对物业管理区域内违反有关治安等方面法律、法规的行为，物业服务企业应当制止。公然侮辱他人属于违反治安管理的行为，涉案旧群成员杨某某、金某某侮辱黄某某的行为已经由法院认定构成侵权，根据上述规定的精神，杨某应履行工作职责，制止发生在微信群内的侮辱黄某某名誉的行为。最后，杨某作为微信群管理者，对于群成员的违法违规等不当行为，虽然不享有网络服务提供者的删除、屏蔽、断开链接等权限，但比一般群成员多出发布群公告、将群成员移出群聊和解散微信群的权限，这些权限的正确行使，对预防、阻止群成员发布侵权信息和言论具有重要作用。故杨某应当在自己的权限范围内预防和阻止群内侵权行为。

二、服务公司未尽到上述注意义务需承担侵权责任

涉案旧群在长达半年多的时间里频繁出现针对黄某某的恶意辱骂言论，黄某某多次、多方式要求群主采取措施，但服务公司未采取任何管理措施，直到2019年5月19日解散涉案旧群时才发布公告提醒群成员注意文明用语，其长期不作为致使侵害黄某某名誉权的言论持续在涉案旧群内传播。服务公司虽辩称黄某某与其他业主在物业业主沟通群发生激烈争吵时，已第一时间联系相关业主并予以提醒，但未提供证据证明，应承担举证不能的法律后果。综合考虑涉案旧群中侵权言论出现的频率、持续时间、服务公司发布公告是否及时等因素，可以认定服务公司未及时履行群主管理责任，存在过错，因而加重了黄某某名誉受损的程度。根据《侵权责任法》第6条第1款关于“行为人因过错侵害他人民事权益，应当承担侵权责任”的规定，服务公司应承担相应的侵权责任。

黄某某诉请服务公司赔礼道歉并支付精神损害抚慰金，根据《民法通则》第120条第1款关于“公民的姓名权、肖像权、名誉权、荣誉权受到侵害的，有权要求停止侵害，恢复名誉，消除影响，赔礼道歉，并可以要求赔偿损失”和《最高人民法院关于确定民事侵权精神损害赔偿责任若干问题的解释》（法释〔2001〕7号）第8条第2款关于“因侵权致人精神损害，造成严重后果的，人民法院除判令侵权人承担停止侵害、恢复名誉、消除影响、赔礼道歉等民事责任外，可以根据受害人一方的请求判令其赔偿相应的精神损害抚慰金”的规定，黄某某的上述两项诉请具有法律依据。

服务公司承担赔礼道歉和精神损害赔偿的责任，应当遵循责任大小与过错程度、原因力大小相适应的原则。服务公司虽因其不作为而应承担过错责任，但导致黄某某名誉受损的直接原因是直接侵权人的行为，故服务公司的过错程度明显小于直接侵权人，其责任亦应小于直接侵权人。具体而言，对上述赔礼道歉责任，因其具有人身属性且不可替代，不因直接侵权人已按另案生效判决承担该责任而予以免除，但服务公司发布道歉声明的期限应当比直接侵权人的发布期限短。黄某某要求服务公司在洛涛居南区公告栏张贴道歉声明，因旧群已解散，已无法在该微信群发布声明，故该诉请理由充分，法院予以支持，但张贴道歉声明的期限应短于另案判决直接侵权人张贴声明的两个月期限，以30日为宜，黄某某诉请张贴两个月，法院不予支持。对上述精神损害赔偿，结合服务公司违反注意义务的具体情形，法院认为服务公司应承担补充责任为宜，即其仅对直接侵权人不能赔偿的部分，承担相应的补充赔偿责任。因直接侵权人已按另案生效判决全额支付了精神损害抚慰金，故法院不再判决服务公司支付精神损害抚慰金。

综上所述，服务公司未尽到群主和物业服务企业应负的注意义务，导致涉案侵权行为不能及时被劝阻和制止，故应当承担相应的侵权责任。

【案例注解】

根据微信发布的《2020微信数据报告》，2020年微信月活跃账号数达到12.025亿，微信已成为人们日常工作生活必不可少的社交应用软件。但随之而来的是微信群所引发的侵权案件纠纷也日益增多，目前仅有国家互联网信息办公室发布的《互联网群组信息服务管理规定》明确规定了互联网群组管理者的管理责任，而无法律文件明确微信群主未对微信群尽到注意义务时承担法律责任的依据、责任类型及责任后果，给司法实践带来了裁判困境。

一、一般注意义务的法理基础

根据一般注意义务的定义，它是指因社会接触或社会交往活动而对他人引发一定的危险，基于诚信原则、善良风俗或适当社会生活不成文的规则所要求的对此等危险之合理的注意而对一般人负有的除去或者防止危险的义务。[1] 其目的在于防止或制止危险的发生，以避免或减少受害人遭受损害，是不作为侵权责任构成的基础。

拉伦茨将一般危险的“开启和维持”作为注意义务的发源地，大陆法系和英美法系均认为一般注意义务的成立路径包含危险的合理可预见性、控制可能性，[2] 其中可预见性是注意义务成立上处于基础性和前提性的位置，这是因为“只有当某人在行为时知道该结果可能发生，我们才能说行为人具有避免该结果发生的能力”；[3] 控制可能性是指行为人更有可能采取必要措施控制危险源或对被侵权人实施及时的救助行为。

从学理的角度上看，一般注意义务产生于不同的来源，主要有四种：制定法、合同、职务、先行行为。[4] (1) 注意义务首先来源于法律的规定，此类义务可简称为法定义务，其广泛存在于法律、法规和行政规章之中。(2) 由合同而产生的注意义务，主要有以下两种情形：其一是以该义务为合同的主给付内容，如雇用保镖保护自身安全，其二是基于合同的附随义务，也就是“基于诚信原则和交易习惯所产生的各种附随于主义务的义务，包括合同当事人之间的通知、协助、保密等义务”。[5] (3) 因特定职务而产生的注意义务，其正当性在于：他们具有专业知识，在处理事故或危险时具有优于其他人的比较优势，以及社会公众对他们的信赖感，最典型的就是消防人员的消防义务、警察维持治安义务、医生的救死扶伤义务。(4) 先行行为引发的注意义务，其法理基础并不在于先行行为本身的合法性与否，而是由于他人的合法权益因自己的先行行为而处于危险中，行为人据此负有阻止损害结果发生的注意义务。

二、微信群主注意义务的正当性来源

（一）建群行为开启危险源

建群行为属于拉伦茨所称的一般危险的“开启和维持”，即此行为是开启危

---

1 杨垠红：《一般注意义务研究》，载《厦门大学法律评论》2005 年第 9 期。

2 廖焕国：《论一般注意的成立》，载《求索》2008 年第 12 期。

3 ［美］史蒂芬・R. 佩里：《结果责任、风险与侵权行为》，北京大学出版社 2005 年版，第 109 页。

4 参见杨立新：《侵权责任法》，法律出版社 2010 年版。

5 周友军：《我国侵权法上作为义务的扩张》，载《法学》2008 年第 2 期。

险源的行为，原因在于微信群是用于群体在线交流的虚拟性质的网络空间，真实身份的隐匿使得人们容易摆脱现实世界中的各种束缚，肆无忌惮地在微信群发表一些侵害他人名誉等合法权益的言论，并且这些言论能够跨越空间场所的限制，群内信息一经发出，群内成员无论身在何处，只要在互联网功能正常使用的情况下，都能看到不利于被侵权人人格权的言论，传播的范围和广度以及由此带来的负面影响与普通的传播方式相比有过之而无不及。群主享有的管理权限使得群主对群成员潜在的侵权行为具有控制可能性，通过正确行使发布群公告、将群成员移出群聊和解散微信群等权限，有效预防、阻止群成员发布侵权信息和言论，本质上就是其对于可控空间范围内主体合法权益的注意与保护义务，正是基于群主对微信群内的潜在危险源具有更强的控制力，由其承担管理微信群的注意义务才更具合理性。[6]

（二）网络空间治理规范赋予其管理责任

国家互联网信息办公室《互联网群组信息服务管理规定》第9条第1款规定："互联网群组建立者、管理者应当履行群组管理责任，依据法律法规、用户协议和平台公约，规范群组网络行为和信息发布，构建文明有序的网络群体空间"，这是目前我国现有法规范中明确群主对于微信群具有管理职责的唯一规定。关于该规定能否成为微信群主注意义务来源中的"法律规定"，有观点认为该规定的目的是维护网络空间中的公共秩序，而非保护群聊中特定个人的特定民事权益，故无法依据该规定得出微信群主在侵权法意义上的作为义务。[7]也有观点认为微信群主的注意义务在应然层面应当是一种法定义务，对此《互联网群组信息服务管理规定》已作出明确的规定。本案明确网络空间治理规范可以作为微信群主注意义务的来源之一，认定"微信群的建立者和管理者，应当履行群主管理责任"，在一定程度上能解决微信群主侵权责任法律规定空白的问题。

（三）微信群主基于某特定身份而负有职责

群主基于特定身份的职责而负有注意义务。负有物业管理职责的群主承担注意义务，主要基于两个方面的考虑：一是受害人信赖期待之可能性，而对负有职务的人产生了信赖；二是从社会成本最小化的角度出发，群主对侵权行为具有某种程度的邻近性，从而有可能并比较经济地予以控制，所支出的社会成本更小。《物业管理条例》第45条关于对物业管理区域内违反有关治安等方面

---

6 张海燕：《论微信群主的民事责任承担》，载《法学论坛》2020年第3期。

7 费宇：《基于微信群成员侵权行为的群主责任》，载微信公众号"笑天阁"，2021年8月14日。

法律、法规的行为，物业服务企业应当制止的规定，适用于因物业管理服务而开设的微信群，应视为物业服务场所在网络空间的延伸，群主基于其物业管理服务提供者的特定身份，应履行工作职责，制止群内业主的辱骂行为。由此可见，并非所有微信群主都会基于群主身份而承担注意义务，当群成员无法对群主产生信赖期待时，则无从推出群主的注意义务。

三、微信群主注意义务的履行标准

当微信群内出现侵害他人名誉等合法权益的言论时，微信群主作为一名理性人，对此类言论可能造成侵害他人合法权益的损害后果具有预见能力，并且由于微信群主享有一系列管理权限，对于群成员的侵权行为具有较强的控制能力，能够最大程度避免群成员出现侵权行为或降低群成员侵权行为对他人合法权益造成的侵害。此时，如果微信群主明知群成员在自己所管理的群内发布传播侵害他人合法权益的信息或言论却不及时进行管理、制止，其主观上对最后损害的发生存在过错。

实践中，对微信群主是否尽到了其注意义务，判断标准不宜过高，不能苛求微信群主时刻保持对群内言论的密切关注。从微信软件赋予微信群主的管理权限来看，微信群主除言语劝阻、将群成员移出群聊或解散群外，再无其他群管理措施。因此，微信群主客观上不可能杜绝群内侵权行为的发生，仅可在管理权限内，积极预防、阻止群内侵权行为。具体来说，微信群主是否尽到了其注意义务，应根据微信群的性质、群成员身份关系具体判断，并结合不法言论出现的频率、持续时间、被侵权人的通知和求助情况、微信群主对侵权人的不法言论所采取的管理措施是否及时、适当等因素综合考量。本案中，对侵权人多次长时间在群里发布不法言论，被侵权人已经在群里多次、通过多种方式要求群主采取措施，但群主未及时采取适当的管理措施，故可以认定群主未尽到注意义务，存在过错。

四、微信群主侵权责任的认定和承担方式

根据《侵权责任法》第6条第1款规定，行为人因过错侵害他人民事权益，应当承担侵权责任。[8]行为人承担侵权责任应当具备三个要件：一是要有过错；二是要有因果关系，所谓“因过错侵害”表明的是因果关系的存在；三是要有侵害他人民事权益的后果。只有在满足了三个要件之后，才能形成完整的法律事实，并导致侵权责任的承担。[9]通过上述分析可知，微信群主未尽到注意义务，存在过错，对群成员发布传播侵害他人合法权益的信息或言论的行为采取

8 对应《民法典》第1165条第1款。

9 王利明：《我国侵权责任法采纳了违法性要件吗?》，载《中外法学》2012年第1期。

默示放任态度，导致直接侵权人的侵权行为与损害后果的因果关系链条未切断，加重了被侵权人名誉受损的程度，故应承担相应的侵权责任。

微信群主承担的侵权责任类型如何？在侵权责任法领域，行为人违反作为义务需承担侵权责任，由《侵权责任法》第36条、第37条予以规定。第36条规定网络服务提供者在未采取必要措施导致网络用户侵害他人合法权益时应当承担连带责任，[10]第37条规定宾馆、商场、银行、车站、娱乐场所的管理人或群众性活动的组织者违反安全保障义务时应当承担侵权责任。由于第36条的网络服务提供者享有的管理权限、控制力比微信群主更强，两者不具有同质性，故并不适宜。有学者认为可以适用第37条第2款违反安全保障义务侵权的规定，[11]即群主在违反对于微信群的管理责任时应对群成员的侵权行为承担补充责任。对此，笔者认为不妥，因为该条款对适用主体、适用情形作了列举式规定，在无相应法律解释的情况下不宜类推适用，且根据该条款的规定，侵权客体一般为物质性人格权和财产权，难以适用精神性人格权，在精神性人格权遭受侵害时，适用该条款欠缺正当性。本案中，在我国法律对微信群主侵权责任的类型和内容尚无明确规定的情况下，法院只能选择适用《侵权责任法》第6条第1款总括性的规定，认定微信群主的侵权责任类型为一般侵权责任。

关于微信群主的侵权责任大小及承担方式，亦未有法律明确规定。笔者认为，微信群主的侵权责任是一种以能够防止和制止损害的范围为限的责任，须遵循责任大小与过错程度、原因力大小相适应的原则。微信群主虽因其不作为而承担过错责任，但并非直接侵权人，其过错程度明显小于直接侵权人，其责任亦应小于直接侵权人。关于责任承担方式，也应与其侵权造成的损害结果相适用。以本案为例，黄某某遭受的是精神性损害后果，故责任承担方式包括赔礼道歉、赔偿损失。因赔礼道歉具有人身属性且不可替代，不因直接侵权人已按另案生效判决承担而予以免除，故物业公司仍应承担赔礼道歉的责任，但是发布道歉声明的期限比直接侵权人的发布期限短。关于损失赔偿责任，基于责任大小与过错程度、原因力大小相适应的原则，物业公司对精神损害损失以承担补充责任为宜，即其仅对直接侵权人不能赔偿的部分，承担相应的补充赔偿责任。鉴于直接侵权人已按另案生效判决向黄某某全额支付了精神损害抚慰金，精神损害损失已经得到抚慰和弥补，故本案不再判决物业公司支付精神损害抚

10 对应《民法典》第1197条："网络服务提供者知道或者应当知道网络用户利用其网络服务侵害他人民事权益，未采取必要措施的，与该网络用户承担连带责任。"

11 对应《民法典》第1198条第2款："因第三人的行为造成他人损害的，由第三人承担侵权责任；经营者、管理者或者组织者未尽到安全保障义务的，承担相应的补充责任。经营者、管理者或者组织者承担补充责任后，可以向第三人追偿。"

慰金。

五、案例启示

在我国现行民法体系下，尚欠缺对微信群主侵权责任的明确规定，对微信群主的法律责任研究亦较为少见。网络不是法外之地，也不是道德的真空地带，需对微信群侵权时的责任主体予以明确，目前对微信群主侵权责任作出裁判的法律障碍主要有两点：一是微信群主侵权责任的法律规定存在空白，我国法律规范层面缺乏对微信群主侵权责任的明确规定，而司法实践中却存在不少因为微信群主未履行对群管理责任而被诉侵权的案件；二是目前仅有《互联网群组信息服务管理规定》对群主的管理责任作出了规定，但该规定未区分类型、情形地规定群主负有管理责任，易被泛化误读为对群主侵权责任的规定，进而引发互联网用户的普遍担忧。因此，在立法层面，有必要对此类新型不作为侵权情形作出较为清晰的解释和规定，为司法裁判提供指引。在司法实践层面，法官需要在目前法律空白之处，基于社会生活的共同需要、一般的伦理道德观念以及法律的价值理念，根据当事人所处的特定环境，对微信群主侵权责任的有无、大小作出合理评判，进而作出符合时代需求、社会期待的裁判结果。

在法律政策和司法个案的努力之外，也提醒网络用户正确行使个人权利，不得制作、复制、发布侮辱或者诽谤他人，侵害他人名誉、隐私和其他合法权益的违法信息；作为互联网群组的建立者，群主应承担管理责任，担负起维持讨论秩序和言论秩序的义务。由此，共同推动互联网生态健康发展，构建文明有序的网络群体空间。

【相关法条】

《中华人民共和国侵权责任法》第6条第1款、第36条、第37条[12]。

12 分别对应《民法典》第1165条第1款、第1197条、第1198条。

涉外民事诉讼管辖权及法律适用问题的认定

——何某贞、叶某标与严某玲、陈某梅民间借贷纠纷案

李志明　王　涵*

【裁判要旨】

债务人在加拿大根据《加拿大破产法》提出的消费者保护计划以及由此签订的诉讼中止通知，并不影响我国法院依法管辖债权人在我国境内就相关借贷纠纷提起的诉讼。"不方便法院"原则的适用必须同时符合《最高人民法院关于适用〈中华人民共和国民事诉讼法〉的解释》（2015年）第532条[1]规定的6种情形。

法律适用需区分程序问题和实体问题，程序问题应适用法院地法，管辖权的确定作为程序性问题，应当适用法院地法；实体问题应首先根据法院地法识别涉及的具体涉外民事法律关系，后分别根据相应冲突规范的指引确定准据法。

【关键词】消费者保护计划　"不方便法院"原则　法律关系识别

【案件索引】

一审：广东自由贸易区南沙片区人民法院（2019）粤0191民初2703号民事判决书（2020年12月31日）

二审：广东省广州市中级人民法院（2021）粤01民终13981号民事判决书

---

* 李志明——广州市中级人民法院涉外商事审判庭四级高级法官；王涵——广州市中级人民法院涉外商事审判庭法官助理。

1 对应《最高人民法院关于适用〈中华人民共和国民事诉讼法〉的解释》（2022年修正）第530条。

（2021 年 7 月 27 日）

一审合议庭成员：陈梦芷、王仑、陈奕衡

二审合议庭成员：李志明、张一扬、瞿栋

【基本案情】

严某玲称何某贞与叶某标系夫妻关系，经陈某梅介绍，何某贞、叶某标向其借款用以偿还加拿大房贷，其如约提供借款后何某贞、叶某标未如期偿还，遂起诉请求：（1）何某贞、叶某标向严某玲归还借款本金 30000 加元（中国外汇交易中心 2017 年 10 月 13 日的加币对人民币汇率中间价为 5.2812，换算为人民币 158436 元）；（2）何某贞、叶某标向严某玲支付逾期利息（双方约定月息 1.5 分，自 2019 年 5 月 5 日起算，直至借款清偿为止，现暂计至 2019 年 8 月 5 日，为 1350 加元，换算为人民币 7129.62 元）；（3）何某贞、叶某标承担本案诉讼费用，并提供了微信聊天记录、支票、转账凭证等证据证明。

诉讼过程中，何某贞、叶某标提交了由具有从业资格的破产管理人 MNP Ltd. 于 2019 年 2 月 28 日在安大略省圣凯瑟琳市签订的《关于何某贞消费者保护计划事项诉讼中止的通知》，内容记载通知上述债务人提出了消费者保护计划，该消费者保护计划优先于所有司法或其他财产扣押文件、扣押令、判决书，以及对债务人财产质押、执行或其他诉讼程序的判决操作，除非已经通过向债权人或其代理人付款而完全执行，也不包括有担保债权人的权利。该计划提出后，在消费者保护计划中的可证明债权的债权人不得为了追回可证明的破产索赔而对债务人或其财产采取任何补救措施，或开始或继续任何诉讼、执行或其他诉讼程序，直到消费者保护计划或经修改的消费者保护计划（视情况而定）已被撤回、拒绝、废除或视为废除或管理人已被解雇。提出该计划后，任何法院的司法官或其他官员或在执行扣押或任何其他诉讼程序时没收债务人财产的任何人，应在收到由财产管理人核证为真实副本的消费者保护计划副本后，立即将债务人的全部财产交给财产管理人等。

何某贞、叶某标提交了由加拿大律师于 2020 年 3 月 18 日出具的律师意见，记载 2019 年 2 月 22 日何某贞根据 1985 年《加拿大破产法》的规定向消费者保护计划管理人 MNP Ltd. 正式提交了消费者保护计划，MNP Ltd. 是加拿大最大的提供全方位注册会计、破产和商业资讯的公司之一，Kwok 先生是一名具有从业资格的破产管理人，代表 MNP 管理消费者保护计划的相关工作。2019 年 2 月 28 日，Kwok 先生向加拿大破产监理办公室提交了何某贞的消费者保护计划。2019 年 3 月 7 日，Kwok 先生通知了何某贞的消费者保护计划的债权人。第一次债权人会议尚未被安排，此时，消费者保护计划仍由 LIT 管理，中止诉讼程序继续生效，并仍对何某贞的消费者保护计划中的债权人具有法律约束力。提交消费者保护计划的影响包括：要求提交消费者保护计划的人士停止向任何无担保债权人直接支付款项、中止诉讼程序等。消费者保护计划包括严某玲在内申索的债务，据悉 Kwok 先生尚未最终决定是否接受或拒绝索赔。因消费者保护计划下的款项均通过 LIT 支付，据悉约在 2019 年 3 月后，何某贞每月向 Kwok 先生支付500 元加币，一旦消费者保护计划被批准，经 LIT 批准申索的债权人包括严某玲都将按比例从 LIT 获得已支付给 LIT 金额的分红。经审查消费者保护计划中的文件和 LIT 报告，律师建议，2019 年 5 月 2 日左右，应债权人要求举行了第一次债权人会议，Yang 先生建议“合理的出价应为 60%”，严某玲也赞同“60%更合理”，债权人一致投票同意推迟会议，据此尚未安排第二次债权人会议。据悉，严某玲在中国向何某贞提起诉讼，要求追讨其在消费者保护计划中申索的款项，在其看来至少表明了三个主要问题：第一，法院诉讼似乎违反了 OSB 和 BIA 指示的中止诉讼程序；第二，至少存在与 Xun Yang 的索赔相关的重复诉讼；第三，如果严某玲在中国的诉讼中被判令或收回任何款项，则这些款项必须与消费者保护计划申索的任何款项相抵，如未抵销，则本质上相当于双倍偿还，这将严重损害另外的债权人的所有权利。

何某贞、叶某标提交了加拿大律师2020 年6 月26 日出具的律师意见书，记载其受何某贞、叶某标聘请就严某玲提起的本案诉讼提供意见。一是根据《破产与无力偿债法》中止诉讼程序，关于债务人提交消费者债务重组建议书等法律问题在2020 年3 月18 日的意见书中有阐述。二是在加拿大形成有效合同的法律要求。在加拿大，合同是两者或更多者之间被法律认可的协议，将产生可在法院强制执行的义务，具体而言，有效的合同需要具备以下五个要素，（1）要约与承诺：除非有明确的要约，并且向要约人表示绝对无条件地接受要约，否则合同不存在。（2）意图达成具有法律约束力的关系（合意）：合同要求各方对所有与合同有关的重要事项达成一致，为了使合同具有约束力，各方必须作出相同的决定，并通过书面、口头或者其他意思表示加以披露，从而产生法律上的默示和/或事实推断。（3）条款的确定性：协议的重要条款必须足够明确，并就其达成一致，如此方可形成具有法律约束力的协议，因此如果缔约方未能就一个或多个重要条款达成一致，将阻止建立有约束力的合同，此外商定的条款必须明确，有合理且具体的说明，或者可以通过约定的行动方案、方法或确定原则加以合理确定。支付条款的明确性尤为重要。（4）对价：为了具备法律约束力，合同需要以对价作支撑，这意味着每个缔约方都必须交换一些有价值的东西，即一方必须通过行为或承诺来“购买”或“交易”另一方的行为或承诺。因此不能对作出无偿或自愿的承诺或付款的人士强制执行或保留无偿或自愿的承诺或付款。（5）合同相对性原则：根据加拿大的一般普通法规则，即合同相对性，合同不能向除合同当事方外的任何人授予权利或施加义务。因此非合同当事方不能强制执行合同，即使合同欲使其从中受益，相应的非合同当事方不能作为合同强制执行的对象，也不能因合同条款而限制其权利。三是关于根据贷款协议偿还垫付的款项而在加拿大进行的法院诉讼，法院将进行以下分析：（1）是否根据贷款协议向借款人预付了款项？如果是，贷款协议的条款是什么？（2）出借人是否将款项预付给借款人？有关预付款项的证据可以包括注销支票或银行汇票的副本，或者如果以现金提供资金，则预付款证明可包括银行提款单或存款单的副本。法官在确定出借人借出有关款项的财务能力时，可以考虑关于出借人财务的证据。其还被要求提供可以确认个人在加拿大收入的文件的信息，税务评估通知书（NOA）类似于申报纳税的收据，加拿大法院通常接受税务评估通知书作为个人收入证明。（3）当提出申索主张时，是否要求借款人偿还预付的款项？出借人为了在偿还贷款的法院程序中胜诉，他们必须证明贷款根据贷款协议已逾期，即出借人必须证明借款人未能偿还预付的款项和任何可能产生的利息，违反了贷款协议的条款。四是配偶的连带责任，根据加拿大法律，配偶不自动承担连带责任，并且每个配偶在所有事务中都具有独立的法律人格。五是经济报告，万锦市发布的《万锦市人口和经济概况报告》提供了关于万锦市部分职业的平均收入，该报告确认，在万锦市从事销售和服务工作的居民的平均年收入为29493加元。

一审法院委托北京融商一带一路法律与商事服务中心就加拿大法律对于有效且可执行的借款协议订立的规定以及加拿大法律对于借款协议中以月利率表示利率的有效性和可执行性的规定进行查明。查明报告显示，加拿大高林睿阁（加拿大）律师事务所Peter Zhang对此出具的意见结论为：（1）严某玲有一份有效的借款协议可对何某贞强制执行；（2）根据联邦《利息法》（R. S. C.，1985，c. I－15）规定，如果任何借款协议中的利息非按年计算，则对本金的任何部分不收取超过年利率5%的利息，同时若已给付的款项中包含了基于上述规定产生的任何不应收取、支付或应当返还的利息，那么该款项可以被返还或者依据合同从本金或利息中抵扣。

严某玲对该查明报告没有异议。何某贞、叶某标则认为受限于一审法院提交的事实列举，该报告作出本案借款协议有效的判断不具有客观性，何某贞、叶某标认为就本案而言未能证实严某玲与何某贞达成借款合意，不能认定双方具备有效借款协议；另假设严某玲与何某贞存在借款关系，则根据该报告，不应支持超过年利率5%计算的利息，何某贞已支付超出该部分的利息应予以抵扣；最后何某贞、叶某标认为该报告提出的意见没有基于何某贞已在加拿大提起消费者保护计划的基础上提供的法律适用意见，原则上应中止诉讼，即使继续诉讼，何某贞自提起消费者保护计划之日起也无须支付利息。

此外，何某贞、叶某标以其并非经常居住在我国境内且案涉纠纷发生在加拿大、严某玲亦为加拿大国籍，以及案涉纠纷不存在确定涉外民事法律关系的连接点为由，向一审法院提起管辖权异议，认为案涉纠纷应由加拿大有管辖权法院审理。一审法院认为，管辖权确定属于程序性问题，对于程序性问题争议应适用法院地法。案涉纠纷为民间借贷纠纷，何某贞、叶某标具有中华人民共和国国籍，住址位于广东省广州市番禺区，经查询何某贞、叶某标入境记录，并未有何某贞、叶某标逗留境外一年以上的记录，故对何某贞、叶某标称其经常居住地位于加拿大主张不予采纳，据此，一审法院裁定驳回何某贞、叶某标管辖异议。何某贞、叶某标不服上诉，二审法院经审查后裁定驳回上诉，维持原裁定。

【裁判结果】

广东自由贸易区南沙片区人民法院于 2020 年 12 月 31 日作出（2019）粤 0191 民初 2703 号民事判决：一、何某贞应在本判决发生法律效力之日起十日内一次性偿还本金 23789 加元及利息（以 23789 加元为基数按照年利率 5% 自 2019 年 5 月 5 日起计至实际清偿之日止）给严某玲；二、叶某标应就本判决第一项确定的何某贞的债务承担连带责任；三、驳回严某玲的其他诉讼请求。

广东省广州市中级人民法院于 2021 年 7 月 27 日作出（2021）粤 01 民终 13981 号民事判决：驳回上诉，维持原判。

【裁判理由】

法院生效裁判认为：因严某玲、陈某梅系加拿大国籍公民，故本案属涉外民事纠纷案件。根据《民事诉讼法》（2017 年修正）第 168 条之规定，第二审人民法院应当对上诉请求的有关事实和适用法律进行审查。

一、由于当事人在法律适用问题上存在争议，且法律适用系涉外民事诉讼案件审查的先决问题，故二审法院首先围绕本案法律适用问题进行评析

1. 关于程序法律适用问题。依照《民事诉讼法》第四编第 259 条在中华人民共和国领域内进行涉外民事诉讼，适用本编规定；本编没有规定的，适用本法其他有关规定的规定，审理本案的程序法应为《民事诉讼法》第四编关于涉外民事诉讼程序的特别规定以及该法其他有关规定。本案中，有关程序法律适用问题的争议主要在于：一是何某贞、叶某标关于加拿大法院作为更方便法院对案涉纠纷具有管辖权，本案应驳回起诉并建议在加拿大通过合法程序处理的上诉主张是否成立；二是何某贞、叶某标关于其已在加拿大提起消费者保护计划，本案应中止诉讼处理的上诉主张是否成立。对此，二审法院认为：

首先，《最高人民法院关于适用〈中华人民共和国民事诉讼法〉的解释》（2015 年）第 532 条规定："涉外民事案件同时符合下列情形的，人民法院可以裁定驳回原告的起诉，告知其向更方便的外国法院提起诉讼：（一）被告提出案件应由更方便外国法院管辖的请求，或者提出管辖异议；（二）当事人之间不存在选择中华人民共和国法院管辖的协议；（三）案件不属于中华人民共和国法院专属管辖；（四）案件不涉及中华人民共和国国家、公民、法人或者其他组织的利益；（五）案件争议的主要事实不是发生在中华人民共和国境内，且案件不适用中华人民共和国法律，人民法院审理案件在认定事实和适用法律方面存在重大困难；（六）外国法院对案件享有管辖权，且审理该案件更加方便。"本案中，因当事人何某贞、叶某标是中华人民共和国公民，故本案不符合上述法律规定的情形，何某贞、叶某标相关上诉主张于法不合，不予支持。

其次，《民事诉讼法》第 3 条规定，人民法院受理公民之间、法人之间、其他组织之间以及他们相互之间因财产关系和人身关系提起的民事诉讼，适用本法的规定。第 4 条规定，凡在中华人民共和国领域内进行民事诉讼，必须遵守本法。严某玲向我国法院提起诉讼，是在我国领域内进行的民事诉讼，本案是否存在中止诉讼的情形属于程序问题，根据《民事诉讼法》第 235 条的规定，应适用《民事诉讼法》第 150 条第 1 款的规定，即"有下列情形之一的，中止诉讼：（一）一方当事人死亡，需要等待继承人表明是否参加诉讼的；（二）一方当事人丧失诉讼行为能力，尚未确定法定代理人的；（三）作为一方当事人的法人或者其他组织终止，尚未确定权利义务承受人的；（四）一方当事人因不可抗拒的事由，不能参加诉讼的；（五）本案必须以另一案的审理结果为依据，而另一案尚未审结的；（六）其他应当中止诉讼的情形。"何某贞、叶某标以其已在加拿大提起消费者保护计划为由，主张本案应作中止诉讼处理，不符合上述法律规定的情形，不予采纳。

2. 关于准据法适用问题。《最高人民法院关于适用〈中华人民共和国涉外民事关系法律适用法〉若干问题的解释（一）》第 11 条规定，案件涉及两个或者两个以上的涉外民事关系时，人民法院应当分别确定应当适用的法律。本案争议涉及的涉外民事关系有二：一是严某玲与何某贞之间的借贷关系；二是何某贞与叶某标的夫妻财产关系。对此，二审法院认为：

首先，关于严某玲与何某贞之间的借贷关系的准据法适用问题。《涉外民事关系法律适用法》第 41 条规定，当事人可以协议选择合同适用的法律。当事人没有选择的，适用履行义务最能体现该合同特征的一方当事人经常居所地法律或者其他与该合同有最密切联系的法律。本案中，当事人并未对借贷关系适用法律进行协议选择，因严某玲为加拿大国籍、案涉款项均以加币往来且均发生在加拿大，故加拿大与本案纠纷有最密切联系，一审法院对该涉外民事关系应适用加拿大法律的认定意见，合理正确，二审法院予以确认。

其次，何某贞与叶某标的夫妻财产关系的准据法适用问题。何某贞、叶某标上诉主张该法律关系应适用加拿大法律，对此，二审法院认为，《涉外民事关系法律适用法》第 24 条规定，夫妻财产关系，当事人可以协议选择适用一方当事人经常居所地法律、国籍国法律或者主要财产所在地法律。当事人没有选择的，适用共同经常居所地法律；没有共同经常居所地的，适用共同国籍国法律。本案中，何某贞、叶某标未证明双方就夫妻财产关系协议选择适用法律，而经查明，加拿大并非其二人经常居住地，故根据上述法律规定，何某贞与叶某标夫妻财产关系应适用中华人民共和国法律。

二、关于严某玲与何某贞之间的民间借贷关系

1. 双方之间借贷关系是否成立。一审法院委托北京融商一带一路法律与商事服务中心出具的《法律查明报告》载明，通过审查加拿大法律对于有效且可执行的借款协议订立等规定，在案涉纠纷中，“可以认为，严某玲提出要将预付的款项借给何某贞，而何某贞也接受了预付的款项，这有双方交易的履行为证”等，并得出结论：“加拿大法院可能会认定严某玲有一份有效的借款协议，可对何某贞强制执行。”何某贞、叶某标上诉称案涉款项的实际出借人为陈某梅而非严某玲，对此，本院认为，严某玲一审提交的双方款项往来记录、聊天记录等已形成完整的证据链，足以证明北京融商一带一路法律与商事服务中心上述《法律查明报告》确认的事实；何某贞、叶某标提交的证据不足以推翻该事实，其自行委托加拿大律师出具的律师意见书中仅载明在加拿大形成有效合同的法律要求，而未对适用加拿大法律严某玲与何某贞之间借贷合同关系是否成立出具结论意见。故此，一审法院在综合分析上述两份《法律查明报告》意见的基础上，认定严某玲与何某贞之间成立民间借贷关系，并无不当，二审法院予以认可。

2. 本金和利息问题。北京融商一带一路法律与商事服务中心出具的《法律查明报告》载明，联邦《利息法》（R. S. C. 1985，c. I－15）规定，如果当事人在合同中未将约定的利率表述为年百分比利率，而规定年利率为 5%，由于严某玲与何某贞之间的借款协议没有以年利率表示，依照加拿大法律规定，本金的任何部分均不得收取超过 5% 的利息；如已给付的款项中包含了基于上述规定产生的任何不应收取、支付或应当返还的利息，那么该款项可以被返还或者依据合同从本金或利息中抵扣。一审法院根据查明事实以及上述《法律查明报告》相关意见，在支持按年利率5%计付的利息基础上，核计双方还款记录和金额，确认截至2019年5月4日何某贞尚欠严某玲借款本金23789加元，利息0加元，合法合理，二审法院予以确认。

三、关于叶某标的责任承担问题

严某玲以叶某标系何某贞配偶主张其对案涉债务承担责任，因此，案涉债务是否为何某贞与叶某标的夫妻共同债务是该争议的先决问题。如前所述，何某贞与叶某标夫妻财产关系应适用中华人民共和国法律。本案借款发生在何某贞与叶某标夫妻关系存续期间，且严某玲出借的款项付至何某贞、叶某标及其女儿共同开始开设的账号，叶某标清楚该款项的用途，故一审法院根据《最高人民法院关于审理涉及夫妻债务纠纷案件适用法律有关问题的解释》第3条的规定，认定案涉借款属于何某贞、叶某标的夫妻共同债务，叶某标应承担连带责任，并无不当，二审法院予以维持。

【案例注解】

本案涉及涉外民事诉讼中的一个典型问题：管辖权的确定。管辖权的确定是审理涉外民事诉讼首先需要解决的问题，与国内民事诉讼不同，涉外民事诉讼管辖权的确定有其特殊性。涉外审判实践中，管辖权往往与以下几个问题勾连，需要厘清：一是大量当事人将管辖权与准据法问题混淆；二是错误适用确定国内民商事诉讼管辖权的规定；三是平行诉讼和禁诉令对管辖权的影响；四是“不方便法院”原则的适用条件。

一、与法律适用问题的区分

实践中，部分涉外民事诉讼的当事人往往以案件应适用外国法律为由主张应由外国法院管辖，但需指出的是，涉外民事诉讼的管辖权与法律适用是两个层面的问题。管辖权的确定是在先的法律问题，准据法的认定是在后的法律问题，应各自适用相应的法律及司法解释的规定。《涉外民事关系法律适用法》作为冲突规范，仅是认定处理案件实体问题的准据法的法律规定，而非确定作为程序问题的管辖权的依据。就我国法院对相关诉讼是否有管辖权的问题，应坚持国家司法主权的原则，依据我国《民事诉讼法》及其司法解释的规定予以认定。本案中，加拿大法律的适用并不能构成加拿大法院具有管辖权而我国法院不具有管辖权的事由。

二、与国内民商事诉讼管辖权的区分

涉外民商事诉讼一般涉及国际（区际）民商事诉讼管辖权的确定和国内民商事诉讼管辖权的确定两个先后层级，前者是各个国家基于主权原则对国家间管辖权的划分，国际上通行的划分原则包括属地原则、属人原则、保护性管辖等；而后者则是一国在主权范围内对其内部管辖权的划分，通常包括地域管辖、级别管辖、专属管辖等。根据《民事诉讼法》（2021年修正）第266条规定，涉外编的特别规定优先适用于一般规定，意味着在涉外民商事诉讼中，管辖权规定的适用必须区分顺位，首先确定我国法院是否具有管辖权，而后才能确定具体管辖的法院。最高人民法院（2011）民申字第1012号裁定中就涉外不动产专属问题明确，《民事诉讼法》关于由被告住所地法院管辖的条款确立了一般地域管辖原则，适用于在我国领域内进行的涉外民事诉讼，同时指出不动产专属管辖是针对位于我国领域内的不动产，不适用于域外不动产。本案中，被告是我国公民，且经常居住地在我国境内，我国法院无疑具有管辖权。

三、平行诉讼和禁诉令对管辖权的影响

由于各国法院行使管辖权均依据国内法的规定，而涉外民事诉讼大多与两个或两个以上国家或地区存在联系，导致了多个国家对同一案件均具有管辖权的管辖权冲突情形。当事人出于利益驱动常常就同一争议在不同国家法院提起重复诉讼或对抗诉讼两类平行诉讼。我国司法实践对平行诉讼持承认态度。《最高人民法院关于适用〈中华人民共和国民事诉讼法〉的解释》（2022年修正）第531条规定，我国法院和外国法院都有管辖权的案件，一方当事人向外国法院起诉，而另一方当事人向我国法院起诉的，人民法院可予受理。据此，当对同一争议我国法院和外国法院均享有管辖权时，产生管辖权的积极冲突，根据司法主权原则，我国法院依据我国《民事诉讼法》的规定行使管辖权，不受外国法院是否已经行使管辖权的影响。

禁诉令是典型的普通法救济方式，被英美法院长期用来作为阻止当事人在外国法院提起诉讼或继续进行重复或对抗诉讼的衡平救济，与“不方便法院”原则形成“一体两面”的国际管辖权分配机制。但禁诉令只对当事人有效，不直接针对外国法院，故外国法院发出的禁诉令并不影响我国法院对相关诉讼行使管辖权。尽管如此，由于诉讼本身是法院和当事人互动的司法活动，缺乏当事人参与，诉讼就难以推进，故禁诉令实质是一种主动但间接干预外国法院管辖权的方式。

本案中，债务人主张案涉民间借贷纠纷正在遵循加拿大法律项下的司法程序处理，实质是指其根据《加拿大破产法》的规定提交了“消费者保护计划”（consumer proposal），该程序是无力偿债者为了避免破产的最后途径之一。债务人还提交了破产管理人签订的《关于何某贞消费者保护计划事项诉讼中止的通知》，要求中止本案诉讼。对此，笔者认为，债务人所称的司法程序并非诉讼程序，仅是加拿大国内法规定的一种个人濒临破产的缓和性救济程序，相应的诉讼中止通知也仅是一种类似禁诉令的文件，效力远不及法院的正式审理和裁判，根据“举重以明轻”的原则，更加不能对抗我国法院的管辖权，我国法院依法行使管辖权不受当事人域外解决争议程序的影响。

四、“不方便法院”原则的适用条件

《最高人民法院关于适用〈中华人民共和国民事诉讼法〉的解释》（2022 年修正）第 530 条在总结司法实践经验的基础上，规定了“不方便法院”原则，从扩大对外交往、增进司法互信的角度，体现了我国法院在坚持司法主权的前提下，愿意适度国际礼让，并希望能够避免平行诉讼的司法立场。在适用该条规定时，需注意以下问题：（1）规定的 6 项要件需同时满足，仅以查明和适用外国法困难为由拒绝行使管辖权是错误的；（2）须由被告提出相应的请求或抗辩，法院不应主动适用；（3）该条所称的专属管辖特指《民事诉讼法》（2021 年修正）第 273 条规定的中外合资经营企业合同、中外合作经营企业合同、中外合作勘探开发自然资源合同属于我国法院专属管辖的情形；（4）外国法院具有管辖权属于外国法院地法的适用结果，应由被告对此承担外国法查明责任。与此同时，亦需综合考虑纠纷解决的成本、效率和判决能否执行等因素。本案中，被告均为我国公民，且部分实体法律关系的认定应适用我国法律，并不满足“不方便法院”原则的适用条件。

【相关法条】

《中华人民共和国民事诉讼法》（2017 年修正）第 3 条、第 4 条、第 151 条、第 235 条；[2]

《最高人民法院关于适用〈中华人民共和国民事诉讼法〉的解释》（2015 年）第 532 条、第 533 条；[3]

《中华人民共和国涉外民事关系法律适用法》第 8 条、第 24 条、第 41 条；

《最高人民法院关于适用〈中华人民共和国涉外民事关系法律适用法〉若干问题的解释》第 10 条、第 11 条。

2　分别对应 2021 年修正后的《民事诉讼法》第 3 条、第 4 条、第 154 条、第 242 条。

3　分别对应《最高人民法院关于适用〈中华人民共和国民事诉讼法〉的解释》（2022 年修正）第 530 条、第 531 条。

摄影作品的独创性认定

——梵某公司诉泰州天某公司著作权侵权及不正当竞争纠纷案

戴瑾茹　欧阳舒昀*

【裁判要旨】

摄影作品中受保护的对象必须是作者的独创性表达。主题创作型摄影作品的独创性体现在拍摄者对被拍摄的场景或人物进行的各种独创性安排，如人物模特的姿势、神态、服饰特征，道具的样式、摆放位置，以及构图设计、拍摄角度、光线等拍摄技巧的个性化选择。他人实质性模仿重现摄影作品的上述独创性内容，构成著作权侵权。

【关键词】 摄影作品　拍摄场景　独创性　保护范围

【案件索引】

一审：广州互联网法院（2021）粤 0192 民初 1965 号民事判决书（2021 年 3 月23 日）

一审独任审判员：戴瑾茹

【基本案情】

广州梵某科技有限公司（以下简称梵某公司）是案涉作品的著作权人，其授权委托广州睿某公司在淘宝网“midea 美的睿某专卖店”的商品详情页中对案涉作品进行公开发表。梵某公司认为，泰州天某公司经营的“欧普照明天某云商专卖店”一直存在模仿和抄袭梵某公司商品宣传图的行为，无论是图案、

* 戴瑾茹——广州互联网法院综合审判二庭法官；欧阳舒昀——华南师范大学法律硕士。

文字在排列布局、色彩搭配，还是元素的布置与安排、主体人物姿态造型、光线调控等方面均与梵某公司的图片构成实质性相似，侵犯了梵某公司的复制权、修改权、信息网络传播权。另外，泰州天某公司与梵某公司属于同类商品的竞争对手，其使用侵权图片进行商品宣传，引起一般消费者对商品产生混淆而构成不正当竞争。泰州天某公司辩称：泰州天某公司的宣传图片仅与梵某公司的作品在构图上存在相似，但在具体细节上，不管是摄影中的人物形态、表情；还是电脑的品牌、台灯的形状、书籍的类型、桌子的类型、笔的类型等；还是文字作品中的文字内容，双方均存在极大的不同，均体现了各自的独创性，不构成实质性相似。同时，消费者不可能混淆泰州天某公司与梵某公司出售的灯具商品，泰州天某公司不构成不正当竞争。

【案件焦点】

泰州天某公司的行为是否构成对梵某公司案涉作品的信息网络传播权、复制权的侵害；泰州天某公司的行为是否构成不正当竞争。

【裁判结果】

广州互联网法院于 2021 年 3 月 23 日作出（2021）粤 0192 民初 1965 号民事判决：一、泰州天某公司在判决生效之日起立即停止实施侵害梵某公司案涉作品著作权的行为，删除被诉侵权图片；二、泰州天某公司在判决生效之日起十日内赔偿梵某公司经济损失 3588 元；三、泰州天某公司在判决生效之日起十日内赔偿梵某公司维权合理开支 800 元；四、驳回梵某公司的其他诉讼请求。

本案一审判决已生效。

【裁判理由】

广州互联网法院认为：梵某公司主张的案涉图片主要采取图文结合的方式，其中的“图”主要是以台灯、人物、场景、植物、装饰为主要元素进行的摄影创作，体现了拍摄者对于角度、明暗光线、距离和光圈以及拍摄场景的个性化安排或选择，具有独创性，构成摄影作品。而“文”主要是对台灯性能的一种描述，并配合照片本身进行解释说明，本身不构成作品。但，“图”与“文”的选择、相对位置、编排顺序，“图”的比例、张数、位置，以及“文”所使用的字体样式、颜色、大小、排列等整体具有一定的独创性，符合《著作权法》第 15 条规定的汇编作品的定义，应当认定为汇编作品。

一、泰州天某公司的行为构成对案涉作品的信息网络传播权、复制权的侵害关于被诉侵权图片与案涉作品是否构成实质性相似

首先，对案涉作品与被诉侵权图片整体而言，两者对相关内容即“图”“文”的相对位置、编排顺序，“图”的比例、张数、位置，以及“文”所使用的字体样式、颜色、大小、排列等均一致。其次，对“图”本身而言，案涉作品中的“图”已单独构成摄影作品，摄影作品的独创性在于作者对拍摄角度、明暗光线、距离和光圈以及拍摄场景的个性化安排或选择，人物模特、客观物体本身的形象并非摄影作品的著作权保护要素。案涉作品中人物模特的姿势、神态、服饰特征，人物与台灯、书本、电脑、笔、床品之间的构图设计，台灯与书本、绿植、装饰物之间的摆放位置、角度，钟表的样式、指针方位，以及拍摄角度、光线等多种拍摄场景的个性化安排及选择与梵某公司对“台灯”商品的宣传密切相关，是该摄影作品独创性之重要体现，受到著作权法保护。被诉侵权图片中的照片与案涉作品中的摄影作品相比，上述内容均已构成实质性相似，即使人物、电脑、书本等各元素不具有同一性，但不影响照片整体的相似性判断。最后，对“文”而言，案涉作品中的文字作为汇编作品的一部分受著作权法保护。泰州天某公司对文字内容进行了部分修改，但文字的样式、颜色、大小、排列等独创性部分与案涉作品构成实质性相似。综上，被诉侵权图片从整体的选择、编排到“图”“文”各部分内容均与案涉作品构成实质性相似。即使被诉侵权图片中的照片由泰州天某公司自行拍摄，整张图片由其自行制作完成，付出了一定的智力投入，但该投入明显是模仿案涉作品，不具有独创性。

梵某公司的案涉作品最迟在2019年2月16日通过天猫店铺对外公开，泰州天某公司具有接触的可能性。泰州天某公司未经许可，复制并通过信息网络传播与案涉作品实质性相似的图片，使公众可以在其个人选定的时间和地点获得作品，构成了对案涉作品复制权、信息网络传播权的侵害。

二、泰州天某公司的行为不构成不正当竞争

梵某公司无法证明其作品已形成一定影响力，亦无法证明案涉作品已与梵某公司产生直接对应关系。对于相关公众而言，虽然“Midea美的睿某专卖店”与“欧普照明天某云商专卖店”所销售两款产品的详情图实质性相似，但并未造成消费者的混淆、误认。故泰州天某公司不构成对梵某公司的不正当竞争。

【案例注解】

与文字作品、美术作品、音乐作品等其他受著作权保护的传统类作品不同，摄影作品具有高度还原客观物体形象和拍摄过程中机械化操作的特殊性质。因此，不同于上述传统作品类型，作品的独创性表达可以从文字、音符、线条与色彩的组合排列等方面进行辨认，理论上对摄影作品的思想与表达部分难以进行分辨，立法上也没有明确摄影作品的独创性的内涵和保护范围，司法实践中处理有关摄影作品著作权侵权的案件存在一定争议。

一、摄影作品的独创性之内涵及其构成元素

虽然我国著作权法未对摄影作品的“独创性”之内涵及认定标准作出具体规定，但是《最高人民法院关于审理著作权民事纠纷案件适用法律若干问题的解释》第15条规定将独创性解释为“独立完成且具有创作性”。因此，摄影作品的独创性可从“独立完成”和“创作性”两个层面进行剖析。其中，“独立完成”不论是在理论还是实践中均易于掌握，而关于“创作性”的理解则是认定摄影作品的独创性之难点所在。依据《著作权法实施条例》第4条第10项规定，摄影作品，是指借助器械在感光材料或者其他介质上记录客观物体形象的艺术作品。这说明摄影作品具有记录客观物体形象的事实性与艺术性的双重属性，但唯有艺术性才能体现摄影作品的独创性。因为拍摄者对于客观事实的记录仅是简单的机械性复制，即便其利用了较高的技术完成，也只是属于精确再现客观事物的“普通照片”；而拍摄者在完成一幅摄影作品的过程中，会经过构图、角度、光线等拍摄技巧或拍摄时机以及人物与场景的选择和运用等步骤，最终“从无到有”地创作出具有艺术性的作品。

由于著作权法不保护思想，只保护表达，而思想必须通过一定的形式表达出来，因此摄影作品的独创性应体现在表达方式上的独创性，也即作者在创作过程中通过个性化选择所实现的艺术效果。具体来说，体现摄影作品的独创性的元素有以下三类：

1. 拍摄时机带来的艺术效果。摄影被称作“瞬间的艺术”。有许多艺术欣赏价值较高的摄影作品，往往是因为作者选择了非常恰当的拍摄时机，捕捉到了十分难得的场景而创造了经典摄影作品。

2. 拍摄者对场景、人物的特别安排实现的艺术效果。摄影除机械地记录下镜头前的场景外，拍摄者也可以根据自己的想法来布置场景。例如，拍摄者在拍摄人物艺术照时，会对拍摄现场的背景、道具进行安排，并指示拍摄的人物着特定的服装、作出特定姿势或表情以实现特定的效果。

3. 拍摄技术与后期处理呈现的艺术效果。具体包括摄影器材的选取，如不同的镜头将会呈现不一样的景深或虚化的拍摄效果；以及拍摄技巧的选择，如构图、角度、光线、曝光等；拍摄者还可通过后期局部的调整和修饰，以实现自己的艺术性表达。

需要强调的是，拍摄者对于拍摄时机、拍摄场景、人物造型、拍摄技术、

后期处理等方面的选择，均属于思想的范畴，而作品的独创性只能体现于表达形式上，故摄影作品的独创性元素是指拍摄者通过对上述几个方面的个性化选择，而最终展现的独特的艺术效果。如上述案件中，案涉摄影作品的拍摄者以台灯、人物、场景、植物、装饰为主要元素进行摄影创作，体现了其对于拍摄角度、明暗光线、距离和光圈以及拍摄场景的个性化安排或选择，且拍摄的图片最终也具有一定的艺术效果，具有独创性，构成摄影作品。

二、不同类型的摄影作品的保护范围及侵权认定

摄影作品中受保护的对象必须是作者的独创性表达，在划定摄影作品的保护范围时，应当将其中被拍摄的人物、自然风光、已有作品等客观存在的事实，首先排除在保护范围之外。只有摄影作品中的独创性元素才能列入著作权的保护范围之内，包括拍摄照片时的构图设计、被拍摄人物的姿势、形态和道具的样式及摆放方式，以及角度和光线等拍摄技巧、拍摄时机、后期制作等技术运用所实现的独特的艺术效果。由于不同的摄影作品所体现的创作性程度各不相同，其受保护的范围也有差异，独创性程度越高的表达受著作权保护的范围也越大，反之受著作权保护的范围即越小。[1]因此，根据独创性元素的组成可将摄影作品分成三类：再现型摄影作品、抓拍型摄影作品、主题创作型摄影作品，这将有助于在实践中辨认摄影作品的保护范围，也便于侵权认定。

（一）再现型摄影作品

再现型摄影作品，是指拍摄者通过摄影技术将客观事实再现于具有艺术效果的图片中，而拍摄者对摄影技术的选择与运用则需要相当的智力投入，包括光圈、光线、角度、构图、曝光、滤镜等。[2]因此，再现型摄影作品的独创性元素正是拍摄者在拍摄技巧上的独创性选择所体现的艺术效果。由于任何人或精心或随意拍下的照片，都体现了其对于构图、光线等参数的选择，所以几乎所有的摄影作品中都包含了再现型独创性元素。

基于版权保护仅延及作品中作者所独创的部分，对于再现型摄影作品而言，其受保护的范围仅限于作品拍摄者通过选择和运用摄影设备、摄影参数设定、拍摄角度选取、构图安排等拍摄技巧而最终形成的画面效果，既不包括拍摄对象，也不包括具体的拍摄技巧。因为著作权法所能保护的，只能是这些上述拍摄技巧组成的独创性元素最终所呈现的表达，也就是照片影像本身，所以再现型摄影作品的保护范围应当被限定于摄影作品本身。因此在实践中对于再现型摄影作品的实质性相似作出认定时，但凡被诉侵权图片与在先摄影作品存在一

1　梁志文：《摄影作品的独创性及其版权保护》，载《法学》2016年第4期。

2　马一德：《再现型摄影作品之著作权认定》，载《法学研究》2016年第4期。

定的差异，即便这一差异非常微小，只要足以证明被诉侵权图片是独立创作完成的，而非对于在先摄影作品的直接复制，两者便不构成实质性相似。

（二）抓拍型摄影作品

抓拍型摄影作品又被称为时机型摄影作品，指拍摄者在合适的时间按下快门而捕捉到的具有艺术价值的独特画面。例如，体操运动员作出某一动作时被定格为艺术性的画面。因为从独创性认定的角度来说，这一抓拍的过程需要拍摄者付出相当的智力劳动，而被拍摄的场景转瞬即逝，能够将这一场景利用摄影器材定格在照片之上绝非易事，所以此类摄影作品的独创性元素除具有再现型独创元素外，还包括拍摄者通过其敏锐的判断力，捕捉到的拍摄时机带来独特的艺术效果。

由于时间不可逆，事物又处于不断变化的状态中，故抓拍型摄影作品的独创性元素一般难以在后来进行模仿性地复刻，抓拍型摄影作品同时包含了两类独创性元素，即拍摄技术及拍摄时机呈现的效果。因此，在侵权认定时，抓拍型摄影作品的保护范围应当与再现型摄影作品的保护范围是一致的。基于此，抓拍型摄影作品的实质性相似比较与再现型摄影作品的标准一致，也即，只要在先的摄影作品与被诉侵权图片存在细微的不同之处，能够说明后者并非对于前者的直接复制，而是独立创作完成的新作品，两者便不构成实质性相似。

（三）主题创作型摄影作品

主题创作型摄影作品指的是含有主题创作型独创性元素的摄影作品。即拍摄者对于拍摄场景、拍摄人物等作出了独创性安排，具体包括对拍摄道具的样式、位置等拍摄场景的设计，以及对拍摄人物的位置、姿势、神态、穿戴等作出的独创性安排。例如，本案中涉及的摄影作品，即拍摄者为了突出“灯下阅读”这一主题，而对人物模特的姿势和造型、台灯和时钟等道具的样式及摆放位置等作出具体安排以创造出适当的拍摄场景，而后再选择恰当的角度、光线等拍摄技巧以呈现最终的效果。

主题创作型摄影作品中的场景和人物造型在满足独创性的情况下，凝聚了拍摄者较高的智力劳动，其保护范围不再局限于拍摄者记录客观事实时运用拍摄技巧或时机选择所呈现的效果，而是延展到了拍摄场景或人物造型等拍摄者进行独创性安排的内容。基于此，主题创作型摄影作品的保护范围是三类摄影作品中最广的，其保护程度也是最强的。但是在给予此类摄影作品的场景和人物造型进行保护的同时，亦必须坚持审慎原则，将公有领域与已有场景剔除出摄影作品的保护范围。否则，将不适当地扩大摄影作品的保护范围。正如在本案中，案涉作品中人物模特的姿势、神态、服饰特征，人物与台灯、书本、电脑、笔、床品之间的构图设计，台灯与书本、绿植、装饰物之间的摆放位置、角度，钟表的样式、指针方位，以及拍摄角度、光线等多种拍摄场景的个性化安排与选择，与拍摄者所追求的对“台灯”商品的宣传效果密切相关，是该摄影作品独创性之重要体现，受到著作权法保护。被诉侵权图片中的照片与案涉作品中的摄影作品相比，上述内容均已构成实质性相似，虽然人物、电脑、书本等各元素不具有同一性，但两者之间的雷同已无法用“巧合”进行解释，即使被诉侵权图片中的照片由被诉侵权人自行拍摄，整张图片由其自行制作完成，付出了一定的智力投入，但该投入明显是模仿案涉作品，不具有独创性，依然构成侵权。从另一方面讲，如果被拍摄的场景或人物造型并非拍摄者进行独创性安排的结果，则拍摄者无权阻止他人对同一场景或人物进行拍摄。

【相关法条】

《中华人民共和国著作权法》第 10 条第 1 款第 5 项、第 12 项、第 48 条第 1 项、第 49 条；

《中华人民共和国著作权法实施条例》第 4 条第 8 项；

《最高人民法院关于审理著作权民事纠纷案件适用法律若干问题的解释》第 7 条、第 25 条、26 条。

民法典担保新规实施后商品房预售交易中银行优先受偿权及开发商阶段性保证责任的认定和分析

——某置业有限公司、某房地产公司与某银行、朱某等金融借款合同纠纷案

张一扬　俞　颖　谢信利*

【裁判要旨】

不动产抵押预告登记权利人对抵押财产是否享有优先受偿权，旧法没有明确规定，而《最高人民法院关于适用〈中华人民共和国民法典〉有关担保制度的解释》第52条对此予以明确规定，应适用《民法典》相关规定予以认定。对符合已经办理建筑物所有权首次登记，且不存在预告登记失效等情形的，可认定预告登记权利人有权就抵押物优先受偿。在银行享有优先受偿权的情况下，非因开发商的原因未办理抵押登记，可免除开发商的阶段性保证责任。

【关键词】抵押预告登记　抵押权　优先受偿权　阶段性保证责任

【案件索引】

一审：广东自由贸易区南沙片区人民法院（2021）粤0191民初3400号（2021年4月26日）

二审：广东省广州市中级人民法院（2021）粤01民终20509号（2021年9月26日）

---

* 张一扬——广州市中级人民法院三级高级法官；俞颖——广州市中级人民法院四级高级法官；谢信利——广州市中级人民法院法官助理。

一审独任审判员：黄志伟
二审独任审判员：俞颖

【基本案情】

上诉人（原审被告）：某置业有限公司、某房地产公司。

被上诉人（原审原告）：某银行股份有限公司广州分行（以下简称某银行）。

被上诉人（原审被告）：朱某、刘某。

2017年11月27日，某银行（贷款人、抵押权人）与朱某、刘某（借款人、抵押人）、某置业有限公司、某房地产公司（保证人）签订《个人购房借款及担保合同》，约定：借款人或抵押人从某置业有限公司处购买清远市某房产，借款人向贷款人申请个人购房贷款用于支付购房款；保证人为借款人在本合同项下的债务承担连带保证责任。保证期间为自本合同生效之日起至借款人/抵押人持抵押物之房地产权证办妥正式抵押登记，并将房地产权证或/和房地产他项权证交由贷款人保管之日止；抵押人以其所购案涉房屋的全部权益抵押给贷款人，作为偿还本合同项下贷款本息及其他一切费用的担保。

2017年12月20日，某置业有限公司为案涉房屋办理了预告登记手续。一审庭审中，某银行和某置业有限公司、某房地产公司均确认预告登记没有失效的情形。2020年7月29日，案涉房产完成房屋所有权首次登记。自2020年10月起朱某、刘某发生逾期还款，2020年11月起的贷款本息均未按时归还。

某银行于2021年1月26日以某置业有限公司、某房地产公司、朱某、刘某为被告向一审法院提出诉讼请求：（1）朱某、刘某偿还某银行贷款本息暂合计人民币596969.37元。（2）某置业有限公司、某房地产公司对上述债务承担连带保证责任。（3）确认某银行对案涉房产享有抵押权，有权就其拍卖、变卖所得款项优先受偿。

【裁判结果】

广东自由贸易区南沙片区人民法院于2021年4月26日作出（2021）粤0191民初3400号民事判决如下：一、朱某、刘某于判决发生法律效力之日起十日内向某银行归还贷款本金578382.62元和支付截至2021年3月15日的利息16131.82元、罚息（截至2021年3月15日为110.47元，自2021年3月16日起以欠款本金为基数按照全国银行间同业拆借中心公布的同期五年期以上贷款市场报价利率加108个基本点再上浮50%的标准计算至全部欠款还清之日止）、复息（截至2021年3月15日为336.84元，自2021年3月16日起以欠付利息为基数按照全国银行间同业拆借中心公布的同期五年期以上贷款市场报价利率加108个基本点再上浮50%的标准计算至全部欠款还清之日止）；二、某置业有限公司、某房地产公司对朱某、刘某上述判决第一项债务承担连带清偿责任，某置业有限公司、某房地产公司承担保证责任后有权向朱某、刘某追偿；三、某银行对清远市某房产拍卖、变卖所得价款在上述判决第一项债务范围内享有优先受偿权；四、驳回某银行其他诉讼请求。

某置业有限公司、某房地产公司不服，提起上诉。

广州中院于2021年9月26日作出（2021）粤01民终20509号民事判决如下：一、维持广东自由贸易区南沙片区人民法院（2021）粤0191民初3400号民事判决第一、三项；二、撤销广东自由贸易区南沙片区人民法院（2021）粤0191民初3400号民事判决第二项；三、驳回某银行的其他诉讼请求。

【裁判理由】

生效裁判认为：《个人购房借款及担保合同》约定朱某、刘某向某银行借款，某置业有限公司、某房地产公司提供保证担保，借款合同履行期间为2017年11月27日至2042年11月27日，合同履行的法律事实持续至《民法典》施行后，且某银行于《民法典》施行后的2021年1月26日提起诉讼宣布借款提前到期，合同解除的法律事实发生于《民法典》施行后，且法律、司法解释对于金融借款合同纠纷的法律适用无其他规定，故根据《最高人民法院关于适用〈中华人民共和国民法典〉时间效力的若干规定》（以下简称《民法典时间效力规定》）第3条第3款规定，本案适用《民法典》及其有关司法解释的规定。

根据《民法典》第221条、《最高人民法院关于适用〈中华人民共和国民法典〉有关担保制度的解释》（以下简称《民法典担保制度司法解释》）第52条规定，在本案中，首先，涉案房屋已进行抵押预告登记；其次，涉案房屋所有权于2020年7月29日首次登记于开发商某置业有限公司名下，已完成建筑物所有权首次登记；最后，涉案建筑物所有权虽首次登记于某置业有限公司名下，但朱某、刘某至今未办理涉案房屋的产权证，致抵押登记未能及时办理，某银行对此并无过错，故本案抵押预告登记不存在法律规定的预告登记失效情形。依据上述规定，应认定某银行对涉案房屋享有抵押权，一审法院认定某银行对涉案房屋的拍卖、变卖所得价款享有优先受偿权，并无不当，予以维持。

《个人购房借款及担保合同》约定的保证责任属附解除条件的阶段性保证责任，目的在于与抵押担保形成前后衔接关系，使某银行在享有涉案房屋抵押权之前由某置业有限公司、某房地产公司对某银行的债权实现提供保证担保，在某银行享有对涉案房屋的抵押权的情况下，阶段性保证责任的解除条件即成就，某置业有限公司、某房地产公司不再承担保证责任。现法院已认定某银行对朱某、刘某抵押的房屋享有优先受偿权，合同约定的抵押担保目的已实现，应视为阶段性保证责任的解除条件已成就，某置业有限公司、某房地产公司不再对本案债务承担保证责任。在经法院认定合同约定的抵押担保目的已实现的情况下，不应再拘泥于必须满足合同约定的“办妥本合同项下抵押财产的登记手续并将相关他项权利证明文件交贷款人保存办妥”条件而认定某置业有限公司、某房地产公司仍然承担保证责任，否则将加重某置业有限公司、某房地产公司责任，有违当事人合同本意。同时，朱某、刘某至今未办理相关不动产登记及抵押手续，过错在于朱某、刘某，该责任后果不宜由某置业有限公司、某房地产公司来承担。

【案例注解】

开发商阶段性担保制度源于商品房预售交易，开发商为了促成交易，解决银行在放款日至取得房屋抵押权期间无增信措施的风险敞口期的问题，愿意在此期间提供连带责任保证，待银行取得抵押权后，不再承担连带责任保证。在仅办理抵押预告登记的情形下，银行能否就预告抵押物优先受偿，《民法典》施行前的司法实践认定不一，虽然《民法典担保制度司法解释》对上述问题予以明确规定，但当事人签订贷款合同及购房人的断供行为均发生于民法典实施前，能否使用民法典相关规定予以认定，实践中也存在较大争议。在法院认定银行对预告抵押物享有优先受偿权后，开发商的阶段性保证责任能否解除，法律没有明确规定，司法实践未能达成统一认定。上述问题也成为此类案件的审查重点，本文将对上述争议的问题逐一进行分析。

一、不动产抵押预告登记权利人是否享有优先受偿权

（一）民法典实施前的法律规定及司法实践

在《民法典担保制度司法解释》颁布实施前，法律对不动产抵押权预告登记权利人是否享有优先受偿权没有明确规定，司法实践中存在肯定说和否定说。

1. 持否定说的认为预告登记权利人对抵押物不享有优先受偿权。[1] 理由：原《担保法》第41条规定，以房屋抵押的，应当办理抵押物登记，抵押合同自

1　如最高人民法院（2020）最高法民申57号、江苏省高级人民法院（2019）苏民申1498号、四川省高级人民法院（2019）川民终879号、甘肃省高级人民法院（2020）甘民终28号、辽宁省高级人民法院（2019）辽民申2048号、广州市中级人民法院（2019）粤01民终21196号、广州市中级人民法院（2019）粤01民终20056号案均持上述观点。

登记之日起生效。原《物权法》第14条规定，不动产物权的设立、变更、转让和消灭，依照法律规定应当登记的，自记载于不动产登记簿时发生效力。第20条规定，当事人签订买卖房屋或者其他不动产物权的协议，为保障将来实现物权，按照约定可以向登记机构申请预告登记。预告登记后，未经预告登记的权利人同意，处分该不动产的，不发生物权效力。预告登记后，债权消灭或者自能够进行不动产登记之日起三个月内未申请登记的，预告登记失效。由此可见，原《担保法》和《物权法》均规定了不动产抵押自办理抵押登记后设立，抵押预告登记只是赋予债权人向抵押人主张办理抵押权登记的请求权，抵押预告登记不具有正式抵押登记的效力，不具有设立抵押权的物权效力。故在办理抵押登记前，债权人并未取得现实的抵押权，不享有优先受偿权。

2. 持肯定说的认为无过错的预告登记权利人对抵押物享有优先受偿权。[2]理由：第一，在实然层面，预告登记权利与不动产抵押权之间原则上并不存在冲突，因为两者在设立后均对不动产产生保全效力，未经权利人同意，不得处分该不动产或者处分该不动产不发生物权效力。第二，《最高人民法院关于人民法院办理执行异议和复议案件若干问题的规定》第30条规定，预告登记权利人的权利可排除强制执行的效力，司法实践以此条认定预告登记权利人在强制执行中具有优先受偿的权利。从上述规定和司法实践可以看出，预告登记权利人在一定条件下享有优先受偿权。第三，预告登记是当事人在无法办理本登记的情形下采取的特殊措施，一旦可以办理本登记，预告登记即可发生本登记的法律效力，债权人享有优先受偿权，此时无须另行办理抵押权的本登记。[3]第四，作为无过错的预告登记权利人基于抵押预告登记享有的物权请求权而主张就涉案抵押物的拍卖款优先受偿，具有合理性，应该予以支持。第五，如此处理既与各方当事人的诉讼利益相符，也不损害社会公共利益及其他第三人的合法权利，更不违反预告登记制度设立的目的和作用。

（二）民法典担保新规对银行是否享有优先受偿权的影响

《民法典担保制度司法解释》第52条规定，当事人办理抵押预告登记后，预告登记权利人请求就抵押物优先受偿，经审查已经办理建筑物所有权首次登记，且不存在预告登记失效等情形的，人民法院应予支持，并应当认定抵押权自预告登记之日起设立。该条规定在已经办理建筑物所有权首次登记且不存在

2 如江苏省无锡市中级人民法院（2019）苏02民终3494号、安徽省高级人民法院（2014）皖民二终字第00780号、安徽省高级人民法院（2020）豫民申1153号、浙江高院（2015）浙民申字第809、810、811号、大连市中级人民法院（2021）辽02民终5356号案均持上述观点。

3 参见王利明著：《中国民法典释评（合同编通则）》，中国人民大学出版社2020年版，第37页。

预告登记失效等情形的，赋予预告登记权利人于预告登记之日便享有抵押权。《民法典担保制度司法解释》第52条规定解决了因债务人不积极办理抵押权登记手续导致预告抵押登记权利人无法享有抵押权的难题，是对抵押权设立的特殊情形的规定，有利于保护债权人的合法权益，维护金融秩序，促进商品房预售制度的健康稳定发展。

（三）本案能否适用《民法典担保制度司法解释》第52条规定

本案中，贷款合同履行期限和购房人的断供行为贯穿《民法典》实施前后，银行在《民法典》生效实施后提起诉讼，能否适用《民法典担保制度司法解释》第52条予以认定？司法实践存在两种意见：

意见一：适用《民法典》实施前的法律。理由：根据《民法典时间效力规定》第1条第2款规定："民法典施行前的法律事实引起的民事纠纷案件，适用当时的法律、司法解释的规定，但是法律、司法解释另有规定的除外。"尽管购房人的断供行为发生于《民法典》实施前，持续至《民法典》实施后，但实质上，购房人的第一次断供行为便引起了纠纷，该行为发生在《民法典》实施前，故应适用《民法典》实施前的法律。如辽宁省朝阳市中级人民法院（2021）辽13民终2264号、广东省惠州市中级人民法院（2021）粤13民终4640号案均持上述观点。

意见二：适用《民法典担保制度司法解释》第52条规定。对于为何适用《民法典担保制度司法解释》，存在两种思路，分别如下：

第一种思路：《民法典时间效力规定》第1条第3款规定："民法典施行前的法律事实持续至民法典施行后，该法律事实引起的民事纠纷案件，适用民法典的规定，但是法律、司法解释另有规定的除外。"借款合同履行期间、购房人的断供事实均发生于《民法典》实施前，持续至《民法典》实施后，且银行于《民法典》实施后起诉宣布借款提前到期，合同解除的法律事实发生于《民法典》施行后，法律、司法解释对于金融借款合同纠纷的法律适用无其他规定，故可适用《民法典》相关规定。如广东省广州市中级人民法院（2021）粤01民终20561号，辽宁省丹东市中级人民法院（2021）辽06民终1597号案持此观点。

第二种思路：《民法典时间效力规定》第3条规定："民法典施行前的法律事实引起的民事纠纷案件，当时的法律、司法解释没有规定而民法典有规定的，可以适用民法典的规定，但是明显减损当事人合法权益、增加当事人法定义务或者背离当事人合理预期的除外。"不动产抵押预告登记权利人是否对抵押物享有优先受偿权，《民法典》实施前的法律并没有明确规定，而《民法典担保制度司法解释》对此有明确的规定，因此应该适用上述规定。如辽宁省大连市中级人民法院（2021）辽02民终5356号、天津市第三中级人民法院（2021）津03民终1509号案持此观点。

笔者认为，对于不动产抵押预告登记权利人是否对抵押物享有优先受偿权，应该根据《民法典时间效力规定》第3条规定，适用《民法典》相关规定。理由如下：

不动产抵押预告登记权利人是否对抵押物享有优先受偿权，民法典实施前的法律没有明确规定，而《民法典担保制度司法解释》对此有明确的规定，故《民法典担保制度司法解释》第52条承担了漏洞填补功能。[4]在新旧法律交替时期，如果新法对某一问题已经作出明确规定，而旧法对此没有规定，基于法院不得拒绝裁判的法理，法院应适用新法的规定用于填补旧法的漏洞并据此作出相应的裁判。[5]上述观点也正是《民法典时间效力规定》第3条规定所呈现的。故对于本案讨论的情形，可以适用现在的法律予以认定。同时，对于上述情形中的"空白溯及"，需考察适用新法是否明显减损当事人合法权益、增加当事人法定义务或者背离当事人合理预期。但本案所讨论的问题，旧法没有明确规定，实践中的做法各异，甚至是截然相反，基于此，当事人缺乏合理预期，也谈不上预期被破坏。事实上，认定抵押有效，抵押权人有优先受偿权，更符合合同各方当事人的利益。

就本案而言，案涉房屋已经办理所有权首次登记，也进行了抵押预告登记且不存在预告登记失效的情形，因此作为抵押权人的某银行对涉案抵押物享有抵押权，可享有优先受偿权。

二、银行获得优先受偿权后，开发商的阶段性保证责任能否解除

当预告登记权利人已就抵押物享有优先受偿权时，开发商是否还应继续承担阶段性保证责任？对于上述问题，从目前裁判文书网上搜索的案例来看，大部分法院认为房屋首次抵押登记未完成之前，开发商的阶段性保证责任不能解除。例如，河南省安阳市中级人民法院（2021）豫05民终3054号、广东省茂名市中级人民法院（2021）粤09民终1499号、广东省清远市中级人民法院（2021）粤18民终2476号案，均承认了银行对案涉房屋享有优先受偿权，但同时认为因抵押预告登记并非抵押登记，故在未办理抵押权首次登记前，开发商的保证责任不能解除。

笔者认为，在银行对抵押物享有优先受偿权的情形下，开发商的阶段性保

4 熊丙万在《论〈民法典〉的溯及力》一文中，也赞同《民法典担保制度司法解释》第52条是对法律的漏洞补充，该文载于《中国法学》2021年第2期。

5 参见刘贵祥：《〈民法典〉实施的若干理论与实践问题》，载《法律适用》2020年第15期。

证责任可解除。理由如下：

（一）赋予开发商合同解除权符合阶段性保证责任设立的初衷和本意

1. 阶段性保证合同，其本质是开发商为解决银行在放款日至取得房屋抵押权证期间无任何增信措施的情况下，愿意在此期间提供连带保证责任，待银行取得抵押权证后，不再承担保证责任。开发商承担的阶段性担保责任是在银行抵押权尚未设立时的一种替代性担保措施，而非与房屋抵押担保同时存在的重复担保行为，开发商的阶段性保证与银行取得优先受偿权不是并存关系，而是承接关系，故银行取得优先受偿权，开发商即可免除保证责任。

2. 基于原担保法及物权法均规定抵押权自办理抵押登记时生效且未赋予抵押预告登记具有设立抵押权的效力，故民法典施行前的阶段性担保的期间通常约定为“自借款合同生效之日起至借款人所购房屋不动产登记证明（抵押权）正本交付银行之日止”，该约定可分解为三项条件：(1) 房屋买受人取得房屋不动产权证；(2) 已经办理正式抵押登记；(3) 不动产登记证明（他项权证书）已移交给抵押权人。其中抵押登记和他项权证书的办理仅是附随义务，主要义务仍是设立抵押权，抵押权设立时，银行即可享有优先受偿权，合同目的达到，开发商便不应再承担保证责任。

3. 阶段性保证制度设立的初衷是降低银行贷款风险，促使开发商及时完成项目的开发建设、竣工和验收，积极协助银行和购房人完成产权登记手续，在购房人未按期还款时，银行就案涉房产享有抵押权，可就拍卖房屋的款项优先受偿，以保障自身债权的实现。阶段性保证责任是附解除条件的保证责任，根据《民法典》第158条规定，附解除条件的民事法律行为，自条件成就时失效。银行与开发商约定自办理首次抵押登记时阶段性保证责任解除，而房屋实现首次抵押登记的最终目的还是实现优先受偿权。因此，在房屋已经如期竣工，完成验收和建筑物所有权首次登记，已经具备办理房屋产权登记手续且开发商已通知购房人办理产权登记手续的情形下，开发商已全面履行了自身义务。在生效判决也认定银行对房屋享有优先受偿权时，开发商的阶段性保证责任即可解除。此时，不应该拘泥于字面约定，应从合同的本意出发去理解。

（二）赋予开发商合同解除权符合公平原则。

《民法典》第6条规定，民事主体从事民事活动，应该遵循公平原则，合理确定各方的权利和义务。公平原则也是人民法院审理民事纠纷的基本裁判标准。[6] 房屋未完成首次抵押登记的原因有很多，如开发商未竣工验收、银行或购房人

---

6 最高人民法院民法典贯彻实施工作领导小组主编：《中华人民共和国民法典理解与适用》，人民法院出版社2020年版，第58－61页。

不配合办理抵押登记等，若开发商已经按照合同履行自身义务，非开发商的原因导致房屋未完成首次抵押登记，审判实践还一概认定开发商的阶段性保证责任未解除，属于明显不合理加重开发商的责任，有违公平原则。而赋予开发商合同解除权，能合理平衡金融机构、房地产开发商、购房人的利益，实现公平合理。

（三）赋予开发商合同解除权有利于维护房地产秩序

近年来，中央多次强调“房住不炒”，该宗旨也被写入《国民经济和社会发展第十四个五年规划和2035年远景目标纲要》。一些购房人罔顾中央政策，盲目购房，企图通过炒房获得利润，当期望落空时，易出现断供。若开发商已履行自身义务，而购房人的违约行为需开发商承担责任，会增加房地产开发商的负担，不利于房地产行业的健康稳定发展。赋予开发商合同解除权，有利于维护商品房预售制度和按揭制度的稳定性。对于银行来说，在其享有优先受偿权的前提下免除开发商的保证责任，并不会导致银行的债权不能实现，也不会损害银行的合法权益。免除开发商的阶段性担保责任符合当事人签订合同之预期，亦不会实质减损合同各方之权益。并且，若判决认定银行获得优先受偿权后让开发商继续承担担保责任，开发商在承担担保责任后仍需解决向购房人追偿的问题，显然降低了社会经济运行效率，浪费了司法资源。

【相关法条】

《最高人民法院关于适用〈中华人民共和国民法典〉时间效力的若干规定》第1条、第3条；

《中华人民共和国民法典》第158条、第221条；

《最高人民法院关于适用〈中华人民共和国民法典〉有关担保制度的解释》第52条。

非法获取网络游戏源代码后运营行为的审查与定性

——邱某、曹某侵犯著作权案

曹 虎　　隋 岳*

【裁判要旨】

非法获取源代码的行为一般分为全部获取、部分获取。实践中单一的侵权比例考量，难以解决法律判断问题。本案系涉网络游戏源代码侵权，需以刑事裁判标准审查科技类鉴定的证据效力，遵循“源代码”实质同一性、逻辑功能性相结合的鉴定原则，并通过比例原则和功能鉴定并举的鉴定方式，综合认定的侵权事实，全面考量刑事可罚性，进而准确认定罪与非罪、此罪与彼罪。

【关键词】网络游戏　著作权　源代码　竞合　功能鉴定

【案件索引】

一审：广东省广州市天河区人民法院（2020）粤0106刑初959号（2020年7月11日）

一审独任审判员：隋岳

【基本案情】

被告人邱某系云某公司法定代表人；被告人曹某系红某公司法定代表人。

---

* 曹虎——广州市中级人民法院审判员、一级法官；隋岳——广州市天河区兴华街道办事处武装部部长。

红某公司系云某公司的持股股东。2019 年 4 月，被告人邱某通过网络黑客获取《仙某》游戏源代码文件等游戏包，后将游戏变更名称为《某某录》交给被告人曹某推广运营。2019 年 6 月，被告人曹某以公司营利为目的，用红某公司的名义和斗某公司签署协议，红某公司收取斗某公司预付款人民币 4 万元，由斗某公司将《某某录》游戏进行运营，红某公司参与游戏经营额的分成。2019 年 7 月，斗某公司将《某某录》游戏交由羽某公司通过乐某某公司发行上线。2019 年 7 月 12 日至 7 月 24 日，《某某录》游戏线上充值用户人数为 2008 人，充值经营额为人民币 156670 元。经鉴定，《某某录》游戏与被害单位游某公司开发的《某某怒》游戏（又名《仙某 3》《仙某》游戏）代码逻辑结构相同，函数调用及参数内容相同，相同部分均超过双方代码的 90%，具有高度相似性。被害单位游某公司于 2016 年 5 月 10 日获得《某某怒》游戏软件著作权登记，未授权其他单位或个人复制发行该款游戏。同年 12 月，被告人曹某、邱某被抓获归案。

【裁判结果】

广东省广州市天河区人民法院于 2020 年 7 月 11 日作出（2020）粤 0106 刑初 959 号刑事判决：被告人邱某犯侵犯著作权罪，判处有期徒刑七个月，并处罚金 2 万元；被告人曹某犯侵犯著作权罪，判处有期徒刑六个月，并处罚金 1 万元。宣判后，被告人邱某、曹某均未上诉，公诉机关未抗诉，判决已发生法律效力。

【裁判理由】

本案系涉网络游戏源代码侵权，需以刑事裁判标准审查科技类鉴定的证据效力，遵循“源代码”实质同一性、逻辑功能性并举的鉴定原则，并通过比例原则和功能鉴定并举的鉴定方式，综合认定的侵权事实，全面考量刑事可罚性。经鉴定，侵权游戏与被害单位开发的游戏代码逻辑结构相同，函数调用及参数内容相同，相同部分均超过双方代码的 90%，具有高度相似性，几乎全部复制发行，并进行了源代码逻辑结构鉴定，带有一定功能鉴定的特征，以此营利 156670 元，侵犯了权益人的著作权以及延伸权利即著作权权益的经济利益实现方式。综上所述，被告人邱某、曹某以营利为目的，未经著作权人许可，复制发行他人开发的计算机软件作品，情节严重，其行为均已构成侵犯著作权罪。

【案例注解】

非法获取源代码的行为一般分为全部获取、部分获取，实践中单一的侵权比例考量，难以解决法律判断问题，且涉及法律与专业技术的交互衡量，进而影响到罪与非罪、此罪与彼罪的认定。传统的知识产权侵权与涉科技类侵权的重要区别，在于知识产权的载体不同和是否涉及著作权、商业秘密、专利权等问题。如何准确界定科技类知识产权侵权刑事违法性、可罚性以及准确认罪此罪与彼罪，是亟待解决的类型化法律适用问题。

一、非法获取网络游戏源代码后运营行为的定性

网络犯罪属于新生事物，对其内在规律的认识需要一个过程。尽管我国通过完善立法，制定司法解释和规范性文件，已初步构建起惩治网络犯罪的刑法规范体系，但相关规定并未全面涵盖网络犯罪，一些重要问题在认识分歧下未能作出具体规定，使得司法机关办理网络犯罪案件时面临各种法律难题。[1]网络游戏（Online Game）一般由服务器、客户端程序及用户智能终端组成，软硬件系统共同支撑游戏程序及数据代码即源代码表达，运营商服务器由网络服务企业支持，客户端程序是运营商通过提供网络通信协议、服务与用户电脑、手机等智能终端互联，实现两者数据传输通信，并由运营商通过网络等销售手段向玩家发行。以牟利为目的的网络游戏源代码侵权违法犯罪行为一般包括盗版运营、私服、外挂程序等。

近年来，网络游戏产业发展迅猛，玩家数量飙升，网络游戏日益成为社会公众重要的娱乐形式，针对网络游戏的侵权行为受利益驱使也呈高发态势，扰乱了正常的社会经济秩序，损害了网络游戏产业的健康发展。网络游戏源代码侵权是一种新类型的涉科技网络违法犯罪，而刑法如何调整规制网络游戏侵权行为，在学界及司法实践中尚存在争议。因此，厘清该行为此罪与彼罪、罪与非罪的界限，妥善选择罪名，贯彻宽严相济的刑事政策，使裁判结果遵循罪责刑相适应原则，实现罪与罚的有效衔接，充分考量社会危害性，体现刑法的谦抑性，避免泛犯罪化倾向，才能有效发挥刑法的威慑预防犯罪、保障核心法益的价值导向功能，促进网络游戏产业健康发展。

（一）该类行为应认定为侵犯著作权罪

非法获取网络游戏源代码后运营行为的犯罪对象即网络游戏本身具备著作权的“作品”属性。从网络游戏的特征来看，网络游戏属于著作权所保护的作

1　参见戴长林主编、最高人民法院刑事审判庭第三庭编著：《网络犯罪司法实务研究及相关司法解释理解与适用》，人民法院出版社2014年版，第11页。

品，符合《著作权法》意义上作品的实质性条件。网络游戏是由具备相关专业技术技能及知识的人员耗费劳动开发创造，体现了一定的智力劳动成果。每款网络游戏的主体情节、技术及艺术等编码，到最后经许可上市，都有其个性表达，符合独创性要求。另外，网络游戏上市后，通过营销手段发布，并以客户端等方式发行，也具备可复制性。

非法获取网络游戏源代码后运营行为既侵犯著作权及相关权益，也违反法律法规规定。根据《刑法》第217条的规定，以营利为目的，未经著作权人许可，复制发行其文字作品、音乐、电影、电视、录像作品、计算机软件及其他作品，违法所得数额较大或者有其他严重情节的，构成侵犯著作权罪。侵犯著作权犯罪的核心特征是通过复制发行侵犯著作权及相关权益。本案被害单位于2016年5月10日获得《某某怒》游戏软件著作权登记；被害单位被侵权网络游戏是具有国家版权局计算机软件著作权登记证书认证的一款享有合法著作权及网络运营权的网络游戏。

对比该类行为与制售网络游戏外挂程序行为。网络游戏外挂程序内部的制作须借助网络游戏的相关数据代码、使用通信协议；从牟利模式来看，外挂程序制作后通过网络或传统手段营销，实现发行的目的；该行为具备复制、发行特征，侵犯了网络游戏著作权人的著作权。故制售网络游戏外挂程序未经著作权人许可，复制发行被害单位计算机网络游戏程序，侵犯被害单位网络游戏著作权，以侵犯著作权罪定罪处罚。举轻以明重，本案被告人通过黑客手段获取被单位网络游戏源代码，几乎全部复制游戏源代码以获取利益，亦认定为侵犯著作权罪。

（二）该类行为不宜认定为非法经营罪

其一，网络游戏程序本身是一种著作权作品，该类行为侵犯的核心客体是著作权以及其延伸性权益。具体到非法经营罪而言，该类行为侵犯的是更为宽泛的法益。出现法条竞合特殊关系，即一个行为既符合普通法（条）规定的犯罪构成，又符合特别法（条）规定的犯罪构成，适用原则是特别法（条）优于普通法（条）。[2]《最高人民法院、最高人民检察院、公安部关于办理侵犯知识产权刑事案件适用法律若干问题的意见》第12条也明确规定："非法出版、复制、发行他人作品，侵犯著作权构成犯罪的，按照侵犯著作权定罪处罚，不认定为非法经营等其他犯罪。"因此，评价该行为时应适用特殊罪名即侵犯著作权罪，以保护特殊的、更为核心的法益。其二，非法经营罪本身具有宽泛性特征，这也是两高一部对该罪名设定诸多司法解释明确其调整范围和入刑标准的原因，

2 张明楷著：《刑法学》，法律出版社2006年版，第464页。

也较难评价是否严重扰乱市场经济秩序，对概括性规定的适用范围应审慎。其三，根据《最高人民法院关于审理非法出版物刑事案件具体应用法律若干法律问题的解释》第11条或者第15条的规定，上述规定在起草过程中有特定的背景，不宜扩大适用范围，第11条是针对非法经营内容上有问题的非法出版物、第15条是针对严重扰乱市场经济秩序，情节特别严重的非法出版行为。[3]

具体到本案而言并不存在实质构成非法经营罪的情形，被告人及涉案公司虽然以非法手段获取了网络游戏源代码，客观上也实施了整体的复制发行，但其具有相应的经营资质，更体现为对企业知识产权如商业秘密、著作权及其延伸权利抑或经济价值实现方式的整体性侵害，而此类非法经营行为也往往集中在网络游戏私服抑或外挂程序等侵害方式中。

二、侵犯著作权罪与侵犯商业秘密罪的竞合问题

软件源代码是权属人的一种无形资产，其具有一定的财产属性，实质上属于权属人的知识产权。《中共中央办公厅、国务院办公厅关于强化知识产权保护的意见》中明确提出，探索加强对商业秘密、保密商务信息及其源代码等的有效保护。从公开角度，著作权与具备特殊非公开性抑或秘密性特征的商业秘密有所不同，可以分为公开复制发行和未公开的著作权。虽然网络游戏源代码的客户端程序需要玩家下载，但实质上并非公开源代码，而是有保护措施地提供下载，以备与服务端互联，从该层面上针对源代码的知识产权犯罪中，非法获取网络游戏源代码后运营，常涉及侵犯著作权罪与侵犯商业秘密罪的竞合问题，而实践中如何界定？

首先，两者的竞合属于想象竞合而非法条竞合。即使符合了形式标准，但如果不符合实质标准：法益的同一性与不法的包容性，也不能认定为法条竞合，而只能认定为想象竞合乃至实质的数罪。[4]两者均属《刑法》第三章第七节侵犯知识产权相关罪名，非法获取源代码后使用的行为实际上侵犯了两个具体的法益，虽然某种程度上具有一定的包容关系，如本案中网络游戏源代码既体现为被害单位关键知识产权的著作权，又体现为被害单位核心竞争力的商业秘密，但两者法益不具有完全的同一性，著作权与商业秘密之间不具有直接等同性，即著作权未必属于刑法意义上的商业秘密，更宜认定为想象竞合，遵循从一重处原则，能更好地避免法条竞合特别法条优先适用可能导致的罪责刑不相适应的现象。

---

3 参见喻海松：《关于制作、销售网络游戏外挂程序如何处理问题的研究意见》，载张军主编、最高人民法院研究室编著：《司法研究与指导》总第2辑，人民法院出版社2012年版。

4 参见张明楷著：《犯罪论的基本问题》，法律出版社2017年版，第380页。

其次，《刑法修正案（十一）》对侵犯著作权罪、侵犯商业秘密罪进行了修订，提高了法定刑，并增加了犯罪情形、犯罪手段，修订后两者的法定刑是一致的。《刑法修正案（十一）》对侵犯著作权罪修改中，加强了与《著作权法》的衔接，增加了与著作权有关的权利表达，完善了作品类型，在犯罪形态中增加了侵犯表演者权利等；对侵犯商业秘密罪中增加了“欺诈、电子侵入”等不正当竞争手段等，均将罪名第一档设置为三年以下有期徒刑，将最高刑提高为十年有期徒刑。[5]因此，应当根据罪责刑相适应原则，结合司法解释的具体规定，以全面评价犯罪行为为标准，认定此罪与彼罪。

最后，两者认定时须合理审查侵犯著作权类型之宽与商业秘密类型之窄，以及前者罪状情节之宽与后者罪状情节之窄。具体而言，保护类型上囿于商业秘密的非公知性、经济属性、实用性、保密性特征，该罪名保护的范围不包括公开复制发行部分，具体到源代码则一般指开源代码，更倾向于保护权利人核心竞争力，而非宽泛版权；而从罪状情节角度，前者包含违法所得较大、巨大和其他严重情节、其他特别严重情节，现行司法解释体现为违法所得金额和数量，后者为情节严重、情节特别严重，现行司法解释体现为权利人损失金额和破产、倒闭等情节，而即使是证据层面也需要权利人提供更多的证据证明自身损失抑或由侦查机关全面查证侵权人的违法所得。[6]

本案中，被告人通过非法手段获取服务器程序、客户端程序等全面的网络游戏源代码，并用之经营，经营数额已达到《最高人民法院、最高人民检察院关于办理侵犯知识产权刑事案件具体应用法律若干问题的解释》第5条规定的侵犯著作权的入罪标准，未达到宣判时尚未施行的《最高人民法院、最高人民检察院关于办理侵犯知识产权刑事案件具体应用法律若干问题的解释（三）》第4条规定的侵犯商业秘密罪的入罪标准。虽根据上述司法解释第5条的规定，侵犯商业秘密的损失数额或者违法所得，可以根据权利人因被侵权造成的损失确定，导致商业秘密非公知性丧失可根据该商业秘密的商业价值确定即研发成本、收益，其中损失数额还包括权利人为减轻损失、恢复计算机信息等系统安全支出的补救费用，而在案证据并未反映上述内容。综上，被告人的行为应以侵犯

5　参见许永安主编：《中华人民共和国刑法修正案（十一）解读》，中国法制出版社2021年版，第186－205页。

6　《最高人民法院、最高人民检察院关于办理侵犯知识产权刑事案件具体应用法律若干问题的解释（三）》第4条第1款规定：“实施刑法第二百一十九条规定的行为，具有下列情形之一的，应当认定为‘给商业秘密的权利人造成重大损失’：（一）给商业秘密的权利人造成损失数额或者因侵犯商业秘密违法所得数额在三十万元以上的；（二）直接导致商业秘密的权利人因重大经营困难而破产、倒闭的；（三）造成商业秘密的权利人其他重大损失的。”

著作权罪论处。

三、该类案中涉网络科技鉴定意见的效力审查

在法庭科学领域中必须要着重强调科学性，每个分析检验都必须在严格的标准和控制下进行。[7]涉科技类鉴定意见的认定标准更为严格，既依赖于科技类企业的自我保护举措和侦查机关收集鉴定参考原始证据的全面性，也依赖于技术本身的专业性，加之科技升级换代的更新速度，使专业鉴定机构同一性判断面临巨大挑战，且经常出现所涉及专业科学与法学的跨专业问题。如单纯按照专业学科鉴定标准认定，可能导致不可操作性和结果的片面性进而影响法律判断。因此，该类鉴定往往需要跨学科的全面分析方法和相对应的标准，既需要相关学科专业技术人员相关知识，也需要法律专业人员解释引导法律问题的认识和理解，从而选择更具有针对性、排他性的鉴定技术标准，以有效提供客观、科学、专业的鉴定意见用于法律判断。《刑事诉讼法》已将鉴定结论修改为鉴定意见，强调鉴定的证据属性，名称修改反映出的价值取向为鉴定意见虽具有科技、专业属性，但不具有必然高于其他证据的证明力，应由审判人员结合全案证据综合判断鉴定意见的证据能力、证明力。[8]在此类案件中，遵循以审判为中心的刑事证据裁判标准审查鉴定意见的证据能力、证明力，具有殊为重要的意义。

软件源代码为特定编程语言设计开发的能实现特定功能程序技术信息，实质上是用编程语言编写的能够实现特定功能的一组数据指令。因此以源代码为组成元素的被侵权软件产品具有代码数据性、基础数据同一性、间接使用性和可反向编译性等特殊特征，有别于传统的知识产权侵权，从而在符合一般的侵犯著作权犯罪构成要件基础上，还需审查排除其特殊特征所带来的其他可能性。对于此类型网络技术成果有其自身的复杂性，是否属于刑法意义上的侵犯著作权，还要从原创独特性、特定价值、反编译能力和功能属性等角度具体分析认定，分析认定的基础有赖于上文所述专业鉴定意见的证据能力和证明力审查认定，在此不再赘述。

本案中，根据鉴定意见并结合其他证据证实，侵权游戏与被害单位开发的游戏代码逻辑结构相同，函数调用及参数内容相同，相同部分均超过双方代码的90%，具有高度相似性，几乎全部复制发行，并进行了源代码逻辑结构鉴定，带有一定功能鉴定的特征，被告人以此营利，侵犯了权益人的著作权及延伸权

---

7 ［美］盎格洛·昂舍塔著：《科学证据与法律的平等保护》，王进喜、马江涛等译，中国法制出版社2016年版，第188页。

8 参见曹虎：《酒精消除速率推算结果在司法实践中的适用》，载《人民法院案例选》2021年第2辑。

利即著作权权益的经济利益实现方式。司法实践中，单一的比例原则，有时不可能解决法律判断问题，如通过反编译手段破解、更改原代码等方式，而比例原则和功能鉴定并举的鉴定方式，能更全面地反映侵权事实和程度，并有利于解决部分侵权如何整体认定的问题，如部分侵权比例较低，一般要进行社会危害性的可罚性判断，而如果结合功能鉴定，厘清侵犯了核心技术、关键功能，在一定程度上可避免侵权比例数值本身的片面性、局限性。即使证据不足以认定侵犯著作权，也需要考量是否构成侵犯商业秘密罪，反之亦然。

【相关法条】

《中华人民共和国刑法》第 217 条；

《最高人民法院、最高人民检察院关于办理侵犯知识产权刑事案件具体应用法律若干问题的解释》第 5 条。

买受人在执行异议之诉中交至法院的诉争房产的剩余房款的性质及分配问题研究

——李某利与彭某、吴某娜等买卖合同纠纷案

刘　婉*

【裁判要旨】

被执行人将其名下的房产在法院查封前出售给买受人，但非因买受人自身的原因导致无法完成过户，买受人提起执行异议之诉，并在执行异议之诉审理过程中将诉争房产的剩余房款交至法院。该款项的性质应认定为被执行人的财产，可予以执行。订立买卖合同是一种负担行为，不管当事人主观上是否想转移所有权或设定他物权，都只发生债权债务效力，不发生物权变动效力。此外，根据物权法的精神，该款项应优先分配给抵押权人，而不应作为被执行人的一般财产。

【关键词】负担行为　债权　处分行为　物权　抵押权

【案件索引】

一审：广东省广州市海珠区人民法院（2018）粤0105民初17341号（2019年3月11日）

合议庭成员：许丽群、王慧仪、钟克山

执行异议：广东省广州市海珠区人民法院（2018）粤0105执异361号（2018年11月15日）

---

* 刘婉——广州市海珠区人民法院执行局二级法官。

合议庭成员：张法能、李晓阳、林少宁

执行异议之诉：广东省广州市海珠区人民法院（2018）粤0105民初17485号（2019年9月30日）

合议庭成员：张伟雄、何翠娴、王慧仪

执行阶段：广东省广州市海珠区人民法院（2019）粤0105执6210号（2020年4月27日）

合议庭成员：刘婉、徐石、董广绪

【基本案情】

一审中，原告李某利以被告吴某佳、彭某拖欠其货款，又因被告吴某娜与彭某系夫妻关系为由，向本院提起诉讼，要求三被告向原告支付货款及利息。本院经审理，作出（2018）粤0105民初17341号民事判决书，判决：一、被告吴某佳、彭某在本判决生效之日起10日内向原告李某利支付货款3956571元，并从2019年1月1日起至实际付清之日止按中国人民银行同期同类贷款基准利率计算利息给原告；二、被告吴某娜对本判决主文第一项所确定的债务承担共同清偿责任；三、驳回原告李某利的其他诉讼请求。

根据原告的申请本院依法采取了诉前财产保全措施，于2018年10月26日查封了被告彭某所有的位于广州市荔湾区悦澜三街1号3003房的产权份额。

2018年11月1日，案外人黎某丹、劳某威向本院提出书面异议，请求：（1）确认黎某丹、劳某威对上述房屋享有所有权；（2）解除对上述房屋的查封。

两异议人认为：在2018年5月17日，即查封广州市荔湾区悦澜三街某房前，其已与彭某、吴某娜签订《存量房买卖合同》。同日，劳某威依约向彭某转账支付了房产定金10万元。2018年7月6日，双方签订了《广州市存量房买卖合同》，即网签合同。2018年8月3日，异议人就上述房屋向广州住房公积金管理中心申请贷款。2018年9月20日，劳某威向彭某转账支付了购房款1435228.67元。同日，中国建设银行在上述收款账户扣除了该笔款项并清偿了该房原有的房贷，同时向异议人出具了《个人贷款还款凭证》《结清证明》以及涂销资料。2018年9月25日，黎某丹在公积金贷款银行账号存入225万元，当日被广州住房公积金贷款购房交易资金监管户划走冻结。2018年10月8日，异议人与彭某、吴某娜到广州市荔湾区不动产登记中心办理存量房交易过户登记，异议人缴纳过户税费、登记费，并领取了《受理回执》。同日，办理过户后，劳某威向吴某娜划转房屋尾款244772元。后来双方签订了《收房确认书》，彭某、吴某娜将该房钥匙及门卡正式转交给异议人。在双方交易过程中，涉案房屋被法院查封，导致过户手续一直未能完成。综上，异议人与彭某、吴某娜的房产交易真实合法，且交易已完成，异议人作为房产交易过程中的善意第三人，已支付全部的房款并实际占有该房屋，故应为上述房屋的实际权利人，房屋的所有权应归异议人所有。

经法院审理查明：2018 年 10 月 24 日，李某利向法院提出诉前财产保全申请，要求保全吴某佳、彭某价值共 3986571 元的财产。2018 年 10 月 25 日，法院作出（2018）粤 0105 财保 716 号民事裁定书裁定冻结吴某佳、彭某的银行存款共 3986571 元或查封、扣押其相应价值的财产。同日，法院以（2018）粤 0105 执保 1253 号立案执行。在诉前保全过程中，法院于 2018 年 10 月 26 日查封了彭某所有的位于广州市荔湾区悦澜三街 1 号 3003 房的产权份额。2018 年 11 月 1 日，黎某丹、劳某威向法院提出以上执行异议。

执行异议被驳回后，案外人黎某丹、劳某威不服，向法院提起执行异议之诉，要求：（1）撤销（2018）粤 0105 执异 361 号《执行裁定书》，解除对广州市荔湾区悦澜三街 1 号 3003 房的查封；（2）判令广州市荔湾区悦澜三街 1 号 3003 房归其所有；（3）被告承担本案的诉讼费用。

在执行异议之诉案审理期间，两原告提交《剩余房款提交声明》，明确愿意将购买涉案房屋的剩余购房款交由法院执行处理并于 2019 年 7 月 22 日将剩余房款 325 万元交由本院代管。

【裁判结果】

执行异议：驳回异议请求。

执行异议之诉：一、不得执行广州市荔湾区悦澜三街 1 号 3003 房彭某所有的产权份额。二、（2018）粤 0105 执异 361 号执行裁定于本判决生效时自动失效。三、驳回原告黎某丹、劳某威的其他诉讼请求。

【裁判理由】

执行异议中法院认为：首先，根据《民事诉讼法》第 227 条的规定，在异议审查阶段仅能够对执行标的能否中止执行作出判断，并不能对执行标的进行确权，故黎某丹、劳某威提出的确认其权利的异议请求，并不属于执行异议的审查范围，不予审查。

其次，该案系黎某丹、劳某威针对李某利与吴某佳、彭某财产保全一案中所查封的涉案房屋提出排除执行异议，请求排除执行的理由为其在法院查封之前已签订书面买卖合同，并已依约支付价款及实际占有等。根据《最高人民法院关于人民法院办理执行异议和复议案件若干问题的规定》第 28 条的规定，买受人必须同时符合上述司法解释所规定的情形，其异议请求才能成立。本案中，结合黎某丹、劳某威提供的证据材料，法院认为，其并未实际支付全部价款，据此，黎某丹、劳某威并不享有足以排除执行的实体权益，对其提出的异议请求予以驳回。

执行异议之诉中法院经审理认为，案外人提起执行异议之诉的目的是排除对特定执行标的的执行。上述执行标的的查封时间为2018年10月26日。在此之前，两异议人与被告彭某、吴某娜于2018年5月17日签订《存量房买卖合同（房真探版）》及于2018年7月6日网签《广州市存量房买卖合同》，且双方已经实际履行并于2018年10月8日取得存量房交易过户登记的《受理回执》，故上述合同是双方当事人的真实意思表示，没有违反法律和行政法规的强制性规定，应为有效合同。

异议人对其已经缴纳涉案房屋的交易税费提交了证据证明，不动产登记部门也出具了涉案房屋的存量房交易过户登记《受理回执》。上述《个人名下房地产登记情况查询证明》也记载两异议人名下的涉案房屋为受理状态。据此足以证实两异议人在办理房屋交易过户手续过程中没有存在过错。涉案房屋在办理过户登记期间因被告彭某、吴某娜的债务而被查封，故非因两异议人自身原因未办理过户登记。

根据《最高人民法院关于人民法院办理执行异议和复议案件若干问题的规定》第28条的规定，两异议人对登记在被告彭某名下的涉案房屋的产权份额提出异议符合法律规定的情形，且其权利能够排除执行，故依法予以支持。

【案例注解】

该案进入执行阶段后，执行法官陆续收到其他法院发来的参与分配函，要求参与分配买受人在执行异议之诉中交至法院的诉争房产的剩余房款。申请执行人李某利也要求法院执行该款项。针对该笔款项的处理问题，申请执行人李某利等、被执行人彭某的债权人与买受人黎某丹、劳某威的争议焦点主要在于：(1) 该笔款项是否属于被执行人的财产，能否执行？申请执行人李某利等认为该款项属于被执行人彭某的财产，应予以执行；买受人则认为因其未完成过户，交易未完成，该款项不属于被执行人的财产，不应予以执行。(2) 该房屋的第二抵押权人罗某文对该款项是否享有优先受偿权？罗某文认为其依法享有抵押权，应优先受偿；其他债权人则表示该款项不属于法院拍卖、变卖该房屋所得款项，而是属于被执行人的一般财产，不应优先分配给抵押权人。

一、该笔款项的性质认定

针对争议焦点的第一个问题，笔者认为：买受人黎某丹、劳某威在执行异议之诉审理过程中向我院提交了《剩余房款提交声明》，明确愿意将购买涉案房屋的剩余购房款交由法院执行处理，并于2019年7月22日将剩余房款325万元交至本院代管。买受人黎某丹、劳某威这一行为应视为履行其与被执行人彭某、吴某娜签订的房屋买卖合同的行为，该款项的性质应认定为合同价款。在执行异议之诉中经办法官也是基于这一事实认定买受人黎某丹、劳某威已支付全部价款，从而排除执行。至于买受人主张的其未完成过户，交易未完成，故不能执行该笔款项，笔者认为：买卖合同作为债权合同，属负担行为，其本身并不肩负使买卖标的物所有权发生移转的使命。也就是说，债权行为并不必然导致物权行为的发生，债权行为与物权行为是两个不同性质的法律行为。买卖合同只是物权发生变动的原因，所有权发生转移是买卖合同得以履行的结果，原因与结果不能混为一谈。

（一）负担行为与处分行为

法律行为上最重要的分类是“负担行为”及“处分行为”，二者贯穿整部民法。负担行为，指以发生债权、债务为内容的法律行为，亦称债务行为或债权行为，有为单独行为（如捐助行为），但多为契约（如买卖、租赁）。其主要特色在于因负担行为的作成，债务人负有给付的义务，如基于买卖契约，出卖人负有交付其物于买受人，并使其取得该物所有权的义务，买受人负有支付价金及受领标的物的义务。处分行为，指直接使某种权利发生、变更或消灭的法律行为。处分行为包括物权行为及准物权行为。物权行为指发生物权法上效果的行为，有单独行为（如所有权的抛弃），有契约（如所有权之转移、抵押权的设定）。准物权行为，指以债权或无体财产权作为标的之处分行为，如债权让与、债务免除、以矿业权设定抵押。尽管我国学界通说并未接受德国法上的物权行为无因性理论，但是已经接受了处分行为与负担行为的概念。它们的区别可以简单概括为：负担行为是发生债权关系变动的行为，处分行为是发生物权关系变动的行为。

在发生物权变动时，物权变动的原因与物权变动的结果是两个不同的法律事实，它们的成立、生效依据不同的法律。这一区分原则的法理基础，是请求权与支配权的区分、负担行为与处分行为的区分、债权关系变动与物权关系变动的区分。其中，负担行为与处分行为的区分占据了核心基础地位。

（二）物权变动的原因与结果相区分

《物权法》第15条规定，当事人之间订立有关设立、变更、转让和消灭不动产物权的合同，除法律另有规定或者合同另有约定外，自合同成立时生效；

未办理物权登记的，不影响合同效力。[1]司法实践认为，这一规定确定了“原因行为与物权变动结果”相区分原则，也有学者将这一原则称为物权行为独立性原则。该原则阐明发生债权的意思表示并不能当然导致物权变动，物权变动需要与之相对应的法律行为，即物权行为。订立买卖合同，不管当事人主观上是否想转移所有权或设定他物权，都只发生债权债务效力，不发生物权变动效力。

2020年《最高人民法院关于印发修改后的〈民事案件案由规定〉的通知》第四部分第2条规定：“……按照物权变动原因与结果相区分的原则，对于涉及物权变动的原因，即债权性质的合同关系引发的纠纷案件的案由，修改后的《案由规定》将其放在合同纠纷项下；对于涉及物权变动的结果，即物权设立、权属、效力、使用、收益等物权关系产生的纠纷案件的案由，修改后的《案由规定》将其放在物权纠纷项下……”上述规定亦表明，最高人民法院在审判实践中明确了“原因行为与物权变动结果区分原则”，并规定在案件审理中，对原因行为相关纠纷与物权变动相关纠纷分别适用不同的法律规定。

在任何一种以物权的设立、转移、变更为目标的交易中，如果交易能够顺利完成，就会产生负担行为，也会产生处分行为。其中，负担行为是这一交易的原因，而后来发生的物权实际设立、转移、变更的行为，是交易的结果。但在房屋买卖实践中，一个交易中也有可能只产生负担行为，如合同订立生效后，不一定会得到顺利的履行。此时，就不存在物权设立、移转或者变更的处分行为。

本案中，买受人与被执行人合意进行房屋交易，房屋买卖合同成立、有效，但因被执行人原因未能办理过户。在执行异议之诉中法官已经释明相关的法律关系及后果，买受人选择将剩余房款交至法院，表明买受人选择继续履行合同，该笔款项属合同价款，应属被执行人所有。在一般情况下，不动产只有经过登记，物权变动才能完成，即物权变动必须以公示作为其基本表征。如果只有买卖合同而没有办理过户登记手续的，不能发生物权变动；在物权变动的原因行为生效，而物权变动没有成就的情况下，由违约者承担相应的违约责任。故买受人应另诉被执行人的违约责任。

二、该笔款项的分配顺序

在厘清该笔款项的性质后，面临分配顺序的问题，即第二个争议焦点问题：第二抵押权人罗某文对该款项是否享有优先受偿权？

根据查册时间为2020年4月17日的广州市不动产登记查册表显示，广州市荔湾区悦澜三街1号3003房存在以下抵押情况：（1）第一抵押权人：中国建设

1 对应《民法典》第215条。

银行广东省分行，登记时间为2016年8月29日。(2) 第二抵押权人：罗某文，登记时间为2018年9月25日。

买受人已经取得建行广州荔湾支行出具的《贷款还清证明（涂销证明）》。第二抵押权人罗某文已向广州仲裁委员会就该抵押债权提起仲裁，广州仲裁委员会作出（2018）穗仲案字第31382号裁决书，裁决如下：……五、申请人有权就第一、第二被申请人提供的位于广州市荔湾区悦澜三街某房屋拍卖、变卖所得价款在前述第一项至第四项裁决确定的债权范围内享有优先受偿权。该裁决书已生效，罗某文也已向广州市中级人民法院申请执行，广州市中级人民法院已向本院发参与分配函。

买受人在购买涉案房屋前该房产上存在两个抵押权登记信息，第一抵押权人同上（按揭银行），第二抵押权人为第三人（非罗某文）。为了交易的顺利进行，买受人要求被执行人自行涂销第三人的第二抵押权登记，于是被执行人向罗某文借款用于偿还前述第三人的债务，从而借以涂销第三人的第二抵押权。罗某文对涉案房屋的买卖情况知情，买受人对被执行人向罗某文借款涂销抵押的情况也知情。在买受人办理涂销按揭银行的第一抵押权至递件房管部门办理过户期间，罗某文在该房产上设置了本案的第二抵押权。

笔者认为，《物权法》第191条规定："抵押期间，抵押人经抵押权人同意转让抵押财产的，应当将转让所得的价款向抵押权人提前清偿债务或者提存。转让的价款超过债权数额的部分归抵押人所有，不足部分由债务人清偿。抵押期间，抵押人未经抵押权人同意，不得转让抵押财产，但受让人代为清偿债务消灭抵押权的除外。"第198条规定："抵押财产折价或者拍卖、变卖后，其价款超过债权数额的部分归抵押人所有，不足部分由债务人清偿。"[2] 买受人在执行异议之诉中交至法院的诉争房产的剩余房款虽不是法院拍卖、变卖该房屋所得的价款，但仍属于"转让所得的价款"，故应优先清偿抵押权人。此处应结合物权法作扩大解释，而不应单看裁决书字眼，这样才符合二手房通俗的交易习惯，也才符合立法本意，从而实现实质公平。

三、本案的处理结果

考虑到本案的涉案房屋上存在抵押权人为罗某文的第二抵押权未涂销，且因被执行人的债权人众多（均已向我院发函参与分配），导致该房屋上还存在查封信息，而买受人已经实际占有涉案房屋，并已支付全部价款，且在办理所有权转移登记过程中无任何过错，如严格按照法理将剩余房款分配执行后，买受人可能面临依然无法完成过户，导致钱房两空的局面，无法实现良好的法律效

2 对应《民法典》第406条、第413条。

果，也不符合善意文明执行的精神。经买受人申请，执行法官召集了被执行人的所有债权人及被执行人、买受人等14人和解，经友好协商达成一致意见：(1)将前述剩余房款优先分配给抵押权人罗某文，抵押债权计算截至和解当日便不再计算；(2)抵押权人同意于签订和解协议当日涂销抵押；(3)前述房款暂不予发放，待买受人办理过户后再发放；(4)抵押权人同意放弃一部分利息。现罗某文已根据和解协议涂销了抵押，买受人现就最后一个查封已申请广东省海丰县人民法院解封，可以期待买受人在不久后就可以办理房屋产权过户，被执行人的债权人也可就剩余房款进行受偿。

四、从本案例中得到的启示

一般情况下，不动产物权的设立、变更、转让和消灭，必须经依法登记才发生效力。即便购房者已与出卖人签订了买卖合同、缴纳了购房款并合法占有了房屋，只要其未依法办理房屋产权登记，房屋的所有权从法律意义上就仍不属于购房者。现实生活中，由于我国现行房地产开发以及登记制度的不完善等原因，大量存在着购房者与出卖人签订买卖合同以后，长期未能进行产权登记的现象。由于在产权登记之前房屋在法律意义上仍属于出卖人，购房者就可能面临房屋因出卖人所承担的其他债务而被法院处置的风险。而另一方面，房屋是人民群众的基本生活资料，具有特别重要的意义。

正是基于对这种社会现实的考虑，2005年，最高人民法院出台了《关于人民法院民事执行中查封、扣押、冻结财产的规定》，其中第17条规定："被执行人将其所有的需要办理过户登记的财产出卖给第三人，第三人已经支付部分或者全部价款并实际占有该财产，但尚未办理产权过户登记手续的，人民法院可以查封、扣押、冻结；第三人已经支付全部价款并实际占有，但未办理过户登记手续的，如果第三人对此没有过错，人民法院不得查封、扣押、冻结。"[3]该规定系在买受人对所买受之不动产的权利保护与普通债权人的权利保护发生冲突时，基于对善意买受人合法权利的特别保护之目的而设置的特别规则，该规则实质上是以牺牲普通债权人的正当权利为代价而确立的，故在适用该规定对买受人利益进行特别保护时，应当严格审查。

此外，此种保护也会对不动产登记的公示作用产生破坏。实践中，被执行人与案外人串通，以倒签合同、倒签收据等方式制造虚假证据和事实，利用上述司法解释转移藏匿财产、逃避执行的现象并不鲜见。所以，这种保护也应该是严格限定的。在适用该条时，要正确理解本规定与物权法不动产物权登记生

3　对应2020年修正的《最高人民法院关于人民法院民事执行中查封、扣押、冻结财产的规定》第15条。

效原则的关系，准确把握本规定的适用范围，对价款支付、占有情况、第三人对未办理产权过户有无过错的证据进行综合审查，确认是否形成完成的证据链，预防滥用本规定逃避执行，维护当事人的合法利益。

本案中被执行人（卖方）行为本身是违反诚信原则的，应当受到否定性评价，也因此应当对自己的行为承担相应的法律后果，比如承担违约责任。之所以由卖方依法承担相应的违约责任，是因为买卖双方的合同具有法律效力。包含两个方面的含义：一方面，具有法律效力的买卖合同并不必然导致买卖合同的履行，或者说具有法律效力的买卖合同并不必然发生物权变动。也就是说，债权行为并不必然导致物权行为的发生，债权行为与物权行为原本是两个不同性质的法律行为。另一方面，虽然没有发生物权变动，但是债权行为本身具有相应的法律效力，在当事人之间产生相应的法律拘束力，违反债权行为确定的权利义务关系的，应当承担相应的法律责任。

【相关法条】

《中华人民共和国物权法》第9条、第15条；[4]

《最高人民法院关于人民法院民事执行中查封、扣押、冻结财产的规定》（2005年）第17条；[5]

《最高人民法院关于人民法院办理执行异议和复议案件若干问题的规定》（2015年）第28条。[6]

4 对应《民法典》第209条、第215条。

5 对应2020年修正的《最高人民法院关于人民法院民事执行中查封、扣押、冻结财产的规定》第15条。

6 对应2020年修正的《最高人民法院关于人民法院办理执行异议和复议案件若干问题的规定》第28条。

虚拟回收出资款以破解强清难题

——广州市江某公司强制清算案

范晓玲*

【裁判要旨】

在公司强制清算案件中，如果公司的股东未足额缴纳出资款，但公司的现有财产足以清偿所有债权人，则可以采取虚拟回收的方式确认股东的出资额，在分配剩余财产时再对虚拟回收的财产进行扣减，以此降低清算费用，维护债权人、股东等人的合法权益。

【关键词】公司强制清算　追缴出资　虚拟回收　财产分配

【案件索引】

一审：广州市白云区人民法院（2019）粤0111强清6号-2民事裁定书（2021年12月20日）

一审合议庭成员：范晓玲、伍璇、李翀

【基本案情】

广州市江某公司成立于2015年7月8日，营业期限自2015年7月8日开始，注册资本800万元，公司企业类型为其他有限责任公司，法定代表人刘某，股东为四某公司、刘某。

广州市白云区人民法院于2019年9月27日作出（2019）粤0111强清6号

* 范晓玲——广州市白云区人民法院民二庭一级法官。

民事裁定书，依法受理四某公司对广州市江某公司提出的强制清算申请，并同时指定广东启源律师事务所担任广州市江某公司清算组。清算组接受指定后开展了一系列的清算活动，接收执行案收回的财产，通过诉讼追收债权等。因广州市江某公司停产多年，机器设备、原材料等剩余资产已被处理，清算组未能在清算过程中核查、接管到广州市江某公司的房地产、机动车、机器设备、现金等实物资产，也没有核查到知识产权等无形资产。公司的两个银行账户存款余额合计为99.02元（若销户银行收取账户管理费后可能是负数）。审计报告中的应收款债权因部分已通过法院执行收回，其他因没有接管到相关合同且账龄太长而无法追收。清算过程中。清算组通过联系白云区人民法院执行局，接收退回的执行余款4050958.46元。通过诉讼或与股东协商，确定了应收债权数额。由于本案法院退还执行款已足以支付公司外债，而实际可追收的应收债权为股东刘某擅自处分公司停业后的机器设备所得280万元，以及债权人之一瑞某公司与广州市江某公司租赁纠纷案的涉案债权，债权人与债务人，股东身份交叉，且股东之间就出资问题存在争议。按正常程序进行追收将大量耗费时间，增加各方诉累。鉴于广州市江某公司起诉瑞某公司的诉讼过程中出现意外情况，在特定条件下，清算组拟定有别于普通清算方案的清算方案：对两笔应收债权虚拟已收回，计入清算期间的收入，清算费用、共益债务，拟定清偿全部外债及对剩余财产在股东、清算组三方之间分配的清算和解方案，以达各方利益平衡，两股东均同意接受的清算方案。各方对清算组制订的清算方案均未提出异议。清算组故申请广州市白云区人民法院对其制订的《广州市江某公司清算方案》予以确认。广州市白云区人民法院于2021年11月12日裁定确认清算组制订的《广州市江某公司清算方案》。2021年12月7日，清算方案已基本执行完毕。清算组根据清算情况制作了《广州市江某公司清算报告》，并将上述清算报告送达广州市江某公司的两名股东，股东均对清算组制作的清算报告无异议。清算组遂申请广州市白云区人民法院对《广州市江某公司清算报告》予以确认并裁定终结广州市江某公司清算程序。

【裁判结果】

广州市白云区人民法院于2021年12月20日作出（2019）粤0111强清6号-2民事裁定书，裁定：一、确认广州市江某公司清算组制定的《广州市江某公司清算报告》；二、终结广州市江某公司清算程序。

【裁判理由】

法院生效裁判认为：根据《公司法》第188条的规定，公司清算结束后，清算组应当制作清算报告，报股东会、股东大会或者人民法院确认，并报送公司登记机关，申请注销公司登记，公告公司终止。《最高人民法院关于审理公司强制清算案件工作座谈会纪要》第36条规定，公司依法清算结束，清算组制作清算报告并报人民法院确认后，人民法院应当裁定终结清算程序。公司登记机关依清算组的申请注销公司登记后，公司终止。现清算组已对广州市江某公司清算完毕，并制作《广州市江某公司清算报告》，清算组申请广州市白云区人民法院确认上述清算报告和裁定终结广州市江某公司清算程序，符合上述法律和司法解释的规定，广州市白云区人民法院予以支持。

【案例注解】

本案系公司强制清算案件。根据《最高人民法院关于审理公司强制清算案件工作座谈会纪要》第39条之规定，对于股东未缴足出资的强制清算案件，可参照《企业破产法》及其司法解释的有关规定处理。《企业破产法》第35条规定："人民法院受理破产申请后，债务人的出资人尚未完全履行出资义务的，管理人应当要求该出资人缴纳所认缴的出资，而不受出资期限的限制。"因此，在公司强制清算案件中，未完全履行出资义务的股东应在强制清算案件受理后足额缴纳出资款。本案中，清算组采取虚拟回收的方式追收股东出资，无疑是一个重大突破。笔者认为，这种突破具有一定的现实意义。

一是能够提高清算效率。在司法实践中，清算组一般会采用诉讼方式向股东追收出资款。而诉讼案件一般要经过一审、二审、执行等不同程序。各个程序均需要耗费一定的时间。而且，在股东出资尚无定论的情况下，公司的财产状况尚不明晰，清算组也无法启动财产分配工作，导致整个清算程序受阻。另外，根据追缴出资情况的不同，公司可能会出现资不抵债、资可抵债两种财务状况，由此导致案件程序发生变化。本案中，采取虚拟回收的方式追缴出资，避免了诉讼程序影响案件进程，在不影响程序走向的情况下，大大提高了清算效率。

二是能够降低清算成本。清算组无论是直接催收还是采取诉讼方式追缴出资款，均需要耗费一定的时间和精力。而且，在注册资本认缴制施行之后，出资人为了彰显公司的经济实力，认缴出资相对较高，由此导致清算组追收出资时需要支付的诉讼成本相对较高。而虚拟回收仅需要清算组制作相应的方案，没有其他额外的支出，大大降低了清算成本。

三是能够化解各方矛盾。由于公司经营方式的多样性，股东与公司之间除出资关系外，双方也可能存在其他债权债务往来。所以，公司的股东也可能同时是公司的债权人或债务人。本案即存在这一情况，广州市江某公司的两名股东与公司都存在债权债务关系，股东与公司在不同的案件中可能互为原被告。同时，两名股东均存在实物出资的情况，且双方对于实物出资的数额存在较大争议，清算组结合现有证据，不断调和股东之间的矛盾，最终各方协商确定了虚拟回收的金额，化解了双方因出资或其他债权债务关系产生的纠纷，有效调和了各方矛盾，最终推动案件顺利审结，所有债权人全额受偿，两名股东分得了剩余资产，虚拟回收的款项也直接分配给股东，避免了追索款项带来的一系列问题。

当然，虚拟回收股东出资款作为一种例外情形，也应当满足一定的条件。笔者经分析认为，将以下几点列为前提条件较为恰当：

首先，虚拟回收出资款方式不会损害债权人的利益。本案中，清算组接管到的公司财产已足以全额清偿全体债权人，即使股东未实际缴纳出资款，也不会影响债权人的合法权益，所以清算组采取虚拟回收的方式追收出资款。但是，如果公司财产尚不足以清偿所有债权人的债权，股东需要在其出资范围内对公司的债务承担补充清偿责任，如果采取虚拟回收的方式追缴股东出资，会损害债权人的合法权益，所以此种方式并不可取。当然，司法实践中也存在例外情形，如果全体债权人一致同意采取此种方式追缴出资，在财产分配完毕后，再按照股东的承责份额将虚拟回收转化为实缴出资，这种方式也可以考虑。

其次，股东具有积极的偿债意愿。本案中，广州市江某公司仅有两名股东，且清算组与两名股东均已取得联系，两名股东之间虽然存在一定矛盾，但股东具有强烈的偿债意愿，加之公司与股东之间存在诉讼案件，清算组也可以采取相应的途径掌控股东的财产情况，在股东逃避债务时将虚拟回收转化为实际回收，所以清算组可以采取虚拟回收的方式追缴出资。但在司法实践中，进入强制清算程序的很多公司都已经人去楼空，债权人、清算组均无法与股东取得联系。此种情形下，股东明显具有逃避债务的故意，如果采取虚拟回收的方式追缴股东出资，会继续纵容股东的逃债行为，所以此种情形下不宜采取虚拟回收的方式追缴出资。

最后，公司的财务账目清晰。本案中，广州市江某公司于2015年成立，2016年停止营业，2019年进入强制清算程序。公司的经营时间相对较短，财务账目较少。而且，清算组与广州市江某公司的两名股东都能取得联系，清算组也掌握了一定的账册资料。加之广州市江某公司的多笔债权债务均由生效裁判文书予以确认，所以债权债务情况相对清晰。此种情形下，清算组能够相对全面掌握公司的财务状况，可以确保虚拟回收股东出资的方式更有利于维护各相关利益主体的合法权益，不会出现股东逃废债的情形。如果公司的财务状况混乱，要求股东实际缴纳出资款能够倒逼股东提供公司的资产状况、债权债务情况，能够更好地维护各相关利益主体的合法权益，此种情形下，则不宜采取虚拟回收的方式追收出资款。

【相关法条】

《中华人民共和国公司法》第 188 条；

《中华人民共和国企业破产法》第 35 条；

《最高人民法院关于审理公司强制清算案件工作座谈会纪要》第 36 条、第 39 条。

人民法院发挥审判职能助力防疫企业焕新生

——吴某某与索某公司申请公司清算案

刘 靖 徐韵琪*

【裁判要旨】

新冠肺炎疫情的发生导致部分企业陷入经营与债务困境并因此进入法院破产或强制清算程序。在疫情防控常态化形势下，人民法院应充分发挥审判职能，坚持法治思维和法治方式，在强制清算案件中运用司法保护机制及调解挽救濒危企业的功能，加大调解力度，整体化解企业清算危机，全面保护债权人、债务人企业的合法权益。同时，积极发挥府院联动机制作用，充分释放企业在保障疫情防控方面的产能，助力企业复工复产，维持具有拯救价值困境企业的持续经营能力，为统筹推进疫情防控、推动经济社会健康发展、构建法治化营商环境提供有力司法保障。

【关键词】防疫企业 司法保障 营商环境 调解释明

【案件索引】

广东省广州市花都区人民法院（2021）粤0114清申7号民事裁定书（2021年6月10日）

广东省广州市花都区人民法院（2021）粤0114强清10号民事裁定书（2021年10月26日）

---

* *刘靖——广州市花都区人民法院民事审判二庭四级高级法官；徐韵琪——广州市花都区人民法院民事审判二庭一级法官。

合议庭成员：徐韵琪、曹文、尹琪

【基本案情】

广州索某洗涤有限公司（以下简称索某公司）成立于2012年，是花都区唯一具备承接隔离酒店布草洗涤业务资质的企业，承担着广州市50%以上境外人员隔离酒店的布草洗涤业务，现有在职员工80余人，股东为谢某、吴某某。由于公司股权结构设置不合理加上两股东矛盾无法调和，导致公司长期无法作出有效决议，公司经营陷入困境。2021年3月31日，索某公司被广州市中级人民法院依法判决解散。由于索某公司未在法定期限内成立清算组自行清算，股东吴某某向广州市花都区人民法院（以下简称花都法院）申请对索某公司进行强制清算。2021年6月10日，花都法院裁定受理索某公司强制清算案，并依法指定广东东方昆仑律师事务所担任索某公司清算组成员。

鉴于索某公司的市场准入资质属于稀缺资源，在职员工众多且经营效益良好，单纯通过强制清算程序难以最大限度实现企业价值和债权人利益，大量员工面临失业亦不利于社会稳定，且该企业还承担着广州市50%以上境外人员隔离酒店的布草洗涤业务，如直接进行清算，必将导致多家隔离酒店防疫业务“停摆”，严重影响花都区乃至广州市疫情防控工作大局。为有效化解矛盾纠纷，实现各方利益最大化，花都法院在对案情进行充分研判的基础上，果断决定批准企业在清算组的监督下继续正常开展与防疫有关的业务，指导清算组以“保市场主体”为目的调和公司股东矛盾，在依法推进清算程序的同时，全面加强调解工作，充分利用府院联动机制的作用，形成调解合力，由政府和法院从法、理、情三方面分别对股东进行解释疏导和辨法析理，反复组织股东进行谈判，引导股东理性、正当行使权利，最终化解了股东多年积怨，引导和促成股东之间达成和解，并协助股东拟定和解协议、完善和解方案，通过股东之间股权转让的方式，改变了公司的股权结构，一举破解了公司僵局。

2021年10月20日，索某公司两位股东握手言和，并在清算组的主持下自愿签订了《和解协议》。同日，股东吴某某向花都法院申请撤回对索某公司的强制清算申请。花都法院经审查后，于2021年10月26日依法裁定予以准许。此后，股东在清算组的监督下积极履行《和解协议》，相互配合办理企业股权变更登记手续，企业得以恢复生机，防疫业务丝毫未受影响，潜在社会维稳因素全部消除。

【裁判结果】

花都法院于2021年10月26日作出（2021）粤0114强清10号民事裁定：准许吴某某撤回对索某公司的强制清算申请。该裁定已生效。

【裁判理由】

法院生效裁判认为，根据《最高人民法院关于审理公司强制清算案件工作座谈会纪要》第19条规定："公司因依法被吊销营业执照、责令关闭或者被撤销，或者被人民法院判决强制解散的，人民法院受理强制清算申请后，清算组对股东进行剩余财产分配前，申请人向人民法院申请撤回强制清算申请的，人民法院应不予准许。但申请人有证据证明相关行政决定被撤销，或者人民法院作出解散公司判决后当事人又达成公司存续和解协议的除外。"本案中，申请人吴某某在法院受理对索某公司的强制清算申请后，清算组对股东进行剩余财产分配前，以索某公司的股东已达成公司存续和解协议为由自愿撤回强制清算申请，符合前述规定，应予以准许。为此，依照《民事诉讼法》第154条第1款第11项之规定，裁定准许申请人吴某某撤回对被申请人索某公司提出的强制清算申请。

【案例注解】

2020年，新冠肺炎疫情在全球暴发，受国内外市场与经贸投资形势变化的影响，部分企业陷入经营与债务困境。疫情防控常态化形势下，如何最大程度维护企业运营价值，公平保障各方主体利益，为统筹推进疫情防控工作、全面恢复经济社会秩序、服务经济高质量发展提供有力司法保障，营造更加稳定公平透明、可预期的法治化营商环境，是人民法院破产与强制清算审判实务面临的主要课题之一。2020年5月15日，最高人民法院印发了《关于依法妥善审理涉新冠肺炎疫情民事案件若干问题的指导意见（二）》（以下简称《指导意见》），其中第三部分7个条文聚焦于企业破产案件的审理，广州市中级人民法院也发布了《广州破产法庭关于疫情防控期间破产审判工作的指引》（以下简称《工作指引》），对如何妥善审理涉新冠肺炎疫情破产及强制清算案件作出专项规定。本案的特殊性在于清算债务人为防疫企业，人民法院始终坚持司法职能服务和保障疫情防控大局，及时批准企业继续营业，并结合企业经营现状、进入清算原因、股东矛盾成因等问题进行充分研判，确立了"以调解促和解"的审理路径，促成股东达成和解，破解公司僵局，为企业纾困解难，维护了经济发展和社会稳定，取得了良好的政治效果、社会效果和法律效果。

一、加强调查和分析预判，确立审理路径

最高人民法院《指导意见》第18条指出，人民法院在审查企业是否符合破产受理条件时，要结合企业持续经营能力、所在行业的发展前景等因素，全面判定企业清偿能力。第17条指出，企业受疫情或疫情防控措施影响不能清偿到期债务，债权人提出破产申请的，人民法院应当积极引导债务人与债权人进行协商，引导债务人通过庭外调解等方式化解债务危机，实现对企业尽早挽救。因此，对仍具备生存价值的企业，人民法院应本着积极引导、多方解决的原则，为企业纾困解难。经全面审查，花都法院发现索某公司经营效益一直良好，该公司承担着政府防疫业务且所持有的市场准入资质属于稀缺资源，公司进入清算的根本原因是股东之间缺乏信任导致公司治理陷入僵局，从而判断该公司仍具备经营价值，只要打破公司治理僵局，消除公司经营管理方面存在的障碍，使公司回归正常经营状态，便能有效化解企业清算危机。花都法院经全面衡量各方利益，在立案审查阶段便确立了“以调解促和解”的审理路径，在依法清算的同时加大调解力度，力争促成股东达成公司存续和解协议，实现对企业的有效挽救。

二、立足职能主动作为，保证“清算不停产”

根据我国《公司法》第186条规定，清算期间，公司存续，但不得开展与清算无关的经营活动。索某公司承担着广州市50%以上境外人员隔离酒店布草洗涤业务的重要任务，如停止生产经营，将对广州市疫情防控大局造成极大影响。因此，本案最大的审理难点在于如何克服强制清算程序带来的停止经营与疫情防控的经营需要之间的冲突。我国目前立法及司法解释虽未对强制清算企业继续营业的条件及程序作出规定，但根据最高人民法院《指导意见》第22条的指导精神，债务人企业具有继续经营能力或者具备生产经营防疫物资条件的，人民法院应当积极引导和支持管理人或者债务人根据《企业破产法》第26条、第61条的规定继续债务人的营业，在保障债权人利益的基础上，选择适当的经营管理模式，充分运用府院协调机制，发掘、释放企业产能。广州市中级人民法院《工作指引》第8条也同时指出，如破产企业具备生产防疫物品资质和能力，或者能够满足防疫特殊需要的，应及时依法启动破产企业恢复生产经营，助力防疫物资的供给。本案中，批准索某公司“继续营业”的本质是对债务人财产进行合法、适当管理，既有利于疫情防控，也有利于债务人财产的增加，可谓“一举两得”。因此，花都法院参照《企业破产法》关于准许债务人继续营业的规定，指导清算组依法推进清算程序的同时，及时批准索某公司在清算组的监督下继续营业，有效维持企业生产力，保证防疫业务“不停摆”。

三、发挥府院联动机制的积极作用，形成调解合力

破产与强制清算案件涉及面广、利益关系复杂，此类案件的高效、稳妥审理，离不开政府部门的支持与协助。2018年3月4日，最高人民法院印发《全国法院破产审判工作会议纪要》，从全国法院层面确立了破产审判府院联动机制，肯定了府院联动机制积极推动破产市场化、法治化的意义，对破产与强制清算程序中如何充分发挥府院联动机制的作用具有重大指导意义。本案的妥善审理正是府院联动机制作用得到充分发挥的典型体现。针对索某公司的特殊性质，花都法院紧紧依靠党委政府，与花都区委区政府共同构建“互通互联、信息共享、合力处置”的工作机制，建立了信息共享机制，法院及时向政府传递包括但不限于案件审理方向、推进节点、债务人营业情况等破产审判信息，政府部门则及时向法院传递疫情应急物资、疫情防控政策等信息，多次与区委区政府相关部门召开协调会议，形成工作合力，共同研讨解决方案，加大调解力度，分别从政策、法律层面对股东进行疏导和解、辨法析理，共同促成股东和解，确保防疫大局不受影响。

四、延伸探讨：在企业强制清算过程中引入和解程序，更有助于实现强制清算的制度价值，提升和改善营商环境

强制清算程序与破产清算程序均是企业合法退出市场的途径，但与破产清算程序相比，强制清算并不存在资不抵债的问题，利益冲突主要发生在股东与股东之间或股东与债权人之间，因此，在强制清算程序中探究当事人矛盾焦点、加大调解力度，从根源上帮助企业渡过人合危机，让原本陷入治理僵局的公司重现生机，从而达到企业存续的结果，则更能体现强制清算制度在挽救困境企业方面的特殊作用，为仍具有挽救希望与价值的困境企业提供了多元化救助渠道，同时也满足了我国持续优化营商环境的现实需要。

当前，我国立法及司法解释尚未对强制清算和解程序作出具体规定。笔者认为，因强制清算与破产清算在具体操作程序上具有相似性，故强制清算中的和解可以参照适用我国《企业破产法》第105条关于破产程序中的自行和解的规定，由清算组在人民法院的指导下引导当事人正当、理性行使权利，实现各方利益最大化。需要特别指出的是，根据《最高人民法院关于审理公司强制清算案件工作座谈会纪要》第19条规定，强制清算中当事人达成公司存续和解协议产生的法律效果是申请人向人民法院撤回强制清算申请。因清算组对股东进行剩余财产分配是公司财产分配的最后一个环节，一旦公司全部财产分配完毕，强制清算工作也就基本完成，清算组将申请法院终结公司强制清算程序。此时，申请人再申请撤回强制清算申请，无法达到使公司继续存续的目的，事实上也不可能挽救公司消亡的命运。因此，当事人协商和解、撤回强制清算申请均应

在清算组对股东进行剩余财产分配前提出，如在清算组对股东进行剩余财产分配后才提出，即便当事人就公司继续存续事宜达成和解协议也不再产生法律效力。

五、本案典型意义

本案是广州市首例以“和解”方式审结的防疫企业强制清算案例，也是人民法院充分发挥司法职能，积极挽救困境企业，有效支持政府防疫工作开展的典型案例。清算期间，人民法院坚持以司法职能服务和保障疫情防控大局，及时批准企业在清算组的监督下继续营业，维持企业有效生产力，确保防疫业务不受影响。同时，坚持法治思维和法治方式，提前对企业运营价值、清算成因进行精准识别，确定了“以调解促和解”的审理路径，并充分发挥府院联动机制的协调作用，促成股东达成公司存续和解协议，一举破解公司僵局，既巧妙化解了防疫企业的清算危机，维护了社会稳定，又为广州市营商环境高质量发展作出了积极贡献，实现了政治效果、社会效果、法律效果的有机统一，彰显了人民法院在疫情防控常态化形势下的司法担当。

【相关法条】

《最高人民法院关于审理公司强制清算案件工作座谈会纪要》第19条。

法谈法议

论证明妨碍规则在知识产权侵权诉讼中的法律适用

罗筱琦　何培育*

【内容提要】证明妨碍规则的推广适用对于提升知识产权保护水平，缓解当前法定赔偿规则在知识产权侵权诉讼中的滥用具有重要意义。证明妨碍规则在知识产权侵权诉讼中的适用仍然存在诸多困境，需要进一步厘清实体法与程序法之间的适用关系，明确证明妨碍申请人初步证明义务的内容，廓清证明妨碍规则适用的法律效果，加强证明妨碍规则与相关民事证据收集规则的结合适用以及补充证明妨碍规则救济制度，以扫除适用障碍。

【关键词】证明妨碍规则　文书提出命令　损害赔偿认定

作为创新驱动发展的全球第二大经济体，中国在知识产权法制建设方面取得了瞩目成就[1]。然而，知识产权侵权赔偿难、数额低一直是制约我国知识产权司法保护水平的瓶颈，其肯綮在于权利人往往面临举证能力不足的困境。由于侵权行为人通常怠于向法庭和权利人提供对其不利的证据，加之我国《民事诉讼法》缺乏有效的规制手段，从而导致大量案件赔偿数额偏低。2019 年 12 月 26 日最高人民法院发布了系统修改后的《关于民事诉讼证据的若干规定》（以下简称《民事证据规定》），新增第 45—48 条文书提出命令规则，将有效缓解权利人举证难的问题，但是如何结合知识产权侵权诉讼的特点，细化证明妨碍规则的法律适用，进一步加强知识产权保护力度，是当前亟须解决的重要问题。

---

* 罗筱琦——广东财经大学法学院教授、硕士生导师，主要研究领域：民事诉讼法、证据法；何培育——重庆理工大学重庆知识产权学院教授、硕士生导师，主要研究领域：知识产权法、证据法。

1 高小玫：《我国知识产权战略亟需前瞻性布局》，载《人民论坛》2020 年第 4 期。

一、民事证明妨碍规则的理论基础考察

证明妨碍规则的法理基础主要包括诚实信用原则、损害赔偿请求权、诉讼协力义务等。诚实信用原则是维护社会公平正义、规范个人行为的基本原则。依照诚实信用原则的要求，任何人均不得作出与其先行行为相矛盾的行为或主张，如果法律允许当事人因其证明妨碍行为而获利，则会与其先行行为产生不合法的抵触，因而违背了诚实信用原则。损害赔偿请求权作为证明妨碍制度法理基础的观点发端于德国，认为不承担证明责任的诉讼一方实施的证明妨碍行为，对相对方构成了侵权，受害方有权对妨碍人提起诉讼，以恢复到加害行为发生之前的状态。诉讼协力义务是指在诉讼过程中当事人对案件事实负有协力促进发现案件真实的义务。在诉讼协力义务的影响下，不负证明责任一方当事人应当负有文书提出义务、案件事实陈述以及证据提出义务、情况报告义务等，使得双方当事人之间的诉讼地位趋于平等。从目前我国辩论主义与职权主义相结合的民事诉讼模式现状，以及未来将结合辩论主义与职权主义形成协同主义诉讼模式的发展趋势来看，诉讼协力义务更适合作为我国民事证明妨碍规则最核心的法理基础。在协同主义诉讼模式下，当事人承担事实解明责任，体现在当事人承担真实陈述的诉讼义务，其内涵主要包括：第一，当事人有义务对案件事实作出真实陈述并不得故意就对方当事人及证人等诉讼参与人作出的真实陈述予以否认；第二，即使不负举证责任的一方当事人也应当对案件事实的查明负有协助义务。[2] 在诉讼进程当中，双方当事人应当相互之间承担证明协力义务，相互分工与协作，共同查明案件事实、保障诉讼有序开展。

二、证明妨碍规则在知识产权侵权诉讼中的适用与困境

《民事证据规定》对证明妨碍的申请及审查进行了细化，在一定程度上解决了当前证明妨碍规则原则性过强、可操作性不足等问题，然而在知识产权侵权诉讼中的适用障碍尚未得到根本性的解决。

（一）证明妨碍规则在知识产权侵权诉讼中的适用现状

在民事诉讼法律体系中，关于证明妨碍的规定散见在不同的法律渊源之中，包括《民事诉讼法》第 114 条、《最高人民法院关于适用〈中华人民共和国民事

2　奚玮：《协同主义民事诉讼模式的建立与和谐司法的实现——以证据收集为中心》，载《河北法学》2008 年第 3 期。

诉讼法〉的解释》（以下简称《民诉解释》）第112条、《民事证据规定》第45—48条以及《最高人民法院关于审理侵犯专利权纠纷案件应用法律若干问题的解释（二）》（以下简称《侵犯专利权纠纷案件解释（二）》）第27条、《商标法》第63条第2款以及《著作权法》第53条。知识产权侵权案件裁判中，主要争议焦点在于知识产权侵权与损害赔偿数额认定，对证明妨碍规则适用的探讨也应当重点围绕上述两个核心问题展开。

首先，在知识产权侵权事实认定的过程中，“证据偏在性”问题比较突出，如在专利侵权案件中，权利人在主张被告实施了侵权行为时，被告使用的技术方案证据一般均由被控侵权人所控制，权利人很难获得相关直接证据，在商业秘密及软件著作权侵权案件中基于类似的原因亦存在同样的情形。对此，证明妨碍规则在知识产权侵权事实认定中的适用具有重要意义。在侵权事实认定过程中若发生证明妨碍情形，应当根据《民事证据规定》第45—48条、第95条以及《民诉解释》第112条的规定，对证明妨碍行为进行规制。在事实认定中，若原告申请被告提供的证据为书证的，如企业产品生产流程记录、记录了商业秘密的文书等，应优先适用《民诉解释》第112条规定。若原告主张提交的证据非书证的，如涉及被控侵权产品的，则应当以《民事证据规定》第95条为法律依据，认定是否构成证明妨碍。

其次，证明妨碍规则在知识产权侵权诉讼中最为显著的价值体现在对损害赔偿数额的认定。该阶段适用证明妨碍规则存在实体法与程序法交叉的情况，若发生证明妨碍情形，根据特殊法优于一般法的法律适用原则，应当优先适用《侵犯专利权纠纷案件解释（二）》第27条、《商标法》第63条第2款以及《著作权法》第53条规定。值得注意的是，上述实体法中规定证明妨碍规则均主要适用于损害赔偿数额认定方法中的侵权人获利方法。究其原因，在采用权利人因侵权受损以及采用许可费的合理倍数的赔偿计算方法适用过程中，“证据偏在性”的问题并不突出，因此无须特别立法对这些情形予以规制。而在适用侵权人获利计算方法主张损害赔偿过程中，证明侵权人获利的证据如涉及侵权产品销售量或者利润的账簿、资料等，多由侵权人掌握，而其为了避免承担高额赔偿，往往有意实施证明妨碍行为，因此有必要对该种情形加以特别规制。

（二）证明妨碍规则在知识产权诉讼中的适用局限

从以往司法实践来看，证明妨碍规则适用的情形并不普遍。基于目前法律现状，知识产权侵权诉讼中适用证明妨碍规则仍存在诸多问题有待解决。

1. 各法律规定之间的衔接协调问题。新《民事证据规定》自2020年5月1日正式实施后，丰富和完善了证明妨碍规则的法律依据，但同时亦引发了与

《侵犯专利权纠纷案件解释（二）》《商标法》《著作权法》相关证明妨碍规则之间的衔接与协调问题，特别是相关实体法的证明妨碍规则主要是围绕损害赔偿数额认定问题，而对于侵权行为认定则依然需要回归到相关程序法，进一步加剧了法律适用的复杂性，如何协调不同情形下申请人的证明义务与程序规范，避免法律适用的冲突，是当前亟须厘清的问题。

2. 证明妨碍规则适用的构成要件问题。按照《民事证据规定》与《民诉解释》，适用证明妨碍规则的条件是书证在对方当事人控制之下无正当理由拒不提交。而依照知识产权实体法，除了要求与侵权行为相关的账簿、资料由侵权人掌握，侵权人无正当理由拒不提交之外，在商标侵权纠纷以及著作权侵权纠纷案件中还要求受害人“尽力举证”，专利权侵权纠纷中则要求受害人提供侵权人所获利益的“初步证据”。由于“初步举证”与“尽力举证”两者之间的证明对象、证明度均存在一定差异，如何确定申请人初步举证义务的内容以及明确应当达到的证明标准对于适用证明妨碍规则至关重要。

3. 证明妨碍规则适用的法律效果问题。依照《民事证据规定》与《民诉解释》，证明妨碍行为将产生人民法院可以认定对方当事人所主张的书证内容为真实的法律效果。而按照知识产权实体法规定，在商标侵权与著作权侵权案件中将产生人民法院参考权利人的主张和提供的证据直接确定赔偿数额的法律效果，专利侵权案件中的法律效果则是人民法院根据权利人的主张和提供的证据认定侵权人因侵权行为所获得的不法利益数额。由此可以看出，不同法律规范在证明妨碍规则法律效果的规定上也存在显著差异。

4. 证明妨碍规则与其他规则的配合适用问题。司法实践中，为解决当事人举证能力不足与“证据偏在”的问题，《民事诉讼法》规定了证据保全、证据调查令制度等民事证据收集规则，这类规则均在一定程度上强化了当事人的证据收集能力。但是，人民法院作出证据保全与证据调查令的裁定之后，如果被申请人拒不提交证据，其行为的法律后果，《民事诉讼法》并没有明确规定。证据保全、证据调查令与文书提出命令是相互独立的证据规则，并不必然产生证明妨碍的法律效果，甚至往往会出现由于证据保全与证据调查令的执行时间较长，举证期限届满，从而导致权利人无法再行申请文书提出命令的情形，并客观上引发各规则之间相互排斥的局面。如何从制度上协调各证据收集规则之间的逻辑关系以避免司法资源的浪费，扩大证明妨碍规则的适用范围，同时达到效率与公平法律价值之间的最优平衡值得深入探讨。

5. 证明妨碍规则适用的法律救济问题。由于证明妨碍规则的适用将对诉讼当事人的权利义务产生重大影响，因此有必要探讨证明妨碍规则的法律适用救济问题，赋予当事人一定的机会扭转由于可能的司法裁判失误所导致的不正义，避免给当事人带来不公正的裁判结果。

三、知识产权侵权诉讼中证明妨碍规则的修正与完善

法定赔偿在知识产权侵权诉讼中的过度适用有着深层的原因，甚至一定程度上形成了部分法官裁判的“思维惯性”。要破除该“思维惯性”的藩篱，则需要对证明妨碍规则的相关适用细节进行进一步的修正与完善，扫清适用的障碍。

（一）厘清实体法与程序法中证明妨碍规则的适用关系

《侵犯专利权纠纷案件解释（二）》《商标法》《著作权法》所规定的证明妨碍规则均是在按照侵权人获利计算损害赔偿时适用，对于侵权事实的认定以及采用其他损害赔偿数额方法认定时，则无法适用该条款，且上述规定主要针对账簿、资料等书证类型，并不适用于其他证据类型。在权利人主张侵权事实或者其他损害赔偿数额认定发生证明妨碍情形时，应当适用《民事证据规定》第45—48条、第95条以及《民诉解释》第112条。《民事证据规定》第45—48条主要适用于书证，第99条将范围扩展到了视听资料、电子证据。值得注意的是，关于适用实体法的相关规定是否需要与程序法的要求保持一致存在一定的争议。笔者认为，在损害赔偿数额认定的过程中，相应的实体法规范与程序法规范应当是叠加适用的关系。《民诉解释》与《民事证据规定》对证明妨碍的基本要件进行了明确，鉴于损害赔偿数额认定需要申请人提供确切的赔偿数据，因此实体法对此特别加以规定。类似的是《民事证据规定》第46条规定了人民法院对于文书提出命令申请的审查规则，并对如申请提交的书证不明确、书证对于待证事实的证明无必要等不予准许的情形进行了明确，该规定对于实体法中规定的文书提出命令应当同样适用。

（二）明确证明妨碍申请人的证明义务内容

在证明妨碍申请人的证明义务方面，首先，申请人应当对证据存在以及文书中的相关内容承担证明责任。被申请人如果主张证据已经废弃、灭失、毁损、转移的，应当就此承担证明责任，如无法证明，则应承担不利后果。其次，关于证明程度，在商标与著作权纠纷案件中规定的是权利人“尽力举证”，而在专利纠纷案件中则规定的是“提供侵权获利的初步证据”。无论是“尽力举证”还是“提供初步举证”，其证明对象基本一致，即侵权人通过侵权行为获得的销量、收入或者利润的事实；两者的区别在于，“尽力举证”主要是从申请人自身穷尽各种证据收集手段的行为过程加以考量，而“初步举证”更加强调通过所

举证的内容能够大致计算具体数额的证明效果，且基本达到证据优势的证明标准。相比较而言，由于“尽力举证”无法对证明效果加以评估，因此“初步举证”更加符合文书提出命令规则的制度目的。

（三）廓清证明妨碍规则适用的法律效果

从法律效果上分析，《民事证据规定》《民诉解释》相关条款规定的是推定权利人提供的证据成立，而知识产权实体法规定的是参考权利人提供的证据判定对受害人的赔偿数额或侵权人的不法获利数额。对于上述法律效果，学界存在不同的观点，第一种观点认为，证明妨碍的法律效果是直接推定受害人的诉讼主张成立[3]；第二种观点认为，证明妨碍的法律效果是将证明标准从高度盖然性降低至证据优势原则[4]；第三种观点认为，证明妨碍的法律效果可以是多元化的，包括推定被妨碍人的主张成立、降低证明标准等，由主审法官根据案情加以认定[5]。从实现证明妨碍制度立法目的的程度来看，第一种观点最为直接、有效；从法律适用成本角度来看，第一种观点的司法成本也最低且收益更高。综合以上情况来看，采用第一种观点更加合理。[6]

（四）加强证明妨碍规则与相关民事证据收集规则的结合适用

无论是证明妨碍规则，还是证据保全、证据调查令等制度，其目的均是实现对客观真实的充分挖掘，从而实现法律真实与客观真实相统一。证明妨碍规则与其他证据收集规则的结合适用，能够有效节约司法资源，克服单个规则的不足，提升司法效率。实践中部分地区已经开始了对该规则的有益探索，并取得了良好效果。在北京握奇诉恒宝股份公司侵犯发明专利一案中，人民法院通过证据保全程序确认了被申请人恒宝股份公司“拒不提供证据”证明妨碍行为的事实及主观过错，并与申请人北京握奇提供的初步证据相结合，最终参考原告的主张和提供的证据，适用证明妨碍规则推定原告主张成立，最大限度保障了权利人的合法利益。证据调查令制度同样可以实现与证明妨碍规则的结合适

---

3 张学军、朱文彬：《知识产权侵权诉讼中“证据披露—举证妨碍”制度之探索适用——以查明权利人的实际损失或侵权人的侵权获利为落脚点》，载《中国知识产权审判研究（第5辑）》，法律出版社2015版，第388-398页。

4 芮文彪、凌宗亮：《新〈商标法〉加大损害赔偿力度的理解与适用》，载《中华商标》2015年第2期。

5 刘小鹏：《从新百伦案看我国商标侵权赔偿原则司法适用》，载《知识产权》2015年第10期。

6 刘晓：《知识产权损害赔偿中证明妨碍规则的成本收益分析》，载《证据科学》2016年第5期。

用，通过证明妨碍规则与相关民事证据收集规则的有效结合，可以最大限度破解权利人证据收集难的问题。

（五）补充证明妨碍规则救济制度

鉴于证明妨碍规则是在缺乏充足直接证据的情况下实施的法律推定，具有一定的不确定性。出于保障司法公正的角度，应当赋予当事人不服法院证明妨碍裁定的救济权。具体而言，当事人收到法院作出的裁定后，应当在七日内向上级人民法院提出复议申请，上级人民法院应当在一个月之内作出复议裁定。对于复议申请人，应当由对复议裁决不服的一方提出，如果法院裁决支持了文书提出申请，则由证据持有人一方提出复议；如果法院驳回了文书提出申请，则由申请人提出复议。复议决定作出后，自送达之日起立即生效。[7]

7　张卫平：《当事人文书提出义务的制度建构》，载《法学家》2017 年第 3 期。

浅析文物犯罪量刑环节折算规则

马洪伦　班　晴*

在盗窃文物犯罪行为按照普通盗窃罪认定的前提下，基于“定级不定价”文物保护规则的考量，司法实践实行“文物等级为主、文物价值为辅”的量刑规则，为了“便利司法适用和贯彻罪责刑相适应原则”[1]，2013 年《最高人民法院、最高人民检察院关于办理盗窃刑事案件适用法律若干问题的解释》[2]（以下简称《2013 年解释》）在 1987 年《最高人民法院、最高人民检察院关于办理盗窃、盗掘、非法经营和走私文物的案件具体应用法律的若干问题的解释》[3]（以下简称《1987 年解释》）和 1998 年《最高人民法院关于审理盗窃案件具体应用法律若干问题的解释》[4]（以下简称《1998 年解释》）规定的量刑幅度升级规则的基础上发展出折算规则，2015 年《最高人民法院、最高人民检察院关于办

---

* 马洪伦——曲阜师范大学法学院副教授，主要研究领域：法律解释学、人大制度、教育法学等；班晴——山东大学法学院硕士研究生，主要研究领域：规范刑法学、刑法解释学等。本文系国家社会科学基金青年项目《全国人大常委会法律解释制度的功能研究》（项目编号：18CFX013）的阶段性成果。有研究者认为盗窃文物犯罪不仅侵犯了财产所有权，更侵害了国家对文物的管理秩序，应当将盗窃文物的行为独立成罪。参见刘强：《论妨害文物管理犯罪行为的刑法规制》，载《上海公安高等专科学校学报》2014 年第 2 期。

1　喻海松：《文物犯罪若干问题辨析》，载《法律适用》2016 年第 6 期。

2　法释〔2013〕8 号，2013 年 4 月 2 日发布。第 9 条第 2 款：“盗窃多件不同级别国有馆藏文物的，三件同级文物可以视为一件高一级文物。”

3　法（研）发〔1987〕32 号，1987 年 11 月 27 日发布，已失效。第 1 条：“一案中盗窃同级文物数量较多，情节严重的，可以按盗窃高一级文物的量刑幅度处罚。”

4　法释〔1998〕4 号，1998 年 3 月 17 日发布，已失效。第 9 条第 2 款：“……一案中盗窃同级文物三件以上的，按照盗窃高一级文物的量刑幅度处罚。”

理妨害文物管理等刑事案件适用法律若干问题的解释》[5]（以下简称《2015年解释》）进行了完善。[6]根据《2015年解释》，折算规则是指案件涉及多件同级文物的，5件同级文物视为1件高一级文物。通过可量化的方式，折算规则拟制了不同等级文物之间的换算关系，实现了量刑幅度的跨越，在打击文物犯罪，维护文物管理秩序等方面发挥了应有作用。既有学术研究主要集中于折算规则的历史发展、"立法原意"解读等领域，[7]折算规则司法适用的实证研究成果较少。

在全面分析折算规则典型案例的基础上，本文主要研究司法实践中普遍存在的低级别文物应否折算、高级别文物的折算方式、二次折算以及折算规则功能结构失衡等问题。司法实践中的问题主要源自法官对折算规则文义以及功能的不同理解，部分法官侧重折算规则的打击犯罪功能，主张低级别文物适用折算规则、二次折算等；部分法官通过适用有利于被告人原则强调人权保障功能，主张高级别文物吸收规则，拒绝二次折算；但是几乎所有法官都选择一次性折算方式而非逐件折算方式。在平衡折算规则功能结构的前提下，科学运用法律解释方法，能够实现折算规则法律适用的统一性。

一、低级别文物应否折算问题

根据《2015年解释》第13条的规定，案件涉及不同级别文物的，按照高级别文物的量刑幅度量刑，此为高级别文物规则；有多件同级文物的，5件同级文

---

5 法释〔2015〕23号，2015年12月30日发布。第13条："案件涉及不同等级的文物的，按照高级别文物的量刑幅度量刑；有多件同级文物的，五件同级文物视为一件高一级文物，但是价值明显不相当的除外。"

6 虽然《1998年解释》和《2013年解释》仅仅规定了文物盗窃刑事案件中的量刑幅度升级规则和折算规则，但是基于如下两个原因，上述两个规则同样适用于其他类型的妨害文物管理的刑事案件。第一，《1987年解释》在文物盗窃刑事案件量刑规则中首次规定了量刑幅度升级规则，非法经营文物、走私文物等其他妨害文物管理的刑事案件参照适用，《1987年解释》直到被《2015年解释》废止之前一直有效；第二，最高人民法院将上述两个规则延续至相关司法解释中。比如，《1998年解释》将《1987年解释》模糊的折算标准明确为"三件折算一件"，《最高人民法院关于审理走私刑事案件具体应用法律若干问题的解释》（法释〔2000〕30号）、《最高人民法院、最高人民检察院关于办理走私刑事案件适用法律若干问题的解释》（法释〔2014〕10号）将其适用于走私文物刑事案件的量刑规则中。

7 主要文献参见喻海松：《〈关于办理妨害文物管理等刑事案件适用法律若干问题的解释〉的理解与适用》，载《人民司法（应用）》2016年第7期；喻海松：《文物犯罪若干问题辨析》，载《法律适用》2016年第6期；缐杰、宋丹：《〈关于办理妨害文物管理等刑事案件适用法律若干问题的解释〉理解与适用》，载《人民检察》2016年第7期；胡云腾、周加海、周海洋：《〈关于办理盗窃刑事案件适用法律若干问题的解释〉的理解与适用》，载《人民司法（应用）》2014年第15期。

物视为1件高一级文物，此为折算规则。当适用高级别文物规则时，满足折算条件的低级别文物是被高级别文物吸收还是折算后与高级别文物合并量刑成为一个既有争议又影响量刑的问题，此为低级别文物应否折算问题。关于上述问题，司法实践存在分歧[8]，有认为应适用折算规则者，比如穆某斌、穆某文倒卖文物案[9]；有认为应适用高级别文物吸收规则不予折算者，比如陈某峰、林某玉盗窃案[10]；有认为基于不影响量刑不予适用折算规则者，比如何某利、周某科、呼某拴等盗掘古文化遗址、古墓葬罪二审案[11]。司法实践的多元性源自折算规则文义的不确定性，通过参考立法原意并对折算规则文义作限缩解释，高级别文物吸收规则是更为恰当的选择。

（一）文义解释的不确定性及其不可规避性

虽然有刑法学者提出刑法解释方法之间存在一定的位阶关系[12]，但是文义解释之外其他方法的顺序问题仍然是法律解释方法研究的难题[13]。尽管如此，“由一般的语言用法获得的字义，其构成解释的出发点，同时为解释的界限”[14]依然是学界共识。关于低级别文物应否折算问题，分析《2015年解释》第13条的文义，具有两种可能的理解。第一，如果只考虑折算规则，低级别文物应折算是唯一确定的文义解释。根据《2015年解释》第13条的规定，“五件同级文物视为一件高一级文物”中的同级文物既可以指高级别文物也可以指低级别文物，只要满足数量要求，同级文物就可以折算出高一级文物。第二，如果考虑

8　虽然司法实践存在分歧，甚至一审法院和二审法院认识不统一（如何某利案），但是从我们收集到的案件看，多数法院适用了高级别文物吸收规则而非折算规则，即在案件涉及两种以上级别文物时，按照高级别文物量刑，低级别文物不再适用折算规则。

9　山西省介休市人民法院（2019）晋0781刑初232号刑事判决书。被告人倒卖了1件三级文物、31件一般文物，法院首先将30件一般文物折算为6件三级文物，其次合并认定7件三级文物，最终认定为情节特别严重。如果适用高级别文物吸收规则，按照1件三级文物量刑，则认定为情节严重。《2015年解释》第6条规定倒卖三级文物属于情节严重，倒卖三级文物五件以上属于情节特别严重。

10　福建省福鼎市人民法院（2017）闽0982刑初338号刑事判决书。被告人盗窃三级文物4件、一般文物7件，法院认为所涉及的三级文物只有4件，不符合5件同级文物视为1件高一级文物的情形，故不能认定被告人构成盗窃数额特别巨大。二审法院支持一审法院判决。

11　陕西省铜川市中级人民法院（2019）陕03刑终100号刑事判决书。被告人盗掘古墓葬盗得一般文物5件，三级文物2件，一审法院首先将5件一般文物折抵为1件三级文物，合并为3件三级文物量刑，二审法院认为5件一般文物能否视为1件三级文物不影响案件的定罪量刑。

12　参见苏彩霞：《刑法解释方法的位阶与运用》，载《中国法学》2008年第5期。

13　参见陈金钊、焦宝乾：《中国法律方法论研究学术报告》，载《山东大学学报（哲学社会科学版）》2005年第1期。

14　［德］卡尔·拉伦茨著：《法学方法论》，陈爱娥译，商务印书馆2005年版，第219页。

到折算规则和高级别文物规则的逻辑关系，将会产生两种可能的文义。一是高级别文物规则和折算规则规定在同一个条文中，中间以分号隔开，二者属于并列关系。它们共同组成了文物犯罪的量刑规则，前者规范文物级别，后者规范文物数量，满足形式要件，各自适用。低级别文物满足条件时仍然适用折算规则而非被高级别文物吸收。二是如果高级别文物规则具有优先适用性，低级别文物将会被吸收。虽然高级别文物规则和折算规则规定在同一个条文中，但是高级别文物规则位于折算规则之前，二者具有逻辑上的递进关系，当存在不同级别文物时，高级别文物规则相对于低级别文物的折算规则具有优先适用性并吸收低级别文物，在高级别文物满足数量要求的前提下，再适用折算规则。

在文义解释呈现多元性前提下，是否能够搁置争议，基于其他规则作出应否折算的抉择。第一，司法实践中存在以“不影响定罪量刑”为由，忽略折算规则文义解释的多元性，直接选择低级别文物不予折算的情况。[15]高级别文物的数量能够显著影响量刑，尤其在文物走私犯罪量刑中，比如穆某斌、穆某文倒卖文物案。第二，虽然我们搜索到有关案例，但是基于“存疑有利于被告人”规则，规避文义解释的多元性也是一种潜在选择。相较于适用折算规则，适用高级别文物吸收规则能够减少高级别文物数量，降低量刑幅度，明显有利于被告人。虽然有研究者主张作为一种刑法解释规则，“存疑有利于被告人”能够鲜明提升文义在解释中的边界意义。[16]但是，从“存疑有利于被告人”原则的内涵及源流[17]看，它仅适用于事实认定而非法律疑问[18]，不能作为限缩折算规则文义解释的标准。因此，文义解释的多元性是一个不可规避的问题，“如果某个规范的文义覆盖了依其意义和目的本不该适用的情形，则可以限缩该规范的可能的词义”。[19]

---

15 比如何某利、周某科、呼某拴等盗掘古文化遗址、古墓葬罪案，陕西省铜川市中级人民法院（2019）陕03刑终100号刑事判决书。被告人盗掘古墓葬盗得一般文物5件，三级文物2件，一审法院首先将5件一般文物折抵为1件三级文物，合并为3件三级文物量刑，二审法院认为5件一般文物能否视为1件三级文物不影响案件的定罪量刑。

16 冀洋：《“存疑有利于被告人”的刑法解释规则之提倡》，载《法制与社会发展》2018年第4期。

17 参见吴冀原：《“存疑有利于被告人”原则的正确理解适用》，载《西南政法大学学报》2014年第6期。

18 同样主张“存疑有利于被告人”不能作为刑法解释原则的观点参见：吴学斌：《论“存疑时有利于被告人”的原则与例外》，载《法学杂志》2006年第6期；段启俊、郑洋：《论存疑时有利于被告人原则不应适用于刑法解释》，载《刑法论丛》2015年第1卷；袁国何：《刑法解释中有利于被告人原则之证否》，载《政治与法律》2017年第6期。

19 ［德］德特勒夫·雷讷著：《法学方法论的基础知识》，黄卉编译，载《中国应用法学》2021年第3期。

（二）基于立法原意的限缩解释

根据《立法法》第104条，司法解释应当符合立法的目的、原则和原意，相比较于立法目的和原则而言，立法原意是一个更为具体的限制。立法原意即使不能作为法律解释的终点，也是适格的起点，[20]尤其与文义解释一致的立法原意作为法律解释影响因素的效力更强。立法原意有主客观之分，主观的立法原意是指立法者的主观意图，客观的立法原意是指表现在法律文本中的立法者意图，本文坚持客观的立法原意。运用历史解释方法分析与折算规则有关的四部司法解释，高级别文物吸收规则更符合立法原意。（1）从量刑幅度升级规则到折算规则：折算而非吸收。《1987年解释》和《1998年解释》同时规定了高级别文物规则和量刑幅度升级规则，案件涉及不同级别文物时，可以按照高级别文物的量刑幅度量刑；同级文物数量较多、情节严重者（《1998年解释》修改为同级文物3件以上），可以按照高一级文物的量刑幅度量刑。在此前提下，涉案文物满足一定数量，折算出的不是特定数量的高一级文物而是升格的法定刑。当案件涉及不同级别文物时，低级别文物即使数量符合法定条件也只能"折算"出已经存在的高级别文物所对应的量刑幅度。因此，量刑幅度升级规则仅适用于案件中的最高级别文物，低级别文物对应的量刑幅度被高级别文物对应的量刑幅度吸收，失去量刑意义。《2013年解释》首次规定了折算规则，与量刑幅度升级规则相比较，主要有两个变化，一是放弃高级别文物规则，单独规定折算规则；二是明确规定了相邻级别文物之间的折算关系（3件同级文物可视为1件高一级文物）而非量刑幅度升级的条件。由于不存在高级别文物规则，低级别文物在满足数量条件的前提下折算为高级别文物，从而转化为量刑因素。因此，从《1987年解释》《1998年解释》到《2013年解释》，量刑幅度升级规则发展为折算规则，低级别文物经历了从被高级别文物吸收到按数量折算为高级别文物的转变。（2）从折算规则到高级别文物规则与折算规则并立：吸收而非折算。与《2013年解释》相比，《2015年解释》增加了与折算规则并列的高级别文物规则。基于上述变化，高级别文物的量刑幅度吸收低级别文物的量刑幅度符合折算规则的立法原意。

因此，综合考量折算规则的文义和立法原意，当存在不同级别文物时，低级别文物应适用高级别文物吸收规则而非折算规则。

20　关于该观点的详细论述参见马洪伦：《论原旨主义内部的理论分支——以美国联邦最高法院Heller案为例》，载《当代法学》2011年第4期。

二、高级别文物的折算方式：是一次性折算还是逐件折算

在高级别文物吸收规则前提下，文物犯罪量刑中的折算规则是指高级别文物或案件所涉唯一级别文物的折算，在从真实最高级别文物折算出拟制高一级别文物方面，二者具有共性，可以统称为高级别文物的折算。高级别文物的折算规则主要包括折算标准和折算方式两个主要因素，根据《2015 年解释》的规定（5 件同级文物视为 1 件高一级文物），折算标准清晰确定，但是折算方式比较模糊。高级别文物的折算方式问题是指，同级文物究竟是一次性折算为多件高一级文物还是逐件折算。司法实践中主要有两种方式，第一，大多数案例适用一次性折算方式；第二，当涉及文物盗窃案件时，因为文物级别直接对应盗窃罪的三个量刑幅度，同级文物的数量对于量刑无实质性意义，此时，法院可能基于低级别文物折算出了高级别文物而直接在高级别文物所对应的量刑幅度内量刑，未明确表明是适用一次性折算还是逐件折算[21]。我们没有搜索到适用逐件折算的案例。基于下文关于折算方式对实际量刑的重要影响，高级别文物的折算方式是一个值得研究的重要问题。

高级别文物应适用逐件折算方式并与高级别文物吸收规则联动，在折算出第一件高一级文物之后，剩余低级别文物被高级别文物吸收，不再折算。第一，《2015 年解释》仅规定了折算标准，折算方式属于法律漏洞，“五件同级文物视为一件高一级文物”是折算标准而非折算方式，不能得出 10 件同级文物视为 2 件高一级文物的当然结论，并据此标准无限类推。删掉文义多元性，仅从法律漏洞角度分析即使将“五件同级文物视为一件高一级文物”看作折算方式，其文义也具有不确定性，能够同时包容逐件折算和一次性折算。当文义解释具有复数可能时，应依论理解释及社会学的解释解决问题。[22]不管归属于法律漏洞还是复数的文义解释，都需要通过其他法律解释方法确定高级别文物的折算方式。第二，逐件折算与高级别文物吸收规则联动更能体现不同级别文物之间的实质价值差别。不同级别之间的文物——尤其是一般文物和珍贵文物之间——在历史、艺术、科学价值方面存在重大的实质价值差别。在实际价值方面，不

21　比如陈某盗掘古文化遗址、古墓葬二审案，安徽省亳州市人民法院（2021）皖 16 刑终 93 号刑事判决书，法院认定陈某盗窃 20 余件一般文物，应在三年以上十年以下有期徒刑幅度内量刑。虽然我们并未检索到法院明确对高级别文物适用逐件折算或一次性折算的公开案例，但是发现了明确对低级别文物适用一次性折算的案例。比如穆某斌、穆某文倒卖文物一审案，山西省介休市人民法院（2019）晋 0781 刑初 232 号刑事判决书，法院认定除三级文物 1 件外，被告人穆某斌还倒卖一般文物 31 件，应视为倒卖三级文物共计 7 件。

22　参见杨仁寿著：《法学方法论》，中国政法大学出版社 2012 年版，第 142 页。

管是 3 件还是 5 件同级文物都无法抵消不同级别文物之间的实质价值差别。最高人民法院意识到不同级别文物之间的价值差别，《2015 年解释》将折算规则的标准从 3 件折算为 1 件提升为 5 件折算为 1 件，“以更符合不同级别文物之间的实际价值差别”[23]。“五件同级文物视为一件高一级文物”在一定程度上忽视了不同级别文物之间的实际价值差别，“十件同级文物视为两件高一级文物”再次扩大了这种差别，逐件折算与高级别文物吸收规则联动有效抑制了一次性折算方式下不同级别文物实际价值差别无限扩大的趋势。第三，逐件折算与高级别文物吸收规则联动符合宽严相济的刑事政策。根据上文的论证，高级别文物吸收规则符合折算规则的发展趋势以及宽严相济的刑事政策，逐件折算方式与高级别文物吸收规则联动才能最大程度体现宽严相济的刑事政策。第四，逐件折算与高级别文物吸收规则联动有利于不同类型文物犯罪量刑的一致性。对不同类型的文物犯罪而言，折算方式对量刑的影响程度不尽相同，这主要取决于不同类型的文物犯罪对文物级别、文物数量等量刑情节的不同考量。在盗窃文物犯罪中，文物级别是主要的考量因素，一般文物、三级文物、二级文物分别对应三个量刑幅度，在禁止二次折算的前提下，25 件一般文物不管适用逐件折算与高级别文物吸收规则联动方式，折算为 1 件三级文物，还是一次性折算为 5 件三级文物，都在“数额巨大”对应的量刑幅度内量刑。但是对同时考量文物级别和文物数量的倒卖文物犯罪而言，折算后的文物的数量也极为关键。比如犯罪嫌疑人涉嫌倒卖一般文物 25 件，如果适用一次性折算方式，25 件一般文物将会折算为 5 件三级文物，认定为情节特别严重，在适用二次折算的情况下，折算后的 5 件三级文物甚至可以折算为 1 件二级文物；如果适用逐件折算方式，25 件一般文物中的 5 件首先折算为 1 件三级文物，此时案件涉及不同级别文物（20 件一般文物和 1 件三级文物），根据《2015 年解释》的规定，应当适用高级别文物吸收规则，剩余 20 件一般文物折算，最终认定为情节严重。

三、二次折算问题

二次折算问题是指同级文物折算出高一级文物后，在满足折算标准的前提下，高一级文物能否继续适用折算规则。根据原始最高级别文物与折算后最高级别文物的级别差，二次折算可以分为跨档二次折算和非跨档二次折算。跨档

23　喻海松：《〈关于办理妨害文物管理等刑事案件适用法律若干问题的解释〉的理解与适用》，载《人民司法（应用）》2016 年第 7 期。

二次折算是指折算后出现比原始最高级别文物高二级的文物。[24] 司法实践基本持否定论[25]，仅有个别案例中作为抗诉机关的检察机关持肯定论[26]。非跨档二次折算是指自始存在两种以上级别文物，低级别文物折算后与原有的高级别文物合并折算出更高级别的文物。司法裁判呈现多元性界面，部分案件采用否定论，比如穆某斌、穆某文倒卖文物案[27]；部分案件采用肯定论，比如曾某、牛某盗窃案二审案[28]。“在法律解释方法中，文义解释是首先要考虑的解释方法。只有在具有排除文义解释的理由时，才可能放弃文义解释。”[29] 尽管二次折算符合折算规则的形式文义，跨档二次折算与价值明显不相当规则相斥，非跨档二次折算有悖于宽严相济的刑事政策、罪责刑相一致与禁止重复评价等原则，宜基于目的、体系等对折算规则的文义作限缩解释，避免适用二次折算。

（一）符合文义的二次折算

二次折算符合折算规则的字面含义。根据《2015 年解释》的规定，有多件同级文物的，5 件同级文物视为 1 件高一级文物，但是价值明显不相当的除外。折算规则的适用条件主要包括文物等级和文物数量两个方面，只要满足 5 件同级文物，即可以折算出 1 件高一级文物，而不论折算次数。“折算后的高一级文物和原始高一级文物不能等同”是一个可能的反对意见。基于文物的性质，不同等级文物之间的实质价值差距明显，折算后的“虚拟”高一级文物和原始存在的真实高一级文物并非同质文物，不可以视为同级文物，无论折算后的文物与原始同级文物的数量之和是否超过 5 件，都不能再次适用折算规则。这种观

24　比如 25 件一般文物折算为 5 件三级文物后再折算为 1 件二级文物，折算后的二级文物比作为原始文物的一般文物高二个级别。

25　比如缪某泽、兰某、郑某源盗窃案，福建省福安市人民法院（2019）闽 0981 刑初 162 号刑事判决书，法院将 40 件一般文物折算为 8 件三级文物后未进行二次折算。

26　我们没有检索到法院支持跨档二次折算的公开案例，但是发现个别案例中的检察机关支持跨档二次折算，比如王某阳与陈某珊、郭某金等盗窃二审案，河北省唐山市中级人民法院（2018）冀 02 刑终 265 号刑事判决书，河北省遵化市人民检察院在抗诉意见中提出，被告人盗窃一般文物 158 件，应属盗窃数额特别巨大。从情节认定结果看，检察机关支持跨档二次折算，即 158 件一般文物能够折算出二级文物。但是，二审法院没有支持抗诉机关的意见。

27　山西省介休市人民法院（2019）晋 0781 刑初 232 号刑事判决书。被告人倒卖了 1 件三级文物、31 件一般文物，法院首先将 30 件一般文物折算为 6 件三级文物，其次合并认定 7 件三级文物，并未继续适用折算规则将 7 件三级文物折算为 1 件二级文物。

28　安徽省高级人民法院（2015）皖刑终字第 00304 号刑事判决书，法院认为被告人盗窃国有馆藏三级文物 2 件、一般文物 40 件，属数额特别巨大。数额特别巨大代表法院适用了非跨档二次折算规则，即首先将 40 件一般文物折算为 8 件三级文物，其次与原有 2 件三级文物合并为 10 件三级文物，最后折算出 2 件二级文物，认定盗窃数额特别巨大。

29　参见孔祥俊著：《法律解释方法与判解研究》，人民法院出版社 2004 年版，第 325 页。

点注意到了折算后文物与原始同级文物的实际价值差别，但是未明确区分法律拟制的意义，折算规则中的“同级文物”并非就文物的实际分类而言，实为法律上的同级文物，不区分原始文物和折算后的文物。

（二）跨档二次折算：基于“价值明显不相当规则”的排斥

虽然跨档二次折算符合折算规则的文义，但是应适用价值明显不相当规则予以排斥。《2015年解释》规定的价值明显不相当规则旨在特定情形下排斥折算规则。“由于一般文物同二级文物之间差异悬殊，无论多少件一般文物，原则上都不宜折算为一件二级文物，”[30]同理，无论多少件三级文物，原则上都不宜折算为1件一级文物。因此，价值明显不相当规则能够排斥跨档二次折算。但是，同样的推理无法完全适用于非跨档二次折算。假设案件A涉及20件一般文物和1件三级文物，案件B涉及5件一般文物和4件三级文物。在不适用高级别文物吸收规则的前提下，案件A和案件B都涉及5件三级文物，区别在于案件A的5件三级文物包含4件折算后的三级文物，案件B仅包含1件。如果案件A能够适用价值明显不相当规则排斥二次折算，那么案件B则达不到“价值明显不相当”的程度。因此，价值明显不相当规则只能排斥跨档二次折算，不能排斥非跨档二次折算。

（三）非跨档二次折算：基于目的解释与体系解释的限缩

第一，基于目的解释的限缩。不管是跨档二次折算还是非跨档二次折算，都会给被告人带来更严重的刑罚，与宽严相济的刑事政策、罪责刑相一致原则、[31]禁止重复评价原则相冲突，应据此对折算规则的文义作限缩解释。“禁止重复评价，是指在定罪量刑时，禁止对同一犯罪构成事实予以二次或二次以上的法律评价[32]。”禁止重复评价在量刑中的具体表现就是对于对被告人不利的犯罪事实在作为量刑情节评价一次后不得再次作为量刑情节进行评价。比如，某盗窃案件涉及10件一般文物和3件三级文物，如果允许非跨档二次折算，首先将10件一般文物折算为2件三级文物，这已经属于一次法律评价，这2件三级文物又与原来的3件三级文物合并为5件三级文物，再折算为1件二级文物，在这个过程中10件一般文物又被折算了一次，属于第二次评价。犯罪行为的本质是对法益的侵犯，盗窃行为只对国家文物管理的秩序实施了一次侵害，但是却

30　喻海松：《文物犯罪若干问题辨析》，载《法律适用》2016年第6期。

31　关于宽严相济的刑事政策与罪责刑相一致原则，上文在论述高级别文物吸收规则时已涉及，此处可同理适用，不再重复。

32　陈兴良：《禁止重复评价研究》，载《现代法学》1994年第1期。

在量刑时被重复评价，明显违背了禁止重复评价原则。

第二，基于体系解释的限缩。目的解释的危险在于可能弱化罪行法定的制约机制，并严重威胁与侵蚀刑法适用的统一性与客观性，[33]尤其是在文义相对确定的前提下。虽然二次折算在形式上符合折算规则的文义，但是经过“将已包含于文字之中，但被遮掩住的意义分解、摊开并且予以说明”[34]之后，即便是非跨档二次折算，也应予排斥。《2015 年解释》第 13 条同时规定了高级别文物规则和折算规则，折算规则宜与高级别文物规则合并作体系解释。根据上文的论述，当涉及低级别文物的折算时，应适用高级别文物吸收规则并逐件折算。如果同时适用高级别文物吸收规则和逐件折算方式，二次折算将不再是困扰司法实践的问题。假设案件涉及 25 件一般文物，按照逐件折算方式，应折算为 1 件三级文物和 20 件一般文物，按照 1 件三级文物量刑即可，二次折算仅在适用一次性折算方式时才存在。假设案件涉及 5 件一般文物和 4 件三级文物，适用高级别文物吸收规则，按照 4 件三级文物量刑即可，不存在二次折算的前提，上文提到的陈某峰、林某玉盗窃案即属此种类型，被告人盗窃三级文物 4 件、一般文物 7 件，法院认为所涉及的三级文物只有 4 件，不符合“五件同级文物视为一件高一级文物”的情形，故不能认定被告人构成盗窃数额特别巨大。假设法院不适用高级别文物吸收规则，首先将 7 件一般文物折算为 1 件三级文物，再与原始 4 件三级文物合并为 5 件三级文物，可二次折算出 1 件二级文物。[35]

因此，二次折算存在两个前提条件，一是折算方式上的一次性折算，二是低等级文物适用折算而非被吸收规则。如果同时适用高级别文物吸收规则和逐件折算方式，折算规则的文义将会限缩，不管是跨档二次折算还是非跨档二次折算都被排斥。

四、功能结构失衡问题

折算规则是严厉打击文物犯罪政策的产物，也统一了司法适用，便利了司法实践。随着最高人民法院印发《关于贯彻宽严相济刑事政策的若干意见》[36]，刑事立法、刑事司法和刑罚执行全过程全面实施宽严相济刑事政策，刑法的功能不再局限于打击犯罪，人权保障成为刑法价值体系的重要组成部分。国家不

33　参见劳东燕：《刑法中目的解释的方法论反思》，载《政法论坛》2014 年第 3 期。

34　［德］卡尔·拉伦茨著：《法学方法论》，陈爱娥译，商务印书馆 2005 年版，第 194 页。

35　因为大多数法院并未在裁判文书中表明关于二次折算的态度，法院有可能基于二次折算不符合折算规则的立法原意而不予适用，也有可能基于不影响量刑（比如上文提到的穆某斌、穆某文倒卖文物案）、适用高级别文物吸收规则等其他原因不予适用。

36　法发〔2010〕9 号，2010 年 2 月 8 日发布。

能以牺牲犯罪嫌疑人、被告人的人权为代价来实现严厉打击犯罪的目标。[37] 打击犯罪与保障人权应该达到一种平衡状态，国家可以根据某些特殊时期的需要稍微调整两者之间的比重，但是到正常时期后要恢复基本的平衡。邓小平在“严打”政策出台之初就指出“严打”是一种非常状态，是特殊情况的特殊手段，[38] 伴随着“严打”的结束，社会秩序逐渐恢复，对于文物犯罪也应当恢复打击犯罪与保障权利之间的平衡。虽然折算规则近年来的发展体现出权利保障功能，但是仍然存在功能结构失衡问题。司法实践中的差异性直接产生于法官对折算规则文义的不同理解，但根源在于折算规则功能结构的失衡问题。

（一）“严打”功能突出

《2013 年解释》规定的折算规则是在《1987 年解释》规定的量刑幅度升级规则基础上发展起来的，《1987 年解释》是“严打”刑事政策在文物犯罪领域适用的主要规范表现，折算规则体现的文物犯罪“严打”功能持续至今。

1983 年中共中央作出《关于严厉打击刑事犯罪活动的决定》，要求对七类严重刑事犯罪按照“依法从重从快，一网打尽”的精神，对刑事犯罪分子予以坚决打击，“严打”刑事政策开始实施。虽然文物犯罪不属于上述七类严重刑事犯罪，但是基于文物犯罪猖獗以及文物不能再生产的特性，时任最高人民法院院长在向第六届全国人民代表大会做工作报告时提出依法严惩文物犯罪。《1987 年解释》是严厉打击文物犯罪的主要规范体现，规定了文物等级和文物数量综合衡量的文物犯罪量刑方式。一般情况下，文物等级对应不同的量刑幅度，同级文物数量较多、情节较为严重，可升级量刑幅度。作为折算规则的前身，量刑幅度升级规则明显体现了“严打”刑事政策。[39] 此外，折算规则的“严打”功能还体现在四个方面，第一，自由裁量权的限缩。根据《1987 年解释》，法官可根据文物数量、犯罪情节，自由裁量是否适用量刑幅度升级规则。《1998 年解释》明确了量刑幅度升级规则适用的唯一条件（同级文物 3 件以上）且取消了法官的自由裁量权；第二，《2015 年解释》将国有文物与非国有文物、馆藏文物与非馆藏文物同等保护，扩大了折算规则的适用范围；第三，文物犯罪入

37　参见何泉生、于洋、刘景升、蒋南飞：《论打击犯罪与保障人权平衡原则》，载《中国人民公安大学学报（社会科学版）》2010 年第 2 期。

38　参见游伟、谢锡美：《“严打”政策的回顾与科学定位》，载《华东政法学院学报》2004 年第 1 期。

39　直到今天，严厉打击文物犯罪仍然是主流观点。习近平总书记指出，要加强执法督察，规范举报流程，严厉打击文物犯罪。参见习近平：《建设中国特色中国风格中国气派的考古学 更好认识源远流长博大精深的中华文明》，载《求是》2020 年第 23 期。

罪标准下调，以盗窃文物为例，2013 年之前，盗窃国家三级文物是入罪标准，《2013 年解释》下调至一般文物；第四，在按照文物级别定罪量刑的前提下，适用折算规则提升量刑幅度。虽然《2015 年解释》增加了“价值明显不相当”作为折算规则的排斥规则，但是正如下文所述，其收效甚微。

（二）权利保障功能成效不佳

司法解释在两个方面限制了折算规则，尝试缓和折算规则在增加犯罪嫌疑人刑罚方面的严厉程度，但是收效甚微。第一，从不确定到确定再到适度提升的折算标准。《1987 年解释》对折算标准的规定比较笼统，法官的自由裁量权过于宽泛；《1998 年解释》将折算标准明确为“三件折抵一件”，确定性的标准一定程度上限制了法官的自由裁量权；“为更符合不同级别文物之间的实际价值差别”[40]，《2015 年解释》将折算标准提升至“五件折抵一件”。提升折算标准有助于在一定程度上缓解折算规则增加的刑罚，但是不管是“三件折抵一件”还是“五件折抵一件”都是人为任意的选择，折算标准不可能做到理性化。第二，作为排斥规则的“价值明显不相当规则”作用有限。一是排斥规则中的“价值明显不相当”是指 5 件待折算的低级别文物与 1 件折算后的高级别文物之间的比较关系，基于一般文物与珍贵文物（三级以上）价值的巨大差异性，排斥规则适用范围有限，只能在一般文物折抵为三级文物时选择适用。二是排斥规则的适用标准模糊，过于倚重法官自由裁量权。有些法院直接适用排斥规则，并未对“价值明显不相当”进行论证，比如陈亚盛盗窃案[41]；有些法院在不能证明案件所涉文物是否符合“价值明显不相当规则”时，依据有利于被告人原则不予适用折算规则，比如王某阳与陈某珊、郭某金等盗窃案[42]；关于价值明显不相当的标准，司法实践也存在分歧，有些法院依据交易价格或销赃数额与盗窃罪不同量刑幅度的标准之间的关系决定是否适用“价值明显不相当规则”，比如张某、闫某盗窃案[43]；有些法院基于待折算的一般文物的销赃数额不成比例不予适用折算规则，比如牛某某、史某某盗窃罪一审案[44]。

---

40 喻海松：《〈关于办理妨害文物管理等刑事案件适用法律若干问题的解释〉的理解与适用》，载《人民司法（应用）》2016 年第 7 期。

41 福州铁路运输法院（2019）闽 8601 刑初 21 号刑事判决书。陈某盛案涉及 5 件一般文物，判决结果显示未适用折算规则，也未论证满足排斥规则适用条件。

42 河北省唐山市中级人民法院（2018）冀 02 刑终 265 号刑事判决书。

43 甘肃省成县人民法院（2020）甘 1221 刑初 15 号刑事判决书。

44 山西省陵川县人民法院（2018）晋 0524 刑初 22 号刑事判决书。

结语

折算规则的司法实践存在低级别文物应否折算、高级别文物的折算方式、二次折算等问题，虽然运用法律解释方法，参考宽严相济刑事政策，适用高级别文物吸收规则、逐件折算方式、禁止二次折算等限制措施，可以实现打击文物犯罪与权利保障的功能平衡，但这仅是权宜之计。折算规则采用可量化的标准实现相邻等级文物之间的换算关系，固然能够统一法律适用，但也相对弱化了文物等级与数量之外的犯罪情节在量刑因素体系中的整体性功能。此外，折算规则是最高人民法院根据严厉打击文物犯罪政策以及司法实践经验，通过司法解释确立的规范，很难从刑法条文中找到具体依据，具有一定程度的合法性危机，在文物犯罪得到有效控制的前提下，我们建议废止折算规则。

院校协同培养实习法官助理的路径研究

——以 F 市 G 区法院的实践为例

孙伟峰　张太洲*

【内容提要】实习法官助理制度是一项可复制、可推广的良性制度。法院与高校协同培养实习法官助理，既可以有效缓解法院案多人少的困境，也能够全面提升法学研究生的实践技能。考察 F 市 G 区法院实习法官助理的运行状况，法学研究生任职实习法官助理存在着种种问题亟待解决。其中，最为关键的问题是如何激发消极型实习法官助理协助办案的热情。问卷调查显示，上述问题的原因在于责任和激励模式的缺失、良性考评机制的缺失、应用法学技能习得与管理之间良性机制的缺失。未来院校可以通过横向激励模式和纵向激励模式协同打造优质的实习法官助理，进一步提升法学研究生理论与实践相结合的能力，为国家法治建设培养更多卓越的法律人才。

【关键词】实习法官助理　协同培养　横向激励　纵向激励

引言

教育部、中央政法委在《关于实施卓越法治人才教育培养计划的若干意见》中指出，当前法学教育存在着学生实践能力不强、应用型、复合型法治人才培

---

*　孙伟峰——四川大学法学院博士后流动站研究人员、福建农林大学法学系讲师、硕士生导师，主要研究领域：司法制度；张太洲——福州市鼓楼区人民法院审判员，主要研究领域：法学理论。本文为 2020 年福建省社科研究基地重大项目“深化‘三治’融合的福建实践与思考”（批准号：FJ2020MJDZ029）、四川省哲学社会科学重点研究基地纠纷解决与司法改革研究中心 2020—2021 年度项目“家事审判改革视域下家事调查规范化研究”、2019 年福建农林大学研究生教育教学改革研究一般项目“院校协同培养实习法官助理的路径研究”（批准号：71290270318）的阶段性研究成果。

养不足等问题。[1]《最高人民法院关于深化人民法院司法体制综合配套改革的意见》明确"建立健全法学院校学生到人民法院实习的常态化机制"。[2]上述规定为法学研究生任职实习法官助理奠定了制度基础。从司法实践来看，在编制既定的背景下，现有法官助理数量无法满足司法审判工作的需求。因此，引入并充分发挥社会资源的效能以缓解法院办案压力，在司法实务界已经达成共识。[3]法院与高校协同培养实习法官助理，既可以有效缓解法院案多人少的困境，也能够全面提升法学研究生的实践技能。与其他外援型人才相比，法学（法律）硕士研究生[4]具有理论水平高、学习热情高、可持续供给强的特点。F市G区法院[5]是F省内法院较早引入研究生实习法官助理制度的基层法院，该制度运行以来，先后接纳了五批研究生担任实习法官助理。F市G区法院《探索建立实习法官助理机制　夯实审判辅助工作力量》入选了最高人民法院司法改革领导小组印发的《人民法院司法改革案例选编（六）》，标志着F市G区实习法官助理制度得到了高度认可，是一项可复制、可推广的良性制度。实习法官助理制度获得了巨大成效，但也面临着种种问题，其中最大的问题是如何激发实习法官助理协助办案的热情。一项制度从诞生到优越性完全发挥需要不断地修正与发展，需要不断创新与试错。实习法官助理未能够发挥预期效果，主要原因是缺乏良性激励与责任制度。既有研究尚无从实证角度分析实习法官助理制度的著述，本文将以F市G区法院的实践为例，客观阐述实习法官助理运行的状况，正面直视实习法官助理制度运行中的问题，深入剖析问题成因，最终提出切实可行的完善建议。

一、目标与现状：实习法官助理运行偏差之表征

引入实习法官助理制度目标在于缓解法院办案压力，提升法学研究生实践

1　参见教育部、中央政法委员会：《关于实施卓越法治人才教育培养计划的若干意见》（教高〔2011〕10号）。

2　2019年2月27日最高人民法院印发了《关于深化人民法院司法体制综合配套改革的意见——人民法院第五个五年改革纲要（2019—2023）》（法发〔2019〕8号）的通知，标志着新一轮司法体制改革的开始，健全人民法院人员分类管理和职业保障制度体系，第56条健全审判辅助人员配备机制中正式指出探索建立法学院校学生到法院实习的常态化机制。

3　最高人民法院早在2015年就颁布了《关于建立法律实习生制度的规定》（法〔2015〕230号），从制度上对实习生管理进行了具体规定。

4　法学（法律）硕士研究生课程通常分为培养期限为两年到三年，课程在一年到一年半之内结束。学生时间相对充裕，部分学校如西南政法大学要求进行为期三个月到六个月不等的专业实习。

5　F市G区法院先后与西南政法大学、福州大学、福建农林大学等院校签订科研实践基地，每年选任一批优秀研究生担任实习法官助理，实习期为六个月。

能力。实习法官助理在相同实习环境下主要分化出积极型与消极型两种类型。积极型实习法官助理为案件的办理作出了巨大的贡献，实习期间草拟了百余件判决书，并发表数篇论文。而消极型实习法官助理并未发挥其应有作用，导致人力资源的极大浪费（如表1所示）。

表1　F市G区法院五批次实习法官助理协助办案数

批次	第一批	第二批	第三批	第四批	第五批
实习期	3个月	3个月	6个月	3个月	6个月
人数（人）	3	2	27	7	38
协助办案量（件）	312	74	2233	1312	3321

（一）审判专业知识应用的坎坷

“我国法学教育还停留在以‘教师、课本、课题’为中心的阶段。”[6]实习法官助理工作效率直接影响着指导法官的办案进度以及法院内部管理的过程。消极型实习法官助理产生的根源是学校教学偏向理论性而无法直接应用到具体审判过程之中，由此导致学生学习过程与工作效率之间的冲突。通过分析，我们可以发现影响实习法官助理工作效率的主要是专业知识应用存在着一定的阻力，这种阻力包括知识储备匮乏、实务应用能力不足、调研能力虚弱等。此外，部分同学对法院调研存在错误认识，提交的调研报告存在“应付了事”心理。部分原因是不知道如何完成法院调研，其中75.41%的同学认为非常有必要进行调研论文培训。正如有学者指出的：“如果撇开前期的理论知识不论，而把实习工作单纯当作一种知悉实践动态的途径，这样的实习因为既与前期的理论知识相脱节，又无法深入实践操作中，甚或会造成实践操作不过如此的假象，从而造成轻视理论也忽视实践的双向弊端。”[7]

（二）专业技能习得过程的颠簸

“在诉讼率持续走高的背景下，中国法院一直在努力改进自己以适应不断变

6　廖永安、陈海涛：《回顾与展望：“双千计划”实施现状考——以中部某为委分析个案》，载《湖南社会科学》2018年第1期。

7　陈伟：《论职业化能力提升目标下的法学实习基地改革——基于实证调研的现实考察》，载《海峡法学》2015年第12期。

化的外部环境，从而确保高效公正地解决纠纷。”[8]案多人少的客观存在促使各级法院通过科技或者增加外援型人员来加快办案速度。实习法官助理中有8%的人认为没有达到实习预期目标，有62.3%的人认为与其预期目标还有一定差距，仅29.51%的人认为达到了其目标。人力资源的直接应用导致了学生在实习第一个月出现了一系列问题，且多数学生表示自己存在多种问题，其中68.85%的学生不会办案流程，59.02%的学生不会撰写文书，44.26%的学生不会开庭，40.92%的学生不会归纳争议焦点，24.59%的学生认为处理工作人际关系困难。绝大部分法官助理在入职之前未学过审判技艺、缺乏文书写作经验、缺乏对案件审判流程的了解等。在实习期间进行审判基础技艺的训练与学习必然需要一段较长的时间（如表2所示）。

表2　交叉样本分析

实习第一个月最大挫折 / 研究生类别	不会撰写文书	不会开庭	不会归纳争议焦点	不会办案流程	人际关系处理困难
法学学术型研究生	60.61%	42.42%	42.42%	60.61%	27.27%
法律硕士（法学）	57.89%	47.37%	31.58%	68.42%	15.79%
法律硕士（非法学）	55.56%	44.44%	55.56%	100%	33.33%

（三）实习心理期待值的落差

社会转型中，人员结构逐渐从熟人社会向陌生人社会转变，传统纠纷解决模式已经难以适用新阶段的案件处理模式。[9]随着司法权威的进一步确立，人们更愿意通过以国家强制力保障的官方纠纷解决渠道来定分止争。以F市G区法院为例，2017年到2020年分别收案19192件、23502件、29650件、30016件，法官人均结案数分别为165.5件、157件、381件、400.5件。可以看出法院案件逐年上升，特别是2019年法官人均结案数约是上一年度的2.4倍。指导法官通常对实习法官助理协助办案充满期待，但绝大部分实习法官助理在实习初期并未达到指导法官的心理预期。“法科学生法律技能的训练缺乏，导致法科毕业

8　左卫民：《“诉讼爆炸”的中国应对——基于W区法院近三十年审判实践的实证分析》，载《中国法学》2018年第4期。

9　苏力：《审判管理与社会管理——法院如何有效回应“案多人少”》，载《中国法学》2010年第6期。

生到实务部门工作时，眼高手低，动手能力不强。”[10] 27.87% 的实习法官助理认为法官对其进行了全方位进行审判指导，49.18% 的实习法官助理生认为有对其进行较多的指导；但也有 19.67% 的实习法官助理认为很少对其进行指导，3.28% 的实习法官助理认为完全没有对其进行指导。面对未接触过的工作，其只能请教法官或者同事，如果法官未能够对其进行指导，对于学生来说自信心必然受到一定的打击，甚至怀疑自己是否在专业上或者人际关系处理上存在问题。

二、问诊因素：实习法官助理运行偏差的结构性原因

实习法官助理未能有效发挥其最大质效既有高校教育偏颇、法院自身管理性问题，又有指导法官未尽责及实习法官助理认知和专业水准问题。

（一）责任和激励模式的缺失

以 F 市 G 区法院为例，直接比照实习法官助理与在编法官助理职权。实习法官助理能否直接参与案件核心审判存在争议。按照既有模式，未宣判前审判工作属于审判秘密，实习法官助理能否未经法律授权直接参与到审判秘密中去？现阶段对实习法官助理的追责模式并未直接触及，如何考核实习法官助理的德能勤绩廉存在空缺。实习法官助理能否在文书上署名？这是绝大部分试行该制度的法院所面临的重大问题。由于没有明确的责任约束，导致了部分实习法官助理懈怠状态的出现。责任是双向的，不仅需要对实习法官助理进行约束，也必须对指导法官进行约束。一些指导法官未能够正确区分实习法官助理与本科实习生的不同，仅让实习法官助理承担书记员工作。可能存在一种现象，即实习法官助理因为惧怕法官而未能对法官的意见提出反驳意见。也可能存在因为法官对其进行批评导致其认为法官否认其工作能力，进而出现消极状态。任何职业均需要一定的激励模式。F 市 G 区法院给予实习法官助理固定的生活津贴，但并未设置差异性奖励津贴。办案数多、调研能力突出的实习法官助理付出了更多的时间精力。如果仅有普通津贴，而无绩效奖金，那么无法让实习法官助理形成良性竞争。

（二）良性考评机制的缺失

科学的考核指标的设置可以有效规范职工行为，促进职工工作。实习法官

---

10 王新清：《论法学教育“内涵式发展”的必由之路——解决我国当前法学教育的主要矛盾》，载《中国青年社会科学》2018 年第 1 期。

助理考评实际上应当分为学校考评和法院考评。在学校方面，学校仅需要实习法官助理提供鉴定报告即可，并未对学生实习情况进行具体考核，可以说绝大部分学校并未全面知晓实习法官助理的实习情况。F 市 G 区法院实习法官助理考核统一由政治部进行，也仅仅为选出优秀实习法官助理。法院的考评上对学生并不具有约束性。实际上，实习结束后的鉴定对于法院人力资源的贡献并不大，因为鉴定后实习法官助理就已经离开了。对于法院来说，更为重要的是设置中期考核，让实习法官助理之间形成竞争关系，应作为考核的目标。中期考核结束后，实习法官助理会有较长的改进时间。法院设置评估指标的根本目的是希望通过相应指标的建设考核，科学地施加适当压力，从而使实习法官助理能够提升绩效。实习法官助理如何考评、考评指标有哪些，这些问题尚未解决。

（三）应用法学技能习得与管理之间良性机制的缺失

"法治人才培养过程中，应致力于将中国法治实践的最新经验和生动案例、中国特色社会主义法治理论研究的最新成果引入课堂、写进教材，及时转化为教学资源。"[11] 目前，法学院教育为理论性教育，学校对应用法学的教育处于探索阶段，一些师资力量薄弱的院校忽视了审判实践教育，致使学生无论是在理论上，还是在实践中均缺乏专业知识获得的可能性。实习法官助理寄希望于在实习期间获得审判专业理论知识，但现实可能与实习法官助理的期待不一致。实习法官助理在管理上分为高校管理以及法院管理两部分。其中高校管理主要分为实习带队老师管理、学校课程学习、学位论文管理等。法院管理主要分为三个部分，即政治部人事管理、各庭室业务指导法官管理、办公室调研管理。在管理过程中，存在着以下冲突：（1）培养方案与法院工作之间的冲突。由于部分实习法官助理在实习期间还需要修满一定学分，配合学校内部管理需要定期或者不定期回学校处理学校事务，可能与法院内部安排的开庭、业务学习等存在时间上的冲突。（2）学生实习意愿庭室与法院分配之间的冲突。政治部根据各庭室具体需要，将实习法官助理分配到不同部门，其中 73. 77% 的学生在审判业务部门，13. 11% 的学生在执行局，8. 2% 的学生在立案庭，还有 4. 92% 的学生在行政后勤部门。但调研发现，90. 16% 的学生愿意去审判业务部门，6. 56% 的学生愿意去执行局，仅仅 1. 64% 的学生愿意去立案庭，1. 64% 的学生愿意去行政后勤部门。另外，实习法官助理所分配的庭室可能与其所学习的专业方向不一致，导致其擅长的专业领域无法直接应用。（3）培养方案与学生需

11　卢春龙：《"四型人才"导向的"四跨"——中国政法大学法治人才培养新模式》，载《政法论坛》2019 年第 2 期。

求之间的冲突。F 市 G 区法院与各高校签订的实习协议中，要求每一位实习法官助理在完成实习时必须撰写一篇学术论文和一篇案例分析。但是高达 34.43% 的学生认为没有必要，18.03% 的学生认为有必要。

三、实习法官助理横向激励模式：院校协作激励

“审判辅助职业化建设制度改革的推行与法学教育的现实状况是密切关联的。”[12] 院校之间的协作，可以提升实习法官助理实习期间的绩效水平。

（一）前提性激励：实习磨合期的缩短

“法学学科作为一门具有较强实践性的学科，需要妥善处理好知识教学和实践教学的关系。”[13] 根据教育部、中央政法委员会、最高人民法院、最高人民检察院、公安部、司法部《关于实施高等学校与法律实务部门人员互聘“双千计划”的通知》（教高〔2013〕8 号）的规定，选聘有较高理论水平和丰富实践经验的法律实务部门专家到高校法学院系兼职或挂职任教，担任法学专业课程教学任务。通过问卷调查，我们发现高达 86.89% 的学生认为有必要在学校开设审判技术课程，83.61% 的学生认为有必要由法官开设文书写作课程。通过询问实习法官助理，我们发现绝大部分开设实践教学与训练的为在校老师，甚至部分老师没有实践经验。通过询问法官，我们发现绝大部分的法官愿意到高校开设相关课程。“在职业化培养过程中，培养单位应当通过较多实务性课程使学生了解法律实践操作。”[14] 通过在校课程直接对接审判事务，能够让学生能以最快的速度进入实习角色（如表 3 所示）。

表 3　审判实践课程设计

编号	课程名称	授课教师
1	审判技艺	员额法官
2	法官助理实务	员额法官、法官助理
3	法律文书撰写	员额法官、法官助理
4	法院调研写作	获得优秀论文的法官、法官助理

12　杨凯：《论审判辅助职业制度改革研究的进路》，载《南海法学》2017 年第 2 期。

13　胡明：《改革开放以来法学教育的成就与展望》，载《中国高等教育》2018 年第 24 期。

14　徐胜萍、田海鑫：《法律硕士（法学）培养的现状与思考》，载《学位与研究生教育》2014 年第 12 期。

续表

编号	课程名称	授课教师
5	审判管理与保密	审管办与政治部干警
6	模拟法庭	员额法官

（二）功能性激励：双方需求的对接

法院人力资源的高质应用与实习法官助理实践技能的习得之间的最佳联合点是审判实践。F 市 G 区法院实践普遍认为，研究生实习法官助理实习期间为一年左右相对比较合适。为了更好地将双方需求予以匹配，可以通过以下几个方面进行调整：（1）双方协调实习法官助理人数。在向高校招录之前，政治部应当向每个庭室询问需求量以及专业。政治部协同合作院校确定可供给的实习法官助理人数专业。（2）招录面试。政治部可协同相关业务部门对相应高校学生进行面试。面试之前，应当就相应条件、要求对学生进行详细说明。（3）尊重学生需求。应当根据学生需求分配到相应庭室或者相近庭室。

让学生亲历司法过程是法科研究生获取专业技能的最佳方式。实习法官助理的业务需求相对一致，即要求能够在业务上进行指导。“可见对助理的配置应兼顾专业与业务庭需求，在征求助理本人意见的同时，对那些案件数量多、调解业务量大的部门适当多配置一些。”[15] 以 F 市 G 区法院共建的三家高校为例，在实习中期，法学院均会派老师对实习生与实习指导老师进行中期检查，收集法院和指导老师的意见建议，部分院校在实习结束后会回访法院，对学生表现情况进行评估。基于实习单位的反馈意见，高校可以迅速地了解学生在培养过程中的薄弱环节，及时调整培养方案。

（三）互动激励：情感归属性的建设

通过情感激励可以使员工自觉转变行为模式和思维方式，为实现组织目标而工作。[16] 可以通过法院与实习生之间、指导老师与学生之间建立情感纽带，通过情感激励使得实习法官助理发挥应有作用。研究表明组织责任和员工责任双方均将“关系维度”列为首位。[17] 故而应当提倡院校、法院与学生、指导老

15　康宝奇：《“外援型”法官助理模式运行之检讨及型构》，载《法律适用》2010 年第 11 期。

16　沈英莉、康凯：《心理契约下完善企业虚拟员工激励机制的思路》，载《领导科学》2017 年第 27 期。

17　郭彤梅：《基于心理契约的知识型员工激励机制研究》，载《经济问题》2016 年第 10 期。

师与实习法官助理之间的沟通，适当进行“越级沟通”，由院领导直接与实习法官助理进行沟通，充分畅通双方之间的需求驳接。

指导法官与实习法官助理之间需要建立信息互通机制，具体而言：(1) 政治部应当定期向学生收集实习法官助理对指导老师的意见，汇总分析其中的普遍性问题。政治部应当就存在问题的解决情况向实习法官助理说明。(2) 指导法官在工作中应当注意指导方法方式，以鼓励性为主，批评性为辅。指导法官的评价性意见会影响实习法官助理的实习热情与工作态度。指导法官应当对实习法官助理提出的问题予以指导，避免只分配事务性工作，应当让实习法官助理参与到核心审判工作中。(3) 学生应当积极主动向指导法官反映实习中遇到的问题，指导法官应当予以分析指导。如果直接涉及指导法官个人或者不满其指导方式，可以向政治部反映，如果无法调和，政治部应当为其更换指导老师。政治部在学生实习中期和结束时，应当分别面向实习法官助理与指导法官做经验与问题汇总，并要求提出解决方案。

四、实习法官助理纵向激励模式：法院内部激励模式建设

通过研究院校双方最佳需求连接点，在可控场域范围内设置符合司法规律和教育规律的制度，分块分模式地研究并部署具体工作是良性促进院校互动的最佳结合点。

(一) 责任激励：权责的明晰

在制度上明确实习法官助理的法律地位，明晰实习法官助理的权责。具体而言：(1) 关于权限问题。可以赋予实习法官助理适度的权限，使其可以在参与的案件中签署名字。由于实习法官助理的另一层身份是学生，故而在职责设置上应当加入学生培养机制。应当要求实习法官助理完成特定的案件数、调研文章。(2) 关于责任问题。实习期间实习法官助理参与审判工作，提出了相关裁判观点，草拟了相应的文书，因此，在责任设置上可以参照适用国家工作人员相应的责任。但鉴于其学生身份，应当设置关于违背学校和法院之间合作协议的责任。(3) 关于回避问题。实习法官助理虽然在法官授权下履行一定法律职能，这是一种有限职能，且实习时间较短。回避制度是为了防止腐败现象发生，进而防止不公平现象出现。实习法官助理不具有公务员身份，且在法院实习时间较短，故而无须适用公务员法之规定。实习法官助理在实习期间届满后，从事相应职业时无须回避实习法院。如若要回避，必然直接架空实习法官助理制度。

（二）技能激励：法学职业技能习得的培育

有学者指出，我国法学教育实践能力不强的主要原因在于临床法学教育被边缘化。[18] 81.97% 的同学认为担任实习法官助理对其帮助非常大，仅 1.64% 的同学认为没有什么作用。“知识与技能相互转化、相互联系……其掌握知识的程度最终由技能的操作表现出来，将知识‘活化’是转化为技能的要求。”[19] 其中技能培训可以分为以下两个部分：（1）专业技能习得培训。专业技能培训包括庭审过程、文书撰写、争议焦点归纳、证据分析、调解技能等。对于审判技巧主要依靠指导法官在个案中进行一对一指导。法院可以要求实习法官助理必须参加具体庭审，指导法官必须对实习法官助理进行业务培训。（2）调研工作培训。通过调研发现，75.41% 的实习法官助理认为有必要进行调研论文培训。科研方面，实习法官助理需要转变文章写作模式，必须以审判问题为研究着力点。调研工作培训上，可以要求本院在法院系统学术论文研讨会上获奖的或者发表过较多论文的同事对实习法官助理进行培训。

（三）经费激励：实习绩效待遇的设计

梯度激励意味着并不只是对“名列前茅”的精英型员工进行激励，凡是进步、成长的员工都被纳入组织激励名单中，形成一种“全员激励”效应。[20] 关于经费设计，可以分为几个模块：（1）工作日补贴；（2）课题专项津贴；（3）绩效津贴。工作日工资即实习生在实习过程中获得的劳动报酬。86.89% 的实习法官助理认为实习补贴会影响其在法院实习。工作日补贴应当涵盖伙食费用、交通费用、劳动报酬等费用。为了调动学生参与到法院课题之中，可以设置课题专项津贴。由主管部门审核申报材料，甄选出一批可能出优秀成果的予以资助。绩效津贴应当以实习法官助理办案数为基数，外加获奖情况、论文发表情况、案例采用情况等综合考虑。指导法官对其所指导的实习法官助理的办案数、质量进行评分，统一汇报到政治部。学术论文指导老师就其调研论文质量、获奖和发表情况进行量化评分。由政治部收集评分并按一定比例测算出实习法官助理实习期间的得分情况。对排名前 10%、20%、30% 的实习法官助理发放绩效奖金，对进步显著的发放进步奖金，并颁发优秀实习法官助理、实习法官助理标兵、优秀调研实习法官助理、优秀办案实习法官助理等称号。

---

18 严海玉：《临床法学教育模式之理性思考》，载《延边大学学报（社会科学版）》2016 年第 3 期。

19 高轩：《法律硕士（法学）研究生培养模式的改革路径》，载《社会科学家》2017 年第 4 期。

20 张方昕：《精英型员工激励的困境及破解之道》，载《领导科学》2019 年第 2 期。

（四）规则激励：评估体系的建设

实习法官助理制度评估体系建设应当包括三个方面的评估：实习法官助理评估、指导老师反向评估、院校合作情况评估。其一，实习法官助理评估。实习法官助理评估应当包括中期评估和终期评估。中期考核如果为不合格，法院可以将该实习法官助理退回合作院校，结束该实习法官助理实习期。若结论为优秀，可以给予适当经费奖励。如果终期评估为不合格，法院可以直接鉴定该实习为不合格实习，学生就不能获得相应学分。如果考核为优秀，可以颁发优秀实习法官助理证书和一定奖金，并且若愿意毕业后到法院担任聘用制法官助理，可以直接招录，免于笔试面试（如表4所示）。

表4　实习法官助理中（终）期考核表

编号	项目	分值	得分
1	文书撰写能力	20	
2	争议焦点归纳能力	20	
3	证据分析能力	20	
4	调解能力	10	
5	协助办案数量	10	
6	调研能力	10	
7	人际关系处理能力	10	

其二，指导老师反向评估。“众多激励因素的根源均指向职业发展，一种尤其为知识型员工所关注的工作需求。”[21]为了确保每一位实习法官助理在实习期间均能够获得指导，可以设置反向考核方式，即实习法官助理可以对指导法官的指导进行反向评估。反向评估应当由政治部组织，设置相应的评估指标，由实习法官助理按实际情况进行填写。双向性考核评估会在某种程度上平衡实习法官助理与指导法官之间的角色冲突，迫使法官能够进一步履行指导老师的职责。评估因素应当涵盖庭审指导、文书撰写指导、证据审核指导、争议焦点归纳分析指导、调解指导等方面。如果指导法官没有获得及格分数，要求法官作出书面说明，通过调查确实不符合指导老师要求的，将不再分配实习法官助理（如表5所示）。

21　薛倚明等：《管理熵理论应用于HT信托公司员工激励的实证分析》，载《管理评论》2017年第8期。

表 5　实习法官助理对指导法官指导情况评分

编号	评估内容	分值	得分
1	庭审指导	20	
2	文书撰写指导	20	
3	证据审核指导	20	
4	争议焦点归纳与分析指导	20	
5	调解指导	10	
6	其他指导	10	

其三，院校合作情况评估。院校合作情况评估应当由双方单位主管领导进行直接评估。分别从实习基地建设、学生表现、教学情况、学生知识储备与技能、人才培养情况、指导老师情况、培养过程、培养结果等方向作出全方位评估。如果双方通过评估认为不适合继续合作，应当终结合作协议。如果认为可以改进，应当进行更为全方位的研究后提出改进方案，继续合作。

结语

以高质效应用外援型实习法官助理来缓解法院案多人少矛盾是法院发展的必然选择，也是高校培养法学研究生实践技能的重要路径。法学类研究生拥有较高的理论基础，其迫切需要打通理论到实践之间的隔膜。故而，双方在供需上存在最佳契合点。实习法官助理的管理不同于法院对聘用制人员的管理，是一种全新的人员管理模式。消极型实习法官助理的产生，从制度上看是缺乏对其有效规制的责任追究模式，从心理契约上看是实习预期的偏差，从现实因素上看是法学教育与实践的脱离，从激励因素上看是科学绩效分配的缺失。设置富有激励性的措施激发实习法官助理协助办案潜能具有巨大价值。制度性建设的前提必须在符合双方需求的基础上，突出对实习法官助理未来职业的帮助，强化职权和责任设置。可以通过院校共建的模式缩小实习法官助理的适应期，通过归属感的建设来促使实习法官助理融入法院氛围，设置科学的考评机制激发学生办案质效，分配红利促进学生更有作为。未来院校应当协同打造优质的实习法官助理，进一步提升法学研究生理论与实践相结合的能力，为国家法治建设培养更多卓越的法律人才。

刍议我国后续重整程序申请机制之扩容与限制

——对《企业破产法》第70条的立法缺失分析及完善建议

王　超　杨焕章*

基于再建主义的立法原则，世界各国破产法大多在破产程序推进过程中搭建尽可能多的企业拯救机会，允许确有拯救价值的债务人企业由破产清算程序变道进入重整程序或和解程序。

由于我国《企业破产法》采取当事人申请主义原则，只有具有破产申请资格的当事人提出申请，破产程序才能启动，人民法院不得依据职权主动启动破产程序。破产程序的转换亦是如此。

我国《企业破产法》第70条对重整程序的初始申请和后续申请予以了明确。第1款明确债权人和债务人为适格的重整初始申请人。第2款规定在债权人申请对债务人进行破产清算的情况下，“债务人或者出资额占债务人注册资本十分之一以上的出资人”是适格的重整后续申请人。

对债务人自行申请破产清算的破产清算案件，后续能否转入重整程序？及债权人申请债务人破产清算的情况下，其余债权人能否后续再提起重整申请？《企业破产法》并未对前述两个问题予以明确。立法的缺失导致无法与破产实务相契合，不同法院在裁判实践中对此存在不同观点，严重损害了当事人的心理预期，实质性地影响了营商环境的建设。本文中，笔者尝试对前述两个问题进行粗浅分析，并对下一步《企业破产法》的修订提出建议，以求教于大家。

* 王超——广东胜伦律师事务所律师、高级顾问；杨焕章——广东胜伦律师事务所律师。

一、我国破产清算转重整程序机制的立法现状及实践突破

（一）立法现状

《企业破产法》第7条规定，债务人有本法第2条规定的情形，可以向人民法院提出重整、和解或者破产清算申请。债务人不能清偿到期债务，债权人可以向人民法院提出对债务人进行重整或者破产清算的申请。第70条规定，债务人或者债权人可以依照本法规定，直接向人民法院申请对债务人进行重整。债权人申请对债务人进行破产清算的，在人民法院受理破产申请后、宣告债务人破产前，债务人或者出资额占债务人注册资本十分之一以上的出资人，可以向人民法院申请重整。

从立法体系上看，第7条规定在《企业破产法》第二章“申请和受理”中，明确的是破产程序初始申请问题；第70条则规定在第八章“重整”中，明确的是重整程序的申请及程序转换问题，第70条第1款规定应该属于第7条在重整部分的特别强调和具体体现。第70条第2款则规定的是后续重整申请问题，明确已经进入破产清算的、符合特定条件的部分破产清算案件，利害关系人可以后续申请进行程序转换。

比较第7条以及第70条第1款的初始申请权和第70条第2款的后续申请权可见，对于债务人作为初始申请人的破产清算案件，相关权益人是否有权申请程序转换，以及债权人作为初始申请人的破产清算案件，其他债权人是否有权申请程序转换，《企业破产法》均没有明确，既没有赋予相关权益人申请权，也没有明确禁止相关权益人的申请权。立法上的留白导致在司法实践中对此问题的理解和处理存在一定的混乱，类案不同判的现象时有发生。

（二）实践突破

经查阅全国各地法院出台的破产案件审判指引/操作规范性文件，不少文件对破产清算后续转重整现行机制的前述两个问题予以不同程度的突破。有的文件直接许可，明确进入破产清算的案件，债权人可以直接申请转重整。例如，《北京破产法庭破产重整案件办理规范（试行）》第7条规定：“破产清算申请受理后、破产宣告前，债权人、债务人或者出资额占债务人注册资本十分之一以上的出资人，可以向人民法院申请重整。”《江西省高级人民法院企业破产案件审理规程（试行）》第110条规定：“债务人或者债权人可以直接向人民法院申请对债务人进行重整。债权人申请对债务人进行破产清算，在人民法院受理该申请后、宣告债务人破产前，债权人、债务人或者出资额占债务人注册资本

十分之一以上的出资人可以向人民法院申请重整。”《广州市中级人民法院关于破产重整案件审理指引（试行）》第23条规定：“对于内部情况复杂，外部不确定性因素较多，符合企业破产法第二条第一款规定情形的债务人，人民法院可以根据债务人或债权人的申请先启动破产清算程序。在清算过程中，若债务人具备重整条件，人民法院可再根据债务人、债权人或适格出资人的申请转换成重整程序。”《深圳市中级人民法院审理企业重整案件的工作指引（试行）》第8条规定：“债权人申请对债务人进行破产清算的，在破产申请受理后，宣告债务人破产前，债权人、债务人或者出资额占债务人注册资本十分之一以上的出资人，可以申请对债务人进行重整。”有的文件则有条件许可，明确在履行一定的前置程序的情况下，如债权人会议讨论并决议通过，允许债权人申请转重整程序，如《上海市高级人民法院破产审判工作规范指引（试行）》第八节“重整、和解”第3条第2款规定：“在人民法院受理破产清算申请后、宣告破产前，债务人以及出资比例占债务人注册资本十分之一以上的出资人可以提出清算转重整的申请。多个出资人申请清算转重整的，出资比例可以合并计算。经债权人会议决议通过，债权人可以提出清算转重整的申请。”江苏省高级人民法院民二庭印发的《破产案件审理指南（修订版）》第九部分重整程序的启动条件规定：“依照企业破产法第七十条的规定，破产重整申请由债权人、债务人提出，债务人以及出资比例占债务人注册资本十分之一以上的出资人可以提出清算转入重整程序申请。审判中需要注意，一是数个出资人共同提出清算转入重整程序申请的，出资比例可以合并计算。二是基于债权人自治要求，经债权人会议决议通过，债权人可以申请清算转入重整程序。”值得注意的是，前述文件中，不少文件并未将可以申请转重整案件囿于“债权人申请债务人破产清算的案件”，而是将案件类型放大到全部破产清算案件。

实务中，很多现实司法裁判案例亦对此予以突破，如广东省高级人民法院在（2020）粤破终18号民事裁定书中认可债权人有权就人民法院裁定受理的另一债权人提起的破产清算案件申请转重整程序，“在锦新明公司破产清算过程中……虽然荣敬公司对锦新明公司享有的债权……其有权申请锦新明公司重整。”再如江苏磐宇科技有限公司破产重整案，在该案中江苏磐宇科技有限公司于2017年8月17日被江苏省南通市中级人民法院裁定进入破产程序，管理人制订了重整计划草案，经债权人会议表决通过后提起申请，南通中院于2019年7月29日裁定批准该公司进入重整计划执行期。

二、扩容破产清算案件后续转重整机制之必要性及可行性

2019年，13部门联合印发的《加快完善市场主体退出制度改革方案》指出，完善企业破产重整制度，要倡导积极重建的破产重整理念，切实解决企业破产污名化问题，充分利用破产重整制度促进企业重组重生。《全国法院破产审判工作会议纪要》表示重整制度集中体现了破产法的拯救功能，代表了现代破产法的发展趋势，全国各级法院要高度重视重整工作，妥善审理企业重整案件，通过市场化、法治化途径挽救困境企业，不断完善社会主义市场主体救治机制。可以看出，最高院的态度是“能破产重整的，鼓励和支持破产重整”，进而拯救企业，让企业重获新生。

论证、构建后续重整申请机制，将案件类型扩大到所有破产清算案件，赋予债权人等利害关系主体申请转重整的主体资格，更有利于债务人进入重整程序，这符合国际立法潮流，也符合国家政策和最高人民法院的规定。在法院受理破产清算后，利害关系人通过债务人提供的相关材料深入了解，才能更明确清晰地判断是进入重整还是清算程序对自己更有利，如果仅仅因为破产清算案件的初始申请人不同，就将部分破产清算案件排除在可以转重整的案件类型之外，仅仅因为案件进入破产清算程序，就否定债权人申请转重整程序的权利，无论是限缩可以转重整的破产案件类型，还是限制债权人申请转重整的主体资格，都很可能导致一部分具有重整价值和重整可能性的债务人企业失去被拯救的机会，也很可能实质上剥夺债权人申请重整的权利，既严重损害债务人企业、投资人的权益，也严重损害广大债权人的权益，对于债权人的权益保护非常不利。毕竟重整程序的启动，不应是谁申请在先谁说了算，实质判断应该是债务人是否具有重整价值和挽救可能性。

（一）就适合程序转换的破产清算案件类型来看，《企业破产法》将之限定在由债权人提起的破产清算案件

根据《企业破产法》规定，有权申请启动破产清算程序的有债权人、债务人等。《企业破产法》第70条单单允许债务人以及出资额占债务人注册资本十分之一以上的出资人可以对“债权人申请对债务人进行破产清算”的案件申请转为重整程序，将其他破产清算案件，尤其是债务人自行申请的破产清算案件排除在外。理由大概是：(1)“如果是因债务人申请而进入破产程序，就说明债务人已经清楚地知道自己已无恢复生机的可能，只能进行破产清算，否则，债

务人无需申请破产清算，而应直接申请重整”。[1]（2）既然债务人已经选择了破产清算程序，就不允许其再行“反言”，以免债务人滥用程序转换申请权，进而延缓债权人实现权益。

笔者认为，第一，债务人本身已将企业经营至破产困境，其商业能力是否专业？在企业发生破产原因后，投资者的投资利益变得十分微薄，相关决策者的商业判断是否可靠？破产原因发生以后，理论上债务人是为破产程序的进行和完成而继续存在，公司经营后果已经不再由债务人及其股东承担，而是由债权人承担。正如1990年诺贝尔经济学奖获得者米勒在领奖致辞时所言，严格按照金融学原理，在企业无力还债时，应当认为企业股东已经丧失对企业的权益，从而其所有者资格也失去了存在的基础，取而代之的是企业的债权人应成为新的企业控制人。这样的安排既符合公司制度的原理，又更具效率，因为相比而言，债权人比股东有更大的动力选择最有助于实现企业价值的破产解决方案[2]。实践证明，债务人处于较为窘迫的“非理性”状态下，原经营者的确多次出现因当时的情势所迫或者认知所限无法“清楚地知道自己已经无恢复生机的可能”。《企业破产法》实施以来，在债务人申请破产清算的案件中，人民法院客观发现债务人有拯救价值和证据机会[3]。贸然将之排除在外，明显不符合国家提出的“倡导积极重建的破产重整理念”和“充分利用破产重整制度促进企业重组重生”的要求。第二，在债务人企业向法院提起破产清算申请时，需要经过股东会表决程序，根据公司法规定，该项决议只需要出资额占比达到三分之二以上的出资人同意即可。倘若有出资额占比达到10%的出资人在表决时明确主张公司不应进入破产清算程序，而是应该直接向法院提出重整申请。对该出资人而言，无论是面对债权人提起申请的破产清算案件，还是债务人自行申请而提起的破产清算案件，在法院裁定受理后，对坚持公司应当重整的投资人而言，并无实质意义上的区别，无论哪一种破产清算程序均是不符合其意思表示的。对出资额占注册资本十分之一的出资人是否有权就不符合其意思表示的破产清算案件申请转为重整程序，《企业破产法》第70条第2款认为该申请权为法律应保护的一种利益，法律应当给予同等保护。对债务人自行提起的破产清算案件，《企业破产法》没有给予对等的权利保护渠道，未明确该出资人有权申请转为重整，法律逻辑明显不妥。

1　吴高盛著：《〈中华人民共和国企业破产法〉条文释义与适用》，人民法院出版社2006年版，第163页。

2　许德风：《破产法基本原理规则再认识》，载《法学》2009年第8期

3　王卫国著：《破产法精义（第二版）》，法律出版社2019年版，第234页。

（二）就后续重整申请权的适格主体而言，《企业破产法》仅从债务人侧（债务人或出资占十分之一以上的投资人）进行规定，未明确债权人是否有权申请

《企业破产法》第87条第2款第3项规定重整的债权清偿率要高于破产清算的清偿率，因此，普通债权人更有申请转重整程序的意愿和需求，更愿意债务人进入破产重整程序以获得更高的期待利益，没有保障的利益是空权益。

《企业破产法》第7条第2款、第70条第1款规定，当债务人破产原因出现以后，债权人可以向人民法院提出对债务人进行重整的申请，债权人的后续申请权并没有在《企业破产法》第70条第2款中得以明确。理由大概是：债权人最初提出破产申请，而非破产重整，法律不允许其提出破产清算申请后又提出破产重整申请。笔者认为，比较《企业破产法》第7条及第70条可见，该条规定漠视、阻却和牺牲其他债权人性质相同的权利，一个债务人企业的债权人通常是多人，每个债权人的权利都应该是平等的、独立的，对于选择破产程序的权利，法律应予以同等保护。“一个债权人不应因其他债权人行使了破产清算申请权就丧失了自己的重整申请权”[4]，否则，极易引发道德风险，个别债权人为了满足一己私欲，不顾债务人是否有重整价值，抢先行使破产清算申请权的方式，恶意阻却其他债权人的重整申请权。对此，王欣新老师在其主编的《破产法（第四版）》[5]教材中明确，“破产清算申请被法院受理后债权人不再享有重整申请权的观点是不妥的”“该条款的立法目的并不涉及债权人在此种情形下有无重整申请权问题，更不是要限制或者剥夺在此种情形下债权人申请重整的权利”。

三、破产清算案件后续转重整机制限制之必要性和合理性

破产案件的程序转换涉及多方利益，立法、司法及各参与人需要妥善兼顾平衡各方利益，既要注重寻求各方当事人之间的利益平衡，也要寻求公平和效率之间的平衡。

赋予相关当事人更为广泛的转重整申请权，固然可以更公平地保护破产所涉当事人权利，但将周期较短、费用较低、相对较为便捷的破产清算程序引入周期更长、费用更昂贵、程序更烦琐的重整程序，势必导致部分当事人权利实

4 王欣新著：《破产法（第四版）》，中国人民大学出版社2019年版，第296页。

5 王欣新著：《破产法（第四版）》，中国人民大学出版社2019年版，第295页。

现之延迟。在扩容重构破产清算转重整程序机制的过程中，还必须予以一定的限制和制衡，防止单纯追求绝对的公平使破产程序陷入“程序空转”。

（一）将可以后续转化为重整程序的案件类型扩大至所有破产清算案件，不会拖延案件进程

将可以后续转化为重整程序的案件类型扩大至所有破产清算案件，而不是囿于“债权人申请债务人的破产清算案件”，虽说扩大了法院破产清算转重整审查案件的数量，但毕竟同目前《企业破产法》规定的可后续转重整案件审查一致，能否依当事人申请进入重整程序，最终还取决于法院的审查——只有那些有重整价值的债务人才能进入重整程序，并无拖延案件进程之虞。

（二）扩大转重整申请主体时需要加以必要的限制和制衡

扩大申请主体，尤其是将债权人纳入可以申请转重整的申请主体，固然可以构建更顺畅的申请程序，提供更多可能的申请机会，但理论上可能导致一个破产清算案件将面对十次、数十次甚至上百次的申请可能，若不加以必要的限制和制衡，将会导致司法资源的浪费，也会使得以相同理由而发起的后续转重整申请变得没有意义。

1. 在破产案件初始申请中，一个债权人申请未予准许，往往不会影响其他债权人的申请权利，但在破产清算案件推进的过程中，面对转重整申请的审查，法院审查的内容都是债务人是否具有重整价值及重整可能性，换言之，无论针对哪一个或者哪几个债权人提起转重整申请，法院审查内容和审查重点都基本一致，若一个债权人的申请被驳回，就意味着法院对其他债权人的转重整申请的审查结论大致应该相同，后续启动的转重整审查基本没有意义。故应当予以明确，若一个债权人的申请被驳回的情况下，法院一般不应再对其他债权人提起的转重整程序的申请予以审查。

2. 不少国家的破产法明确并非所有的债权人均有权申请重整。如《美国破产法》第 303 条 b 款规定，根据本法第 7 章或第 11 章向破产法庭提出破产申请强制破产案件……：（1）提出破产申请的是三个或更多的实体，其中每个实体或者是针对非偶然的或者真实性争论的主体债务的债权持有人，或者是代表该债权持有人的契约托管人，如果该债权的合计价值至少超过用来担保该债权的债务人的财产的任何留置权的价值达 10000 美元的；（2）如果持有人不到 12 人……由一个或多个该债权的持有人持有的债权总计至少 10000 美元的[6]。可见，提出

6　李飞著：《当代外国破产法》，中国法制出版社 2006 年版，第 476 页。

破产申请的债权人必须同时满足法定条件。条件之一就是法定最少人数，即若债权人总数不少于12人，则至少要有3个共同申请人；若债权人总额少于12人，则有1个申请人就可。条件之二是债权人持有债权要达到一定的数额。

日本《公司更生法》第17条规定，股份有限公司存在引起重整程序开始的事实时（符合以下各项的任何事实）……以下当事人可以提出重整申请。一是持有相当于该公司注册资本十分之一以上金额的债权人。二是持有该公司股东大会十分之一以上表决权的股东，债权金额为该股份公司资本金的十分之一以上的债权人有权更生程序。

笔者认为，由于我国并无限制债权人持有债权最低数额的立法先例，加之国内东西部发展不平衡的现状，如何合理确定有权申请转重整的债权人的债权最低数额，将是十分困难。而日本《公司更生法》将债权人持有的债权数额同注册资本金相关联，并明确超过公司注册资本金的十分之一的债权人才有权提起申请重整，这与我国《企业破产法》第70条第2款的立法思路有异曲同工之处。依笔者浅见，我国也可以明确债权人一人或多人合计持有的债权应该超过债务人注册资本金的十分之一，方才有权提起转重整的申请。

3. 债务人企业进入破产程序后，债务人一切事项的决定权均应归属于全体债权人，理论上有权申请债务人企业转重整程序的主体也应该为全体债权人。是否申请重整，应该由依法申报债权的债权人组成的债权人会议作出决议，然后交由管理人实施。曾有案例允许管理人自行申请转重整程序，笔者认为，从管理人法律地位分析，此举法律依据不足，也会增加管理人的执业风险。另外，管理人对于申请转重整程序没有利益的诉求和驱动，管理人的法定职责中也未包含申请转重整程序的权利，《企业破产法》第25条规定管理人的职责是决定债务人的内部管理事务、提议召开债权人会议等程序性权利，而申请转重整程序直接涉及相关权利人的实质权益，如果赋予管理人申请转重整程序的主体资格会模糊和弱化管理人的法律地位。换言之，管理人显然无法代替债权人会议或债权人委员会对转重整程序予以决定，破产法所规定的程序亦不应被突破，按照《加快完善市场主体退出制度改革方案》中“优化管理人制度和管理模式，明确管理人与债务人、债权人之间的权利界限，合理发挥债务人在重整程序中的作用”的明确要求，管理人必须严格按照法定程序，审慎履职，绝不可在未取得法院、债权人或债权人委员会的同意的情况下，代行债权人会议的职权。尤其是在第一次债权人会议召开以后，管理人只有在取得债权人会议或取得授权的债权人委员会同意的前提下，方可向法院申请重整。管理人不可越俎代庖，也不可以通过报请法院决定的方式来侵害债权人会议的法定权利。

当然，根据《企业破产法》第62条规定，债权人会议的召集需要一定的条件，对于进入破产清算程序的案件，债权人会议的召开，大多需要“管理人、债权人委员会、占债权总额四分之一以上的债权人向债权人会议主席提议时召开”，因此当债权人向管理人提议召开债权人并讨论转重整申请，而当管理人拒绝为之时，该个别债权人是否可以代表全体债权人向人民法院提起相应的主张？笔者认为，召开债权人会议的法定渠道已经清晰，能否顺利召开债权人会议，也是对重整可能性的试探，不宜因管理人不作为而赋予普通的不符合条件（如满足一定的出资额）的债权人单独提起转重整的权利。

综上，笔者认为，后续重整申请机制在对债权人后续重整申请权进行赋权的同时，还要进行必要的制衡，避免程序空转，一是规定申请人单独或合计持有的债权份额应当超过债务人企业出资额的十分之一；二是可以交由债权人会议予以表决，然后交由管理人以债务人的名义提出申请。

四、完善破产清算转重整程序机制的立法建议

为构建更为科学的后续重整申请机制，笔者建议修订《企业破产法》时，应在重整部分对适宜转重整的案件类型、适格申请权人等问题予以明确，具体立法建议为将《企业破产法》第70条第2款修改为：“在人民法院受理破产案件后、宣告债务人破产前，债务人或者出资额占债务人注册资本十分之一以上的出资人，单独或合计持有债务人债权数额达债务人注册资本十分之一以上的债权人，可以向人民法院申请重整。经债权人会议决议通过，管理人也可以向人民法院申请重整。”

浅议婚内个人破产的债务清偿

——以《深圳经济特区个人破产条例》为基点

张龄升*

【内容提要】婚内进行个人破产是《深圳经济特区个人破产条例》司法适用以来常见的法律现象，是商业与社会紧密合作的法律表达。然而，由于我国个人破产法规范欠缺、司法经验尚不成熟等客观原因，个案中关于婚内个人破产的债务清偿问题还存在较多不确定性与争议性。从学理上看，该问题是民、商法融合发展趋势下的衍生品，关涉身份法与财产法的交织领域。为了提速当前个人破产试点的司法进程并助推我国未来个人破产法制度的全面建成，本文以《深圳经济特区个人破产条例》的适用现状为基点，分析该条例立法上的不足，并厘清司法适用中债权人与已婚债务人之间的财产利益冲突，提出司法裁量的价值准则，并以利益衡量为法律续造的主要方法。借鉴域外破产法的可行经验，结合本土法律体系的制度特征，从实体与程序两个方面构建婚内个人破产债务清偿的相关规范，以期有所裨益。

【关键词】婚姻　个人破产　债务清偿破产免责破产程序

引言

婚内个人破产的债务清偿问题涉及个人、婚姻家庭、社会三个维度的利益统合，关乎商业与社会的和谐、稳定、协作。未来，我国个人破产法的全面建

---

* 张龄升——上海财经大学博士研究生、新加坡国立大学联合培养博士，主要研究方向：商法。本文系2017年国家社会科学基金重大项目“大数据与审判体系和审判能力现代化研究”（项目批准号：17ZDA130）的阶段性研究成果；上海市哲学社会科学规划课题“营商环境视角下的自然人破产法律问题研究”（项目批准号：2020BFX006）的阶段性研究成果。

成将以《深圳经济特区个人破产条例》的试点成果作为重要参考依据。当前，因为立法空缺与司法经验不足，婚内个人破产的债务清偿问题显得复杂。对于该问题的解决思路，需综合民法与商法、身份法与财产法进行体系化考量。我国立法者与司法者在个人破产制度建设中，需结合本土规范体系、法律价值、民俗文化，进而对社会财富的再分配与各方当事人的利益配置作出精巧的设计、公正的决定。本文的研究旨在回归人本主义，并期望能提供有益的制度建议助推我国个人破产法的全面建成。

近年来，随着新兴商业模式的兴起，社会加深了与商业的交流与协作。我国普惠金融在促进商业发展的同时，也加速了家庭部门债务总量的累积。[1] 与此同时，“有限责任无限化”或“个体责任连带化”的商事习惯正在对我国经济发展、社会稳定、家庭和谐造成不可忽视的负面影响。[2] 具体而言，其可能影响我国营商环境的正面评价，使得企业家夫妻受制于资本市场的债务杠杆[3]；也有可能使得本就需要借助《小额贷款联保协议书》维系日常生活的农户，因为配偶的意外死亡而陷入“一人还两人债”的债务风险。[4] 为了缓解这一现实矛盾，2019 年 6 月国家发改委、最高人民法院等 13 个部门联合印发《加快完善市场主体退出制度改革方法》，重点研究通过个人破产制度畅通市场主体退出渠道。而其中，婚内个人破产是个人破产制度中不可忽视的重要组成部分。因此，有效解决婚内个人破产的债务清偿问题不仅是深圳个人破产试点的一项重点，也是我国未来个人破产法全面建成的一个基点。

一、法域现状：个人破产规范中的“婚姻”要素

个人破产法与婚姻家庭法之“联姻”不仅体现了法典化社会民、商法的内在统合，也体现了现代商业与社会的深度协作。我国亦有学者将这一法律现象形容为“当破产遇见爱”。[5]

1　根据西南财经大学中国家庭金融调查与研究中心《中国消费信贷健康发展问题研究报告》数据显示，截至 2020 年年底中国家庭部门贷款总额已达 63.18 万亿元，占 GDP 比重已达 62.7%。虽然该比重仍低于美国的 79.5%，发达经济体的 77.1% 和欧盟的 62.7%，但已经超过 G20 国家的 59.8% 和包括中国在内的新兴市场国家的 46.6%。

2　齐砺杰：《个人破产的金融维度》，载《中国政法大学学报》2019 年第 4 期。

3　参见北京市高级人民法院（2018）京民终 18 号。

4　参见辽宁省凤城市人民法院（2019）辽 0682 民初 4264 号。

5　参见陈夏红：《当破产遇见爱》，载新浪财经网，https://finance.sina.com.cn/roll/2019-06-12/doc-ihvhiews8381905.shtml，最后访问于 2021 年 11 月 3 日。

（一）域外法之例证

在域外，婚内个人破产的债务清偿规范是破产法或财产法的重要组成部分。比如，就实体规范而言，德国《破产法》第11条与第37条对夫妻婚内共同管理或（且）共同所有的财产是否列入破产程序、是否用于债务清偿等问题进行了具体规定；加拿大判例Thibodeau一案中，[6]其涉及当丈夫作为债务人申请破产时，妻子有无财产优先权以对抗破产债权人的求偿权。就程序规范而言，日本《破产法》第5条则列明了“夫妻”这一特定团体将对破产及相关程序的司法进程造成连带影响。总体而言，域外主要司法管辖区的破产法及相关法均对婚内个人破产的债务清偿问题有所规定，大致涵摄了程序及实体中可能出现的争议问题。与此同时，婚内个人破产问题还是一个学术研究重点。[7]

（二）我国法之审视

1. 立法空缺

我国关于婚内个人破产债务清偿的立法是空缺的。因为当前的个人破产制度仍处于试点之中，尚无经由全国人大制定的《个人破产法》。不过，值得注意的是，当前的《深圳经济特区个人破产条例》主要有5个条款直接涉及婚内个人破产债务清偿的相关规则。具体而言，第8条规定了夫妻一方申请破产时应提交夫妻共同财产清册；第33条则规定了债务人配偶应如实申报财产及权益的义务；第22条规定了债务人的配偶应当配合、协助财产清查、接管和分配；第89条规定了债务人配偶的债权劣后清偿权；第171条则规定了债务人与其配偶可以同时适用破产程序。然而，上述条款多仅从程序的角度对债务人配偶提出配合性、协调性的要求。并不能涵摄当前和未来司法实务中出现的以下问题：（1）夫妻共同财产是否应纳入个人破产程序；（2）夫妻是否应共同清偿个人破产重整计划中的债务；（3）婚内破产程序是否应当合并或分立；（4）善良无辜的配偶是否能享有对抗债权人的财产豁免权等争议问题。与此同时，我国当前针对这一立法空缺的学理研究较为匮乏。关于夫妻共同财产是否在破产程序中

---

6 See Thibodeau v. Thibodeau 2011 ONCA 110.

7 Dickerson AM., 1998, Family Values and the Bankruptcy Code: A Proposal to Eliminate Bankruptcy Benefits Awarded on the Basis of Marital Statue, Fordham Law Review. Vol 67, p. 69-114; Featherston Jr, T. M. and Still, L. S., 1992. Marital Liability in Texas. Till Death, Divorce or Bankruptcy Do They Part. Baylor Law Review, Vol 44; Singer, J. B., 1993, Divorce Obligations and Bankruptcy Discharge: Rethinking the Support/Property Distinction, Harvard Journal on Legislation, Vol 30, p. 43-114.

分割、[8]夫妻是否连带破产、[9]夫妻共同财产的豁免机制[10]等问题的研究都未形成体系。

由此可见，夫妻一方个人破产、夫妻共同个人破产是我国未来立法与当前司法实践中亟待解决之难题。[11]

2. 司法不确定

在《民法典》法定夫妻共同财产制与商事习惯法“个体责任连带化”下，我国婚内个人破产的债务清偿问题具有复杂性。

司法实践中，债权人与已婚债务人的利益冲突显著。“梁某锦个人破产”[12]一案是我国首个由深圳中院受理并裁定的个人破产案件。在法院批准的重整计划下，债务人梁某锦与其配偶（非共同债务人）需共同对破产债权人清偿债务。而这是否有违个人破产程序的“个人”初衷？在“王某俐个人破产”一案[13]中，王某俐的丈夫作为金融借款合同的债务人意外死亡，“无辜而不幸”的配偶能否在法院的批准下获得全部或部分债务的免责？在“祁某个人破产”[14]与“瞿某平个人破产”[15]两个案件中，法院基于夫妻共同债务对两个个人破产程序进行合并审理。若分立审理，是否会对债权人的利益造成不利影响？在“贾某亭个人破产”[16]一案中，贾某亭夫妇的资产（约12亿元人民币）都已被上海市高院冻结，实际上无可以共同分割的财产。然而，贾某亭与配偶在美国破产重整计划生效前，在中国提出离婚。贾某亭配偶放弃婚内共同财产分割而借由离婚索赔，成为贾某亭的新债权人，并通过信托间接持有贾某亭在美国纳斯达克上市企业的股份，具有可受偿性。在我国，离婚程序是否可以优先于破产程序？

以上问题在我国司法实践中尚无可依据的统一规范。司法裁量的不确定性不利于我国个人破产制度的建设。

---

8 刘冰：《论我国个人破产制度的构建》，载《中国法学》2019年第4期。

9 刘冰：《论我国个人破产制度的构建》，载《中国法学》2019年第4期。

10 参见陈夏红：《当破产遇见爱》，载新浪财经网，https：//finance. sina. com. cn/roll/2019－06－12/doc－ihvhiews8381905. shtml，最后访问于2021年11月3日。

11 白田甜：《个人破产立法中的争议与抉择——以〈深圳经济特区个人破产条例〉为例》，载《中国人民大学学报》2021年第5期。

12 参见广东省深圳市中级人民法院（2021）粤03破230号（个1）。

13 参见广东省深圳市中级人民法院（2021）粤03破380号（个8）。

14 参见广东省深圳市中级人民法院（2021）粤03破481号（个15）。

15 参见广东省深圳市中级人民法院（2021）粤03破482号（个16）。

16 See Bankruptcy Court for the Central District of California（Case No. 2：19－bk－24804－VZ）.

表1 婚内个人破产的司法实践

典型案例	法律事实	争点问题
梁某锦个人破产（重整）[17]	梁某锦的个人债务清偿资金来源于梁某锦及配偶的货币与收入	配偶是否需要与债务人共同清偿破产债务
王某俐个人破产（清算）[18]	因丈夫意外死亡后对其个人债务负担连带担保责任，申请破产清算	配偶的意外死亡是否是债务免责的法定事由
祁某与瞿某平共同破产（重整）[19]	祁某与瞿某平是夫妻，经营亏损，二人申请个人破产	夫妻二人申请个人破产时，是否合并破产程序
贾某亭个人破产（重整）[20]	贾某亭在美国申请破产重整计划，其配偶在中国提出离婚诉讼，并在重整计划通过前完成离婚	离婚程序是否可以优先于破产程序裁定

二、司法裁量：基于价值准则展开利益衡量

虽然我国立法者无法立即解决上述规范文本缺失的困境，但是当前我国司法者可以基于特定的价值准则展开利益衡量。

为了解决婚内个人破产的债务清偿问题，司法者应基于下文所述的三个价值准则完善诉讼服务和程序保障，并以利益衡量为法律解释与法律续造的主要方法，紧扣《最高人民法院关于深化人民法院司法体制综合配套改革的意见》的指导方针，优化个人破产的审判能力与审判体系，打造法治化的、便利化的营商环境。

（一）以人为本

以人为本，是个人破产司法实践的根本价值准则。世界银行在2014年公开发布的《自然人破产问题处理报告》就曾指出，[21]自然人破产制度中的一个功能在于改变债务人被除名或死亡的命运，并拯救债务人的家庭与其社区免受消

17 参见广东省深圳市中级人民法院（2021）粤03破230号（个1）。

18 参见广东省深圳市中级人民法院（2021）粤03破380号（个8）。

19 参见广东省深圳市中级人民法院（2021）粤03破481号、482号（个15、16）。

20 See Bankruptcy Court for the Central District of California（Case No. 2：19 - bk - 24804 - VZ）.

21 WorldBank, Report on the Treatment of the Insolvency of Natural Persons, https：//openknowledge. worldbank. org/handle/10986/17606, Last visited on the date of 2021/11/3.

极影响。以人为本是个人破产制度的内在品格。

个人破产与企业破产不同。个人破产后的民事主体仍由同一法律人格与生命存续在社会之中；而企业作为商事主体在破产清算（或重整合并）后可能被注销（变更）登记，原法律人格不复存在。尤其当个人破产处于婚姻存续期间时，民事主体的相关利益将扩散至婚姻关系、亲子代际关系甚至多个家庭或社群关系。

在个人破产程序中，建立以人为本的价值准则是缓解多方利益冲突、统一价值位阶的最大公约数，是坚持司法为民宗旨的生动写照。根据美国学者对日本破产法和自杀率相关性的实证分析可知，[22]破产法的颁布与自杀率虽然未必有最直接的关联，但确实可以缓解人们自杀的意念与压力。因此，个人破产制度就成为债务人所寄托的一种“重生的渴望与信心”。

虽然我国法律规范尚未对婚内破产债务免责作出相应规定，但是司法者可以基于以人为本的价值准则优化审判能力，作出让人民感受到司法公正的裁决。比如在“王某俐个人破产”一案中，王某俐未能归还招行深圳分行90万元的部分原因是其债务人无可供执行财产。而这进一步导致王某俐与其丈夫的债权未能实现。进入破产程序后，王某俐作为一个为夫背债、诚实还债，但仍资不抵债的遗孀，[23]应被司法者允许债务人部分或全部免责。这是司法者在以人为本价值准则的指导下，坚持以人民为中心，保障人民的生存权与发展权的有力体现。[24]

（二）诚实为先

“诚实”是个人破产司法实践的首要价值准则。在“诚实”的基础上，“不幸者”才有资格进入个人破产程序。“欠债还钱，天经地义”是我国几千年农业文明中老百姓所秉持的朴素正义与道德情感。而这也是起源于商业文明的个人破产法在我国一直难以落地的根源所在。故而，当前唯有诚实，才能成为多方利益共识的基点，公众宽容的起点。

“诚实”是一项对破产债务人、债权人、债务人配偶参与经济生活的基本要求。《民法典》第7条规定民事主体从事民事活动应当秉持诚实。对债权人而言，早在其通过金融借款合同向债务人提供贷款时，就应当履行适当性义务。其应如

---

22 West, M. , 2003. Dying to Get Out of Debt: Consumer Insolvency Law and Suicide in Japan, The John M. Olin Center for Law and Economics Working Paper Series, (21).

23 杜芹：《个人破产条例给夫妻财产和家庭带来的影响》，载《中国妇女报》2021年3月17日，第5版。

24 汪习根：《彰显以人民为中心，生存权发展权是首要的基本人权》，载《人民日报》2021年2月19日，第9版。

实向债务人及配偶说明该信贷产品的重点条款，并事先尽职调查债务人个人的实际债务清偿能力。若债权人滥发信贷，则亦为“不诚实”的过错方，在破产程序中可作为债务人的免责原因之一。对债务人配偶而言，其不可参与或利用虚假的财产转移来帮助债务人不正当地减少债务清偿的责任财产。对债务人而言，其不得利用破产程序逃避其需基于法定身份而支付的关于抚养、教育等不可免责债务。

因此，司法者若能以“诚实为先”的价值准则作为评判标准，其就能够在（1）金融机构债权人滥发信贷的情形下，债务人与其配偶的清偿义务是否可以部分免责；（2）债务人通过离婚事先分割责任财产，其是否应被认定欺诈而不得免除未清偿债务等现实问题中，找到一种“尽可能保护所有社会利益，并维护这些利益之间的、与保护所有利益相一致的某种平衡或协调”。[25]

（三）司法中立

司法中立是个人破产司法实践程序的核心价值准则。司法中立保障破产程序的实体正义。在个人破产程序中，司法中立应具有双重内涵。一方面，司法机关需处在一种谨慎克制的状态，沿袭《企业破产法》“债权人自治”原则，我国《深圳经济特区个人破产条例》第73条赋予了债权人会议审议决定重整计划、债务人财产管理方案、破产财产分配方案等权力。另一方面，司法机关也需要积极平衡债权人与债务人之间最终利益配置的公正性，债务人的一些特定利益也不可完全受制于债权人的“自利性”安排，“必须有一些能够在争端发生的具体场合下确定各方权利的机构”。[26]

实践中，金融机构为了防止其不良贷款率超过宏观审慎监管下的“安全线”，通常直接以格式合同的形式要求债务人的配偶承担连带担保责任。这使得个人单独债务实质上转变为夫妻共同债务。[27]而这种“个人责任连带化”的现象在我国呈现出一种扩大趋势。在一些情况下，夫妻还需要对“联保小组”的其他成员承担额外的连带担保责任。[28]夫妻间的民事配偶义务被金融商事行为过度放大，并可能造成体系性债务风险。

我国当前立法尚无类似于美国《公平信贷机会法》（Equal Credit Opportunity

---

25 ［美］博登海默著：《法理学、法哲学及其方法》，邓正来等译，华夏出版社1987年版，第141页。

26 Fuller，Lon L.，1978，The forms and limits of adjudication，Harvard Law Review 92，no. 2.

27 比如，安徽省合肥市庐阳区人民法院（2020）皖0103民初3836号；宁夏回族自治区银川市金凤区人民法院（2018）宁0106民初6472号。

28 比如，四川省宜宾市中级人民法院（2019）川15民终1168号；山东省日照市东港区人民法院（2020）鲁1102民初2109号。

Act）的规定，禁止债权人滥用债务人婚姻关系形成信贷共同担保。因而，司法者尚不能从源头上对信用过度扩张，进行事前矫正。但是，司法者可以保持中立的核心立场，结合以人为本和诚实为先的价值准则，对债务人配偶的连带担保责任进行适度的减免。从而，通过破产清算程序或重整程序对信贷市场中的利益失衡与违约风险传递进行事后矫正。

三、婚内破产清偿之实体规范构建

构建婚内个人破产债务清偿的实体规范，有利于填补我国当前的立法空白，明晰法官利益衡量的裁量权边界。立足于债务人与债权人之间财产利益的配置，婚内破产清偿的实体规范主要以婚内破产财产与婚内破产债务进行展开。

（一）婚内破产财产

1. 婚内共同财产

婚内共同财产是婚内破产债务清偿的重要责任财产。对于婚内共同财产的认定，各国一般采用概括式立法例。比如，《美国法典》（U. S. C）第 541 条（a）（2）款规定，作为破产财产的婚内共同财产是指：（1）由债务人单独地或平等地或共同地进行管理或控制下的共同财产全部利益；[29]（2）由债务人单独或债务人及其配偶共同对债权负责的共同财产全部利益。因此，即使是债务人与配偶在婚内共同购买但登记在其配偶名下的财产，也应视为该债务人的个人破产财产被纳入破产程序。然而，若夫妻约定分别财产制且仅一方作为破产债务人时，债务人与配偶婚内按比例共同购买的房屋是否也应全部纳入其个人破产程序？美国判例法一般认为，夫妻一方提起破产申请后，即使是分别财产制下按比例持有的房屋也不可分割，应全部纳入破产程序，[30]并在破产程序结束后按比例对另一方进行返还或补偿。[31]但是，也有极少数州法院的个别判例在此问题上与联邦法院持相反观点，认为非债务人一方的财产利益应在破产程序前事先按比例排除。[32]

---

29 类似的是根据《德国破产法》第 37 条的规定，无论共同财产是否由债务人单独管理或者夫妻共同管理，都应作为破产财产进入破产程序。

30 ［美］查尔斯 · J. 泰步著：《美国破产法新论》（下册），韩长印、何欢、王之洲译，中国政法大学出版社 2017 年版，第 958 页。

31 Davis v. Cox, 356 F. 3d 76 (1st Cir. 2004); Gaughan v. First Cmty. Bank (In re Miller), 517 B. R. 145 (D. Ariz. 2014).

32 In re Swarup, 521 B. R. 382 (Bankr. M. D. Fla. 2014); In re Perry, 131 B. R. 763 (Bankr. D. Mass. 1991).

未来我国的婚内共同财产应仍以夫妻团体财产的整体性为主，但立法技术上也应兼顾考量非债务人的财产独立性。此外，司法实践中应谨慎地让债务人配偶以其个人财产或未来收入为债务人连带清偿破产债务，[33]以免有违“市场主体退出”的立法原意。

2. 婚内豁免财产

婚内豁免财产是债务人破产责任财产的排除部分，消极影响债权人破产债权的可受偿性。《美国法典》（U. S. C）第541条（b）款规定豁免财产一般条款，但尚未明确婚内豁免财产的特殊条款。判例法中因此存在不少争议。比如，在Kapila v. Morgan一案中，[34]丈夫与妻子分居后同时申请个人破产与离婚。此时，夫妻婚内共同购买的唯一房子里留下妻子和三个未成年儿童，而房子正被纳入丈夫一方的个人破产程序。由此，争点是妻子能否对该婚内共同财产申请豁免，保留财产不被纳入破产程序。该案最终认为，《美国法典》第522条（b）（1）款规定只有破产申请人可以申请住房豁免，所以妻子无法直接享有住房豁免权，也不能保留该房屋。[35]

我国采取法定夫妻共同财产制，类似的情形在我国未来的司法实践中也可能发生。法定夫妻共同财产制并不意味着夫妻双方必然对于财产的处理保持一致性。当夫或妻任何一方作为债务人申请破产时，不可避免地会造成夫妻共同财产全部纳入其个人破产程序。此外，立法者与司法者需警惕债务人是否勾结外部债权人，滥用个人破产恶意伤害配偶的财产权等重大利益。因此，我国未来在立法技术上应考量是否赋予经济弱势一方对婚内共同财产主张财产豁免权与房屋保留权。

（二）婚内破产债务

为确定婚内破产债务的范围，在债务人破产免责与破产不可免责的一般性规范基础上，还需特别考量债务人与配偶在财产上的“共同性”与责任上的“连带性”。

1. 婚内破产免责

个人破产免责是破产法现代化的体现，[36]是债务人申请破产的根本目的。个案中可免责的债务是多样的，各国对此主要采概括式立法例。我国个人破产

33 在“梁某锦个人破产”一案中，梁某锦配偶需以其未来的个人收入共同清偿破产债务。

34 Kapila v. Morgan（In re Morgan），286 B. R. 678（Bankr. E. D. Wis. 2002）.

35 McGarity，M. D.，2011. Community Property in Bankruptcy：Laws of Unintended Consequences. La. L. Rev.，Vol. 72，p. 143.

36 项焱、张雅雯：《从破产有罪到破产免责：以英国个人破产免责制度确立为视角》，载《法学评论》2020年第6期。

法未来立法可单独规定破产免责的一般性规范，以彰显个人破产制度的功能，明晰债务人破产免责的基本标准。

基于破产免责的一般性规范，婚内破产免责还应特别考量夫妻一方可免责的法律后果对另一方的连带影响。由上文可知，无论是《美国法典》（U. S. C）第541条还是《德国法典》第37条，夫妻婚内共同财产通常都应全部纳入任何一方的个人破产程序，而不可事先分割。[37]然而，夫妻一方因破产免责而保留的婚内共同财产可能会影响另一方的偿债能力与个人债务的可免责性。以美国法为例，《美国法典》（U. S. C）第524条（a）（3）款规定夫妻中的任何一方因破产债务免责而豁免的财产，将使另一方在个人破产中得到该财产的豁免。进而，连带影响了另一方的偿债能力与债务免责的可能性。具体而言，当妻子被裁定债务免责并豁免相应财产时，债权人就无权在其丈夫的个人破产程序中对该共同财产提出不可豁免的债权请求。[38]故而，丈夫个人的偿债能力由此下降，其被允许债务免责的可能性提高。

由此可见，个人破产法是商事法与民事法的结合体，其需要兼顾婚姻关系的社会经济性与家庭伦理性。我国未来的个人破产法应设立破产债务免责的一般条款，并规定婚内对破产免责的特殊规定。同时，司法解释可进一步区分我国法定夫妻共同所有制下个人单独债务与夫妻共同债务中的免责范围。此外，由于财产豁免也是债务免责的一项法律后果，因此婚内豁免财产与债务免责的触发原因可能重叠，立法技术上可适当整合。

2. 婚内破产不可免责

个人破产债务不可免责是个人破产制度的例外，是防止破产免责制度被滥用的约束，是对公共利益和道德基准的回应。婚内不可免责的特殊债务主要源于亲属身份关系。比如，《美国法典》（U. S. C.）第523条（a）（5）款和（15）款规定，家庭生活费与分居期间配偶的抚养费不得免责。日本《破产法》第252条规定，基于亲属关系的债务请求权不得免责。我国《深圳经济特区个人破产条例》第97条第1款第2项亦规定了基于法定身份关系产生的债务费用不可免责。在此基础上，与夫妻离婚或婚姻冷静期支出的相关费用（如离婚律师费）是否也属于不可免责债务，还需要我国未来在立法或司法解释进一步明确。此外，我国夫妻之间有互相协助申报财产的义务，但夫妻一方无法必然控制另一方诚信申报。因而，未来立法中的特别规范还有待明确当夫妻中的一方故意

---

37 但在我国台湾地区，当债务人进入破产或清算程序后，夫妻共同财产将应比例列入破产或清算财团。参见林秀雄等著：《夫妻财产制专题研究》，台北元照出版社2016年版，第136页。类似的是在我国香港地区，即使配偶共同所有联合账户（joint account），也仅债务人个人所持份额被纳入破产程序。

38 In re Costanza, 215 B. R. 588 (Bankr. W. D. Mo. 1997).

或重大过失隐匿财产时，是否会导致另一方被认定欺诈而不得免除未清偿债务。

四、婚内破产清偿之程序规范构建

破产债务清偿的程序规范是实体正义的保障，在司法过程中影响各方主体的利益配置。而为了有序构建婚内破产清偿的程序规范，需在体系化视角下考量婚姻家庭法与个人破产法的联结点。

（一）婚内破产程序的申请与受理

我国《深圳经济特区个人破产条例》第171条虽然规定了债务人与配偶可同时申请破产程序，但尚不明确债务人与其配偶破产程序申请或受理的形态、清算程序的受理门槛以及配偶的身份资格。

1. 婚内破产程序的合并与分立

夫妻婚内破产程序的合并或分立，将对债权人破产债权的受偿比例产生不同影响。当夫妻双方负担共同债务时，采用破产程序合并是我国当前司法实践中的做法，[39]这使得同一受偿顺位的债权人并无时序差别。但是，当夫妻各自负有单独债务，而其中一方先提出破产申请或仅一方提出破产申请时，夫、妻两组债权人之间可能存在利益竞赛（creditors' race to the courthouse）。[40]

以美国法为例，《美国法典》（U. S. C）第541条（a）（2）款规定夫妻婚内共同财产都应纳入债务人个人破产程序，不可事先分割。那么对在夫妻一方破产申请后才单独申请的、甚至未申请破产程序的另一方而言，其债权人就可能面临受偿滞后或责任财产无法保全的问题。为了解决这一问题，《美国法典》在第362条（a）款引入了自动终止令（automatic stay），即债务人自破产申请时，其破产财产自动完整保留，禁止其他债权人私下追偿。但该自动终止令可能因第362条（b）款的夫妻离婚财产分割而排除适用。

我国《民法典》采法定夫妻共同财产制，为了保护夫妻间债权人的平等地位，维持夫妻共同财产纳入破产程序后的完整性，我国在未来个人破产法立法中有必要考量婚内破产程序合并或分立的申请资格与受理标准，并辅以相应的配套制度予以衔接。

2. 清算程序的受理与婚内收入

从制度功能上看，破产清算制度为个人破产的“底线基准”，[41]是债务免责

---

39 参见广东省深圳市中级人民法院（2021）粤03破481号、482号（个15、16）。

40 Roe, M. J. , 2017. “Three ages of bankruptcy.” Harv. Bus. L. Rev. , 7, p. 187.

41 徐阳光著：《英国个人破产与债务清理制度》，法律出版社2020年版，第80页。

的主要路径。我国《深圳经济特区个人破产条例》第 2 条规定，破产清算程序启动的前提是债务人“丧失清偿债务能力”以及“资产不足以清偿”。基于我国《民法典》法定夫妻共同财产制，在认定已婚自然人的偿债能力是否“丧失”时，是否应加入其配偶的收入以作为整体考量？若如此，我国夫妻一方的个人破产在本质上是否是夫妻团体破产？

以美国个人破产清算资产表 122A－2 号为例，债务人清算程序的受理应测试其每月收入以及其配偶每月收入中花费于家庭共同生活的额度。在我国未来的个人破产立法或司法解释中，可将婚内共同生活的配偶收入纳入债务人清算的个人收入申报。但为了防止夫妻收入合计超过清算最高限制，应排除特定情形下配偶的部分收入。此外，若夫妻双方在收入上存在巨大差距，经济弱势一方的收入计算应以其个人实际情况为准，才能对未清偿债务的免责性作出合理评估。

3. 深圳个人破产申请与配偶身份资格

根据我国《深圳经济特区个人破产条例》第 2 条规定，有资格申请个人破产的主体是在深圳经济特区居住，且参加深圳社会保险连续满三年的自然人。虽然我国《深圳经济特区个人破产条例》第 171 条考量了婚姻要素，规定债务人与配偶可同时申请破产程序，但尚未明确债务人与配偶在申请资格上是否同时需要满足第 2 条的规定。对此，实务界有观点认为“考虑到夫妻共同财产的密切关联性，如夫妻中一方已在深圳进入个人破产程序，其配偶也可以同时申请个人破产，而不再考虑配偶的居住地和缴纳社保期限的问题”。[42] 此观点基本可取，因为其未完全限制夫妻二人都与居住地和缴纳社保期限存在对应关系。当夫妻中一方进入深圳破产程序后，另一方无论其负担共同债务或单独债务，都可以因另一方受益而申请破产程序。

（二）离婚程序与破产程序

在立法宗旨上，婚姻家庭法与个人破产法所维护的核心利益与基本价值存在差异。因此，在离婚程序与破产程序相互并行时，应如何取舍法秩序下的利益位阶将影响债权人与债务人财产利益的配置。在程序启动时序上，原则上应以个案当事人的意愿为主，立法者不必作事先评价。而为了防止当事人恶意借用程序套利，应明晰二者在优先性上的区别，并通过法律规范实现风险控制。

---

42 《我国首部个人破产法出台，深度解读深圳经济特区个人破产条例》，载中伦律师事务所网站，http：//www. zhonglun. com/Content/2020/09－01/1706185541. html，最后访问于 2021 年 11 月 3 日。

1. 离婚程序优先

在离婚程序与破产程序相互并行时，离婚程序优先是指法官优先对夫妻离婚诉求作出裁决。离婚程序优先更有利于债务人及其配偶财产利益的保留。第一，离婚程序优先就意味着债务人及其配偶的财产可以事先分割。因为一旦进入破产程序，债务人及其配偶的婚内共同财产通常就需要全部纳入破产财产，不可事先分割。第二，债务人配偶可以在离婚后基于法定身份关系向债务人请求其支付子女抚养费等不可免责的债务。而若破产程序优先，这一特定债权请求权就无从谈起，也无法使得部分破产财产因此得以豁免。第三，离婚所得财产有利于帮助债务人配偶建立个人信用，保持独立。从以人为本的角度，这能减缓债务人子女受到父母一方破产的负面冲击。

2. 破产程序优先

类似的，破产程序优先是指法官优先对个人破产诉求作出裁决。破产程序优先更有利于破产债权的受偿。第一，在我国法定夫妻共同财产制度下，破产程序优先可以维护破产财产的完整性。此外，债权人的破产财产不会被离婚后的抚养费用等特定债权而稀释，从而提高了破产债权的受偿比例。第二，破产财产的所有权将转移至管理人，破产财产孳息也将归属于债权人。[43] 而若离婚程序优先，债务人财产所生孳息仍属于债务人，将事先被分割或转移。第三，破产管理人可尽早介入有关破产财产使用权的合约安排，[44] 提高债权人对破产财产的控制权。

3. 风险控制

经上文分析可知，无论是离婚程序还是破产程序优先，都各有利弊。而不同的优先性也将带来不同的风险类型：（1）当离婚程序优先时，债务人可能恶意借由离婚程序来分割责任财产，通过不诚实的手段逃避破产债务清偿；（2）当破产程序优先时，破产债权因破产财产完整保留而提高受偿比例。但这可能对债务人配偶及其家庭造成二次伤害，有违“以人为本”的社会基本价值。因此，为了提高债权人的受偿比例并维护家庭伦理与社会安定，我国未来立法或司法解释应重点解决：当两个程序并行时，夫妻共同财产是否可以事先分割。本文认为原则上是不可以的。针对离婚与破产所共同关注的财产问题，应以破产程序优先。但是，存在两类特别事项可以排除破产程序的优先性：第一，我国债务人与其配偶在结婚时就已约定采分别财产制，并已完成公证登记。第二，若不事先分割夫妻共同财产，将导致债务人配偶及其子女陷入生活困境、医疗债务、信用危机等人身利益重大受损之情境。

---

43 ［美］查尔斯·J. 泰步著：《美国破产法新论》（下册），韩长印、何欢、王之洲译，中国政法大学出版社 2017 年版，第 113 页。

44 参见《美国法典》（U. S. C. ）第 365 条。

大数据治安安全感测评体系建构刍议

彭　霄*

近20年来，公安部及全国各地多次开展的群众安全感调查，都以问卷和统计分析为基础，准确性、时效性、指导性不足。大数据的兴起，为完善治安安全感测评体系，推动治安治理精细化，提供新的思路。本文在分析传统安全感调查与大数据治安安全感测评优劣的基础上，探讨构建基于大数据挖掘的治安安全感测评体系，设想整合人身、财物、网络三类大数据，获得一个综合性的治安安全感指标。

一、对比基于统计的安全感调查与基于大数据的治安测评

（一）数据来源方面："主观应答"VS"客观记录"

大数据治安测评避开易受主观因素干扰的问卷调查环节，数据来源于信息设备记录的原始数据（企业经营记录、GPS定位测量、互联网交互记录等），质量大大提高。相比而言，传统安全感调查通过结构化的报表将被调查对象的认知转化为数据，其根本特征是"主观应答"，需要被调查者正确理解并如实应答相关问题，否则数据质量难以保证。然而，关于"安全感"内涵和外延，学界并没有形成共识；群众对"安全感"的理解更是千差万别，由此获得数据的准确性无法保障。

关于"安全感"有以下几种典型的理解：（1）安全感即犯罪恐惧感。在西方学术领域中，对安全感词义的表达，社会安全感的对应英文词并非Feeling of

* 彭霄——广州市委政法委法治建设处副处长，中国人民大学法学博士。

Safety, Feeling of Security，而更多的是 Fear of Crime 即“犯罪恐惧感”[1]，把安全感的感受对象限定在犯罪问题上。[2]（2）安全感是公民在一定时期内的社会生活中对人身、财产等合法权益受到或可能受到侵害和保护程度的综合心态反应[3]。这种观点把安全感的感受对象限定于社会治安状况，并且以公民的健康、财产、人格尊严、宗教信仰、人身自由、民主参政、通信隐私等作为具体内涵。（3）安全感是潜在被害人的忧虑和关注。美国学者1976年提出“安全感是那些正在成为被害的人的忧虑和关注的度”[4]。这种观点将安全感的主体设定为正在成为被害的人，即潜在的被害人。（4）安全感是人们对其生存环境的安全状态的认识和体验，常常外在表现为一种团体归属感，一种对稳定依附关系的期望。这种观点将安全感放在一个更加广阔的社会生存环境中去考察，偏重于心理范畴而不是治安范畴解释安全感。（5）安全感是身体、心理危险的预感，是对可能出现的对身体或心理的危险或风险的预感，以及个体在应对处置时的有力或无力感，主要表现为确定感和可控制感[5]。这种观点纯粹是心理学上的安全感概念。除以上观点外，新闻媒体在使用安全感概念时，其范围往往不着边际，包括公共事件、突发事故、食品卫生、社会保障，等等。

此外，治安安全感与其他类型的“安全感”容易混淆，公民对治安安全问题感知标准不一。在社会生活中，多数人将安全问题作为整体概念来理解，一般无法对治安安全的内容进行清晰、完整、严谨、准确地感受，很难分清楚哪些是治安安全问题、哪些是政治安全问题、哪些是生活安全问题。被调查者的理解具有较大的模糊性和不确定性。有的被调查者所忧虑和关注的可能仅仅是杀人、伤害、抢劫、抢夺、强奸、盗窃、卖淫漂娼、贩毒等传统犯罪问题；有的被调查者忧虑和关注的不仅仅包括传统犯罪问题，而且对腐败、走私、计算机犯罪、经济犯罪等现代犯罪更为关注；还有些人将社会生活中的自然灾害、事故灾难、公共卫生事件以及其他社会安全事件等一些与治安有关的问题，作为治安安全问题进行感悟和评价。[6]

---

1 王大为、张潘仕：《关于安全感问题研究的综述与构想》，载《青少年犯罪研究》1997年第5期。

2 林荫茂：《公众安全感及指标体系的建构》，载《社会科学》2007年第7期。

3 公安部公共安全研究所编著：《你感觉安全吗?》，群众出版社1991年版，第22、18页。

4 王大为、张潘仕：《关于安全感问题研究的综述与构想》，载《青少年犯罪研究》1997年第5期。

5 丛中、安莉娟：《安全感量表的初步编制及信度、效度检验》，载《中国心理卫生杂志》2004年第2期。

6 廖志恒：《公众安全感的治安评价价值》，载《湖北警官学院学报》2006年第3期。

（二）数据精度方面："大样本量、高信噪比" VS "小样本量、低信噪比"

受数据收集方法以及经费预算的限制，传统问卷调查不得不通过尽可能少的样本反映总体情况。但"小样本量"的必然造成"低信噪比"，即低精度或低灵敏度，不能准确反映波动幅度原本就较小的治安安全感。以2014年广州市安全感问卷调查数据为例，上、下半年全市人口性别结构应当基本不变，但是受样本量的限制（两次样本量均在3300个左右），人口结构竟显示出一定幅度变化。而不同性别安全感是不同的，男性一般略高于女性（如男性安全感得82.6分，女性80.3分）。人口结构误差必然在最终结果上体现，如果多项误差叠加（系统性误差），最终结果误差更大。若进一步细分群体、细分地域，样本量进一步减少，数据"精度"将急剧下降。大数据时代，样本可以是记录下来的海量数据，经过认真挖掘，既可以掌握全貌，又可以探究局部。总体而言，传统问卷调查无法摆脱"小样本量、低信噪比"的先天不足，但通过大数据挖掘可以实现"大样本量、高信噪比"。[7]

表1

安全感 \ 年龄	16－29岁	30－44岁	45－59岁	60－74岁	75岁以上
不安全	3.7%	4.2%	5.7%	4.2%	3.4%
不太安全	8.8%	8.1%	5.7%	4.7%	4.6%
安全感一般	7.8%	9.6%	11.2%	11.7%	5.7%
比较安全	38.8%	33.2%	27.5%	26.5%	25.7%
安全	40.9%	44.8%	50.0%	53.0%	60.6%

7　2014年上半年和下半年，广州市委政法委和广州市公安局共同委托广东省省情调查研究中心就"平安广州"相关内容，分两次以电脑辅助电话访问形式调查群众公共安全、社会治安主观感受，形成《2014年上半年广州市群众安全感和治安满意度调查分析报告》和《2014年下半年广州市群众安全感和治安满意度调查分析报告》。

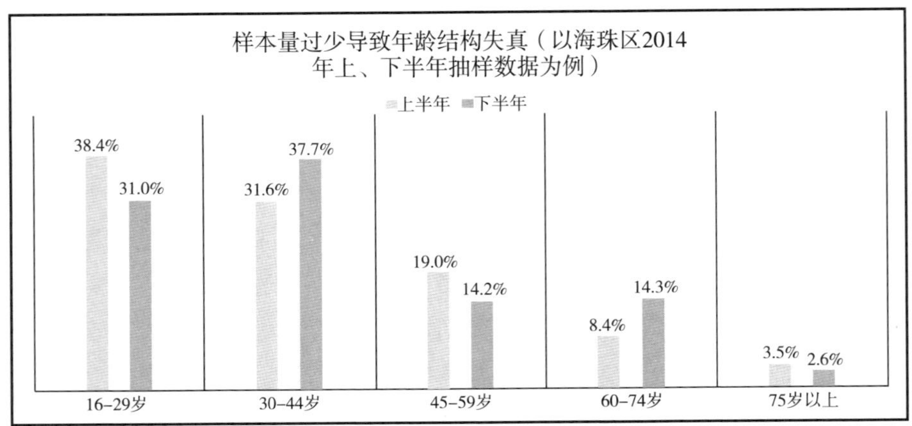

图1

（三）数据规模方面："以大见小" VS "以小见大"

问卷调查成本高，样本数量有限，不得不以少量样本刻画总体情况（以小见大），但也因此丢失局部特征，"只见森林，不见树木"，如同一幅分辨率低的"全景图"。类似的，通过问卷调查安全感，只能对区域社会治安进行总体描述，很难细致刻画某一群体安全感或某类犯罪规律。大数据时代，云计算、物联网、移动终端及可穿戴设备高度发达与融合，不管是谁、不管愿意不愿意，都要与数据打交道，要么在产生数据，要么在接收数据。曾经制约数据分析的样本量问题不复存在，海量样本成为大数据分析基础。通过大数据分析，可以实时整合、量化、关联、识别各种数据（特别是各种电子网络数据），发现个体特征，进而对总体进行任意细分的描述（以大见小），如同一幅高分辨率的"全息图"。2017年，全国两会期间，习近平总书记在参加上海代表团审议时强调：城市管理应该像绣花一样精细。要强化智能化管理，更多运用互联网、大数据等信息技术手段，提高城市科学化、精细化、智能化管理水平。大数据"以大见小"的功能是实现"精细化管理"的必经之路。通过大数据分析治安安全感，既可以对区域安全感进行精准的总体评估，又可以某类人群的安全感进行分析，查找原因，指引方向；还可以分析某类犯罪规律，引导打击防范，等等。

（四）数据意义方面："记录过往" VS "预测未来"

传统统计方法有一定预测功能，通过历史数据建模、外推进行预测，但前提是未来按照历史规律变化的趋势长远且显著。在社会经济状况快速发展变化的今天，面对大量不可预测的突发事件，统计预测显得力不从心。某种程度上看，传统统计更大的意义在于"记录过往"。通过问卷调查区域治安安全感，需经过问卷调查、统计分析、报告整理等阶段，周期相对较长，一般反映的是几个月前治安状况，只能用来评价区域社会治安状况，很难及时发现治安问题，指导综合整治。大数据时代，传感器和网络设施遍布各个角落，大量实时、动态数据极大地提高了预测的时效性和精准度。以互联网为例，人们交谈、购物、搜索、浏览等各种行为所产生的数据，反映群体社会经济活动、心理状态、情感取向、个体需求等，这些当前群体行为蕴含着未来趋势。

类似地，通过大数据分析不仅能实时、灵敏展现局部治安状况，甚至能够对一些犯罪作出预测预警。例如，通过监测居民用电数据，及时发现异常峰值，可以协助发现制毒窝点、有毒有害食品加工窝点等。又如，通过分析海量公交卡刷卡记录，可以监测分析扒窃作案的重点时段、重点区域，甚至可以追踪窝点。洛杉矶警局试行预测式警务，采集分析 80 年来 1300 万起犯罪案件，梳理犯罪规律，预测可能的犯罪地点并重点干预，成功将相关区域犯罪率降低 36 个百分点。[8]

（五）数据功能方面：“论证设想”VS“发现问题”

传统的抽样调查先确定目的，再根据目的和经费确定调查方法和样本量。即预先假定事物之间存在某种因果关系，然后构建模型借助数据验证。大数据时代，数据分析不局限于特定条件下确定性很强的因果关系，而是更加关注普遍意义的相关关系——有因果关系必有相关关系，有相关关系未必有因果关系。从海量数据中发现各种相关关系，更直观、更容易被理解和接受，可以发现事物发展“潜在”的规律。通过人工智能进行数据挖掘，开展的是探索性研究，其结论通过数据分析获得，而非事先假定，也就是用数据决策和数据创新。

类似地，通过问卷调查安全感，要调查的问题已经在问卷中，即便有新发现也不会超出设想太远。而基于大数据的安全感测评则不同，事先并不知道可能发现什么，只要数据种类足够多，数量足够大，结论可能超出想象。例如，沃尔玛超市在数据挖掘中偶然发现了一条奇怪的信息：在发布恶劣天气预警后，除了管道胶带、啤酒及瓶装水等应急用品以外，草莓酱馅饼需求增长幅度最大。飓风“弗朗西斯”消息发布后，沃尔玛超市用卡车装载快餐，运送至可能遭受飓风袭击的地区，很快被抢购一空。

二、建构基于大数据挖掘的治安安全感测评体系

鉴于问卷调查安全感主观性太强、准确性可靠性不足，有必要从治安对居

8 《分析 1300 万起案件，洛杉矶警局如何用算法预测犯罪》，载搜狐网，https：//www. sohu. com/a/74562610_ 263856。

民日常行为的影响着手，依托大数据挖掘，构建基于客观指标的安全感测评体系。例如，居民夜间出行规律是群众“用脚投票”给出的安全感，客观、准确。当然，测评所需数据只有统计意义，不涉及个人隐私。

（一）人身安全感测评指标

1. 基于手机基站切换数据，分析群众夜间出行规律

（1）居民夜间出行比率是衡量区域治安安全感的国际标准

美国民调机构以居民夜间出行率作为衡量城市安全的重要指标。2021年盖洛普通过电话和面对面访谈的方式，在采访115个国家和地区12万余名15岁以上民众的基础上，发布了年度全球法律和秩序指数排名。受访者需回答四个问题：你对于当地警察有信心吗？你在所居住的城市走夜路感觉安全吗？过去一年中，你或家人遭遇过金钱或财产失窃事件吗？你遭遇过人身伤害或抢劫案件吗？在盖洛普重点列出的“独走夜路感到安全”的指数排名中，中国排名第三，有91%的中国受访者认为独自走夜路是安全的。前四名分别为阿联酋、挪威、中国、斯洛文尼亚。非洲裔男子弗洛伊德等人遭警察暴力执法死亡事件发生后，美国人对警察的信任度下降。2019年，仅79%的美国人对警察充满信心，多数美国人（58%）认为警务状况需大力改善。盖洛普分析师史蒂夫·克拉布特里认为，居民夜间独自出行的安全感关联对警察的信任。[9]但是盖洛普的调查基于随机问卷，存在两个短板：一是问卷调查本身仅仅是一种抽样统计，相比基于大数据的全样本分析劣势明显。二是问卷反馈的仅仅是主观意向，不代表居民夜间出行实际情况。若分析居民夜间出行状况，结论会更加客观。

（2）区域居民夜间出行时间分析的总体思路

提取某一用户夜间8点至凌晨2点的基站编号数据。一般而言较晚的时段（例如凌晨1—2点），用户已经入睡，与用户手机连接的基站编号趋于稳定，稳定基站所在地可视为用户居住地。基站编号进入稳定状态的初始时刻可视为用户回到居住地（且不再出行）的时间（即“回家时间”）。某一区域大量居民的“回家时间”应当遵循正态分布，可通过Matlab软件拟合出正态分布函数，进而得出正态分布的数学期望和方差。该数学期望值就是特定区域居民夜间“出行”与“在家”临界时间点。临界时间点越晚说明该区域居民夜间出行时间越晚，治安安全感越强，反之亦然。方差越小说明该区域居民夜间出行时间差异程度越大小，结论越可信，反之亦然。

---

9 《全球排名又升一位！全球法律与秩序指数发布：中国位列第二，民众极具安全感》，载https：//baijiahao. baidu. com/s？id=1716771214415272661&wfr=spider&for=pc。

（3）区域居民夜间出行时间分析的技术细节

特定区域群众夜间出行时间的动态变化趋势，可以反映出该区域群众安全感的变化趋势。但前提是该区域居民夜间出行时间的具有可比性，即在相同控制条件下比较，为此应当注意以下几点：一是合理选取抽样时间。春夏秋冬不同季节、工作日与周末、重大节日与非节假日等情况下，群众夜间出行时间本身存在差异，必须合理设计采样时点，在同等背景下比较。二是纵向比较分析结果。不同地区经济社会发展水平、基础设施建设水平、娱乐设施建设水平等都对群众夜间出行有影响，据此同一地区纵向比较（本月和下月比较，本年度和下年度比较）才有可比性。三是合理避开干扰因素。例如，要剔除恶劣天气对群众夜间出行时间的影响；要剔除特定区域内人流密集场所，如地铁公交站场、大排档、夜市（KTV、会所）等的影响；要剔除非本地居民，即“过境”人员的影响；要剔除信号不佳情况下，4G 基站自动跳转转 2G 基站的影响，因为这种跳转不是用户位置移动产生的。四是展开多维度分析。基于手机号码实名制，可以知道用户性别、年龄；基于基站位置可以知道用户所属区域，等等。以上述信息为基础，可以对群众安全感进行多维度的分析。可以抽取安全感低的群体，对其进行“群像素描”，进而明确治安工作薄弱地区和短板，为下一步工作指引方向。

2. 基于滴滴、美团等公司用户数据，分析群众夜间出行率

这类公司的数据比较直观，特定区域用户夜间活跃度变化趋势可以表征该地区群众安全感变化趋势。数据有两方面来源：一是直接来自共享汽车、共享单车公司的数据。若能直接与该类公司合作，可以从年龄、性别、区域等维度深入分析用户习惯。二是来自移动通信公司的流量数据。虽然移动通信公司不能获取 APP 内部运行数据，但可以分析抽取用户启用 APP 的时间，这足以用来分析用户夜间活跃度的变化趋势。但这类数据不适合作地域间比较，最好作同一地域时间跨度上的纵向比较。因为，一些中心城区受交通规划限制不适合骑自行车，一些郊县人流基数较低，一些地区地势不平坦不适宜骑车，等等。

3. 基于“微信运动”“微博运动”数据，分析群众夜间出行率

以“微信运动”数据为例，APP 实时获取用户步数信息，夜间个人步数增幅放缓，表明该用户已经在室内。可记录增幅开始放缓的时间点，作为用户回到居住地（且不再出行）的时间（即“回家时间”）。再借助微信、微博的位置信息，可以分析出特定区域内居民的夜间出行规律。

（二）财物安全感测评指标

1. 基于诈骗电话呼入本地的数量，分析诈骗犯罪形势

传统诈骗警情数不能准确反映实际。腾讯手机管家发布的《2019 年上半年

手机安全报告》显示，2019年上半年，腾讯手机管家用户共举报诈骗电话举报2793.8万次。55.2%的网民曾遭遇网络诈骗，觉得“金额不大，懒得处理”和“不知道如何处理”的分别为16.8%和26.0%，40岁以上中老年人占受骗总人数的62%。尤其在损失超过5万元的诈骗案件中，中老年人所占比例高达75%，他们受骗后往往不愿意声张，选择报案或向警方求助的比例远低于40岁以下群体。该报告显示，广东是受信息诈骗影响最严重的省份，占全国受影响人数总量的近两成。移动、联通等运营商与360等网络公司合作，标记并推送诈骗电话信息。政法部门可以获取移动、联通、电信等公司后台数据，分析诈骗电话呼入对本市的数量，时间特点，区域规律等。[10]

2. 在微信、微博中后台检索关键字段，分析侵财犯罪形势

相当一部分侵财类案件受害人并没有报警，财产损失不大的情况下尤其如此，相对于实际发案数，警情数只是一小部分。于是，大量“小偷、小抢”案件严重损害治安安全感，但无法在盗窃、两抢警情数中体现。值得注意的是，财产遭受侵害后，很多人通过微信、微博与家人联系，或者在自媒体上抱怨侵财行为，例如“包被抢了”“手机被偷了”“钱被骗了”等等。政法部门可与微信、微博、贴吧、论坛等运营商合作抓取语料，监测本地关键字段频率，再进行文本聚类分析。这些数据可作为分析突出犯罪形势，测评治安状况的指标之一。技术上不存在难度，且已有实践案例。例如，为配合反恐工作，中国电信通过网络爬虫技术侦测重点少数民族地区敏感词，助力预测预警预防。再如，北京规划局通过分析网络游记发现，单独或和好友一起出行情绪较好；夫妻出行情绪相对较低。

3. 基于民警手机基站切换数据，分析街面见警率

有的群众对违法犯罪没有切身感受，但出于对警察工作作风和效率的怀疑，产生不安全感[11]。对普通群众而言，街面见警率是反映警察工作效率的重要指标。例如警服、警用摩托、警车，这些流动的警察“元素”都是街面见警率的集中体现。分析民警手机基站切换数据，可以评估特定区域街面见警率。(1)总体思路。提取民警手机基站切换数据，一般而言，经过的基站数量越多，越有利于提升街面见警率。可以建立数学模型，衡量数万手机在特定时段内的基站切换量，设定一个指标作为见警率指数。(2)技术细节。注意以下细节：一是合理选取抽样时段，八小时内外分开分析。上下班途中一般不着警服，期

---

10 《腾讯移动安全实验室2019年上半年手机安全报告》，载腾讯手机管家网站，https://m.qq.com/security_lab/news_detail_517.html。

11 廖志恒：《公众安全感的治安评价价值》，载《湖北警官学院学报》2006年第3期。

间的数据应当剔除。二是合理构建数学模型。可以赋予基站编号进而计算数值零散程度，离散度（例如标准差）越大见警率越高。但是，一些片区民警可能在两个基站（例如001、002）之间来回巡查，见警率高，但离散度低。三是可以估算特定区域民警密度，但应当将处身室内静止不动的个体剔除。另外，其他方式也可以获取民警位置分布信息。巡警通常配备了可定位的调度终端，能获取详细定位信息；警车配备了GPS等可定位终端。

（三）网络安全感测评指标

截至2021年6月，我国网民规模达10.11亿，互联网普及率71.6%。2020年网络安全呈现三个特征：一是疫情对网络攻击的发展情况产生了明显影响，各行业的攻击量伴随复产复工而增长，同时疫情之下兴起的在线教育、远程办公等场景招致黑客关注；二是网络攻击的方式趋于融合，黑客往往采用多维度的手法对目标企业发起攻击；三是网络攻击数量同比呈倍增态势。具体来看，2020年DDoS攻击数同比增长78.8%，且90%集中在视频娱乐、零售、游戏行业；Web应用攻击数量暴增，达95.2亿次，是2019年的7.4倍；爬虫攻击平均每秒约1134起，全年攻击量同比增长200%；针对API业务的攻击同比增长56%，超五成发生在政府机构和电商行业；此外，主机安全方面，管理端口成为主要攻击目标，高危漏洞攻击趋于利用简单漏洞。[12]

广东省网络安全风险形势尤为严峻，电脑病毒感染数、手机病毒感染数、手机支付病毒感染数、垃圾短信举报数均为全国之最。广州和深圳更是“重灾区”，用户举报骚扰电话最多的几个城市分别为深圳、广州、成都、东莞、苏州。[13]政法部门可以与腾讯、360等公司开展合作，深入分析全市网络安全形势，以便有针对性地开展宣传教育、预警预防、打击惩治等工作。

（四）上述三类测评指标的整合

政法系统保障群众“生命财产安全”，据此我们的测评体系包含“人身安全感测评指标”和“财物安全感测评指标”。另外，随着互联网的迅猛发展，群众日益深度融入网络生活，网络安全问题也日趋凸显。我们将“网络安全感测评

12 网宿科技：《2020年中国互联网安全报告》，载中国互联网数据咨询网，http：//www.199it.com/archives/1266435.html，最后访问于2022年3月21日。

13 《2018年中国手机安全状况报告》显示广东省用户骚扰电话拦截次数最多，在全国各地的骚扰电话拦截总次数的占比高达12.4%，其次是山东（5.9%）、江苏（5.4%）、北京（5.1%）、河南（5.0%）、浙江（4.8%），载搜狐网，https：//www.sohu.com/a/298954350_354899？sec=wd，最后访问于2022年3月21日。

指标”单列，作为与“现实社会测评标准”相并列的“虚拟社会测评指标”。

1. 人身安全感测评指标。居民夜间出行比率是衡量区域治安安全感的国际标准。就获得群众夜间出行规律，前文给出了三种数据来源：（1）基于手机基站切换数据；（2）基于滴滴、美团用户数据；（3）基于“微信运动”“微博运动”数据。究竟哪一种更能有效反映安全感需要分析实际数据，并与其他相关数据“互相印证”。当然，最好以三种指标为基础，整合出一个综合性的群众夜间出行指标。

2. 财物安全感测评指标。就财物安全感，前文选择了三类“子”指标：（1）基于诈骗电话呼入本地的数量，分析诈骗犯罪形势；（2）在微信、微博中后台检索关键字段，分析侵财犯罪形势；（3）基于民警手机基站切换数据，分析街面见警率。

3. 网络安全感测评指标。反映网络安全形势的“子”指标，包括但不限于以下几种：（1）电脑病毒感染数量（感染率）；（2）手机病毒感染数量（感染率）；（3）手机支付病毒感染数量（感染率）；（4）垃圾短信举报数量（感染率）。

4. 各项测评指标的整合。就安全感指数而言，我们期望在整合人身、财物、网络三类测评指标的基础上，最终获得一个综合指标。为此，需要设计一个科学有说服力的整合算法。赋予各类指标权重是一种方式，但过于依赖经验，说服力不强。建议邀请有关专家进一步优化整合算法，例如采用“层次分析法”计算权重。层次分析法是定量分析与定性分析相结合的评价方法，其基本思路是将复杂的问题分解成各组成因素，然后按因素的支配关系分成有序的递阶层次结构，再通过两两比较，判断每一层次中各因素的相对重要性，最后在递阶层次结构内合成，得出决策因素相对于目标的重要性权重（顺序）。一般有以下六个步骤：建立层次指标体系、构造判断矩阵、构造两两比较矩阵、层次排序及一致性检验、计算各指标权重、层次总排序。由此得到一组元素对其上一层中某元素的权重，并最终获得底层各指标相对安全感的排序权重，从而得出各指标贡献率。

三、大数据治安安全感测评体系应用的几点事项

（一）数据来源——有获得数据的渠道

1. 通过数据交易获得移动、联通、电信等运营商数据。例如联通公司相关负责同志表示可以通过数据交易的方式获取其他运营商（移动、电信）数据。

2. 通过政企合作获得互联网公司数据。近年来，一些地市公安机关与腾讯、阿里、百度、网易、唯品会、UC 等一批有影响力的互联网企业合作，维护治

安、打击犯罪、服务群众。

（二）结论可靠性——取决于样本量

从理论上看，大数据分析应当能反映治安安全感，但最终效果以实际为准。例如，分析居民夜间出行规律，需要获取服务手机用户的基站编号和对应时间，但用户数据记录的时间密度与用户通信、上网动作密切相关。现有数据记录分析出的夜间出行率是否有足够的灵敏度反映当地安全感变化趋势，还有待明确。当然，数据挖掘是一个不断摸索的过程，适当调整取样、分析方法，或许能优化分析结果。例如，减小用户样本空间，在保证随机性的基础上，主要选取数据记录大于一定密度的用户进行分析。再如，变更取样方式，重点考察某时段用户出行情况，通过特定时段夜间出行率变化情况考察安全感变化趋势。

（三）隐私保障——不存在风险

本测评体系运用的通信运营商和互联网公司的数据不会侵害个人隐私。一方面，测评用到的是“清洗”后的数据。数据先经过脱敏处理，进行数据变形，保护敏感隐私信息。例如，将手机号码更改为自然编号。另一方面，测评不关注特定个人信息。例如，不关注个人实际位置信息，只分析群体位置变化趋势。不关注网络文本、聊天记录的具体内容，只抓取关键词并计算频次。

（四）实施方式——分步实施、稳妥推进

本测评体系涉及面较广，建议试点先行、不断完善、逐步推开。一是局部测试、优化。（1）测试部分指标。重点优化“人身安全感测评指标”和“财物安全感测评指标”。“网络安全感测评指标”较为成熟，与腾讯、360 等公司合作应当能获得理想效果。（2）试点典型地区。例如，先分别选取治安状况较好和较差的地区进行数据分析（治安示范街镇与城中村），再结合当地治安警情数据，评估“人身安全感测评指标”和“财物安全感测评指标”的灵敏度。其间，不断调整数据采样方式，逐步优化数据挖掘方法。二是扩大实施范围。在进一步完善测评指标，优化测评方法的基础上，组织更大范围内实施。这一步要结合局部测试经验，合理选取样本规模，既能反映治安状况，又将测评费用控制在合理范围。

图书在版编目（CIP）数据

法治论坛．第65辑／广州市法学会编．—北京：
中国法制出版社，2022.7
ISBN 978-7-5216-2606-3

Ⅰ．①法… Ⅱ．①广… Ⅲ．①法学—丛刊 Ⅳ．
①D90-55

中国版本图书馆CIP数据核字（2022）第052592号

责任编辑：秦智贤　　封面设计：周黎明

法治论坛·第65辑

FAZHI LUNTAN · DI 65 JI

编者/广州市法学会
经销/新华书店
印刷/三河市紫恒印装有限公司
开本/710毫米×1000毫米　16开　　印张/26.5　字数/451千字
版次/2022年7月第1版　　2022年7月第1次印刷

中国法制出版社出版
书号 ISBN 978-7-5216-2606-3　　定价：85.00元

北京市西城区西便门西里甲16号西便门办公区
邮政编码：100053　　传真：010-63141600
网址：http：//www.zgfzs.com　　**编辑部电话：010-63141798**
市场营销部电话：010-63141612　　**印务部电话：010-63141606**

（如有印装质量问题，请与本社印务部联系。）

编辑部版权声明

《法治论坛》稿件要求和格式规范

一、稿件要求

1. 本出版物坚持正确的政治导向，秉承实用为先、学术为导的办刊理念，坚持学术为实践服务，具有原创性、前沿性、创新性、实用性、独特性的突出风格，文章要求未在公开发行的刊物发表。一经刊用，将向作者支付稿费。

2. 以学术质量过硬为刊用标准，恪守法律专业规范，来稿须侧重应用型、问题导向型研究，以法律实践中的热点难点问题为切入点进行理论探讨，具有较高的决策参考价值。

3. 文章要求观点鲜明、逻辑缜密、论据充分、格式规范。字数不超过15000字。**图表须为可在word文档中编辑的格式。**

4. 所有来稿请在正文末尾附上作者简介（包括法律职称、研究领域）、手机号码、通讯地址、邮政编码、电子邮箱，以便编辑及时联系作者退改稿件。

5. 投稿请用电子邮件方式，邮件主题：单位+作者姓名（例如北京大学法学院+张三）。

6. 提倡文责自负，反对抄袭剽窃。本出版物已获中国知网授权使用“学术不端文献检测系统”，查重率超过30%一律不予刊用。

二、格式规范

1. 正文要有内容提要和关键词。

2. 注解采用脚注形式，并用横线与正文隔开；序号左顶格，以数字1、2、3……标示，全文连续编排。引用的专著、杂志的文章和网络文章均用书名号。例：

范愉著：《纠纷解决的理论与实践》，清华大学出版社2007年版，第565页。

姜大伟：《离婚冷静期：由经验到逻辑——〈民法典〉第1077条评析》，载《华侨大学学报（哲学社会科学版）》2020年第4期。

引用期刊文章不需注明页码。援引自学位论文集的文章用书名号，学位论文集无需书名号，要有具体页码。引用学位论文集应当标明作者毕业的学术单位、年份和学位层级，例如：李小明：《准政府组织的行政法定位及其权利规制》，吉林大学2016年博士学位论文，第139页。

3. 文章正文法条使用阿拉伯数字表述，脚注法条同。

例：参见《中华人民共和国民法典》第1207条。

4. 不使用参考文献。如有参考文献，可转化为脚注。

5. 有纸质产品的情况下，不建议引用网站内容。如引用网站内容，请标明网站名字和频道、网址、最后访问时间。例：王利明：《标准合同的若干问题》，载中国民商法律网民事法学频道，http：//www. civillaw. com. cn/weizhang/default. asp？id =22250，最后访问于2022年1月26日。

6. 引用报纸要注明版面。例：胡云腾：《聚焦〈刑法修正案（十一）〉草案》，载《法制日报》2020年7月22日09版。

《法治论坛》2017年1月起入选南京大学CSSCI集刊目录，文章同时被中国知网（www. cnki. net）署名转载，如不同意转载，请在投稿时作出声明。

编辑部地址：广州市越秀区小北路113号8楼广州市法学会。邮编：510046

投稿方式：微信小程序搜索“广州市法学会”，进入后点击“我的”，选择“微信登陆”。进入主页点击《法治论坛》——我的文章——我要投稿。审核进度将以短信告知。

广州市法学会关于第三十四届全国副省级城市法治论坛主题征文的通知

根据全国副省级城市法治论坛办会规则，经中国法学会批准，第三十四届全国副省级城市法治论坛将由深圳市承办。为办好本次论坛，深化议题研究，汇集论坛成果，特面向全国法学法律工作者征稿。

一、论坛主题

践行习近平法治思想，加快推进社会治理现代化

二、论坛分论题及参考选题

（一）创新完善党领导社会治理现代化工作机制

1. 坚持党建引领，构建现代化治理体制

2. 党内法规与社会治理现代化

（二）放宽市场准入与社会治理现代化

1. 新型市场监管体制建设

2. 全面完善行业准入与监管机制

3. 市场准入负面清单法律制度

4. 开展放宽市场准入试点后配套法规规章制定

（三）数字时代与社会治理现代化

1. 数字政府建设法治保障

2. 数字时代反垄断体制机制健全

3. 提升社会治理现代化数字化水平

4. 疫情之下的大数据与社会治理

（四）防范化解重大风险隐患与社会治理现代化

1. 金融领域风险化解

2. 新型涉众犯罪打击

3. 疫情防控机制创新

4. 跨境矛盾纠纷协同应对

5. 社会治理现代化进程中多元化纠纷解决机制的发展路径

（以上为参考选题范围，作者可围绕主题自行拟定论文题目）

三、征文要求

（一）论文形式

1. 论文篇幅（含注释）在8000字左右。

2. 正文首页页脚注明作者简介，包括：姓名、单位、职务、职称、学位等；正文后附作者详细联系方式，包括：通讯地址、邮编、手机号码、电子信箱等；合作的以署名作者不超过3人为宜。

3. 论文格式：

论文首页左上角注明“第三十四届全国副省级城市法治论坛征文（深圳）”（楷体小三号），论文内容按以下格式排版：

论文题目——宋体三号加粗；副标题——仿宋小三号；作者姓名——仿宋小三号

摘要——黑体小三号；摘要正文——150字左右，仿宋小三号；关键词——黑体小三号；关键词正文——仿宋小三号（3－5个关键词）

正文——仿宋小三号；一级标题——黑体小三号；二级标题——宋体小三号加粗；三级标题——楷体小三号

参考文献——宋体小三号加粗；注释内容——五号楷体。

4. 论文中引用参考文献注释序号用上标方括号加数字如［1］表示，参考文献采用当页脚注，按国家标准规范标注。

（1）专著：［序号］作者. 专著名［M］. 出版地：出版社，出版年.

（2）期刊文献：［序号］作者. 题（篇）名［J］. 刊名，出版年（期号）.

（3）论文集：［序号］作者. 题（篇）名［C］. 出版地：出版社，出版年.

（4）学位论文：［序号］作者. 题（篇）名［D］. 授学位地：授学位单位，授学位年.

（5）专利文献：［序号］专利申请者. 专利题名［P］. 专利国别：专利号，出版日期.

（6）报纸文章：［序号］作者. 题（篇）名［N］. 报纸名，出版日期.

（7）电子文档：［序号］作者. 题（篇）名［文献类型/载体类型］. 网址，发表日期.

5. 论文中的数字，除部分结构层次序数、词组、惯用语、缩略语、具有修辞色彩语句中作为词素的数字必须使用汉字外，应使用阿拉伯数字。论文中数字表示方法应前后一致。

（二）论文要紧扣主题，紧密结合实际，体例严谨，逻辑性强，论据充分，文字表达精炼准确，使用文献规范，观点有原创性、创新性，分析问题有现实针对性，对策建议有可操作性。

（三）作者提交的论文没有在其他论坛上获奖；作者须同意中国法学会公开出版其论文。

四、论文征集与评选

（一）论文征集

围绕主题和征文参考选题，请各有关单位组织征文，并负责对征集论文进行审查，严把政治关。请于2022年8月25日前，进入广州市法学会小程序（可直接扫码或在小程序页面搜索“广州市法学会”），微信登录后进入征文模块进行投稿。

（二）论文评选

1. 广州市法学会对征集论文进行初评，从征文总数中评选出不超过15%的优秀论文向论坛组委会推荐，由中国法学会进行终评。

2. 论坛设一、二、三等奖和优秀奖（一个作者在一个论坛中只能获奖一篇），另设优秀单位组织奖。

3. 广州市法学会将推荐部分获奖论文作者代表我市参加论坛并作发言交流。

五、联系方式

联 系 人：刘茜、郑隽楚

联系电话：020－83527757、020－83527756

征文启事

我国宣布二氧化碳排放力争于2030年前达到峰值，努力争取2060年前实现碳中和，这一承诺彰显了我国对建设全球生态文明、构建人类命运共同体的责任担当，也对我国能源革命升级，推动经济与产业结构转型、经济增长方式转型提出了更高要求。为适应新形势新任务，我国正在加快制定、完善相关法律法规，为此，广州市法学会《法治论坛》围绕“双碳”法律问题研究这一主题面向全国开展征文。

征文内容涵盖“双碳”专项法律法规立法基本思路、主要内容、法律定位、适用范围、法律责任义务；双碳背景下衍生法律问题探讨：双碳背景下可再生能源法、电力法、煤炭法、财税法、金融法、科技法、循环经济法以及法律服务业的拓展探讨。

论文格式要求与《法治论坛》投稿要求一致，篇幅在6000－15000字（不包含脚注）之间。

请通过微信搜索进入“广州市法学会”小程序“课题/征文”栏目投稿。